風の変様体

建築クロニクル

伊東豊雄

青土社

風の変様体

建築クロニクル

目次

風の変様体

1971

アルミの家

南青山の小さなビルの四階に一級建築士事務所を設けたのは三月の半ばである。設計事務所を設立したと言っても、菊竹事務所を辞めてから二年間の浪人時代と暮らしが何か変わった訳ではなかった。一年に二つか三つの仕事を黙々とやり続けるしかなく、かといって特別に営業活動をする訳でもなかった。二、三ヵ月先までしか仕事のメドが立たない状態はその後十年以上も続いたのだから、今想えばどうやって二、三人のスタッフとやってこられたのか不思議な位である。しかし或る意味では、私のこれまでの人生でこの頃ほど優雅な暮らしもなかった。終日のんびりと製図板に向かい、傍では演歌のレコードがいつも回っていた。とりわけよく聴いたのは森進一で、金属的にビブラートする彼の声はやや白々しい当時の都市の雰囲気に妙な呼応をしているように感じられた。

〈アーバンロボット〉と事務所を命名したのは六〇年代からのテクノロジーとの関係を引きずり続けていたからに他ならない。六〇年代に於いてテクノロジーは建築家にさまざま

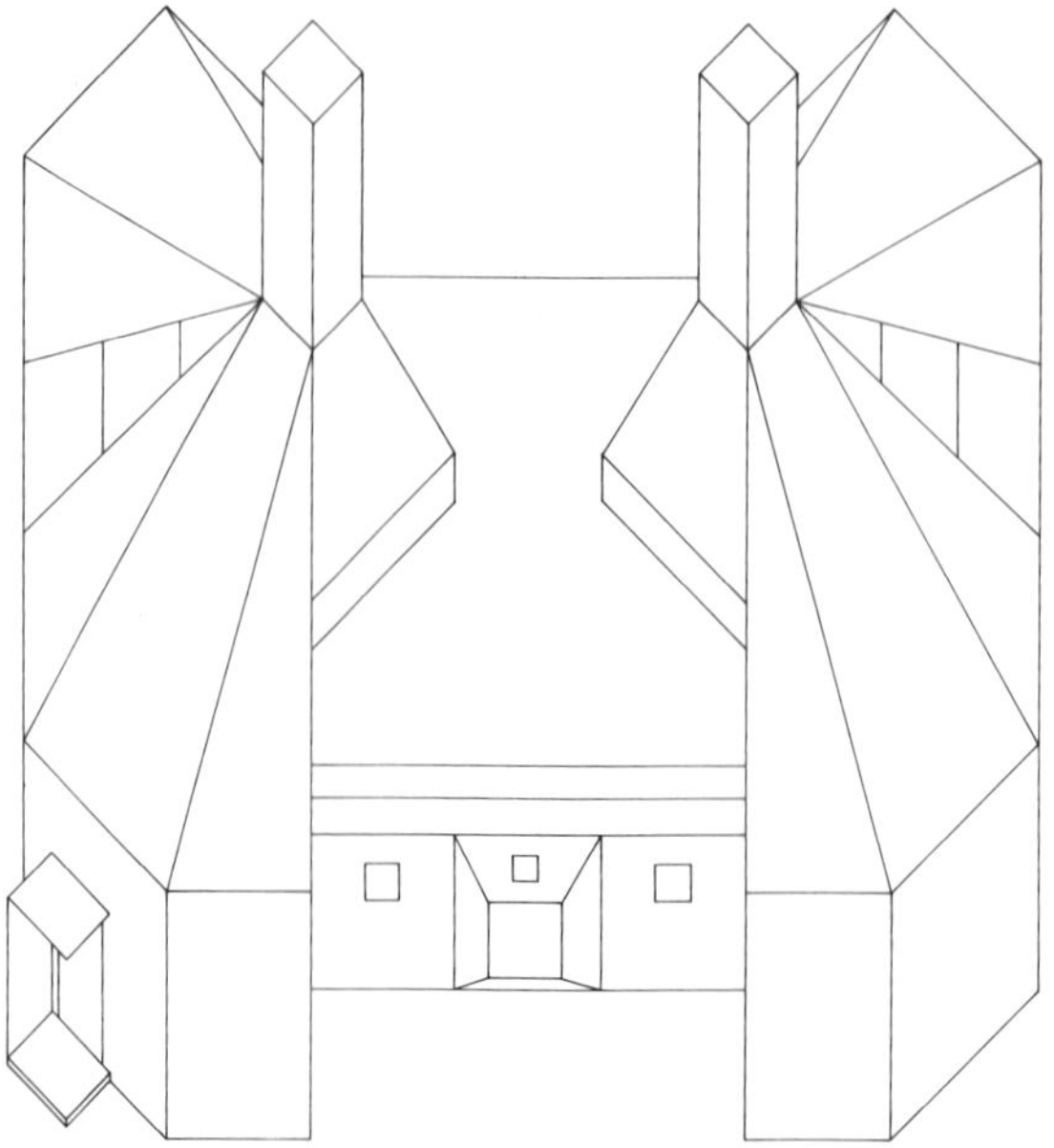

アルミの家　アクソノメトリック

な都市へのヴィジョンや夢を描かせるベースであった。アーキグラムやメタボリスト達の多くのプロジェクトにそれは典型的に示されている。特にアーキグラムの〈インスタントシティ〉や〈プラグインシティ〉〈ウォーキングシティ〉などのドゥローイングには最も明るく、オプティミスティックなテクノロジーの未来が描かれていた。だが大阪で開催されたEXPO'70を契機に、テクノロジーへの不信も一挙に増幅された。

独立後最初の建築〈アルミの家〉が出来上がったのはちょうどそんな時期である。だからこの家にはテクノロジーの夢への断ち難い執着と、その後の方向を決定づけたより詩的な光の空間への憧れとが交錯し合っている。この家を特徴づけているのは二本の光の筒であるが、当初これは四本の予定でクライアントの家族のメンバーそれぞれが一本ずつ所有するはずであった。そして各筒の下には情報端末やエネルギー端末が装備された。つまりこれはこの都市を生き抜くために各個人に供給されるべきカプセル＝宇宙服という想定で

アルミの家　モデル

◀アルミの家　西側外観

あったのだ。

植田實を編集長とした雑誌「都市住宅」は当時最もファッショナブルで魅力的な雑誌であったが、この雑誌で〈アルミの家〉を中心とするプロジェクトが紹介された時、そのテーマは〈URBOT《ウルボット》〉であった。それは遅れてきたカプセルであった。メタボリスやアーキグラムが描いたように人々は機械と戯れるのではなく、人々そのものがアーバンロボットであったのだ。つまりこのカプセルは都市のサヴァイヴァルのための装備とは言え、輝かしいテクノロジーの未来への讃歌ではなかった。テクノロジーに支配された環境が、現実の都市空間をカバーしようとしている事実を認識せざるを得ない空虚な感情の表現であった。それはその内に居て、孤独に光と戯れる自閉症のロボットであった。

アルミの家

無用の論理

昭和四十六年夏URBOT《ウルボット》はテクノロジー信奉と、その支配への諦めから生じた気だるい感情が交錯する都市に産み落とされた私生児建築である。その正式名をURBAN ROBOTという。

URBOTはこの二年間、静かに社会の動きを見つめてきた。空中を飛び交う昆虫が、長い幼虫時代を地中で過ごしながら出番を待つように、彼は息をころして自己の周辺におこっている動きの一部始終を見つめてきた。彼の周辺で例えば都市空間は大きく変貌しつつあった。高層の建築物が鉄骨の巨大なフレームを形成し、その表面にプレキャストの白いユニットをうろこのように装備していたし、コミュニティ、コミュニティととにかく念仏のように唱えていれば救いがあるに違いないという盲目的信仰のもとで、無味乾燥な広場や公園が次々とつくられていた。

URBOTの察するところ、東京という都市の行末は、現在の発展の方向をそのままオプティミスティックに延長するならば、あらゆる情報装置を備えたロボット群と、超大型のコンピュータ群から構成されるタウンブレインとによって一糸乱れぬコントロールが繰り広げられる大管理機構を備えた都市〈メカニストリア〉を形成するはずであった。

そこで各個人は情報ターミナルとしての住居カプセル内でsexをし、食べ、眠る。

URBOTが次代の建築のエリートとして機能しようとするならば、有能なアーバン・ロボット群のひとつである住居内ターミナルとして、またはコミュニティの情報ターミナルとして人々に奉仕し、マシンマン・システムを確立するべきであった。そうすれば彼は、技術に全幅の信頼を託した生産のメカニズムの下で現実化され、社会に受け入れられていったにちがいない。

しかしURBOTは強力な情報装置を自分の内に持ち込むことに大きな魅力を感じつつもそれを躊躇した。それは彼が大手企業のビジネスマンになりきれないようなものであった。この躊躇いは巨大な管理機構に組み込まれることへの戸惑いというような教条的なものではなく、彼の内に渦を巻いている非メカニズム、非テクノロジーへの不条理な感情によるものであったと言えよう。彼の眼には、情報都市〈メカニストリア〉の姿も共同幻想としてのみ存在しうるホモジニアスな世界でしかなく、彼は人々の熱い息や体温が伝わるような空間にしかリアリティを感じられなかったからである。

スタニスラフ・レムのSFに「砂漠の惑星」と題された自動機械の自然陶汰をめぐる小説がある。このSFの舞台レギス第三惑星に着陸した宇宙船から出た高度な恒常性をもった自動機械は惑星に住むあらゆる生物を壊滅し、ついには自動機械相互の陶汰を招く。その結果この惑星には二種類の自動機械が勝ち残る。第一のものは非常に小さな羽虫のような形をしたもので、それらが闘争に際しては結合し、巨大な組織を形成し、黒雲のように空を覆って相手の情報交換機能を抹殺して、廃人(廃機)としてしまう。第二のものは動くことをやめてしまった自動機械で、それは一種の金属の林のような巨大な群体で繁殖能力をもち、三角形の金属板のような独特の器官によって太陽エネルギーを吸収する。しかし結局第二のものは生存競争に敗れて巨大な金属都市の廃墟と化し、勝ち残った第一の自動機械と人間との間に壮絶な、しかし人間にとって勝ち目のない闘いがくりひろげられるのであるが、東京という途方もなく拡がり続ける怪奇な都市の未来は、レムのこのSFの世界と重なり合ったイメージとして浮かび上がってくる。それは直方体の画一的な無数のセルを包含しながら、垂直方向に伸びる高層建築の鉄骨フレーム群と地上を埋めつくした低層のモルタル住居群との果てしない闘いの姿である。この闘いは高度なコントロール・メカニズムを備えた高層建築群の勝利に終わって、点々とそびえる鉄骨フレームには無数のカプセルが、柵からこぼれおちんばかりに実ったブドウの実のように取りついていく。その下には崩壊して白い砂塵と化したモルタルの砂漠が吹きすさぶ木枯しに煽られながら延々と続いて、そのなかに不用となったカプセルの残骸が腐った果実のように砂に埋もれている。ここでは人間は窮屈なカプセルのなかで身をよじりながら、あらゆる情報端末に囲まれて、金属の林の間にじブラートしていく不気味な笑いと叫びを発している。

URBOTが情報端末を体内に持ち込むことを躊躇ったばかりに生じた不幸は、彼にとって親ともいうべき思想の系譜をとりちがえたことに端を発していた。

七〇年代の建築界は情報都市論、カプセル論、コミュニティ論、パラノイア論、ポップ・アーキテクチュア論、デザイン・サーヴェイ論、システム論、カスタム論、ユートピア論、ヴァナキュラリズム論等々が絡み合い、反発し合い、慣れ合う混沌とした状況を示していた。この状況は例えば、空間のコントロールという概念を媒介として、正統的情報都市像と、トム・ウルフのエレクトリック・クールエイド・アシド・テストに描かれるようなサイケデリックなアシド・トリップの世界とが巧妙に呼応し合っていたり、あるいはアーキグラムのプロジェクトに示されたインスタント・シティ、プラグイン・シティなど冗談めかしてはいるがファンタジーに溢れたユートピアが、住宅産業論のユニット化、装置化、カプセル化などの効用論と重なり合って論じられるといった笑い出したくもあり、腹立たしくもあるといった事態であった。

こうした複雑な絡み合いの糸をたぐり寄せていくと、URBOTの思想に大きな影響を及ぼした二つの相反する系譜に行きあたる。そのひとつはW・ムーアやエシェリックに代表されるカリフォルニアのヴァナキュールな建築の流れであり、他のひとつはアーキグラムからスーパースタジオへとつらなってゆくファンタスティックなユートピアの流れである。

イージーライダーやヴァニシング・ポイントを生み出した西海岸の乾いた風土のなかで、レッドウッドの堅羽目と片流れの屋根の組み合わせによる伝統的なシングル・スタイルとして育まれてきたヴァナキュールな建築の流れは、シーランチのウイークエンド・ハウス群の登場によって、スーパーグラフィックというポップな感覚を附加され、素朴であるが新鮮な空間をつくりあげた。建築はいまや生産のメカニズムとテクノロジーに還元され、われわれの手許から急速に遠ざかっていく事実に疎外感を強めていたURBOTにとってこのシーランチに結晶された堅羽目とスーパーグラフィックという身近な素材と手法によるミニストラクチュアの構成は魅力的であった。

これに対してアーキグラムからスーパースタジオに到るユートピア論もテクノロジーとの遊びというクールな世界を描いており、効用性を軸として産業論につながってゆく志向など全くない点がやはり魅力的であった。

しかしURBOTがそこから生をうけた二つの大きな流れ、カリフォルニアのヴァナキュラリズムと機械論的ユートピアとは機械文明の支配に対する批判精神を別にすれば、その志向と手法は全く逆方向に向かっている。何故ならヴァナキュラリズムが地域性や風土との結びつきを求め、素朴な自然との触れ合いに還っていこうとするのに対し、後者は現代社会に氾濫している情報と材料をその極限にまで延長することによってうまれる逆説的なユートピアをSF的に描こうとするからである。

この二つの対立志向を重ね合わせようという試みは唐突なものであり、その結果生まれたURBOTが劣性遺伝の奇形児であったとしてもさして不思議なことではない。テクノロジーを崇拝しつつ、自然に還って行くなどという矛盾に満ちた世界も、東京のようにアナーキーな都市でならあり得ることかもしれなかった。かくてURBOTはいずれにせよ、もっとも重要なコントロール・ファンクションを喪失して社会の無用者と化した。しかし彼は無用であるというその事実によって、逆に社会での特異な位置を占めうるのではないかとも考えた。URBOTに住み、あるいはURBOTを訪ねる現代社会の多忙な人々は、劣性遺伝によって生じた説明不能で不可解な無用さにとまどい、考え込み、いら立ち、破壊し、ファンクショナルなものに造り替えていこうとするかもしれないだろう。そのような無用性に立脚した価値は矛盾にみちてはいるが、その非合理故に、合理性で構築された社会に存在の意味をもつと彼は考えたのである。

URBOTのこの無用の論理に基づく存在の意味づけは、必然的に彼の内部にいくつかの排他しあう矛盾を生じた。

ピーター・クック〈インスタント・シティ〉

チャールズ・ムーア　〈カリフォルニア・シーランチ〉

まず第一にURBOTは現実の状況否定を標榜しながら単にユートピアに終始することなく現実の世界に具体的な形を踏まえて存立しようという点である。彼とて、すでに述べたようにユートピアを現実化することがどれほどその輝きを一瞬のうちに失ってしまうか考えないわけではなかったが、観念論としてのユートピアにはしることによって現実と訣別し、論理の透明さをもって現実にクールな笑いを投げかけるよりも、一人の人間が現実を生きることにおいて味わう不条理さにこそ建築の本質があると考えたからである。したがってURBOTは両親がそれぞれ逆方向に抱いていた過去と未来への限りない憧憬を受け継ぎながら、そのいずれに傾くこともできず現実そのものを常に直視することを余儀なくされた。

第二にURBOTは東京に代表される都市環境のやりきれない不毛さを感じつつも、都市という環境を逃れては存立しえないという事実である。それは極言すれば、現代の疎外を時間的にも、空間的にも最も感じうるような位置に身をおくことによって、その疎外の感情をそのまま表現していくことであった。だからURBOTの選択する時代感覚は、それがどんなに浮薄なものに思われても時代をその時代たらしめているフィーリングに密着していなければならず、マテリアルもまたこのフィーリングにもとづいて選びとられねばならなかったのである。

URBOTは現実との対応のなかで、次第にその姿を歪められてゆく。元来、進化とはその環境に適応してゆくために、環境との関わりにおいて無用の部分を捨て、有効な部分のみを先鋭化していくのが常である。しかしURBOTの場合、無用であることによってその社会的な存在の意味を保っているのであるから、URBOTにとっての環境への適応とは、その無用の無用たる部分を一層強めていくことにほかならなかった。それは進化論における過適応の原理のようなものといえるかもしれない。過適応とはシカの角のように環境への適応が直進しすぎた結果、ファンクショナルなレベルを越えて、単にシンボルとしての意味のみを強調する現象である。

無用の空間の進化は、現実との摩擦を高めることによって環境との極度なアンバランスから生ずるテンションを感じ、このテンションが頂点に達したとき、URBOTはその解消のために突然変異によって環境との再適応を求めるだろう。しかし突然変異という雪崩のような現象は環境との間に生じたテンションが大きければ大きいほど、その構造変革の渦もまた激しさを加える。したがってURBOTはいま、自己の内部に生じているテンションをただふくらませていく。いつしか突如として雪崩が起こる夢をみつつ……。

URBOT-001
アルミの家

URBOT-001は一九七一年五月、東京近郊のモルタルの瓦礫のなかに根を下ろした。

つねに現実を直視し、現実と対坐していることはURBOTの宿命であったが、彼もまた人が夢の世界から覚まされるときに襲われるあのやりきれない莫々とした感情を経験していた。設計から施工のプロセスを通じて現実と向かいあって積層され、籠められてきたテンションは、居住者がこの空間を身をもって体験することによって新しい局面を迎える。即ちURBOTの空間とそこで居住する人間との衝突という新たなテンションが加わるのだ。人々は劣性遺伝の奇形児としての空間にまず好奇の眼をもって入り込み、従来と異なる住空間の体験に首をかしげる。アルミの反射するような外壁と、やや暗い内部の合板貼りの不均合いな表裏、十文字の梁とこれをとりまく火打ちによって構成された三角形の吹抜を通して連続する一階と二階、さらにその上に続く二本の光の筒、原色の赤と青のストライプのカーペット、こうした統一のない空間との出合いに人は戸惑い、何ともいえ

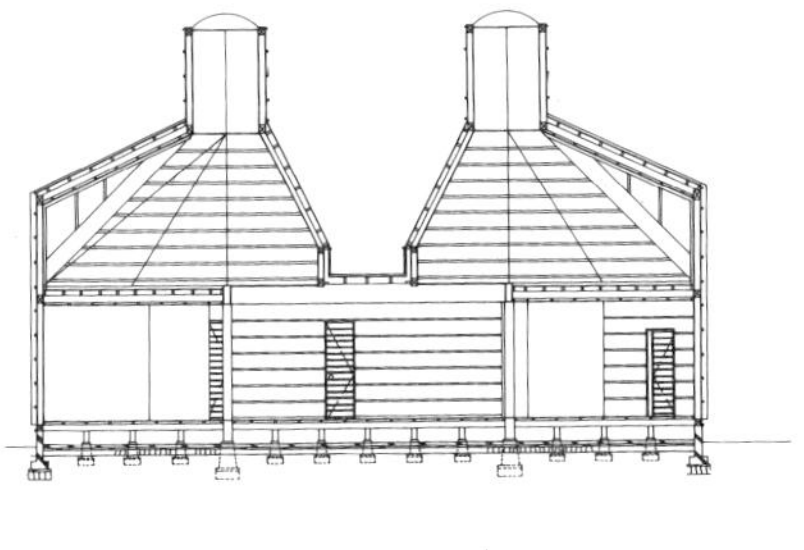

アルミの家　断面図

ぬ居心地の悪さを感じはじめ、腹立たしい感情に襲われ、ついに空間との対決を決意し、無用の空間を有効な、ただ有効でありファンクショナルであるにすぎない空間へと転化しようと試みる。その結果、無用の空間には深い痕跡が附加されてゆく。だが、この痕跡が深ければ深いほど、それはURBOTの次の進化への根源の力となってゆくにちがいない。

すでに述べたようにURBOTの空間はつねに砂漠のような都市の現実に存立するための背反条件から培われてきた。例えばアルミの外壁という素材の使い方は、アルミという工業製品としての臭いの強い素材をヴァナキュールな一品生産の建築空間に持ち込む矛盾の上に成立している。それは、カルフォルニアのヴァナキュラリズムの流れから生れた美しい堅羽目の外壁を何とかしてここにも持ち込みたいのだが、鉄骨フレームとモルタルの瓦礫の続く砂漠の東京に一体どのようにして連続させうるのかといったエキセントリックな感情が外壁をアルミに、あるいはカラー鉄板に置きかえてしまう。

二本の光の筒の下の空間にしても、そこはエネルギーのパイプラインを集めて、情報とエネルギーのターミナルにしようという発想で設計は開始される。しかし設計のプロセスにおいてURBOTは親の遺言ともいうべき言葉をおもいだす。機械と遊ぶクールな世界は現実化への方向を一歩でも踏み出したら、たちまちその輝きを失うのだと。情報ターミナルは躊躇いのうちに放棄され、そこにシカの角のように、二つの無用の空間が残される。ただ光が虚しく落ちてくるだけの脱け殻としての空間が。

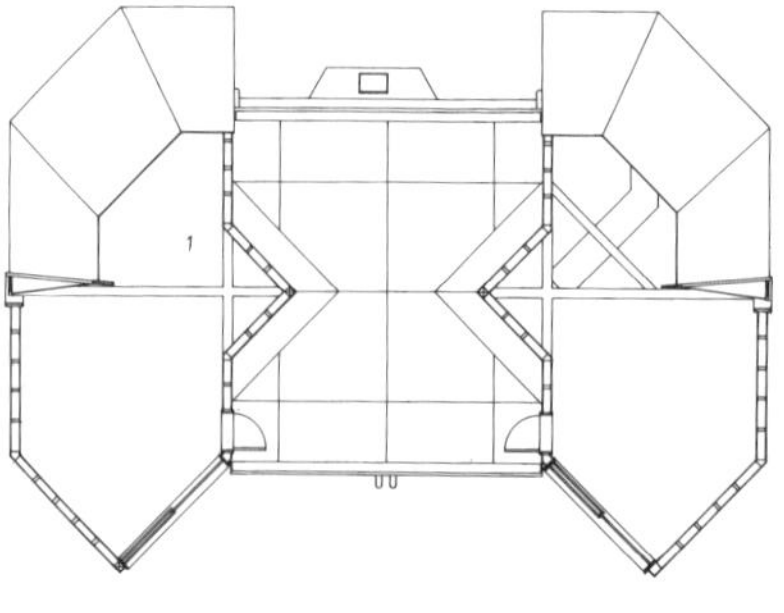

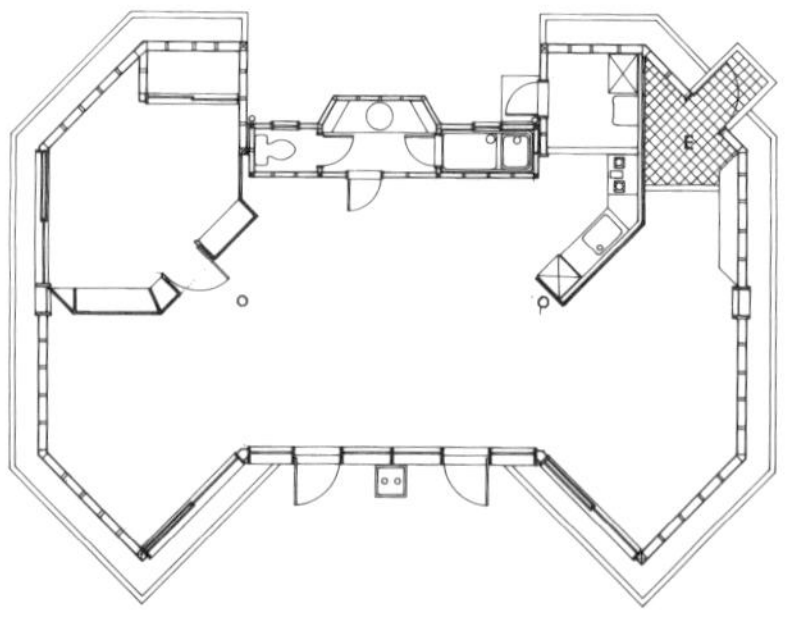

アルミの家　2階平面図◀，1階平面図▶

URBOT-002
無用カプセルの家

ここにひとつのマイホームがある。10m角のコンクリートで囲われた壁に窓はなく、唯一の扉をあけて内に入ると、大きなトップライトからの光の束が円筒状にさし込んで、その真下にはかつて日本の民家の中心をなしていたいろりの如き円いキッチンユニットが置かれ、その奥には家族に対応したベッドカペセルとWC及びバスユニットが一列にならび、住宅内の主な設備といえばそれですべてである。

WCとバスユニットは1m角しかないが、天井だけはやたらに高く、7mの上空から光がおちてくる。ベッドカプセルもそうだが、この垂直方向に極度に歪んだ非日常的な空間は、いうまでもなくURBOT-001の無用の空間の進化の結果である。

この家では子供が生まれると、生まれた子供にひとつの寝室が与えられる。寝室といってもそれはベッド一個分の大きさに覆いのついただけのベッドカプセルともいうべきスペースで、ちょうど枕の位置の真上に高さ5m程の筒が伸びており、窓といえばこの筒が住居の屋根を突き破ってその先端からのトップライトがさし込むだけであった。このベッドユニットはつくられるときの経済状態によって、あるものは大理石で、あるものはブロンズで、また別のものはスチールのプレス加工にメタリックゴールドの焼付塗装を施してつくられ、車のボンネットのような扉をはねあげると、そのなかはベッドで、わずかに枕の上あたりにホワイトボールがついている位であった。このカプセルの長い筒には登録番号が刻み込まれ、外部空間からも表札なしに各個人の所在を確認しうるのであった。さらにこのカプセルは所有者の生涯を通じて使用され、紛失、盗難などの場合には再登録が必要

アルミの家　南側外観

とされた。また所有者の死亡に際しては、カプセルのなかにオイルを注ぎ、トップライトのドームをとりはずすと、カプセルは焼却炉となって、そのまま火葬にふされ、筒の部分のみを地上に出して埋葬される。即ち国民番号はそのまま法名となって、筒は墓標と化する。ベッドカプセルはこのようなエコーシステムにのって生産された。現代の住居はその内部にあまりにも多くのものを持ち込んで身動きできなくなってしまっている。それにもかかわらず、提案されるカプセルはすべて宇宙船のような極限の空間のなかに、なお一層あらゆるエネルギーと情報端末を持ち込もうとしている。あらゆるコントロールを逃れる最後の逃避場であったはずの個室までもが、カプセルというメカニカルな美名のもとで管理されるのはURBOTにとって耐えがたいことであった。したがってURBOTは自己の空間からすべてを吐き出し、残された形骸としての空間のみとの関わりを再開しようと試みる。002のベッドカプセルにもぐり込んだ人々は、はるか上方から筒を伝わってほの

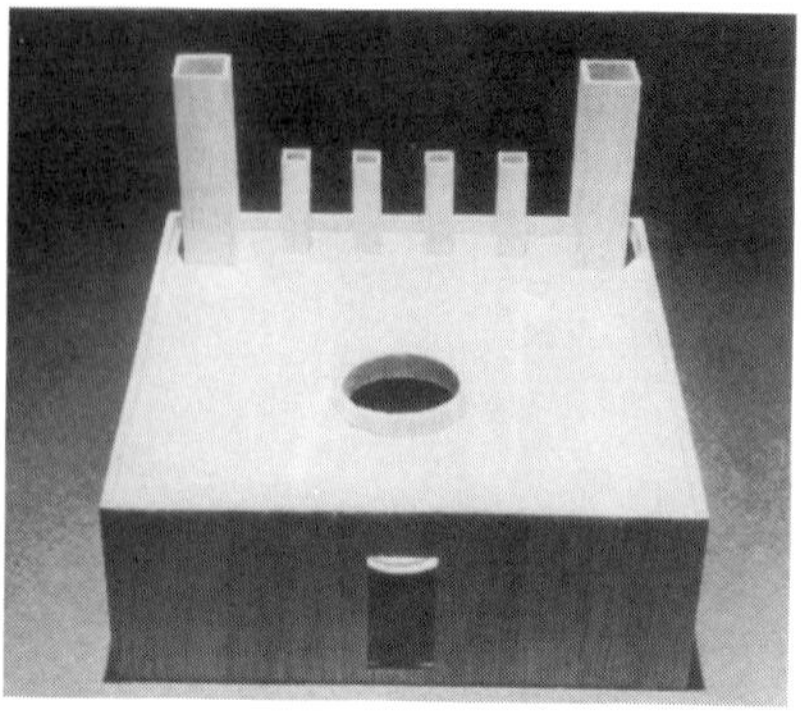

URBOT-002A　モデル

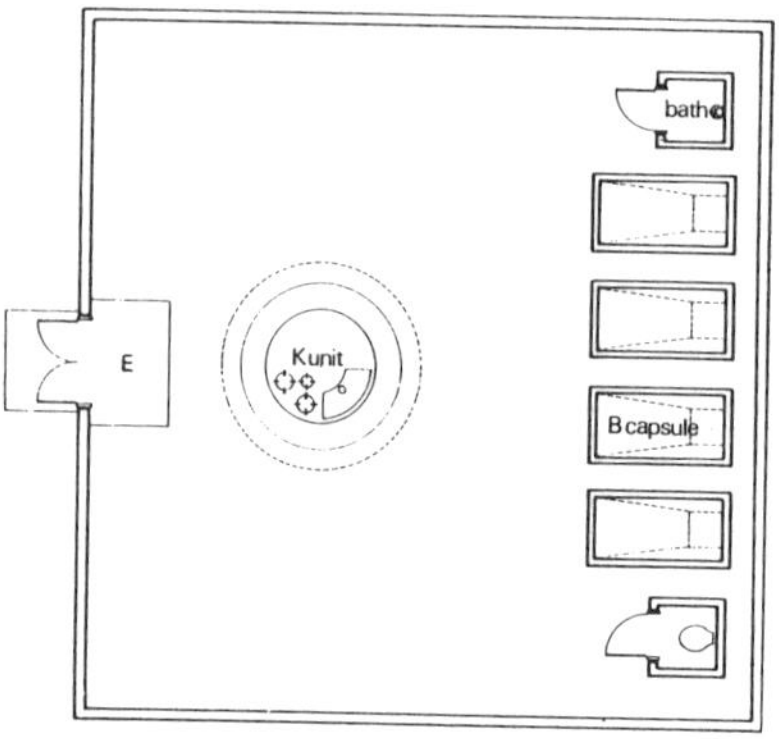

URBOT-002B　平面図

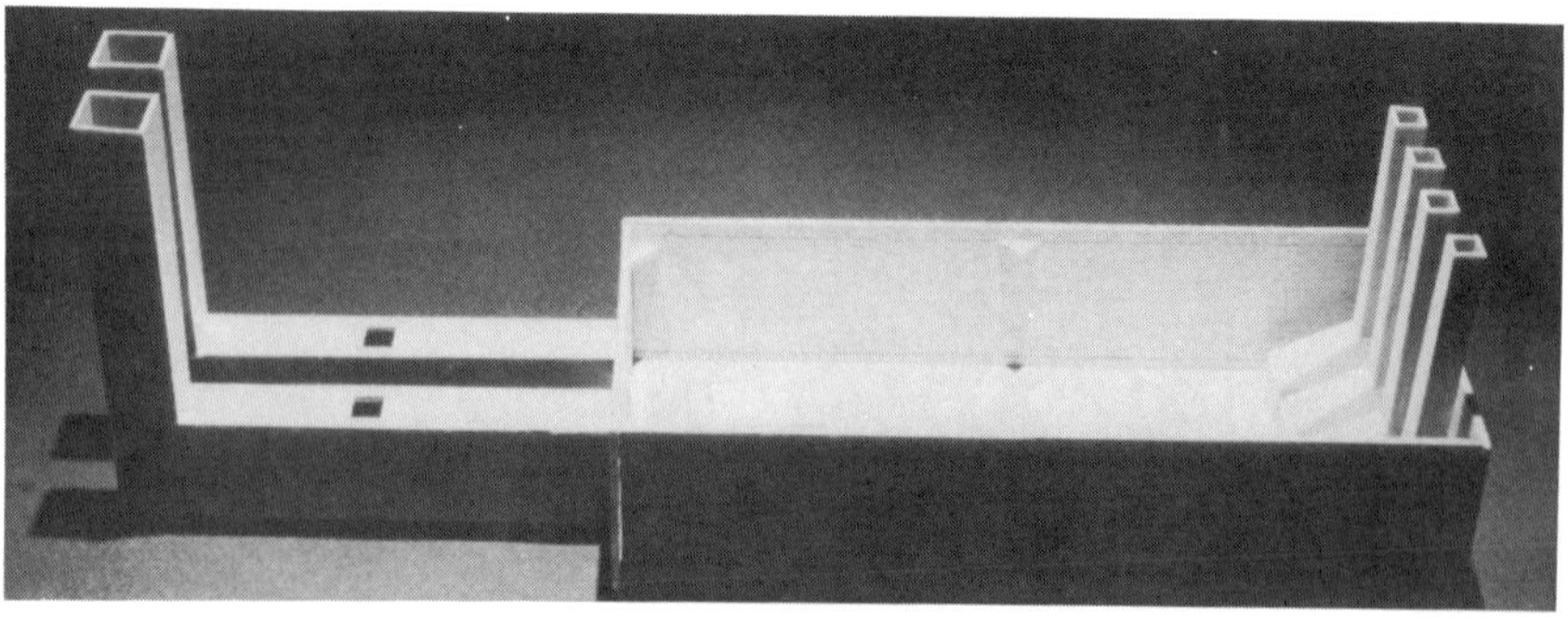

URBOT-002B　模型

かにさし込む月の光に照らされながら眠りにつき、同様にはるか上方からさし込む太陽の光で朝を迎える。全く日常的であるが、何か不吉な予感とともにカプセルから這い出してゆく。とても不幸な朝がきた……。

URBOT-003
東京ヴァナキュラリズム

ある日、URBOT-002のベッドカプセルが住居の壁を踏み越えて単体として独立した。URBOT-003　ホームサイズカプセルの誕生である。003はいずれもURBOTの無用進化論にのっとって、002よりも一層長く伸びた光の筒に国民番号を明記していた。ホームサイズカプセルは3.6m角の広さで、壁体に仕込まれたWCとシャワーの他にはトップライトの真下に輪状にならんだキッチンユニットのみであった。

カプセルにはひとつの小さな出入口があるだけで窓はなく、11mの上空から筒を通して淡い光がさし込んでくる。このカプセルは夫婦以外は個人用として使用され、子供は小学校に入ると同時にひとり1カプセルが与えられる。

独立したURBOT-003は砂漠のような東京の空地を埋めつくしていく。その様はあたかもペストが東京を襲ったように、高層ビルの谷間を縫って道路を埋め、広場を埋め、ビルの屋上をも埋め、高速道路の路面を埋めて蔓延していく。無数のホームサイズカプセルがメタリックゴールドの外装でスモッグにかすむ東京の夕陽に鈍い光を延々と放っている姿を想像してほしい。仮に10m角のメッシュにひとつのカプセルが配置されたとしよう。

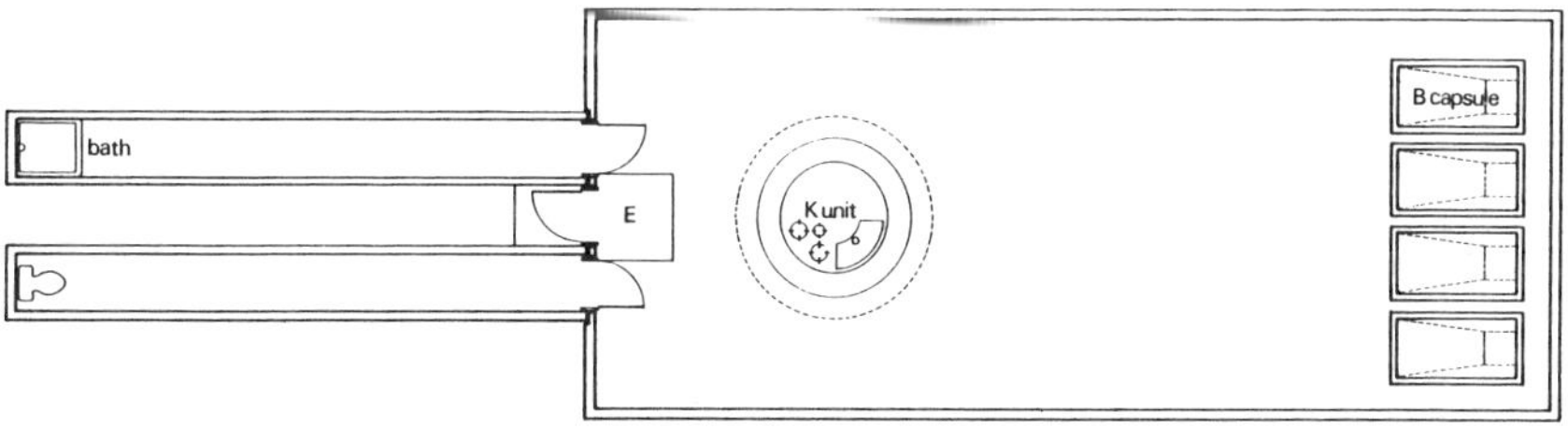

URBOT-002B　平面図

URBOT-003　モンタージュ

一千万のカプセルが並ぶとすれば一辺30㎞をこえる正方形の土地がこの金色に輝くカプセルで埋まるのだ。

URBOT-003のたちならぶ周辺には既存の広場のようにソリッドなコミュニティの空間はない。むしろそれは既存の広場を公園を蝕んでいった。多くの建築家にとって、コミュニティという言葉は都市を構成する基本単位として、地域の人々がそこで噴水を囲んで語り合う広場のような美しく甘い響きをもっていたが、URBOTにとって現代のコミュニティとは人間の私利私欲から生じた最小公倍数のような、血なまぐさく汚れて、翳りを秘め、ある種の緊張をはらんだバランスポイントの空間でしかなかった。それは決して美しくもなく、甘く穏やかな空間でもなく、まして安全無害な空間でありうるはずがなかった。そのようなコミュニティの空間は最初から予定的に与えられるものではなく、共同幻想の均衡が成り立つ場所と時間の内部にのみつくされ消されていくべき空間であった。したがって003の周辺でコミュニティの空間はカプセルの間を連らねて風紋のようにあらわれては消滅し、またあらわれては消滅していった。

レムの「砂漠の惑星」の黒雲のようにすべての高層ビルを滅ぼして金色に輝く003の群が東京の砂漠に果てしなく続く姿こそURBOTの世界なのだ。

設計行為とは歪められてゆく自己の思考過程を追跡する作業にほかならない

個人的な思惑のもとで価値が交錯し、多量の質に還元されない情報の飛び交う状況で、いまだに設計という行為にひとつの論理をたてようと努力することを信じていられようか。宮内康氏の指摘、「アジテーションとしての建築」(「美術手帖」71年8月号)をまつまでもなく、都市における建築の位置は、社会との関わりという点において、確実に、かつ急速にその意味を失いつつある。だが論理のたとえようのない空転の後で、なお設計という行為に踏みとどまろうとすれば、それはいま自分の周辺で行なわれている不条理を不条理のままに露呈することでしかありえないはずである。

設計行為の放棄によって透明さを保つことも、すべての善意の設計が文明社会の良識のもとで有効でありかつ啓蒙的であるといったオプティミズムにもとづく自己矛盾の解消も、なんら建築の社会的意味、すなわちより素朴にいえば生活との関わりを探ることにはならないであろう。何にもまして、私は具体的なものをつくりあげたいというもっともプライマリィな感覚をすべての基盤に据えたいし、この論理以前の感覚のみを通じてコミュニケーションの足がかりをつくりたいと考えている。

私にとって一軒の住宅の設計は、設計者である自分と、その住宅の住み手となる設計依頼者との間の、まったく絶望的なほどの深い裂け目を辿っていく作業にほかならない。ここで本来なら辿ってという表現よりはうずめるというべきであろうが、いまのところ裂け目をうずめるような共通のことばはほとんど存在しない。したがってさしあたりこの作業は、深い裂け目の認識と、埋め戻し不能の壁を築くという矛盾にみちた行動ではじまるしかない。多くの場合、設計者と設計依頼者とは一面識もなく、世代も違っているのであって、この両者が住宅のプランというひとつのモデルだけを対幻想として数回、多くても十数回のコミュニケーション・チャンスによって理解しようと努めることは、見合いの相手と数回会って婚約するようなものである。すなわちそれは空間とその生活者との関わりに踏み込む議論をさけて、皮相な生活技術上のファンクショナルな条件のみの妥協によってプランがまとめられていくプロセスでしかない。住まい手の生活を無視した建築家の独善という非難が、しばしば建築家に対して投げかけられるのだが、この非難こそ設計のプロセスにおいて、両者の断層を認識し、辿っていこうとする議論の欠落を示しているのではなかろうか。このような断層のより明確な認識という点からして、私は設計過程においては、可能なかぎり自己の思想のみを中心として、設計依頼者の要求とは関わりのないモデルを提出すべきであると思っている。なぜならこのモデルが提出されたとき、それが設計依頼者のイメージから遠いものであればあるほど、その後の設計過程における設計者と設計依頼者なる二人の人間の議論は、いくばくかの共通意識を探りあい、互いのエゴイズムを主張し、相手の虚偽を指摘し、歪め、歪められる内に通いあうことばを見出す努力ができると考えるからである。したがって結果としてのでき上がった作品自体の価値は、その作品がどれほど歪められた傷痕を深くとどめているかにかかっている。さらに作品は完成された後も、その空間に生活する人びとによって歪みが加えられていくであろうが、その歪みが生活の深い部分に根ざしている限りにおいて、表面上のいかなる不調和も一向に構わないのではなかろうか。篠原一男氏のように、完成された住宅ができ上がったままのかたちを止めて永久に存在しつづけることを願う気持は、ひとりの建築家としての自信に溢れていてうらやましい限りである。しかしいま自分で設計をはじめたばかりの私にとっては、すべてが手探りの状況であり、むろん自己の様式など定まるはずがない。設計に踏みとどまる限りにおいて、現在の私に可能な唯一の行為とは、設計当初のモデルが設計依頼者の生活技術の積層の上にたったマイホームへの欲望によって歪められ、予算上のあるいは法規上の社会的な条件のもとで歪められ、施工上の技術的あるいは人間関係などの条件によって歪められ、さらに完成後、住人のさまざまな生活上の要求によって付加され歪められていく軌跡を、無念の気持でしっかりと見届けていくことのみである。

この三年間ベンチューリの思想とムーア、エシェリックらの作品に支えられたアメリカ西海岸のヴァナキュールな小住宅のスタイルは、日本の若い世代の設計者たちに大きな影響を与えてきた。私自身のことを振り返ってみても、荒涼とした海岸線に建つレッドウッドの竪羽目やシングル葺きの外観と、大胆なスーパーグラフィックのインテリアから構成されたシーランチのウィークエンドハウス群の片流れのシルエットには、絶えず心をひかれてきた。しかしこの美しいシーランチの設計者のひとりであるチャールズ・ムーアのもとで、かつてエールの学生たちが自分らの建築学部教室に製図板や机を積みあげることによってミニストラクチュアを構成し、ルドルフの空間を粉砕したように、カリフォルニアの海岸から現実の私たちの住む環境へと思いを環元させてくるとき、あのレッドウッドの竪羽目はどうしてもカラー鉄板の屋根とモルタル塗りの壁からなるアパート群の延長線上には連続してこない。

ところでアルミの家の施主は戦後の二十数年間を信州で暮してきており、海に近いところに移り住みたいという幻想にも似た願いを長年にわたって抱いてきた。たまたま東京近郊に移住することになり、その結果として辻堂という海岸に近い場所を敷地として選んだのであろうが、湘南の海はすでに海と呼ぶにはあまりにも自然との脈絡が断たれてしまっている。こうした経過が設計の過程において、あの広大なカリフォルニアの海岸と汚染された湘南の海岸を、私の頭のなかで一瞬重ね合わせ、たちどころに遠ざけた。いったい私たちはこの東京において、ヴァナキュールなものを何に求めたらよいのであろうか。ここでは都市の論理も、コミュニティ論もクモの糸ほどの手がかりにさえならないではないか。このような模索を続けるうちに、ふたつの海岸のあまりの隔たりから生じた腹立たしい感情が、自分の眼前にあって何の不思議もなく見すごしてしまっている都市の日常的な風景を突然異化させ、非日常的な風景に置き換えた。たとえばそれは、外壁全体をアルミで覆ってしまう結果となった。もしもふたつの海岸のイメージが不条理に重ならなかったなら、この住宅の外壁にはシーランチと同じ美しいレッドウッドが貼られていただろう。アルミという素材はビルの外壁パネルとして、あるいはコンテナや電車の外装材などとして見かけるいわゆる工業製品であり、東京のような都市では最もヴァナキュールな建築材とさえ言えよう。瓦よりは鉄やアルミを、自然木よりは合板をというように、私は常に自分たちの周辺を特徴づけている素材を選びたいと思っている。しかしそれにもまして、太陽を受けて鈍く光るアルミの感触に強く惹かれたというべきかもしれない。このアルミ板は屋根に用いられるきわめて溥い板であるが、もしこれがもっと厚い板で覆われていたら、壁面はより鋭い光を放ったにちがいない。経済上の条件からそのようなパネルの使用は土台無理なことであったが、このアルミが時間を経て光沢を失っていったときの姿を思い浮かべると、光の反射によるべこべことした凹凸は、戦後のトタンで囲われたバラックの住宅にどこか連らなるものを感じさせて、私はむしろ愛着の情をおぼえるのである。

この住宅を特徴づけているもうひとつの点はやはり二本の光の筒である。90㎝角で長さ1.8mのこの二本の筒は、末広がりの角錐台の部分を伴って、二本の大黒柱ともいうべきこの家の中心をなす独立柱の真上から光をおとし、一階と二階を結ぶ梯子のための極度に縦長のふたつの吹抜けに近いスペースをつくりだしている。当初、落ちてくる光に浮かび上がるこれら柱の周辺には、エネルギーのパイプを集中して情報とエネルギーのターミナルをプラグインしようという考えがあった。しかし、情報ターミナルによるスペース・コントロールの概念は、演劇の舞台のようにエキサイティングで変化に富んだスペースを構成しない限り、ジョエ・コロンボが試みたようないくつかの情報機器をひとつにつめ込んだ電気メーカーの宣伝パネルの如き装置に終始してしまう。現在の住宅におけるファンクショナルな要求からはこのようなスペース・コントロールの概念にはほとんど触れ合う部分を見出せなかったため、この二本の光の筒の下には情報ターミナルのぬけがらともいうべきスペースができ上がり、二本の筒は生活技術上のファンクションとしてみればまったく無駄な、しかしこの筒をとり去ればこの住宅のイメージはまったく崩れ去るといった象徴的なスペースを形成することになった。

アルミの家に施主の一家四人（実際には一人が下宿し三人となった）が入居して三ヵ月が経過

したが、この家はいまだに家具の位置が定まらない。この間にやはり建築を志すこの家の長男の設計施工によって、二階の床のカーペットにはイギリス海軍旗を思わせる青地に赤い朝日のパターンが描かれた。いま私のところには施主からのさまざまな感想やクレームが寄せられ、ここで生活する人たちと空間とのあらたな衝突がはじまりつつある。寄せられるクレームのなかにはファンクショナルな問題もあるが、空間の構成に関わってくる問題もいくつか含まれている。大正生まれの夫婦と二十歳をこえた二人の子供という家族構成に対して、この家は夫婦の寝室以外はほとんどオープンに連続したスペースで構成されており、種々の生活のファンクションを空間とどう対応づけ、各人のプライバシーをいかにして獲得していくかといった問題が生じている。たとえば家具ひとつ入れようにも、雑多な要素が混在して連らなるこのスペースのなかではどのような応接セットも安定せず、壁と45度方向のカーペットのストライプにも惑わされてその配置も一日ごとに方向を変えてみたくなるという。このクレームに対し、無論謙虚な反省も必要だが、しかし、住人がデパートの家具売場に出かけていって、どんな応接セットを求めても反発してこない住空間であったならば、私は設計行為ははじめからほとんどその意味をもたなかったと考えている。プライバシーの問題にしても、この家の一連のスペースのなかに壁を立てることは設計の思考過程に対する最大の歪みとなって表現されるだろう。だが、この隔絶しにくい空間をあえて仕切ったときに、その仕切り方が全体のバランスをくずすものであればあるほど、そこで生活する人びとはその壁の重みに、スペースと生活との脈絡に、またプライバシーのもつ意味にきっと思いをめぐらすにちがいない。それはいつでも、どこでも自由に間仕切れるようにといったユニバーサルな空間の思考とはまったく対立する方法であるが、いつでも自由に切れる空間などはもともと切るに足らない空間のように思われる。教育ママが子供に家庭教師をつけるようなやり方での設計者と施主の関係は信じられないし、この建物は施主の深い理解によって完成したといった類のことばも私はそれほど信用していない。元来、建築家がそんなにヒューマニストであるはずがないし、相手もまたそう思っているはずがないからである。私は自分の設計による住空間がその住人たちと関わり、衝突し、破壊され、徹底的につくり替えられていく過程をみつめ、またその過程に自分も踏み込むことによってこそ、新しい設計への生気を求めることができると考えている。

1972

新建築住宅競技設計応募案

当時、事務所のなかにベニヤのフラッシュパネルでつくられたひとつの箱が置かれていた。畳一枚よりひと回り大きい平面で高さは2m弱、間口の狭い側に一ヵ所茶室の躙り口のような小さな開口が一ヵ所あるだけだった。外部は白、内部は黒一色に塗装されたこの箱は瞑想の空間と呼ばれていた。製図に疲れると時々もぐり込んでは小さな闇の空間でもの想いに耽っていた。先頃ミネアポリスを皮切りにニューヨークやロサンジェルス、サンフランシスコを廻った展覧会、〈TOKYO——Form & Spirit〉に杉浦康平と共同で出品したメディテーションスペースには、ひょっとしてこの小さな闇の空間が記憶の片隅に残っていたのかもしれない。

しかし座禅に励もうなどという殊勝な気持は毛頭なかったので、この瞑想箱は間もなく収納箱となり、やがてスクラップされてしまった。篠原一男が審査員を務める〈新建築住宅競技設計〉応募案もこの箱のなかから生まれたように記憶している。機械と戯れるカプセルから内向的、抒情的な空間へと急旋回中

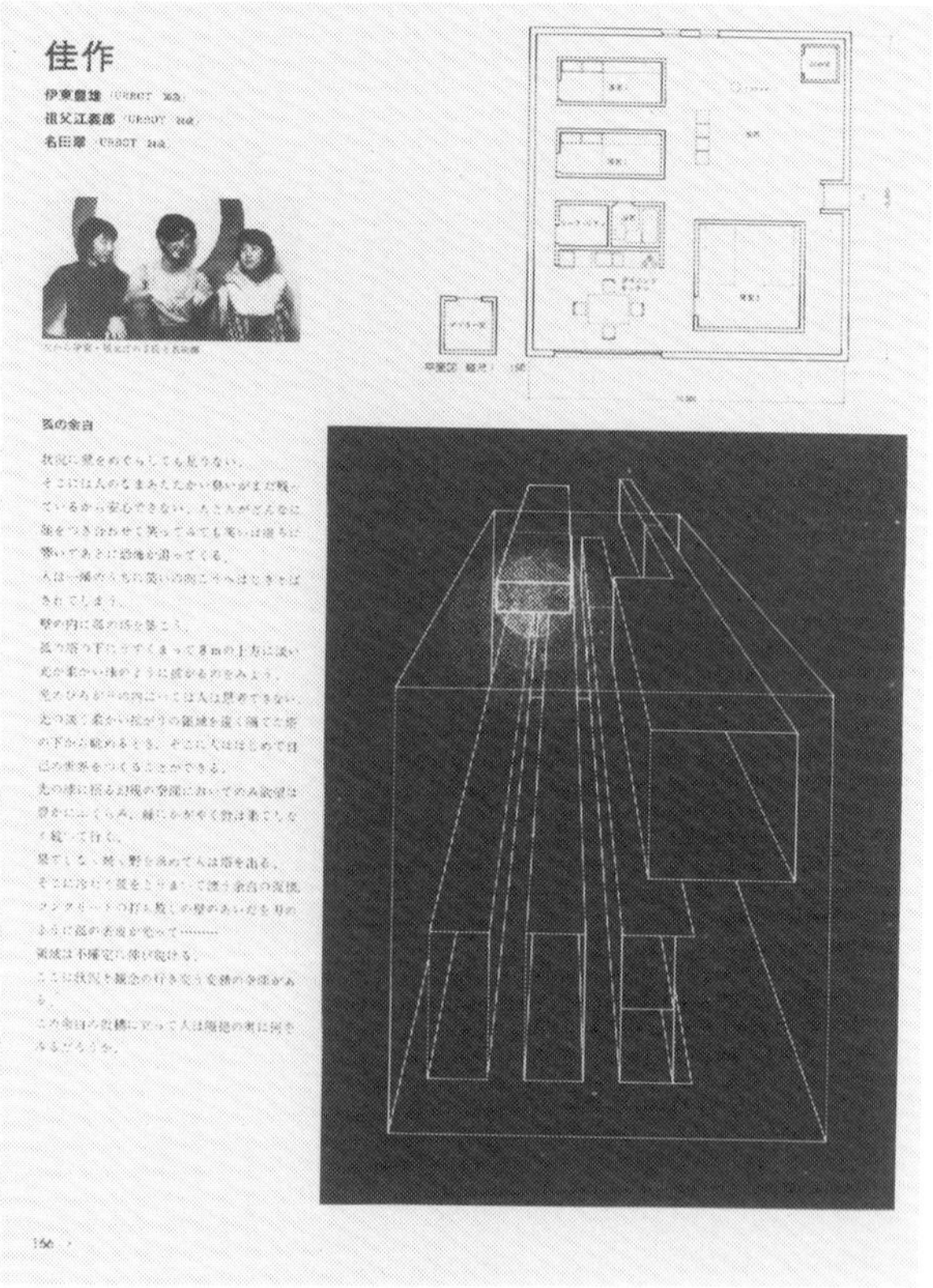

「新建築」1972年7月号

の軌跡がこの応募案に明確に示されている。先のアルミのカプセル、〈URBOT〉はここでもコンクリートのキューブのなかにふたつ収められている。しかしコンペのタイトルに示されているように、ここでは最早カプセルそのものが問題ではなく、ふたつのカプセルとコンクリートの壁の間を流れていく空間に私の関心は移りつつあった。

応募案は佳作に入り、その表彰式で畏敬の念を抱いていた篠原一男に初めて会った。それ以前の伝統的な様式から脱却して、七〇年代初頭から彼は、白いキュービックな空間を矢継ぎ早に発表していた。七〇年代前半は直方体の森、同相の谷、海の階段、空の矩形、など彼の創作活動を通じて最もロマンティックな作風を漂わせていた時期である。後に原広司は自らの住宅に関して〈都市を住居に埋蔵する〉と語ったが、当時の篠原一男の住宅は都市の自然を住居に映していたとでも言えようか。

ひたすら平坦になりつつある社会で人々は穏やかに閉ざされたマイホームを求め、六〇

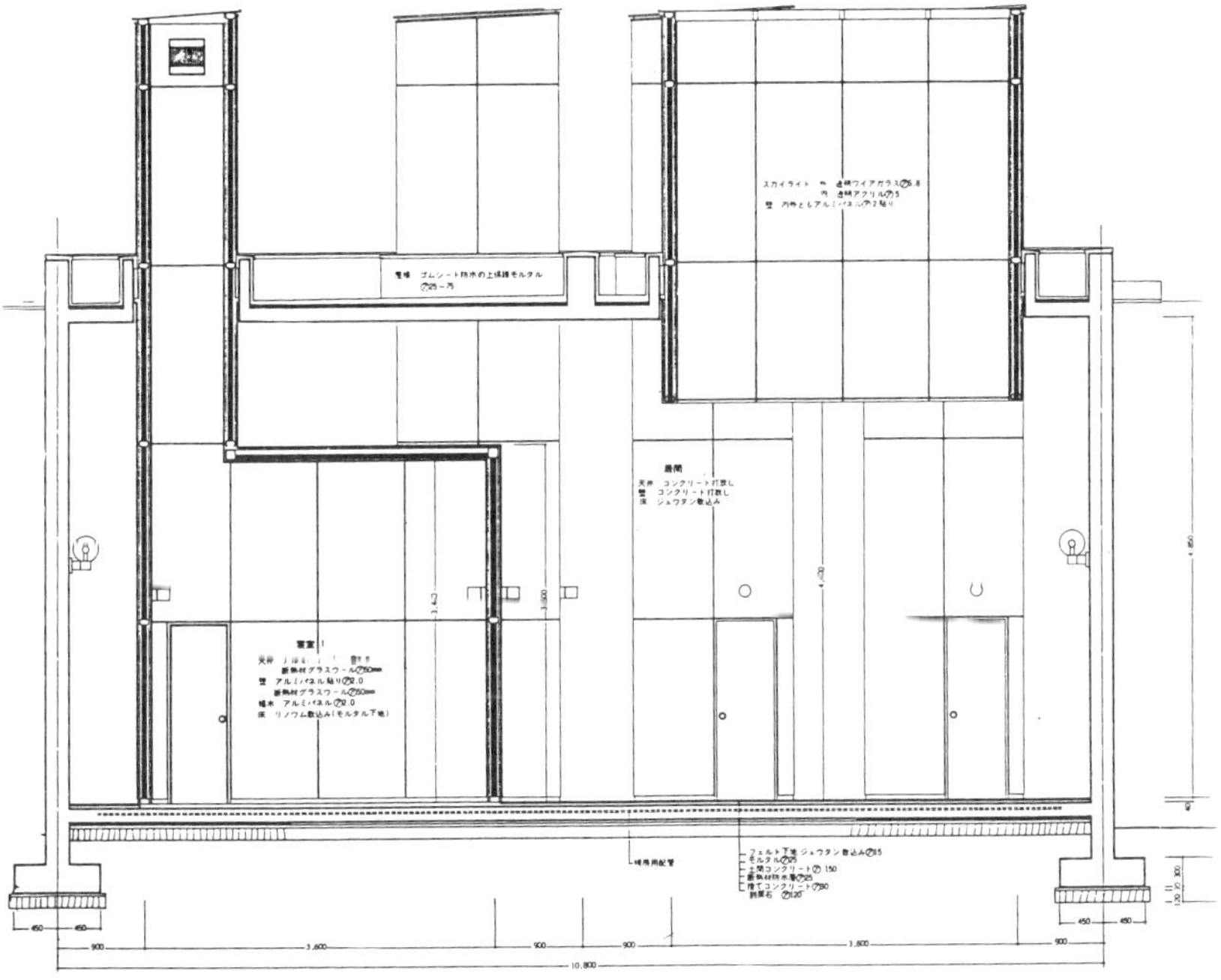

新建築住宅競技設計応募案　矩計詳細図

年代に「都市住宅」でデビューした建築家達も急速に穏やかで保守的な作風へと傾いていった時期に、篠原一男の周辺では、住宅の非日常性とは何かが議論の中心課題となっていた。篠原一男との直接の出会いによって、私自身の内向的な空間への志向性には一層拍車がかけられることになった。

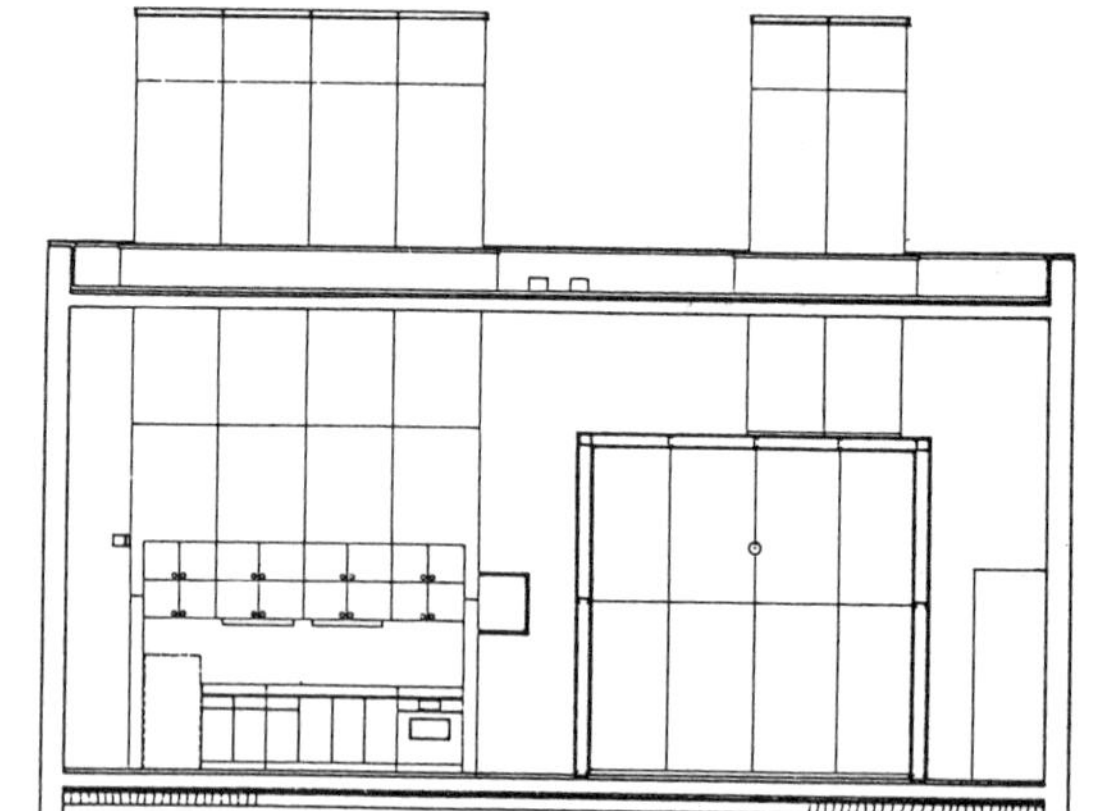

新建築住宅競技設計応募案　断面図

1974

千ヶ滝の山荘

ほとんど毎日製図板に向かう作業の繰り返しに終始していても、事務所を開いて二、三年もするとそれなりに仕事の輪は広がっていくものである。親戚や友人の伝手でいくつかの企業を紹介され、ようやくスタッフにボーナスを払えるかと思ったのも束の間、オイル・ショックでほとんどすべてのプロジェクトは一夜の夢に終った。菅平のホテルD（ダボス）だけが数年間の二転三転を経て、後に実現されることになる。

〈千ヶ滝の山荘〉は延床面積わずか19坪足らずの小さなウィークエンド・ハウスである。軽井沢の林のなかにあって、下見板貼りの外壁に片流れの屋根、丸太をクイのように打ち込んでつくられたテラスやブリッジなどがあるために、〈アルミの家〉よりもかなり穏やかな表情に見えるが、内部で考えていたことは先の新建築コンペ応募案の延長上にある。つまり暖炉を取り込んでアイランド状にまとめられた設備コアはカプセルに該当するものであり、片流れの屋根に切られたスリットには自然光による空間演出への意図がはっきり

テラスより見た居間夜景

千ヶ滝の山荘

居　間

と窺われる。三間四方の広間、長さ20m程の橋がかり、正面に独立して立つ一枚の白い壁など能舞台のような空間構成の方法もその後さらに強調されていくことになる。

ブリッジを通して見た南側外観

1975

黒の回帰

磯崎新の北九州美術館を訪ねる。二本の大砲のようなボックスビームが小高い丘の上に見えた時、そのあまりにあっけらかんとした姿にまず狼狽し、しばし茫然とした。粗野と言ってよい程横暴に軸線を定め、かつパルテノンのようにそれは眼下の街を睥睨していた。九州という風土のなせる業と言ってしまえばそれまでだが、いつもいやという程痛感するのは磯崎新の建築に直かに触れる時、いつもいやという程痛感するのは磊落さである。或いは黄河の流れに見るような茫洋とした拡がりである。福岡相互銀行本店のボックスビームも同様だし、北九州市図書館や富士見カントリークラブの緩やかにうねる厚いヴォールト然りである。彼自身の巧みな文章による知的な戦略に欺かれて勝手に自分がつくり上げた磯崎の空間と、眼前にたたずむ建築それ自体のギャップに茫然とする。マニエラがなんだ、異化？　転写？　解体なんて糞くらえ！　などと思わずつぶやいてしまう程に翻弄されている自分をいつも思い知らされることになる。筑波センタービルの時など、石山修武と雑誌の誌上対談でその悔し

黒の回帰

南側ファサード

◀階段室より居間を見下ろす

居　間

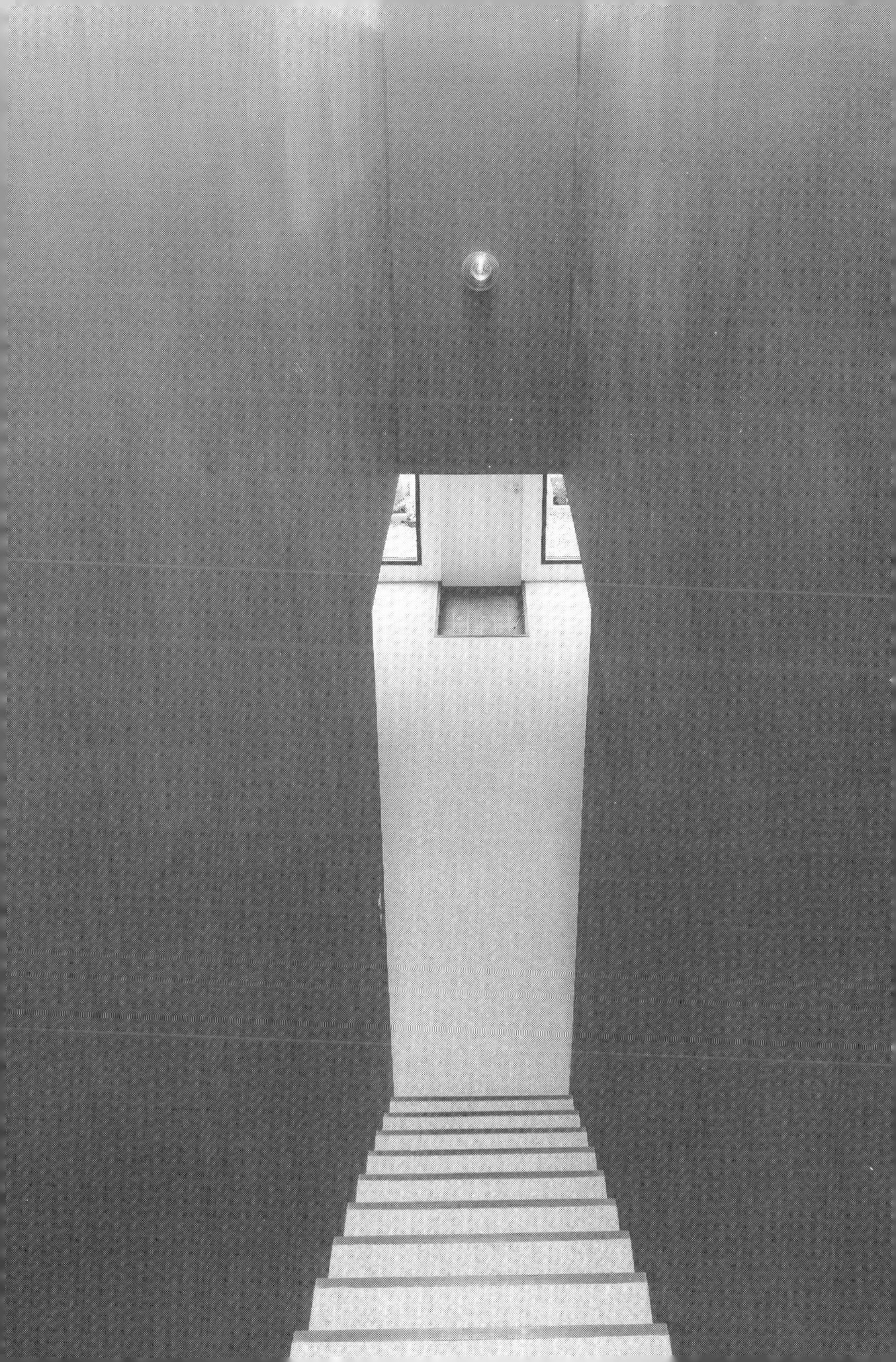

さをぶちまけたら、軽く往なされて悔しさは十倍になって戻ってきた。

磯崎新まで含めたメタボリスト世代の建築家達を、私達はいつも意識の射程に入れながら建築を考えてきたように感じている。教師としてまた反面教師として、彼らは現在も建築家としての社会への関わり方を示してくれ続けている。とりわけEXPO'70をさし挟んで六〇年代の高度経済成長期から七〇年代の安定成長期へと変転していく社会状勢のなかでエスタブリッシュされていくこれら建築家達の対応の過程は興味深いものであった。直接的な師でもあった菊竹清訓の作家論を書いたのも、才気溢れ異例に早熟な一人の建築家の変貌の軌跡を辿ってみたいと考えたからである。

〈千ヶ滝の山荘〉に続く三作目の住宅〈黒の回帰〉も本当に小さな都市住居である。木造二階建てで間口は二間半しかない。内部志向は益々強まり、ほとんど内部のみにすべての関心が集中しつつあった。白く閉ざされ、抽象的で無機質な舞台のような空間を今度は都

黒の回帰

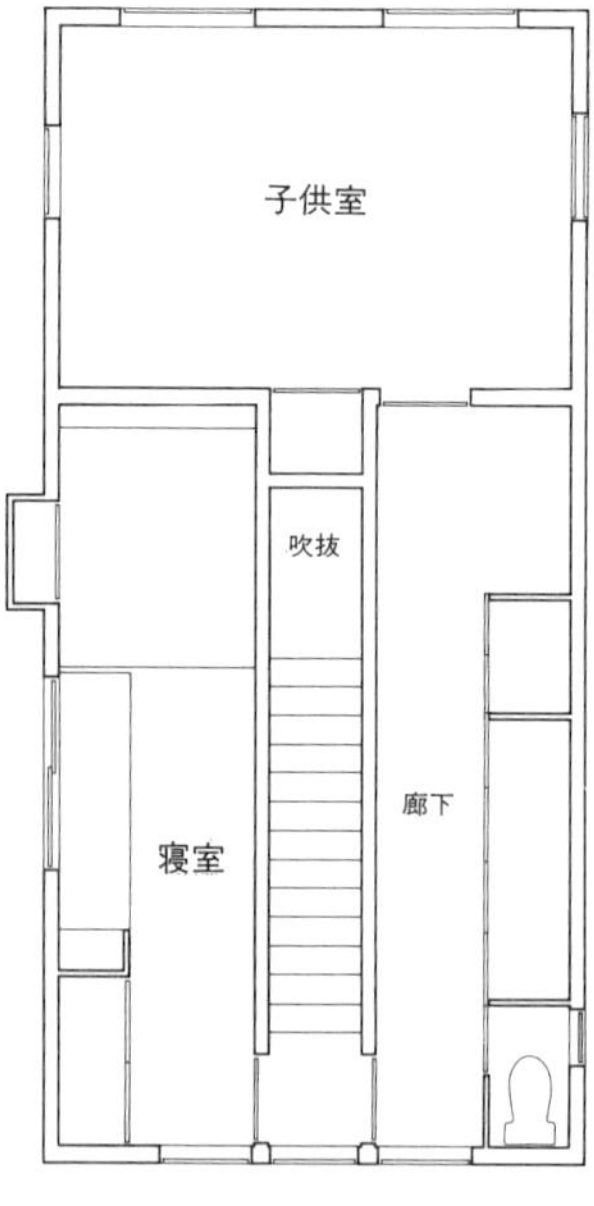

2階平面図

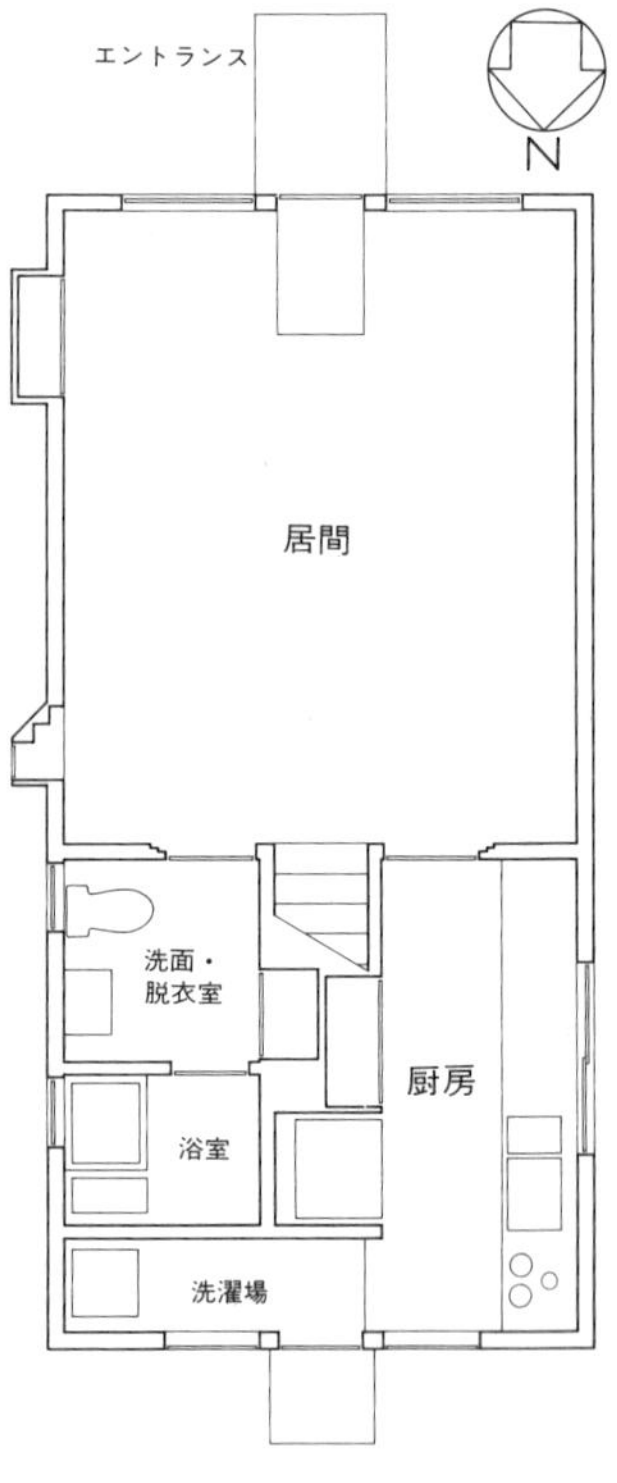

1階平面図

市のなかにつくろうと考えたのであった。したがってここでも光は最も重要なテーマであったが、〈千ヶ滝〉が屋根に切り取られたスリットによって内部の白い壁面に自然の光を映し込むとすれば、〈黒の回帰〉のスカイライトは都市の光を白い空間に映し出す。つまり都市空間から囲い込まれた抽象的なキューブの内部に、或るフィルターを介して浄化された都市の色や空気がもう一度還ってくるという意図がこのタイトルに込められている。

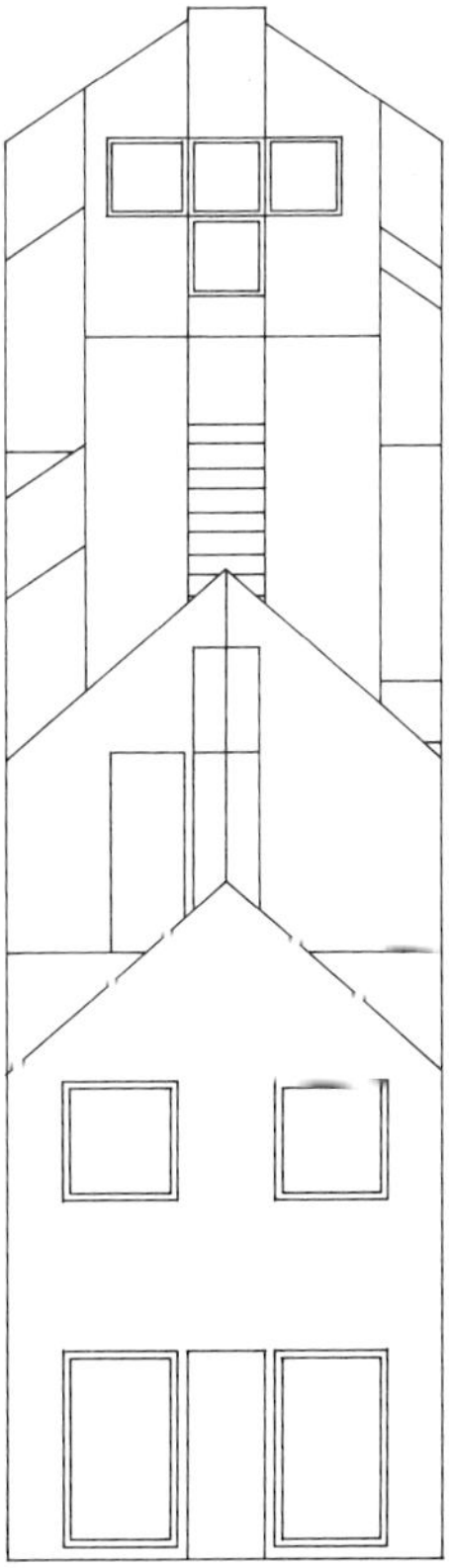
アクソノメトリック

菊竹清訓氏に問う、われらの狂気を生きのびる道を教えよと

1　プロローグ

この夏ひさびさに、萩から米子に至る山陰路を旅した。最初にこのあたりを訪れたのは、私がまだ学生のときであったから、もう十年以上の歳月が経過してしまっているのだが、山陰の海岸線は以前とほとんど変わることなく、穏やかで透明な海と美しい岩場の連なりを保っていた。新幹線が走り、灼けた砂地に太陽が照り続けてどこまでも明るいが、どこか雑然とした印象を受ける山陽路と比較して、真夏でも山陰の風景はその断片が自らの存在を主張することなく、連続した全体の内に溶け込んでしまうように感じられる。

今回山陰を訪れたのは、菊竹清訓氏の新しい作品、萩市庁舎を中心としてその周辺にある氏の建築を見るためであった。十一年前訪れた時には、皆生温泉のホテル東光園本館が竣工間近かな時期で、当時すでに存在していたのは竣工して一年半ほどの出雲大社庁の舎と初期の島根県立博物館ぐらいのものであった。その後萩市民館、島根県立図書館、同武道館、東光園新館、そして萩市庁舎と氏の主要な作品のほとんどがこの地域に集中して在る。これらの建築を見歩いていると、山陰の自然が十年一日であるのに比して、一人の作家が設計を通して関わる状況の変化の激しさを感じないわけにはゆかない。十年以上の歳月を耐えてきた出雲大社庁の舎

や東光園といった作品に接すると、厚く重いコンクリートの表皮をはがしてみるように、竣工当時の建築界のざわめきがなまなましい感触を伴ってよみがえってくる。

東京で設計という日常的行為とばかり関わっていると、やたらに周辺から閉塞だの、呪縛だのという声ばかりが響いてくるこのごろだが、ときには十年を経過した建築に触れて、その状況を想い起こしてみることもそれなりの意味があるように思う。というのも、いまわれわれを包囲している呪縛の壁は、想像以上に堅固なものであるようだが、それは同時に建築家たちが自らを封じ込めてしまった自縛の領域であるのかもしれず、このような閉鎖された領域を一時でも外側から眺めてみたい意識に駆られるからである。

ここでは一九六五年から六九年に至る四年間の菊竹事務所における氏と私との具体的な関わりを手がかりにして、菊竹清訓という一人の建築家がこの十年間、状況とどのように対してきたかを考えてみたい。それはまた、私の状況に対する視点を氏に問うことにほかならない。

2　再び東光園へ

菊竹氏の作品を目の当たりにするのは本当にひさびさのことであるし、萩市庁舎に関しては全く情報をもち合わせていなかったので、何の先入観もなく現実の空間に接することになった。率直に言ってしまうなら、かつて東光園のシルエットが夕闇せまる山陰の秋空に浮かび上がるのを見た瞬間の感動を再び萩において味わうことはなかった。それは十年間設計に染まってきた私の感受性が鈍ってきたせいかもしれないし、あるいは最近の建築界の不感症的気だるさのなかに私自身も陥ってしまっていることによるのかもしれない。

しかしあのとき、闇の刻々と近づく東光園の現場を、担当の遠藤勝勧氏がまるで何かに憑かれたように鬼気せまる形相で走り回っていた姿を私は忘れることができない。建築についてほとんど何も知らなかった私は、ひとつの空間を現実につくりあげる厳しさと執念とエネルギーとを、このとき、肌で教えられたような気がした。

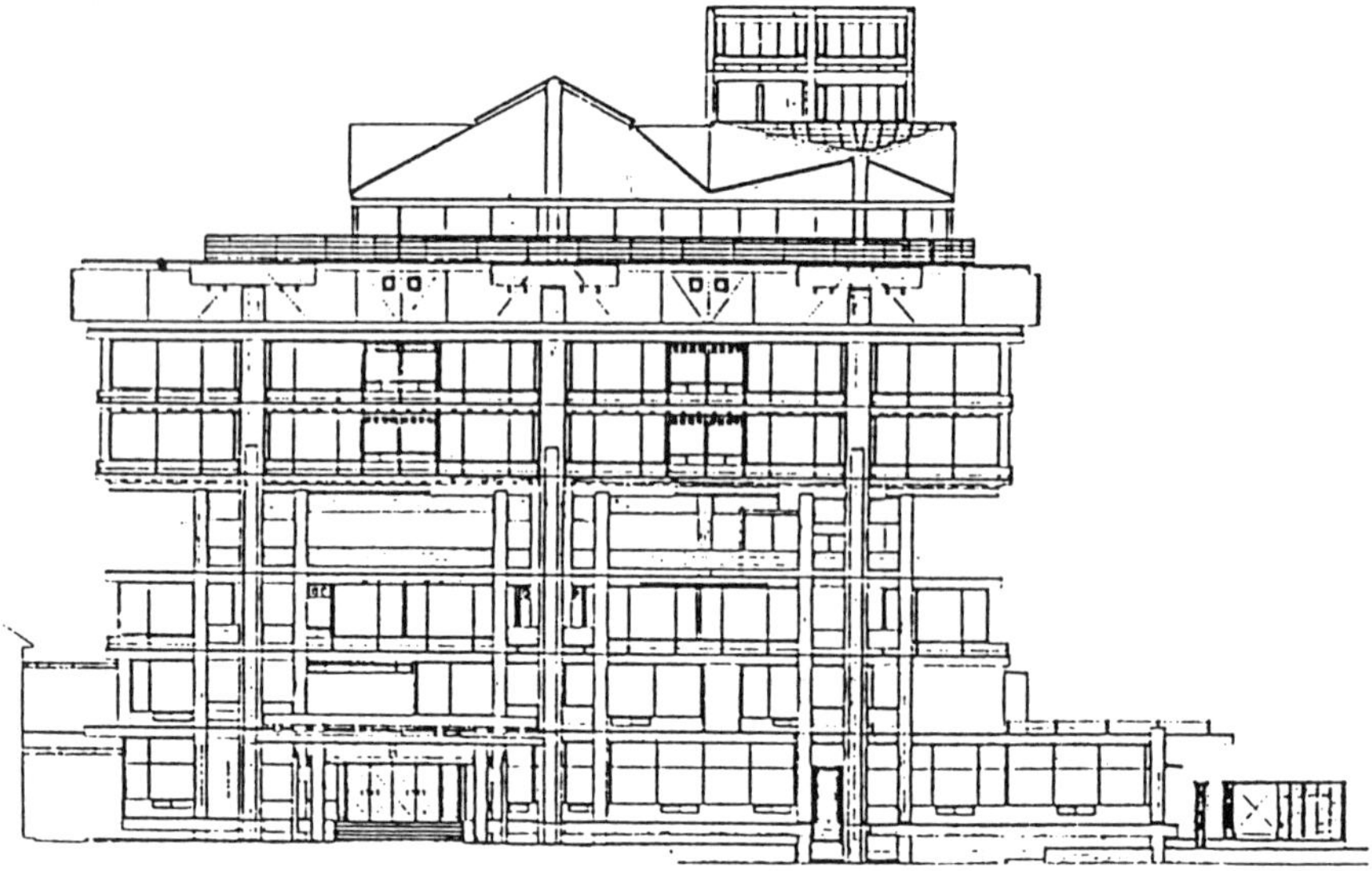

ホテル東光園　西立面図

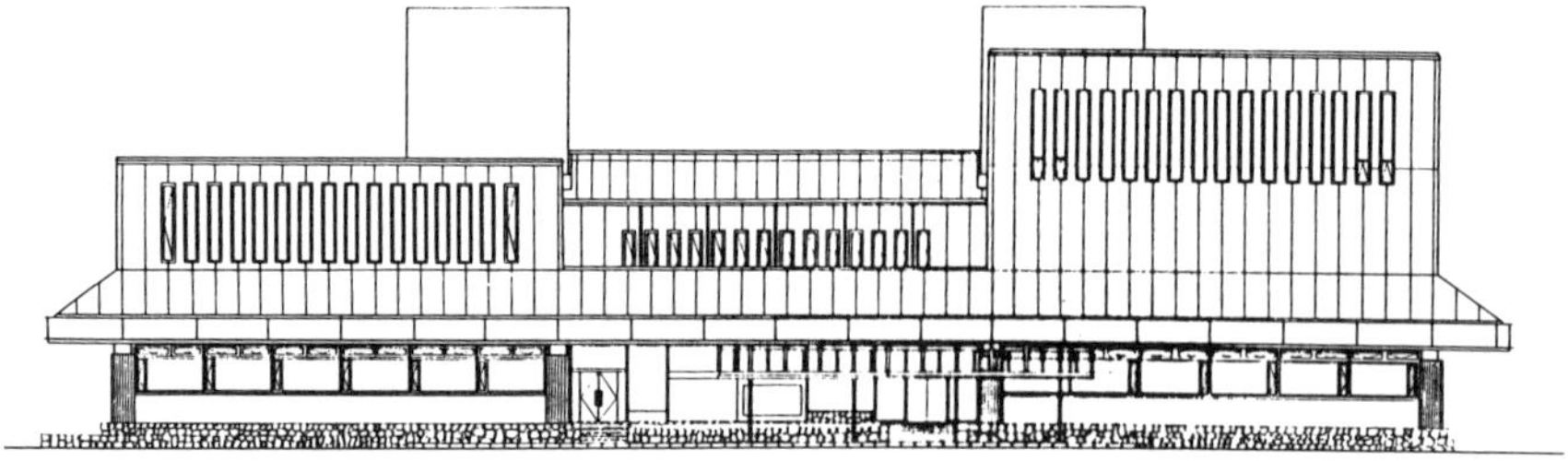

萩市庁舎　北立面図

実際に東光園は菊竹氏の作品のなかで最も氏らしい傑作であると思う。ここには氏の鋭い感受性と論理の整合性への強い希求という一見相矛盾する二つの要素が緊張を保ちながらバランスした結晶体をみることができる。

東光園が発表されたとき、原広司氏はこの空間を「論理と虚構の建築」として称讃し、菊竹氏を「丹下健三の独走を追う建築家であり、さまざまな条件を考えれば丹下に喰いさがる最大の選手である」（「新建築」65年4月号）と書いた。

原氏の分析によればこの空間は、

1) 自律的構造
2) デザインの豊富化
3) デザインの発見学的方法

なる三つの性格で説明されるという。自律的構造とは構造体が単に合理的意図を実現する手段にとどまらず、例えば添え柱と貫のように表現体そのもの、すなわち目的に転化していることを指し、次のデザインの豊富化とはストイックで単にメカニックな近代建築の枠をこえて、装飾的とさえいえるさまざまなモチーフをデザインに展開していることを指している。最後にデザインの発見学的方法とはこの装飾性がディテールや設備への関心からきわめて即物的、技術的に発見されていることを指している。

さらにこの東光園において、菊竹氏が従来のなまなましい建築から表現主義的とさえいえる豊かな虚構の空間の領域に踏み入り、「露出していた前衛性はいまや余裕のうちに支配力に転化しようとしている」ことを指摘して、最後に「菊竹清訓はおそらく、美しい建築をのりこえて、不気味な建築に挑むであろう。そのきざしを私はこの建築の潜在力として感ずるのである」（前掲書）と結んでいる。

事実、菊竹氏はこの直後に都城市民会館、パシフィックホテル茅ケ崎という不気味な雰囲気をすら感じさせる空間を完成させた。しかし「前衛性から余裕の支配力への転化」という指摘こそ、その後の菊竹氏の状況との関わりの困難さを見事に予見していると思う。

六〇年代前半の菊竹氏の建築には不気味でありたいという既存の秩序破壊への欲望と、余裕の支配力への転化を欲する安定性への願望とが渦巻くように混在していたことは確かである。この矛盾が交錯し、緊張のうちにバランスしたところで東光園の空間は成立した。

しかしこのような緊張に満ちた微妙なバランスは、長く持続するものではない。再び萩に眼を転ずるとき、私はそこにもはやメタボリズムの論理への整合性を感ずることもできないし、不気味さをみることもできない。この変化はいうまでもなく菊竹氏自身の状況を把える姿勢の変化であるが、この分析をする前に萩市庁舎の空間を見ることから始めたい。

3 萩市庁舎について

私が萩の市庁舎を訪ねたのは七月三十日である。人口約六万の美しい城下町には、かつてのおもかげを伝える土塀の街並みが保存され、その奥に色づいた実によって大きくたわむ夏みかんの樹々が濃い緑色と黄色の色彩を添えている。

この街の中心に近く、市庁舎の建築は七年ばかり前に完成した市民館に隣接して在った。竣工して約一年経過したためか、やや落着いた耐候性鋼板の濃い茶褐色で、ざらざらしたテクスチュアの外壁が強い夏の陽ざしに照射されて、それは市民館の伸びやかにもち上げられた純白な船体のごときシェルターと鮮やかなコントラストを示している。市庁舎の建築としては珍しく低層（二階建、一部中三階）にまとめられ、予期していたよりもこじんまりと静かなたたずまいであった。

外壁の一階は土塀を連想させる萩石積みの上に打放しの柱が立ち、その間をアルミの窓と白い腰壁で埋め、二階の鋼板の被覆と全く異なる表現を用いている。この耐候性鋼板は庇の形状に四周とも張り出し、外観のデザインを特徴づける最大のモチーフとなっているが、これは内部空間とは関わりをもたない。この庇を含む鉄

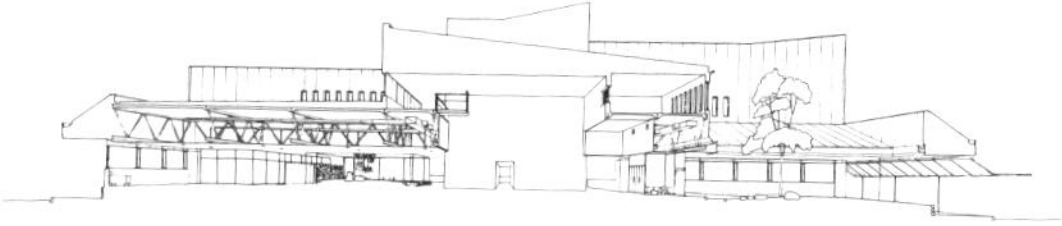

荻市庁舎　パース

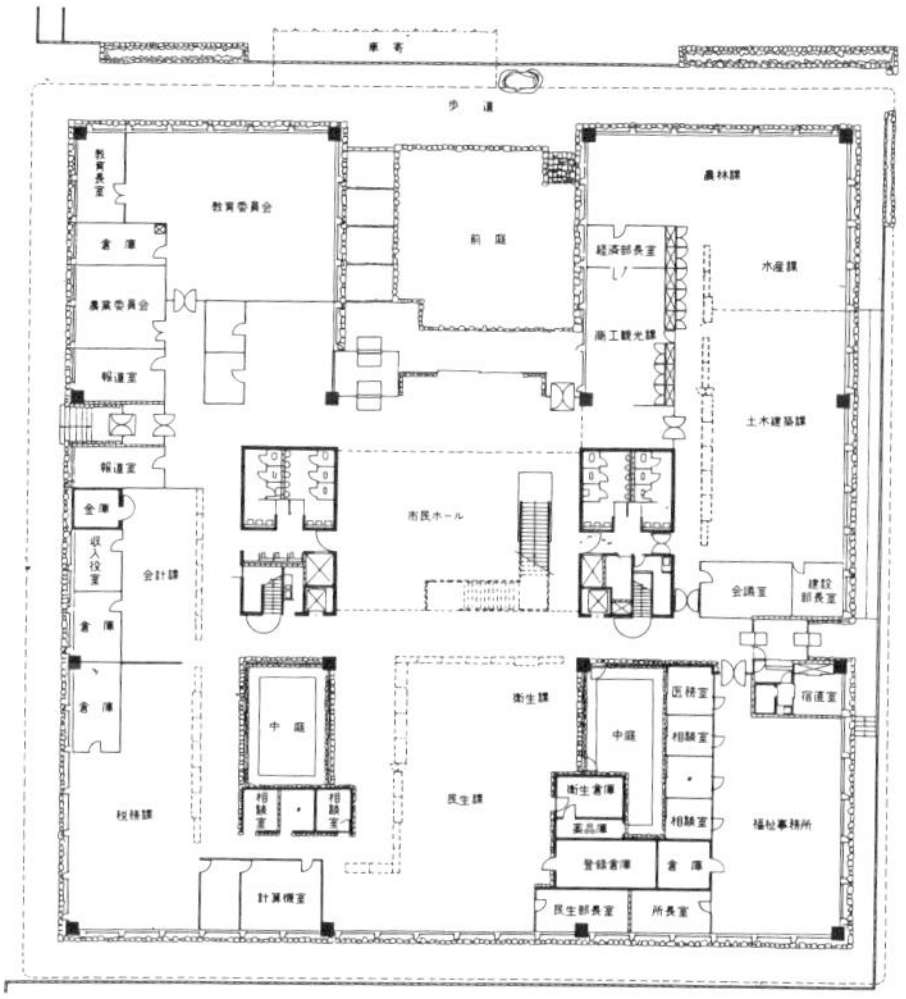

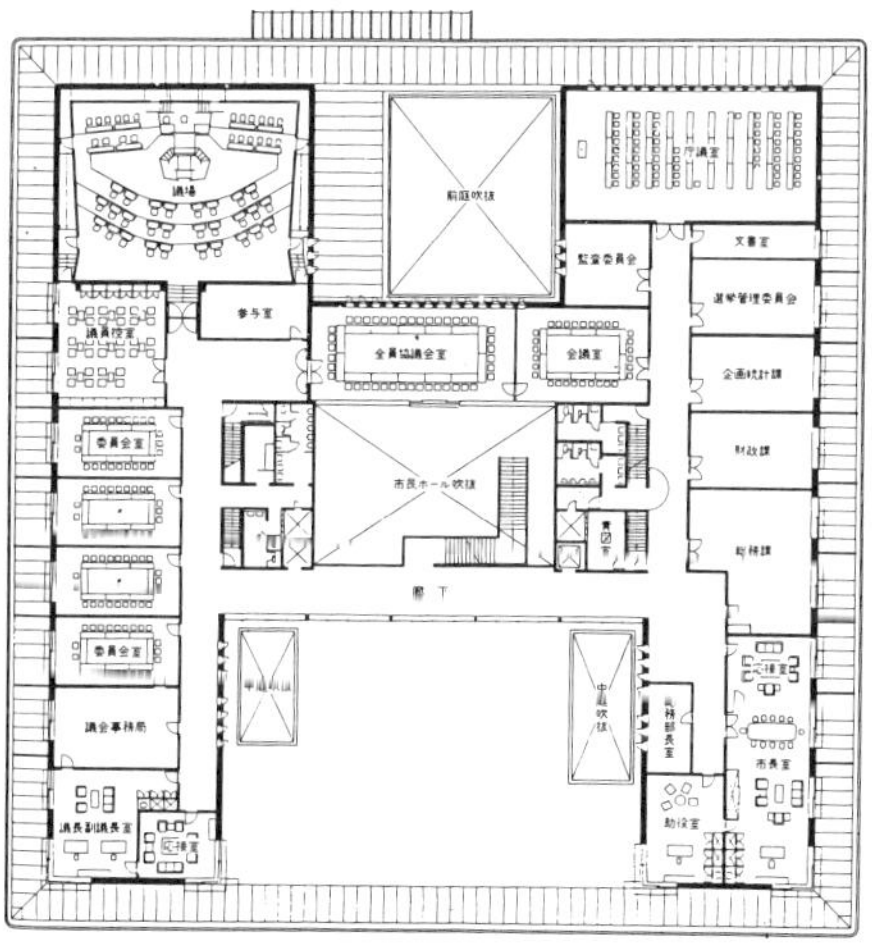

荻市庁舎　▲2階平面図，▼1階平面図

骨造の二階部分は日本の民家の大屋根をイメージさせ、それを意識してか、一階部分の階高はぐっと押さえられている。このようなプロポーションのために建築は地にまとわりつくような印象を与えており、高くもち上げられた隣の市民ホールとこの点でも対照的で、「降臨」した建築の姿がここにもある。その意味からすれば、島根の図書館や武道館と同じ系列に属する空間といえようか。

平面は正方形でその中央が吹抜けのエントランスホールとなって、一、二階の各室へ通じるという最もオーソドックスな方式を採用しているため全体の構成は理解しやすい。エントランスホール前面には前庭があり、利用者はこの脇を通ってホールに入るのだが、自然石と樹木によって構成されたこの和風庭園は菊竹氏の空間との異和感ばかりが目立つ。建物の内部にある二つの小さな中庭もほぼ同様であり、どのような事情によるのか知らないが、かつて意欲的な芸術家との協同作業でこうした空間を埋めてきた氏を想うと理解に苦しむ。正面の前庭などは、せめて萩市を象徴する大樹を一本だけ植えたほうが、アプローチとしての強さを表現できたように思う。

素材の構成という点からみると、この建築を特徴づけているのはやはり耐候性鋼板と萩石である。耐候性鋼板は人工的な素材ではあるが、金属特有の光沢もなく自然に触れて腐蝕し、しだいに味わいの増す素材であり、それにこの地域に産するヴァナキュラーな自然石を組み合わせると、空間の雰囲気はほとんど決定づけられてしまう。したがってホールの床のトラバーチンは、この空間には硬すぎて異質な感じを与えるし、萩石ともバランスしない。またホール周辺の打放しコンクリートの壁にしても、着色せずにコンクリートの素肌のままのほうが上記二つの素材とよく調和したのではなかろうか。萩石積みのデザインも街の美しい土塀の石積みと比較すると雑然としてシステマティックな合理性を感じさせないし、各課カウンターや吹抜けの鉄骨階段などディテールのデザインにも、従来の菊竹氏の空間にみられたキメの細かい密度の濃さを発見することができなかった。

総じて設計のエネルギーは外観、とくに耐候性鋼板のデザインに偏っており、インテリアでは素材が多すぎて、それらを統一する一貫した手法がみられない。人口五〜六万の街の庁舎としては無理がなく、低層にまとめられた点からも市民にとって使いやすそうに思えるのは確かだが、私たちが菊竹清訓という作家に求めるものはやはり不気味なほどの空間構成へのひらめきと、そのひらめきを執拗なほどに細部まで展開していく姿である。

空間の断片的な印象を整理しながら、東光園との比較において、萩市庁舎の建築を分析してみると次のようになる。

1）直接的なリージョナリズム

素材の構成で触れたように、耐候性鋼板と萩石積みとが表現の基調をなしているが、ここには萩という特殊な環境への配慮がうかがわれる。近代建築のもつインターナショナルな表現を脱して、新たにリージョナルな空間を構築しようとする菊竹氏の姿勢は理解できるが、スカイハウスや東光園の時代から氏の建築にはもっと独特の土着的な空間の臭いがあったと思う。ラワンの窓枠や建具を打放しのコンクリートと巧みに組み合わせて生まれる素朴な雰囲気は柱、梁の構造体とも相まって驚く程不思議な伝統的、日本的性格を漂わせたものである。例えば東光園でいえば、厳島神社の鳥居を想わせる柱はいうまでもないが、HPシェルの屋上レストランの造形、客室における木造のディテール、階段室やロビーのサッシュ割りのプロポーションなどが総合されてかもしだす雰囲気である。萩の場合褐色の鋼板とこの素材によって構成される大屋根のイメージは菊竹氏らしい土臭さを感じさせるが、萩石を同時にもち込むことによってリージョナリティは、ややダイレクトに表現されすぎ、日本風の庭園までも導き出す結果を招いて空間を甘くしている。

氏の空間に感じられたヴァナキュラーな雰囲気は幼少のころからの生活環境と日本建築に向ける特異な眼差しによって体内化されたものであり、あるいはまた、木や石という素材の徹底した合理性の追求から生ずるもので、とくに萩という環境を意識せずとも自ら滲み出してくるはずである。

2）内部空間の欠如

菊竹氏の建築にはもともと内部空間、すなわち内側という空間感覚はなかったと思う。東光園を氏の作品の最高の傑作とするならば、その計画案と同時に書かれた「柱は空間に場を与え床は空間を規定する」と題された空間論は氏の文章のなかで傑出したものであるが、このテーゼに彼の空間の特質がすべて集約されて表現されている。一本の柱によってその周辺に発生する空間には内と外の区別もないし、裏表の区別もない。このような空間を限定するのは床であり、壁や天井でない。したがって東光園においてロビーの境界となっているガラスの有無は空間と無関係であるし、この建築をある距離から眺めることと大梁を支える柱の真下に立つ体験とは連続線上にある。

菊竹氏の六〇年代後半からの作品には壁によって構成される空間もかなりあるが、例えば、萩市民館の場合なども、壁で包囲されたオーディトリアムの内部よりは、大きな鉄骨トラスの下にくり広げられる連続的な空間が最も魅力的である。

萩市庁舎では、かなり大きなスパンの鉄骨による構造体を、コンクリート柱で受けるという菊竹氏らしい明快なストラクチュアが採用されているのだが、これだけのスパンをとばして開放的な一階の空間をつくりだしたにしては、天井高がやや低い印象を抱く。そのために、柱の周辺に場が形成されるだけの高さが得られていないのではなかろうか。

3) 構造的表現の隠蔽と付加的デザインの減少

菊竹氏の建築に限らず、六〇年代の建築には丹下健三氏や磯崎新氏など、力強い構造を表現して用いる傾向が顕著であった。そのような一般的傾向に対して、菊竹氏に特徴的であったのは、大胆な架構を露出させると同時に、それによって形成される空間の秩序を乱すべく、過剰なまでに感性的なデザインが付加されている点である。東光園はその頂点であり、この建築のいたるところに、溢れるばかりの感受性に支えられたディテールデザインがなされ、その豊饒さによって、みる者を幻惑する空間が演出されたのである。それは構造体の表現、あるいは空間を構成する論理の表現の明快さや粗々しさと、その秩序を崩そうとするバロック的なエネルギーとの葛藤の姿である。

そうした視点からすると、萩はスタティックで穏やかな空間である。スタティックな印象はオーソドックスなプランにもよるのだろうが、鉄骨の大きな架構が、仕上材で完全に隠蔽されてしまっていることにもよっている。都城や萩市民館のような鉄骨のブルータルな表現は、すっかり影をひそめてしまっているし、空気、音、光などに対するテクノロジーの視覚的表現もみられない。これは七〇年代の建築に共通する特徴かもしれないが、氏の建築から、デザインの豊饒さも減少してしまっているように思われてならない。菊竹氏は理性の冴えのみの目立つ〈less〉の空間ではなく、感性によって即物的な〈more〉の空間をつくりうる希有な作家である。萩のエントランスホールの両脇の大きな打放しの壁をはじめ、ここの床、天井の仕上げ、正面の鉄骨階段など氏のデザインにしてはあまりに淡白としかいいようがない。かつての菊竹氏らしい面影を残しているのは、わずかに議場の家具の曲線が集積されて揺れるような効果が表現されている部分のみである。

装飾といえるほどに付加的な空間こそ、菊竹氏の建築の最大の魅力である。

4）公共の空間としての市民ホール

菊竹氏ほど七〇年代に入ってからも、市民のため、人間のための建築は何かという問いに、まともに向かいあっている建築家はいまい。この点については後に触れたいと思うが、「市民にとっての建築」はすなわち「コミュニティ・スペースの確保」となり、直ちに「パブリックな広場やロビーの形成」へと続く六〇年代からの形式的なパターンに陥りがちである。

萩からの帰途、私は倉敷に立ち寄って丹下健三氏の設計によって一九六〇年に完成した市庁舎をみたが、そのエントランスホールはメインテナンスの悪さも手伝って打放しコンクリートはうす汚れ、不用となったスティール家具が山積みされて、市民にとってのコミュニケーション・スペースとは縁遠い空間が残されていた。市庁舎の前面に市民ホールを建設し、その間に広場を配置しようという総合計画も実現されず、ここは車で埋まっていた。このような光景を眼の当たりにすると、六〇年代を彩っていた都市デザインから建築へのアプローチが、少なくとも倉敷では失敗に終わっている事実を認めないわけにはゆかない。この失敗はやはり市民をという言葉を西欧的、観念的に把えすぎ、素朴な地域の人びとが利用する空間をあまりにも抽象的な都市のレベルへ急激に飛躍させてしまったことによるものであろう。

萩の場合、倉敷と比較すれば素朴で親しみやすい空間ではあるが、市民ホールと名づけられたエントランスホールの空間などは、既に述べたデザインの豊かさが菊竹氏ならば、もっと表面化して欲しいように思われた。

公共建築において、市民と建築家を結ぶものがあるとすれば、それは建築家による抽象的な市民サービスの概念規定よりも階段の手摺りやドアのノブにいたるまでゆき渡った、建築家の情熱から成り立つ具体的なものとしての空間ではないだろうか。それらの一つ一つに素朴な市民が触れ、眺め、やはり素朴な一人の人間でしかない建築家の生気を感ずることができれば、市民のための建築とあえて問わずとも建築家の責の大半を果たしえたのではなかろうか。このように具体的なものの輝きを通じてしか市民と建築家のコミュニケーションはありえないし、市民が建築と関わるすべもないと私は考える。

十年以上の時間の余白を介して存在する二つの空間の性格の差異は、やはり大きかった。その差異はその間の状況の変化を跡づけない限り説明がつかない。私の内部には東光園の空間でつくられた菊竹氏の建築に対するイメージが、あまりに強く固定されすぎているのだろうか。しかし氏の建築をみる大半の人びとが、おそらく私と同じように東光園や出雲の、あるいは都城の空間を意識しながら新しい空間に向かうであろう。それは菊竹氏の背負ってしまった宿命であり、新たにつくられていく作品のおのおのは、かつての強烈な空間のイメージを前提として常に位置づけられねばならないはずである。

4　菊竹氏の内に宿る狂気

一九六五年に学生を終えた私は、以後四年間菊竹氏のオフィスで建築を学んだのだが、氏との出合いはこれより一年前、私が大学四年生のときであった。当時氏のオフィスは、自ら設計した八重州のビル内にあり、三十坪ほどのフロアの中央にアイランド状に所長室があった。それを取り囲むようにしてスタッフの製図板が並び、その境界はライトパーティションで仕切られ、話し声がオフィス全体にそれとなく伝わってくるようなコンパクトで機能的な空間であった。

このとき私は入所希望を伝えにいったのだが、まだ三十代の半ばを過ぎたばかりの菊竹氏は約一時間の面会の間、にこやかな表情をくずすことなく私の質問に応えて、現在取り組んでいる設計について情熱的に語ってくれた。当時、スタッフは十名をいくらか越える程度であったと思うが、室内には異常なほどの沈黙と緊張した空気が漂っていたことをいまでも鮮烈に記憶している。

その夏約一ヵ月の実習期間中に、私はその大半を都城市民会館の設計に着手するためのプレゼンテーションの作業に従事した。出雲大社庁の舎の設計で建築学会賞を受賞し、京都国際会館の競技設計では最優秀作こそ逸したものの、最大の話題作として騒がれており、東光園は間もなく竣工という時点であったから、静まりかえった緊張のなかには常にホットな空気が流れていた。

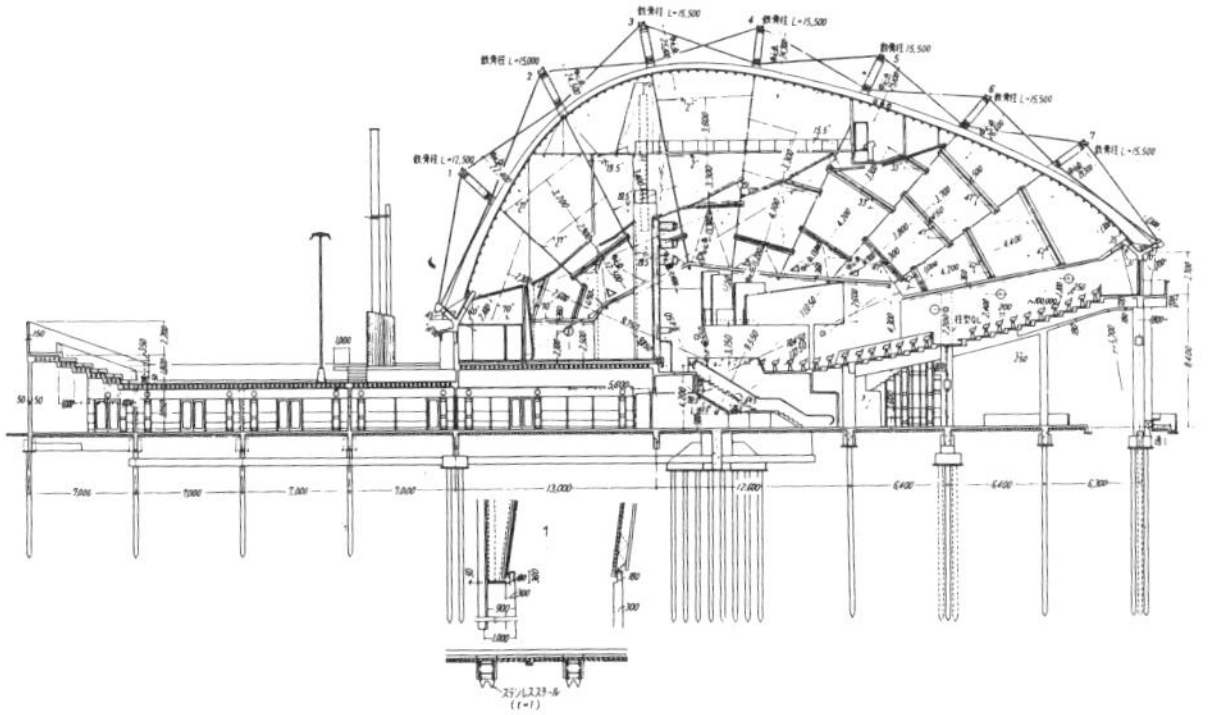

都城市民会館　断面図

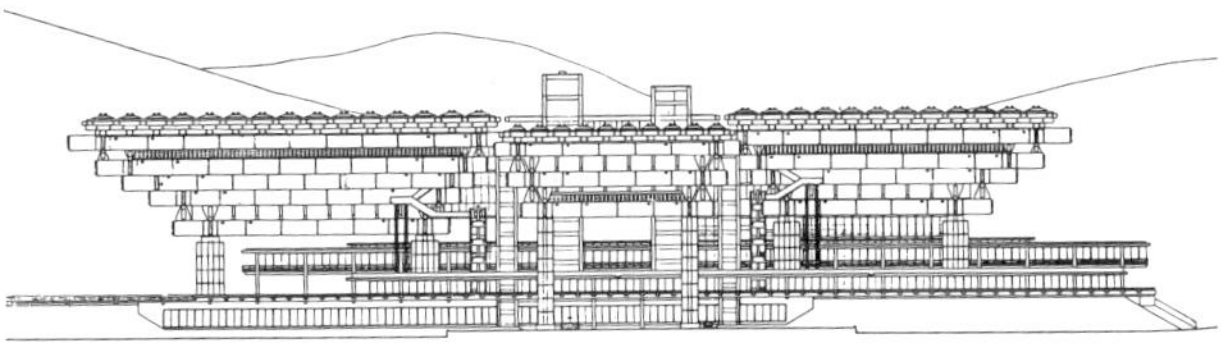

国立国際会館競技設計応募案　立面図

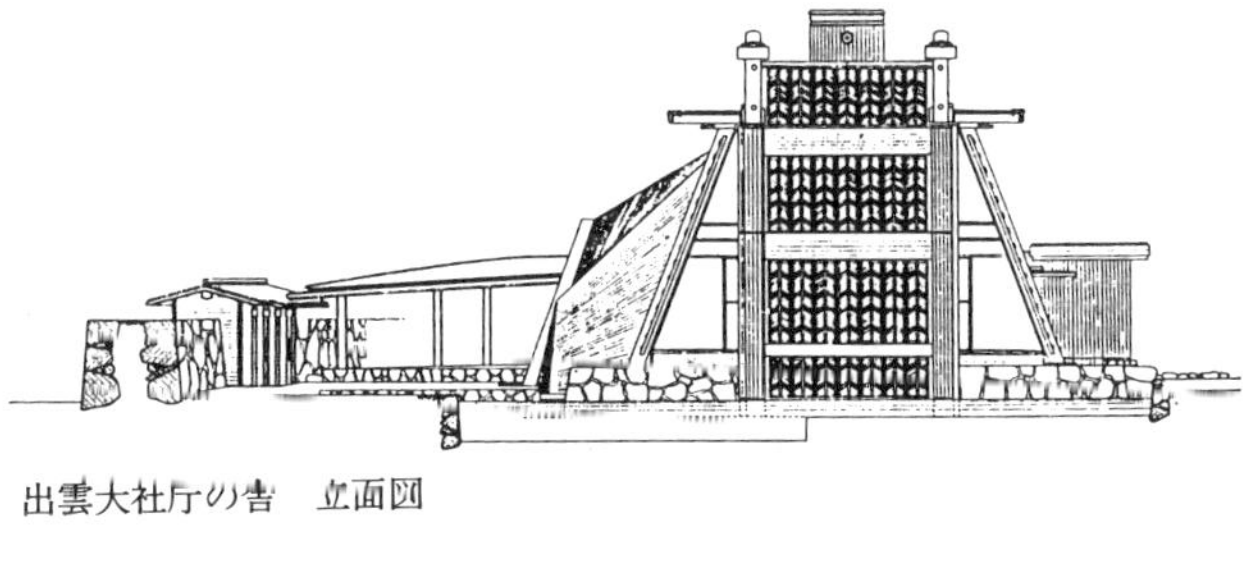

出雲大社庁の舎　立面図

しかし後年事務所の先輩から聞いたところによれば、この八重州に移る前氏の自邸であるスカイハウスの下がオフィスになっていたころの設計作業のすさまじさは、神話に近いものであった。昼は建築の実作業に携わり、夜になると海上都市などのプロジェクトの作成に従事して、川添登氏らメタボリズム・グループの人びとが毎夜のようにスカイハウスを訪れ、仕事は夜半過ぎまで続けられたという。ときたま宵のうちに仕事から解放されるとスタッフがスカイハウスを脱け出したところで、万歳を唱えたというエピソードも残っているほどである。一つの設計に対して菊竹氏がイメージを語れば、内井昭蔵氏がプランを描き、小川惇氏はエレベーションを描き、遠藤勝勧氏は矩計を描き始めるといった調子で、全く同時にスタートして、またたくうちに一つのエスキースが出来上がっていたという。この中核的三人を私達は御三家と呼び、それに土井鷹男、武者英二の二氏を加えたグループを五人男と呼んで何かにつけて教えを乞うた。これらの面々は現在それぞれに活躍しているが、菊竹氏の意向を全く驚異的に素早く理解して、ヴィジュアライズする能力を備えたこのチームは、当時有名を馳せていた丹下グループとは別の意味で、おそるべき集団であった。

当面する状況に対して、次々に新しい空間を提案しようとする意欲にあふれたこの建築家は、若い私などの疑問にもよく耳を貸し、アドバイスを与えてくれた。若い組織ではあったが、原則として、一日一回以上は菊竹氏とスタッフ各人との打ち合わせが行なわれ、すぐれたアイデアは直ちに採用された。

「か・かた・かたち」の三段階設計方法論など、外部から氏の論文のみで、菊竹像をつくりあげていた私は、入所後間もないころ、彼との打ち合わせの際にとめどもなく流れるように描かれるイメージスケッチに魅了された。氏は類まれな感受性を備え、学生時代に雑誌から想像などでつくり上げていた論理的な建築家像は、入所一ヵ月で根底からくつがえされた。断片的ではあるが、ひらめきに満ちたそれらのスケッチは、若い私たちに建築の新たな可能性と、人間の感性に基づく設計の楽しさをとことん教えてくれたが、直観的であればあるほど、彼自身は自己の才やひらめきに頼ることを極度に警戒しているふうであった。したがって、どんなにユニークなアイデアも論理的に説明がつかないと翌朝には捨て去られることが多かった。

建築は芸術と一線を画するというのが氏の日頃からの持論で、これは建築を空間至上主義的に把えようとする最近の状況下でも、おそらく少しも変わっていまい。それは次のような最近の氏の文章からも明らかである。

《建築家は決して特別の生活様式をもった人種でもなく、一般の人びとと異なる生活行動をもつ特殊な芸術家でもない。ごく普通の人間生活を素朴に、真剣に生きぬいて行く人びとであり、日本の伝統的生活様式を尊重し、新しい合理的生活のありかたについて、実践的に絶えず試み、考えている人びとであると私は信じている。》（「遠い都市住宅への道」、「新建築」75年3月号）

高田馬場のバラックで木造の増改築工事からスタートした菊竹氏が、建築を素朴に人間的なものにしたいと考えたのは当然であろうし、時代環境から育まれたピューリタン的なストイシズムが身についていたのも事実であろう。

彼は当時のすべての設計に全力投球で、与えられた時間のぎりぎりまで満足することなく、思考に思考を重ねることが常であった。したがって実施設計のかなり進んだ段階で、あるいは現場に入ってからも、構造に関わるような変更を強要することがしばしばあった。建物が竣工するまで、設計期間が続くと考えていたから、打ち上がったコンクリートの軀体に、変更を加えることすら辞さなかった。変更に伴うスタッフや構造、設備設計者の労働エネルギーの負担はともかく、施工業者や施主、地方自治体等外部関係者との折衝といった数多くの苦闘を越え、いくつかの修羅場をのり切らないとすぐれた建築が生まれないといった信念をかたく抱いていた。

ひとつの設計のプロセスでそれまでの打ち合わせの経過を無視して全く新しい案を提出し、施主や自治体の驚きをよそに素知らぬ顔で説得してしまう粘りと、したたかさがあのにこやかな表情の背後に秘められていた。

私が働いていた四年の間に記憶するかぎりの最も極端な設計変更の例は、萩の市民館であったと思う。このときは、入札のための実施設計完了の期限が三日後に迫った時点で、架構方式の根本的な変更が行なわれた。無言のまま厳しい表情で長時間模型を眺めていた彼が、突然描き出したスケッチによって鉄骨トラスを放射状に組み合わせた白いシェルターという現存する形態が生まれたのであるが、徹夜を重ねて完了目前まで近づいた時点だけに、多少の変更には驚かないスタッフもこのときばかりはみな虚ろな表情で茫然と顔を見合わせていた。

菊竹氏にまつわるこのような逸話を、なぜいま話すかといえば、菊竹清訓という作家の内に宿る〈狂気〉のような部分に触れたかったからにほかならない。日本の現代の建築家たちのなかで、彼ほどに「狂」という表現のあてはまる作家はいないと思う。外部の人に対してはいつも笑顔をくずさず、ネクタイに背広のスクウェアな態度で臨む氏が、こと設計となると満身からその毒を噴出させる。そのすさまじさは、菊竹事務所の比較的初期のスタッフと、ごく親しい一部の人びとのみの最もよく知るところであろう。

氏のスカイハウスから都城市民会館、パシフィックホテル茅ケ崎あたりの、すなわち五〇年代後半から六〇年代半ばごろまでの作品はこのような彼の怒気の奔出によって成立しているともいえよう。

菊竹氏はまた人の質問に対して、予想外の反応を示してくることがよくあった。例えば「システム」というような概念も彼にとっては抽象的な観念でなく、日本に古来伝わる石積みの記述不能なソフトウェアといった具体的、かつ即物的なイメージから展開していくので、ともすると常識では考えられないユニークさにつながることがしばしばあった。したがって、彼と対話をした人は、その議論のすれ違いに苛立ちを覚えることもあり、発想のオリジナリティとイメージの飛躍に呆然として畏怖の念を抱くこともあったようである。

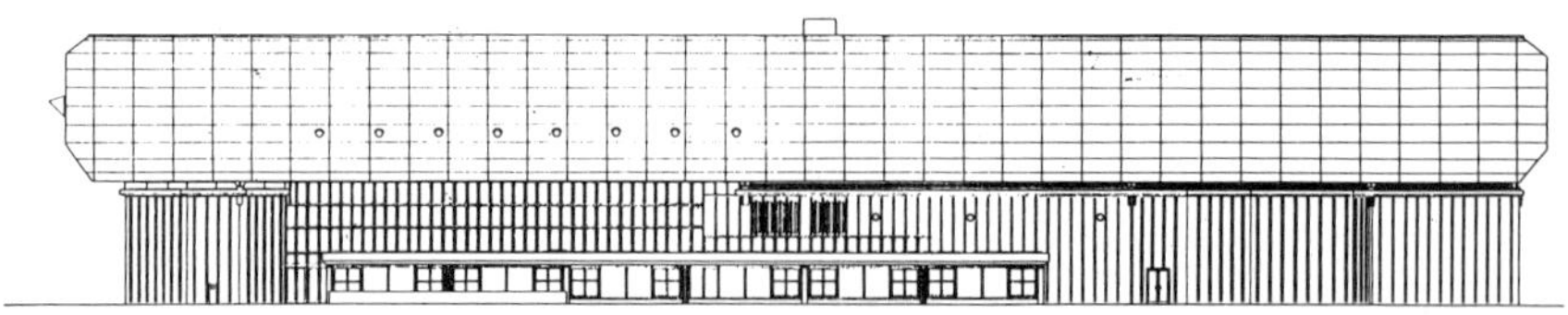
萩市民館　北立面図

今回萩の街を訪れた際、維新の志士のなかで長州では最も魅力に富む高杉晋作の生家の界隈を散策したが、司馬遼太郎氏の小説『世に棲む日々』によれば、吉田松陰——高杉晋作というともに二十代で死を遂げた長州の師弟の周辺にも〈狂気〉が満ち満ちていたという。「物事の原理性に忠実である以上、その行動は狂たらざるを得ない」と松陰は語ったというが、その教えを受け継いだ高杉は数回の脱藩をくり返し、短いが波瀾に満ちた生涯は狂気としか言いようのないものであったらしい。

ある才能を秘めた人間にとって、その時代、あるいはその状況に対する狂気を許容しうる地盤が存在するか否かはその才能の発揮に大きく影響を及ぼすことになると思う。高杉には彼の狂気を許容せざるをえなかった維新という時代と長州という土壌が存在していたが、一九七五年という時代にわが国の建築界という地盤には、そうした〈狂気〉を許容する素地がほとんど閉ざされてしまったかのごとくにみえる。

ともかくも、六〇年代半ばの菊竹氏の建築家としての生活は、このような〈狂気〉を孕んだ日常に満たされていた。

5　六〇年代の状況

《現代の歴史的位相を私たちの問題と結びつけるためには、私はつぎのような二つの軸で把えなおしてみたいと思う。

その一つは生産技術の革命とその後の技術的発展がもたらした現代的状況である。——成長と変化のダイナミックス。

もう一つは、コミュニケーション技術の現代における革命的飛躍がもたらしている状況である。——流動性モビリティ。》

これは六三年に丹下健三氏が電通本社計画、戸塚カントリークラブハウス、代々木屋内総合競技場計画案、日南市文化センター等の作品とともに発表した「方法おぼえ書」（「建築文化」63年4月号）の冒頭の一節である。

成長と変化のダイナミックス、流動性モビリティといった都市社会の状況把握の概念と、それを原点として建築のイメージをうみ出していこうとする空気は丹下研究室を中心として、六〇年代前半の建築ジャーナリズムの主流を構成していたように思う。

メタボリズム・グループも基本的にはこの視点に立って各メンバーの多彩な活動をくり広げており、菊竹氏は成長と変化というメタボリズムの初期中心テーマに基づいてグループのなかでも最も忠実に建築をつくっていこうと試みていた。特に六三年から六六年にかけての四年間は氏の設計活動のなかで、このテーマの展開という点からもすぐれた作品を矢継ぎばやに完成させてひとつのピークを形成した時期である。

ところでこの当時、菊竹氏とは全く異なる姿勢で状況と関わりつつ設計活動を続けていたのは篠原一男氏である。篠原氏はこの時期に次のような住宅を発表し、特に六六年の「白の家」によってひとつのエポックを形成していた。

一九六三　土間の家
一九六五　花山の北の家
一九六六　白の家
　　　　　地の家
（年代は作品集による）

篠原氏のように都市デザインとは全く無縁のところから、独立住宅のみに眼を向けていた作家は当時としては圧倒的に少数派であったが、氏の状況との関わり方をみることによって逆にメタボリストたちの立場を明確にすることができると思う。したがってここではやや長い、菊竹氏と篠原氏のほぼ同時期の両氏の文章を引用することによって、二つの対照的な建築家像を比較してみよう。

菊竹清訓

《建築の創造は、あくまで矛盾をもった社会、矛盾をもった人間を承認しなければならない。その結果建築は秩序をつくりだす方向に、矛盾を克服しようと計るのである。

建築に虚無の建築、自己否定の建築が存在しえないのはこのためである。

このような建築家の基本的態度としては、自然科学の体系を大づかみに把え、広い視野に立って、問題を追求する方法論を正しく認識し、修練していくことが要求され、新しい矛盾の体系に組み込んでいく創造的自己開発が同時に必要とされる。

そこにオーソリティであるとともにアンシクロペディストであるという創造的人間像が建築家に求められてくるのである。

建築家は他の領域の各専門家との間に自己を分化させることによって、発展的協力関係をそこにつくりだし、建築という限定された問題にとどまることなく、都市計画そして人類全体のための自然改造計画にいたる、あらゆる生活環境空間の問題にたいし、積極的に創造的人間としての役割を果していかなければならない。》（「現代の建築家像」、「建築」65年4月号）

篠原一男

《都市デザインをまず先につくらなければひとつの住宅のイメージが生まれないと思う人だけはその方法を取り給え。だが、それは住宅というもののつくりかたの本質を示すものではない。たとえ未来に、どのように整然とした大都市が建設されようとも……そんなことはあり得ない。それが現代の条件なのだ……私たち建築家がつくる独立住宅はそれと向い合って建つべきものであって、それに順応したり、触発されてつくられるものではない。》（「住宅設計の主体性」、「建築」64年4月号）

《高度産業社会の一翼を担う建築界の主流はいつも人間を集団的存在として外側の輪郭でとらえる。現代が大衆社会であるという性格からこれは当然である。だが、私たちの仕事の住宅はいつもひとつの人間家族を通してしかこの社会と接触するみちはない。この莫大な数のなかのたったひとつの単位との接触という住宅の条件は絶望的でさえある。しかし人間一般という問題について、この頼りなげな接触法はほんとうに絶望的であろうか。私はそう思わない。巨大な架構、多量な空間の獲得に専念する建築界の主流の動きが素通りしていく地点に、社会と人間との問題を考えるもっとも重要な主題が沈んだままになっていると思うからである。個を通して全体をとらえるという過程は、居直りどころか、もっとも正統的な人間の社会への接近法なのである。》
（「住宅論」、「新建築」67年4月号）

菊竹氏の文章は「東光園」の発表に際して書かれたものであり、篠原氏の文章は前半が「大屋根の家」、「土間の家」の発表の際、後半が「白の家」、「花山の家」の発表の際に書かれたものである。二人の文章ともに当時の状況に対して身構えた姿勢がうかがわれるが、まさに対極的な立場から論を展開している。菊竹氏の場合、社会や人間に矛盾があっても状況を全面的に信頼し、承認してその日常性を直接把えるという立場を根底に据えて、建築から都市や自然改造までの広い領域に関わろうとする。ここにはテクノロジーや制度に対するオプティミズムがあり、ルネサンスのヒューマニストのようにバランスのとれた建築像を目差した姿を読み取ることができる。一方、篠原氏の場合には、状況は矛盾に満ちて大勢において否定的であり、これと関わりうる唯一の接点として個としての人間を据え、そこから設計にとりかかろうとしており、氏の建築はあくまで状況批評の意味を備えようとする。

公共建築と独立住宅という異なるジャンルを中心に、それぞれ設計に携わってきた二人の建築家の立場の差はあるにしても、状況および人間に対する認識の視座の相違は大きい。

十年後の現在の状況から判断すれば、私はあきらかに篠原氏の立場をとる。むしろ、六〇年代に建築家がこれほど容易に都市と関わっていけると確信できた状況に対し、文章だけからすれば首をかしげたくなるほどである。しかし菊竹氏との日常的な関わりからすれば、菊竹氏のこのような建築家像はストイックな氏自身の願望、あるいはこうあらねばならないという自己規制にも似た倫理観にすぎず、現実の姿とは必ずしも一致していない。それどころか彼の欲望を外に向かっては隠蔽して、時代の主流に合わせていたような感がしないでもない。

氏のメタボリズムとの関係にしても、メタボリズムの論理がなければ今日の菊竹氏がありえなかったことはいうまでもないが、彼の〈狂気〉のような感性によって、彼の空間が時代の方向から大きくはずれてしまうことへの歯止めとしてメタボリズムがあったとさえいえよう。しかし、氏の発言そのものへの周辺からの論評がなされ、氏自身の社会的な位置づけが明確になるにつれて、しだいに彼の〈狂気〉は出口を塞がれてしまう。設計の跡づけ、あるいは確認であった方法論やメタボリズムの論理が逆に先行して設計がそれを追うようになる。六〇年代の半ばをすぎて菊竹氏はそのような一つの転期を迎えつつあった。

6　状況の変化

菊竹氏の下で働くようになってから二〜三年目を迎え、メタボリズムの思想とその実情が内側から理解できてくるにつれて、私はその思想に疑問を抱くようになり始めていた。そもそも私が氏の事務所で働こうと思ったのは、論理に基づく建築を求めてのことであったが、先述したように論理の整合性よりも彼の作家としての感性に惹き込まれてしまっていた。それにつれてシステムや論理よりも自己の感受性に最大の価値を認め、ひとつの思想にまで高めて空間に表現することができれば、方法論などはどうでもよいとすら思い始めていた。

しかしながら、当の菊竹氏自身は外部に対してはメタボリズムの論理や「か・かた・かたち」の方法論を説き続け、内部においてもこの方法論に従って、設計組織を整備することに意欲を燃やした。このころ急速にスタッフが増加して、従来のワンマン・コントロールが維持されるには無理を生じていたこともあって、「か・かた・かたち」に対応する三つのチームを編成し、一つの作品はこれら各チームを流れて設計されるような試みが始められた。したがって、すべての作品はいずれかの段階で、スタッフ全員が何らかの形で参加することが建て前となった。しかし菊竹氏は設計の隈々まで、自分の眼が行き届いていないと気の済まない性質であったし、設計という作業自体それほど段階的に区分できるものではなかったから、このようなチームで設計を進めることは必ずしもうまくいったとは思えない。ともかくも島根の図書館、萩市民館、久留米市民会館などはこの体制の下で生まれた作品である。

これと時期を合わせて、すなわち六〇年代の後半に入って高度成長経済はなお持続したが、その歪みも少しずつ表面化して、都市の成長と変化への時期と同時に不安や批判が交錯するようになりつつあった。例えば時代の変化に敏感な磯崎新は、この当時都市の広場についてすでに次のように述べている。

《現代の都市にとって共同体意識の発生する基盤はまったくないといっていい。それゆえ、コミュニティを再建するなどあきらめたほうが賢明であろう。そういう全面的な接触の場であるような広場は存在しまい。ただ信じられるのは、各人の欲望の種類と質に対応する空間だけだ。》（「イタリアの広場」、「SD」65年1月号）

メタボリズムのグループは、ムーブネットなどの設備ユニットやカプセル住居等産業社会に、まだ行き渡っていなかった成長と変化の思想を建築で実践することによって、前衛性を保ちえたのであったが、しだいに高度成長で力を蓄えた企業も、住宅産業の発展を見込んで別の視野から設備ユニット、ユニット住宅などの領域に取り組むようになり、もはやメタボリズムの新陳代謝の概念は思想としての先鋭性をほとんどもちえなくなりつつあった。それどころか、七〇年が近づくにつれて批判を浴びることの多くなった産業社会に対して、高度成長経済を前提としたメタボリズムの思想は批判の先棒をかつぐという認識すら免れえない感もあった。彼は大阪万国博のランドマークタワーの設計などを通じても、状況との関わりの難しさを味わったが、もともと苦闘することはあっても、苦悩するタイプの建築家ではなかった。それはやはり、状況を根底において信頼していたからであろう。

このころから菊竹氏の文章には「代謝」という言葉に代って、「人間」あるいは「市民」という言葉が目立つようになる。七〇年代の初めに氏は、『人間の建築』、『人間の都市』なる二冊の著書を相次いで出版したが、それらを通じての「人間」とは、常に集団としての人間であり生身の個人ではない。《いわば一人の人間のためにデザインが駆使されるというのではなくて、不特定多数のすべての人たちのために役に立つ、新たな方向をつけ加えていくといった、そういう役割を設計というものはもっているのではないか。ですから公共の拡大というふうな意味で、私は設計というものが、これからもっと強く考えられ意識されていく必要があるのではないか。けっしてある特定の個人を対象にするという範囲では、どうも市民の建築、あるいは公共の問題というのは欠落してしまう。》

これは『人間の建築』（一九七〇）のなかの一節であるが、私はこのような人間観に対して大きな距離を覚える。不特定多数の人間とか市民とかいう言葉があまりに莫としているように思われるのである。このころから事務所での菊竹氏にはかつての怒気がしだいに失せて、穏やかさが目立つようになっていた。

私はそのころ氏の事務所で都市の集合住宅のプロジェクトに参加する機会をいく度か得たが、その際の主たる概念は「セミパブリックスペース」と称する小規模の住戸のコミュニティ空間を構築することであった。この設計に携わりながら、市民は真にこのような空間を欲しているのだろうか、現実の生活から飛躍して建築家が幻想の共同体をイメージしているにすぎないのではないかという素朴な疑問を抱き続けていた。現代の大都市で生活する人間は経済的には豊かになりつつあるが、各人の欲望のおもむくままに行動しており、住むということに関しても他人との共同生活のルールをつくることよりも自己の住まいの条件を少しでも有利に導くことに精一杯ではないのか。このような共同体ではむしろ相互のエゴイズムが衝突し合っているという不毛な人間関係を認識することから出発しないかぎり、状況との関わりを得られないように思われる。単に一戸

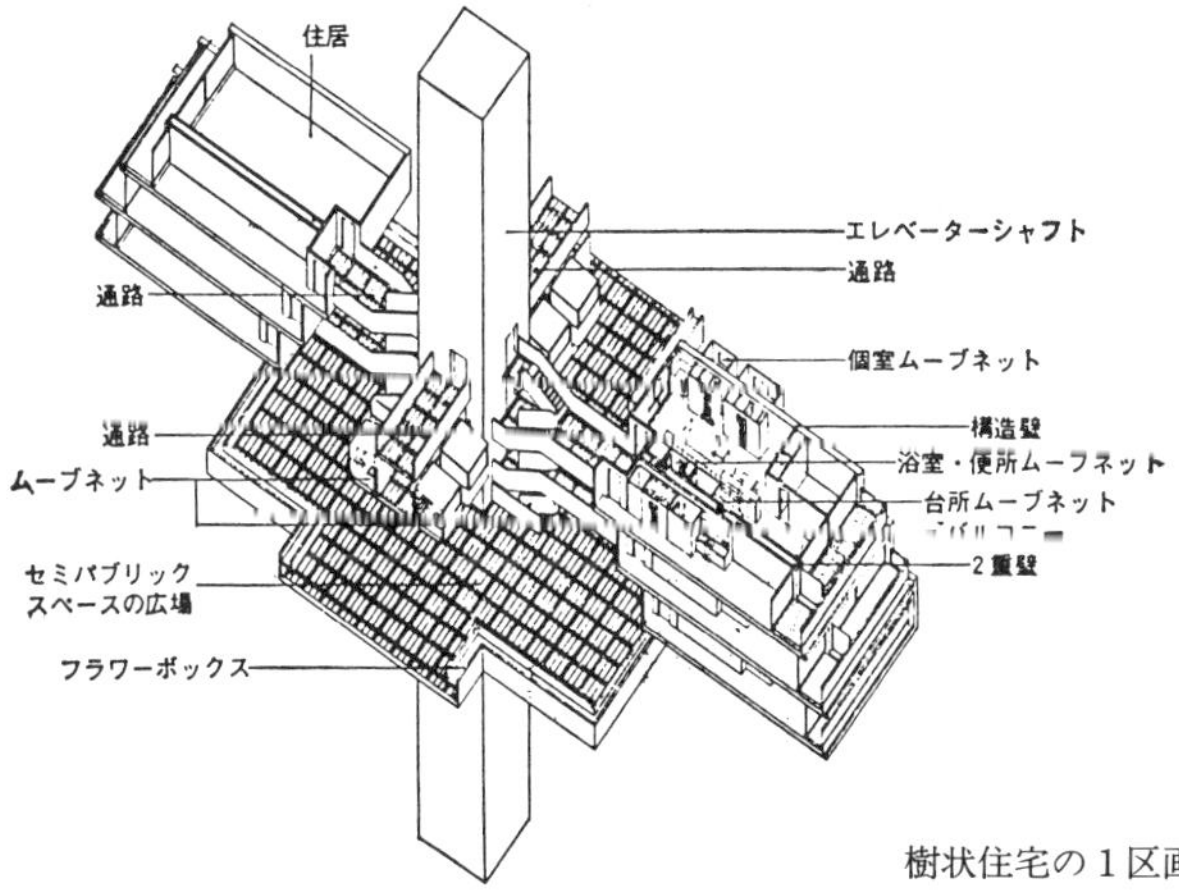

樹状住宅の１区画モデュール

の独立住宅を設計するに際しても、建築家と住まい手との間には多くの意識のずれがある。ましてや複数の家族が生活する集合住宅において多数の人間のエゴイズムともいえる欲望を反映させることは絶望的であるといえよう。菊竹氏は虚無の建築、自己否定の建築は存在しえないと言い切るが、私は状況に対する虚無や否定こそ今日のテーマとして最初に設定すべきではないかと思う。

一九六九年の四月、久留米市民会館の竣工したころ、私は菊竹事務所を辞した。菊竹氏個人の感性にはまだ惹かれていたし、彼自身ももうしばらく働くことをすすめてくれたが、すでに事務所はスタッフ数十名の大世帯に膨らんでおり、私にはやや大きすぎる組織に思われた。氏の事務所での生活もすでに四年を経過しており、大学の研究室にでも戻ってしばらくのんびりと何をすべきか考えたいと思っていたのだが、大学にはすでに紛争の嵐が吹き荒れ、研究室は荒廃し切っていた。結局その後約二年ばかりはぶらぶらとしながら七〇年をはさんでの大学紛争と大阪万国博というホットな状況を眺めた後、再び設計を始めることになる。以後、私は設計という作業が状況と自己との距離の測定であり、測定結果を何らかの形で表現することでしかありえないと思い込むようになっている。

七〇年をピークとして既存の制度や、その制度と繋がる建築家たちへの批判が集中したが、七〇年を過ぎてみると事態はほとんど何も変わってはいなかった。批判を行なった若い世代が連帯して新しい方向を主張するといった動きはほとんど皆無であったし、六〇年代に活躍していた人びとが同じようにジャーナリズムを賑わしているだけであった。

しかし都市の公害をめぐる告発はますます盛んとなり、建設すること自体が悪であるという空気すら流れて建築と都市を繋ぐ絆はいまや完全に断たれてしまっている。と同時に、都市における生活を把握することと美しい空間をつくりあげることを連続する論理も断たれたように思う。

生活における新しい機能の発見が、新しい合理的な形態を生み出すという六〇年代まで続いて信じられてきた近代建築の基本的なテーゼに代って、そうした生活と空間の直接的な連続性を一旦断って、作家の個人的、内面的な観念から出発して、抽象的あるいは装飾的な空間を構成し、生活とは何であったのかを再び問い質すといった方法が一部の建築家の間でいま試みられている。このような態度で設計に臨む建築家たちを仮に「空間派」とでも呼び、依然として生活の日常性を空間に直接結ぼうとする建築家たちを「生活派」あるいは「社会派」とでも呼ぶならば、いささか粗い分類にはなるが六〇年代には「空間派」と呼び切れる建築家は篠原一男氏などごくわずかであり、ほとんどは「社会派」であったといえよう。七〇年代も半ばを迎えて「空間派」と「社会派」の都市に向けられたまなざしの違いは、ますます大きくなっているようである。その違いは生活の非日常的なる部分に意味を見出すか、それとも日常そのものの範囲で建築を把えるかの相違ということもできようか。

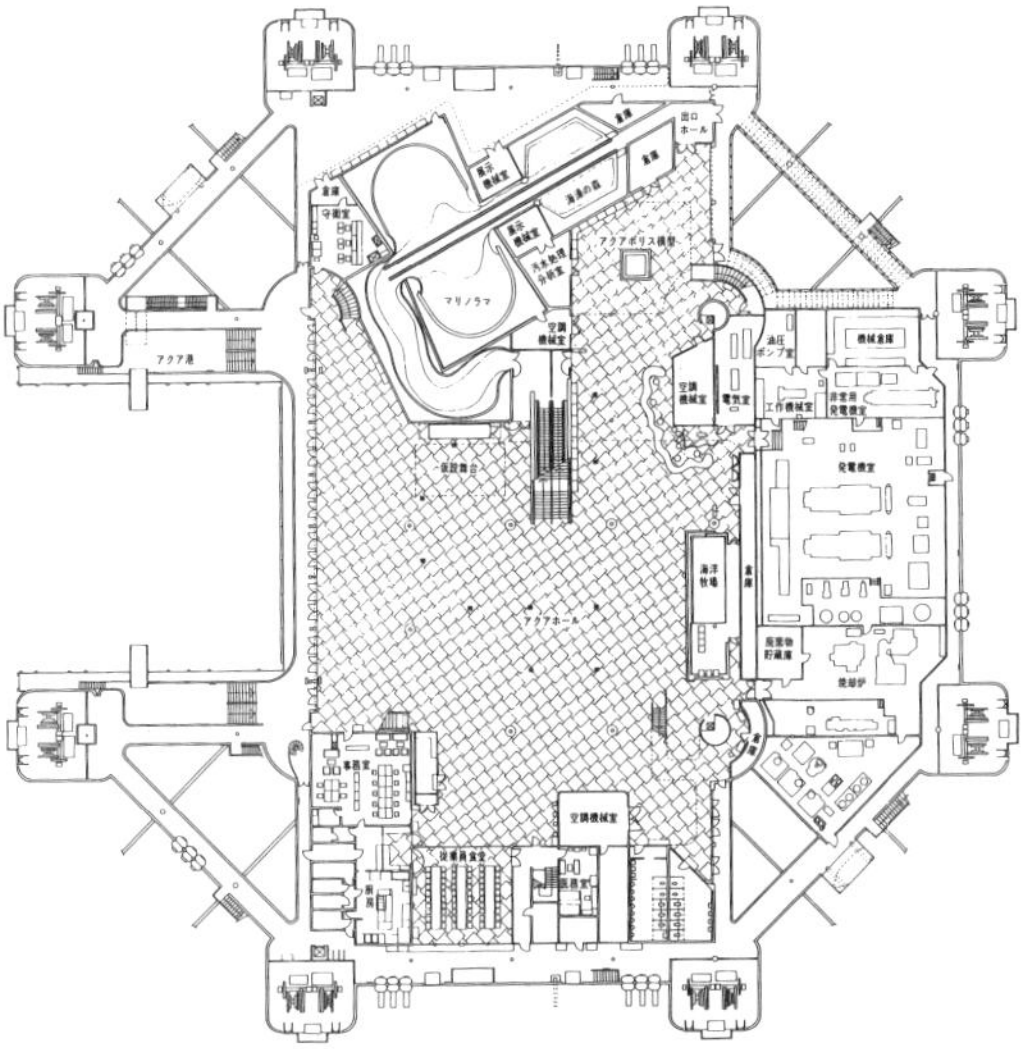

アクアポリス　メインデッキ平面図

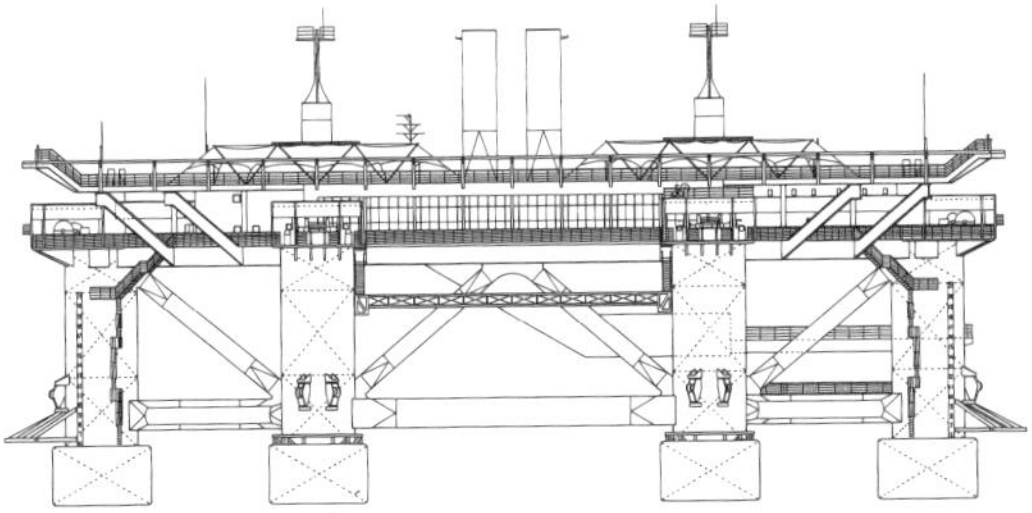

アクアポリス　立面図

7　菊竹氏への問い

私は沖縄の海に浮かぶアクアポリスを雑誌やTVでみるたびに、かつての原広司氏の菊竹氏に対する指摘「前衛性から余裕の支配力への転化」という言葉を想い起こす。ここで私は菊竹氏が海洋博という国家的行事に加担したことを指して、直接に「支配力への転化」というつもりは毛頭ない。そのような議論の不毛さは万国博ですでにし尽くされたはずである。しかし十数年前、スカイハウスの下で、都市住居への素朴な情熱を込めて夜を徹してつくられた海上都市のプロジェクトが、沖縄の海に具体化されたとは誰一人思わないであろう。ここには都市と呼びうる空間はなく、単にテクノロジーのみが誇示されている。その間の仔細な事情を私は知る由もないが、菊竹氏の欲望が疎外されたところで、このポリスがつくられたことは容易に想像がつく。巨大な官僚機構の精密なメカニズムを想うとき、菊竹氏の〈狂気〉にも似た欲望が疎外されなかったとは到底考えられないからである。むしろ七〇年のケースで十分経験済みであるはずにもかかわらず、再び同じ経験をくり返さざるをえないところに「支配力への転化」の姿をみるのである。

しかし、一方、私は菊竹氏の最近の作品「パサディナハイツ」において氏のかつての〈狂気〉が失われていないことも知った。この空間にはアクアポリスや萩市庁舎にはみられない、建築への執念を読み取ることができるように思う。

市民のための人間的建築とか、不特定多数の人びとのための公共的建築というややよそよそしい文章とは裏腹に、パサディナには個性的な、エゴイスティックでさえある欲望に溢れた作家の表現が感じられる。例えば、段状住居の南面に通路を配置することもそうであるが、彼自身のすまいの改造によって台所が南面する快適さを経験すると、直ちにそれを一二〇戸すべての集合住居のプランとして採用するといった決断にあらわれている。かつてスカイハウスに、若い氏自身の住生活へのイメージを空中に定着した菊竹氏が、いま夕陽の美しい台所で満喫する家族との生活という全く個人的な住イメージの特殊解を、このテラスハウスでは一二〇の家族に強引に提案しているのである。また、二十数年前のコンペティションのアイデアに端を発し、ここ十年来数々のプロジェクトにアプライしながら陽の目をみず、ようやく三島の丘陵に現実化したプロセスを知る者にとっては、段状住居にかける執念は彼の〈狂気〉以外のなにものでもない。パサディナはそのコンセプトのみが粗々しく表現され、空間を豊かにしていくキメの細かいデザイン上の配慮に、やや欠けたために殺伐とした印象を受けるなどと批判を浴びたが、私は氏の本来の不気味さと毒性を宿す作品として評価する。

菊竹氏はいまや数少ない「社会派」建築家の一人である。もしその姿勢を今後も崩さないならば氏は現代の状況に対して、いまだにもっている信頼を捨て去って、決定的に否定する地点から、生活あるいは社会を把え直すべきではないかと思う。そしてそれを把え直す武器は氏の感受性に溢れた〈狂気〉そのものではなかろう

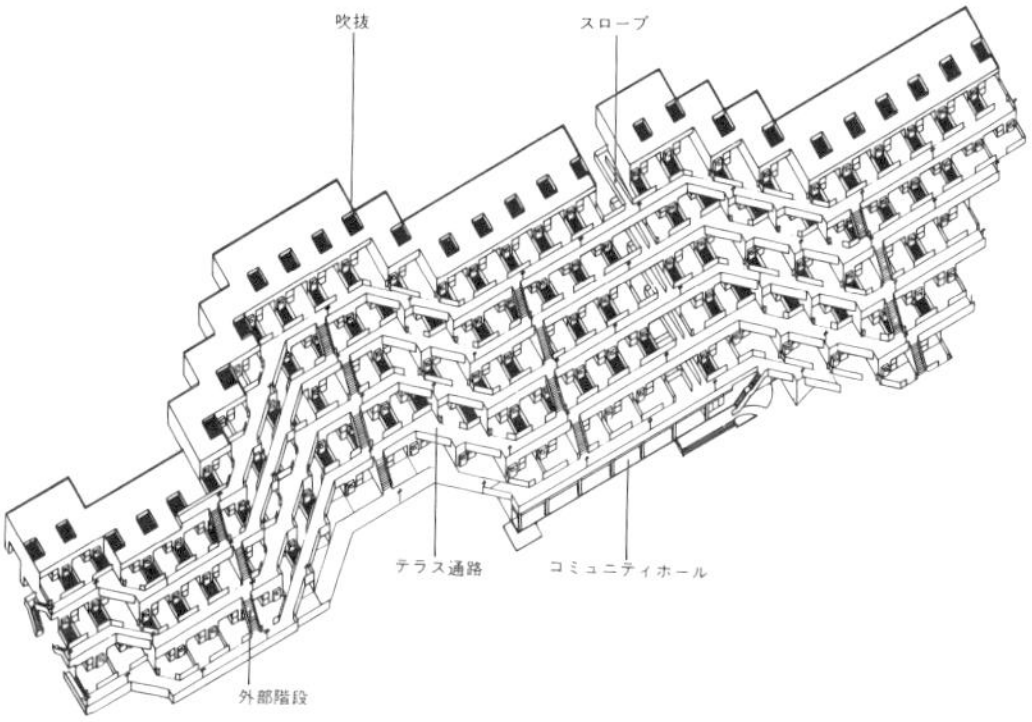

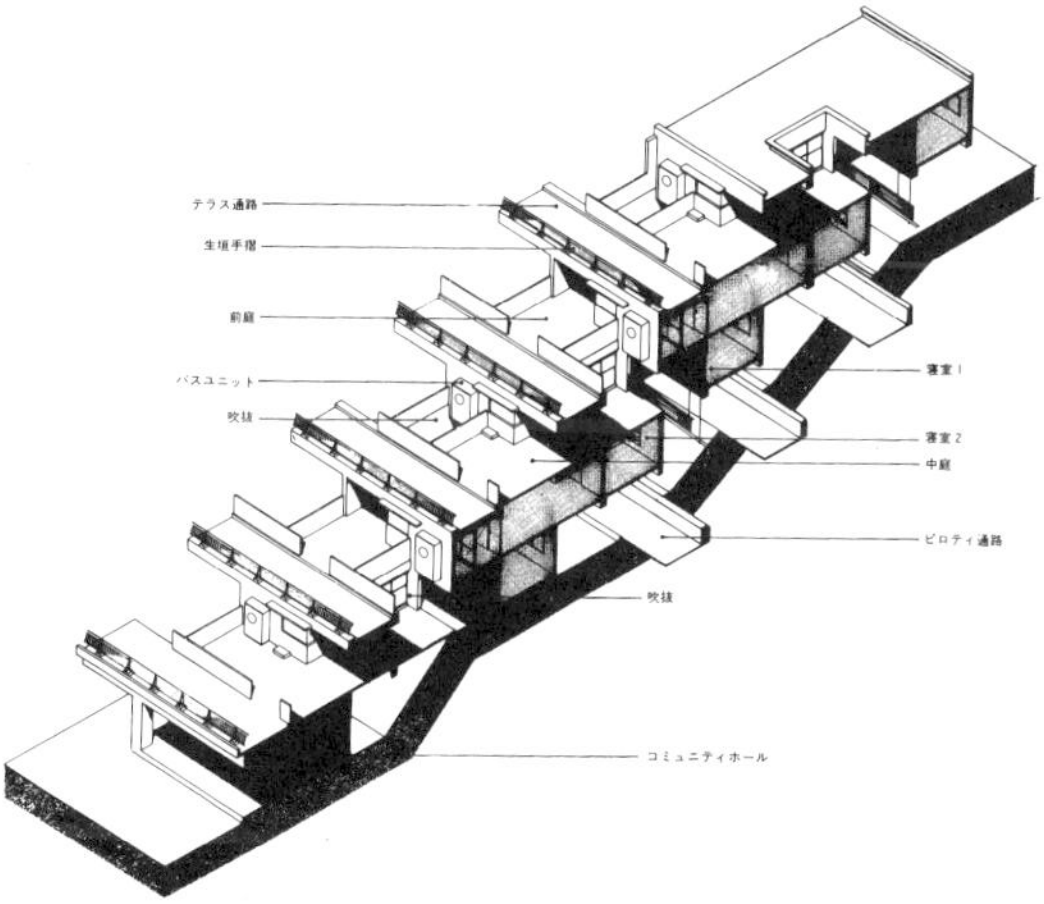

▲▼パサディナハイツ　アクソノメトリック

か。現代においてその〈狂気〉でもって状況と対しうる建築家は少ないが、菊竹氏はその数少ない一人である。

氏が状況と苦闘する姿は、世代や立場の相違を越えて、私たちに状況への関わり方を示すものである。

菊竹氏に問う。

「われらの狂気を生きのびる道を教えよ」と。

磯崎新の身体的空間とマニエラ　北九州美術館評

ここには珍しくも、ただ一本の軸線によって「形式」を付与された、磯崎新の身体的空間があった。影像だけを柔らかに固定してしまいそうなモノクロームの空間を歩いているうちに、ふと鮮やかなレインボーカラーに彩られた柱の間に立たされている、といった戸惑いもないし、直径6mもあろうかと思われる光のシリンダーをのぞき込むと、イタリア産大理石を貼りめぐらした内部に赤い公衆電話が一台、こともなげに置かれているのをみて、ニヤリとすることもない。建築本体と相似形のペントハウスが屋上にあることを知らされたり、並列に置かれたふたつの正方形の基壇の凹凸が、まったくのネガとポジを形成していることを突然発見するような楽しみもない。レトリック、すなわちアイロニーに満ちた観念の遊戯はぐっと影をひそめて、ここには空中に持ち上げられた二本の大きなボックスビームの粗々しさと、シンメトリカルな形式性の強さのみが印象的な空間があった。

小倉より西方、八幡へ向かって戸畑バイパスを車で数㎞走った時、北九州市立美術館はボックスビームの正方形断面をこちらに向けて、新緑の丘の上に忽然とその姿をみせていた。この日、五月の九州だというのに、製鉄所の煙による汚染のせいか、紗のスクリーンをかけた風景のなかで、それは薄日を浴びてシルバーグレイの鈍い光を返していた。9.6m角、長さ約65mの二本のボックスビームはアルキャストのパネルで覆われて、こちらに照準を合わせた二門の大砲のようにもみえる。北九州の街は海岸に沿って製鉄所が並び、この巨大な工場地帯を見下ろすような格好に、小さな丘がいくつも起伏していて、頂上まで工場の社宅で埋まった丘もあれば、金比羅の杜がややユーモラスなシルエットを描いている丘もあり、丘の部分だけが主として、緑に覆われている。美術館のある丘も、決して高くはないが、アプローチのある北側だけでなく、南側の住宅街の道路からも、あるいは小倉市街の高いビルの屋上からもみえがくれする。いずれにしても軸線が丘の稜線と直角であるために、この建物を横からみることはあまりなく、たいていは正面か、裏側のボックスビームの断面と相対することになる。不思議なことに、この断面をみていると、建物の軸線上に立って真正面から見据えてみたい思いに駆られてしまう。建物が地域に働きかけて、北九州の街を貫く強い軸線を意識させるからであろう。市民のヒューマンなコミュニケーションのための広場をその前面に用意して都市との連繋を求めようとしながら、成果をあげえなかった現代の公共建築に対して、彼は都市に軸線をめぐらすというバロックの常套手段を、「形式」として突如持ち込むことで、パラドキシカルに都市と関わってみせた。

　将来、屋外彫刻が展示される予定の芝生の間を登りつめて、建物足下のコロネードまでくると、二本の筒は約15mのキャンティレバーとなって頭上に大きく伸びていた。この筒の下にあると弱々しくさえみえるコロネードから、上部の展示場に到達するまでは、軸線

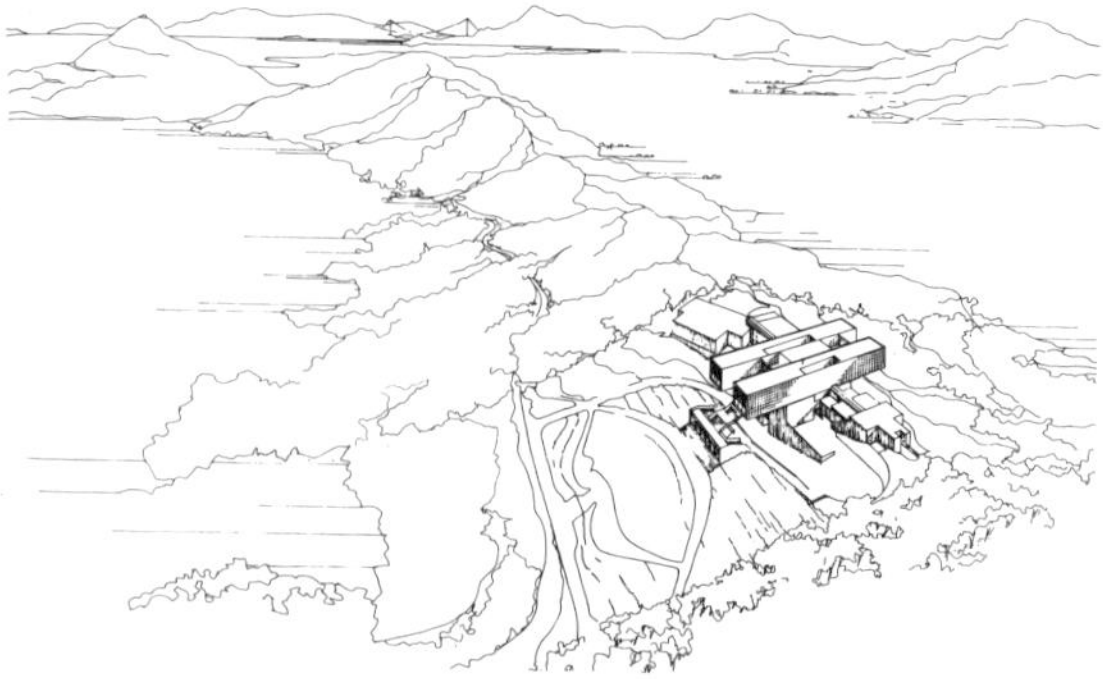

北九州美術館　パース

に沿った階段を幾度となく前後に折れながら上がる動作をくり返すことになるのだが、そのつど南北両側に対峙しているふたつの風景を見下ろすアイレベルもまた変わる。階段を上がりきったラウンジから八幡のくすんで潤いの少ない住宅街を見下ろしていると、二本のビームの間を南からの風が音をたててかすめ去っていった。先ほどまで街からこの建物を見上げていた私は、いまこの建物の内部にあって軸の真上にいる。この軸線は一体この街のどこに向けられているのだろうか。

大分の医師会旧館（一九六〇）以来、磯崎新は空中に持ち上げられたチューブともいうべき構造モティーフを繰り返し用いてきた。その断面がシリンダー状であるか、正方形のボックスビームであるか、あるいはまた半円形のアーチを描くかの相違はあっても、大分県立図書館（一九六六）、福岡相互銀行本店（一九七二）、富士見カントリークラブ（一九七四）など彼の主要な、そして成功を収めたと思われる作品の多くが、厚いコンクリートによって形成された重厚なストラクチュアの存在を表現している。最初の住宅であるN氏邸（一九六四）にしても、立体の集積とはいいながら、柱で支えられた住空間はスペースフレームのような軽い空間を連続させるのではなく、ソリッドなコンクリートのボックスという印象が強い。

多木浩二をして、不思議なほどに透明な「鏡の中の世界」といわしめた群馬の美術館ですら、アプローチの両側に置かれたキューブの太いフレームや、日本美術館展示棟の持ち上げられたボックスは、重い物質としてのコンクリートのリアリティがアルミパネルの下で息づいているかのように感じられる。磯崎は自己の作品を語るに際して、多くのレトリックによって私たちを幻惑し続けてきたけれども、このような単一の構造モティーフを繰

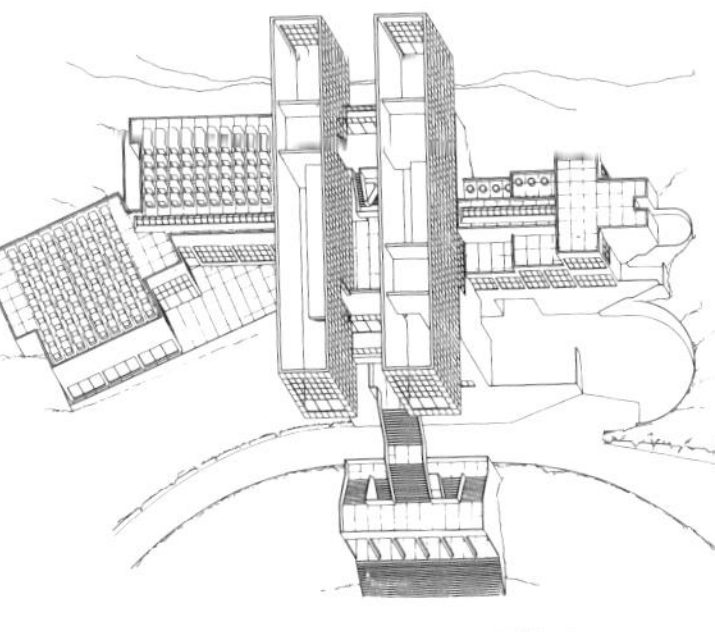

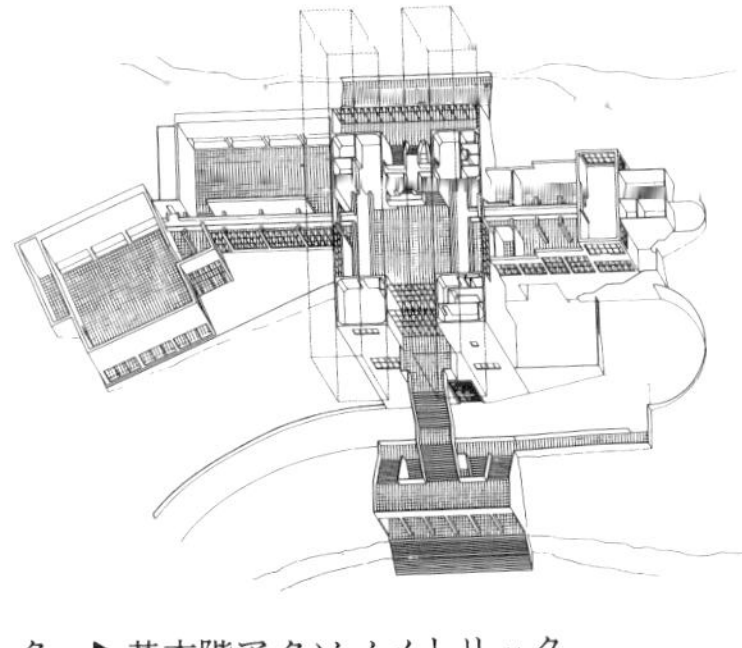

北九州美術館　パース　◀屋根状アクソノメトリック，▶基本階アクソノメトリック

り返すという点では、その一貫性においてむしろ稀有な作家であると思う。そして時には、ルイ・カーンを思わせるコンクリートのダイナミックなストラクチュアによって、いささか重く私たちをとり込んでしまう空間こそ、磯崎新が設計をはじめた六〇年前後から引きずり続けてきた彼の身体的ともいえる内的空間なのである。当時はまだ丹下健三を中心としてメガストラクチュアが論ぜられていた時代であったことを思うと、その頃形成された彼の空間の身体性ともいうべき部分が、六〇年代後半から七〇年代前半にかけての近代建築の行詰りとその規範の崩壊して行くプロセスのなかでも耐え続けている事実に、私は関心を覚える。六〇年代の前半、学生であった私は彼の大分県立図書館の計画案とともに、プロセスプランニング論や、闇の空間を読みながら、廃墟とか、記号のみの浮遊する観念上の空間と、大きな梁の存在感とのどうしようもないずれを感じていたのだが、恐らく彼自身も私以上にこのずれの意識を抱いていたに違いない。

先頃、彼が北九州と群馬のふたつの美術館の計画案について触れた時、規模も内容もさして変わりないふたつの建築が異なる形態になって行くのは、都市や風景や制度や言語や風俗のすべてを含む「土地の精霊」故であるというビュトールの言葉を引いた(「建築文化」74年9月号、反建築ノート・iv)。土地に根づく精霊の発現というこの魅力に富んだ言葉は強く私の記憶に残ったが、精霊はむしろ九州という強い陽ざしの風土で育まれた磯崎の肉体に宿っていて、時には強く、あるいは弱く彼の身体的空間として発現するように思われる。

ところで磯崎の作品はことごとく、こうした彼の身体的空間のリアリティを観念、あるいは知の介在によって弱め、消去し、歪ませ、ずらせ、またある時は対置させようと試みることによって成立させてきた。したがって彼にとって、反建築という言葉の意味は状況に対する投企であると同時に、それ以上に磯崎自身の内部に培われている身体的な空間秩

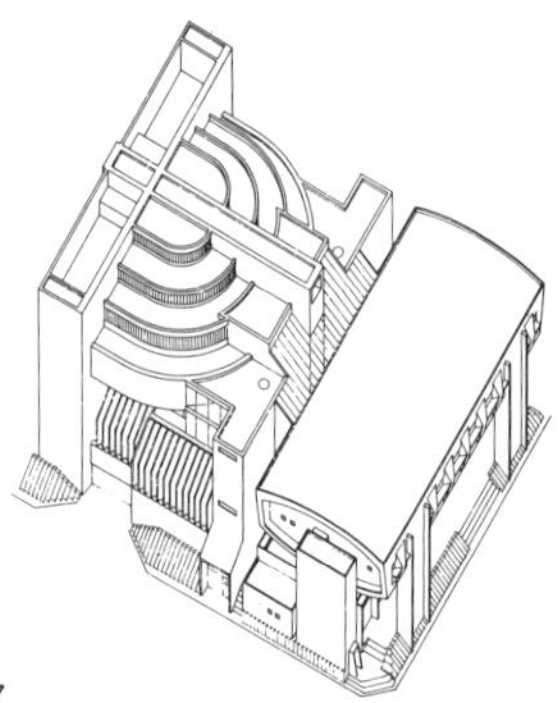

大分県医師会館　アクソノメトリック

序への知による解体作業であったように思われるのである。そしてこの意識的な衰微化、消去、歪曲化、無化、ずらし、対置などのためのソフィスティケーションこそいうまでもなく彼の言うマニエラ（手法）であり、空間に対するレトリックである。

　これまで彼の観念的空間については過剰なほどに論評されてきたが、彼の身体的空間のなまなましい存在についてはあまり触れられなかったようである。磯崎新に関しては多木浩二のすぐれた分析があるが、彼は磯崎の物質と観念の対立について述べ、この対立要素の遭遇から記号という第三の次元を導いている（『ことばのない思考』）。彼は磯崎の作品の官能性よりも記号の性質を重くみているが、私は磯崎の肉体にまつわる内的な空間の発現、それは彼の知で、いくら覆っても覆いきれずに頭をもたげてくるのだが、その事実にむしろ興味を覚える。また長谷川堯が磯崎論を書いた時、彼は磯崎がよく口にする洛中洛外図屏風的空間イメージを例にとって、次のように述べた。「磯崎氏にとっての〈空間〉とは、焼跡の澄んだ青空の下にあるややダリ風のガランとしたひろがりのようなものであるらしいのだ。……（中略）〈空間〉は焼跡と同じように、世界像の舞台としてすでにアプリオリなものとして、ひろがりとして既在するのであって、ひとりの建築家として、いやひとりの実在者として、どこかの岩窟に穴をあけるように、空間をリアライズする（実現・実感する）という、私にとっても、もっとも魅力的に見える根源的な企てには、ほとんどまったくといっていいほど彼は無関心であるらしいのである」（『建築――雌の視覚』）。洛中洛外図屏風に限らず磯崎が好奇心を示した都市や建築空間のイメージは、確かに拡がりや透明感に満ちている。廃墟、シンボル分布、マトリックス、イリュージョン、インヴィジブル・シティ、イヴェント、物質の非在化、被膜、サイケデリックな環境など、それは枚挙に暇がないほどだが、これらの言葉は観念の投影ではあり得ても、決して肉体の投影ではあり得

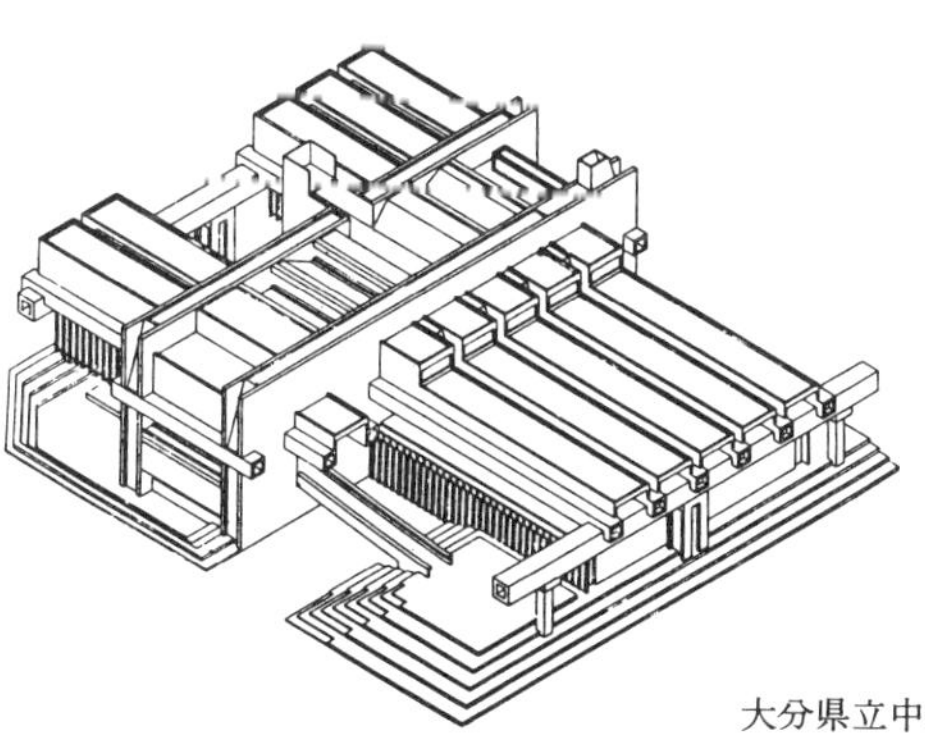

大分県立中央図書館　アクソノメトリック

ないだろう。長谷川の「岩窟に穴をあけるような企て」という空間づくりの言葉には私も惹かれるが磯崎の場合、このような企てに無関心であるのではなく、岩窟に穴をあけたような空間のイメージはアプリオリに彼の内に潜在しており、設計に際して顕在化してしまうこの身体的空間をむしろ消去するのが彼のプロセスなのである。そして彼はエネルギーのかなりの部分をこの作業に費やしてきたにもかかわらず、いまだにこの根源的な身体を彼の空間から完全には消し去ることができずにいるといってよいだろう。

彼の作品のなかにも、福岡相互の大名支店や、お祭り広場のロボットなど肉体との関わりが少なく、観念の投影のみが際立つものもいくつかあるが、これらは磯崎の作品のなかでは興味が薄い。彼自身が『空間へ』の冒頭でSINとARATAなるふたりの磯崎を規定したごとく、アンビバレンツという彼の代名詞も結局は彼の空間の身体性と観念性との対置に集約されるのではなかろうか。

アルキャストのパネルに覆われたキャンティレバーのボックスビームを間近に見上げながら、格子に割り付けられたステンレスサッシをくぐりぬけるとエントランスホールがある。10m以上はあろうと思われる天井の位置から、二本のボックスビームを繋いで架けられたビームの間を縫うように、自然光が上方では明確な縞模様を壁に映し、床面に近づくにしたがって溶け合わされた柔らかさを増して拡散している。床と壁は白い大理石を貼りつめられ、正面にはまったくのシンメトリーに配置された階段が、左右のボックスビームの下には吊り下げられたリビングミュージアムのブリッジが、群馬と同じ平滑なアルミパネルで被覆されて大理石のなかに浮かんでいる。大理石というギリシャ・ローマの時代から使われてきた自然の素材と、アルミという現代の代表的な工業製品とをひとつの空間の

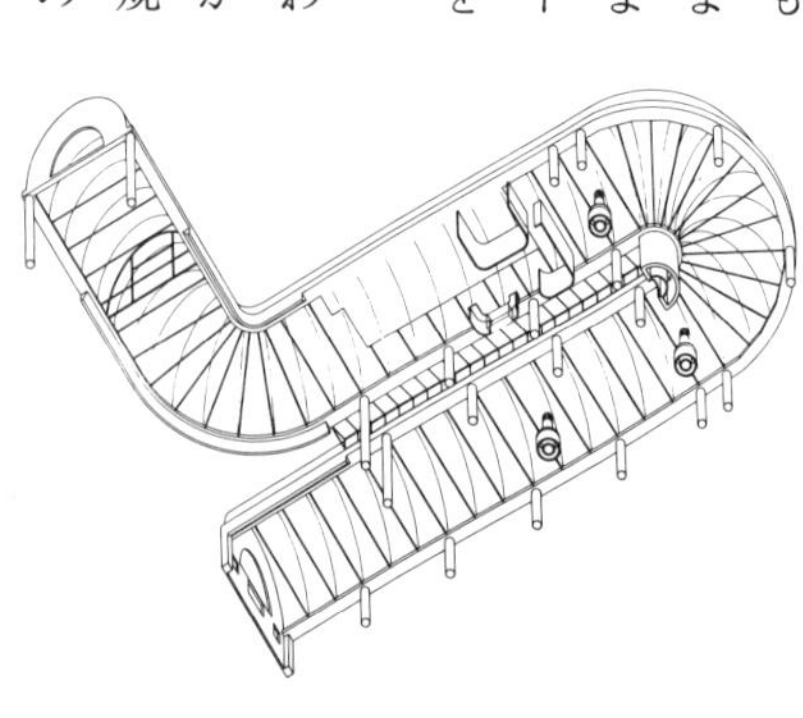

富士見カントリークラブハウス　アクソノメトリック

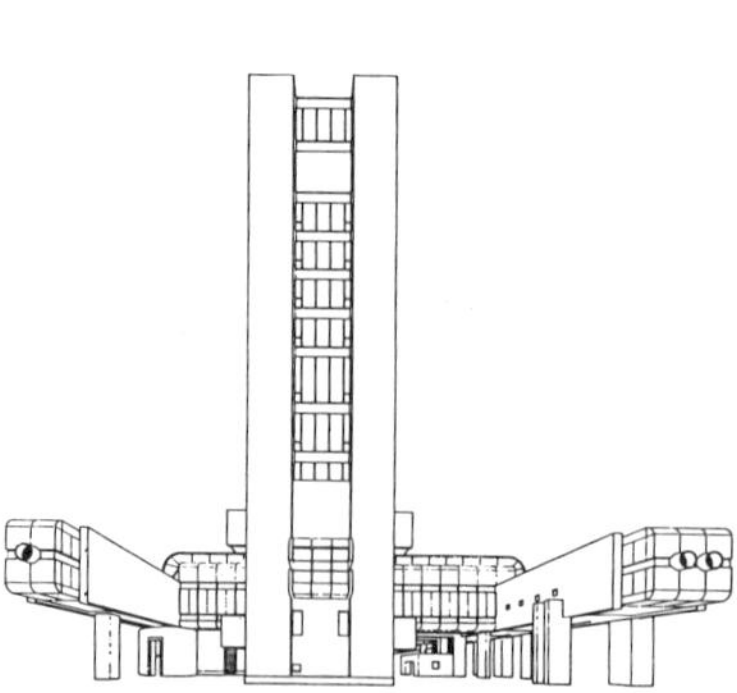

福岡相互銀行本店　パース

なかで対比的に用いながら、柔らかい光によって石はアルミを映し、アルミもまた石を照らし出して、その相互作用のうちに素材感は消えて凍結したかのように静止した空間が演出されている。ボックスビームの外壁に使われた彫りの深いアルキャストパネルは、このホールの内部をも貫いて、その粗々しいテクスチュアを蓄えながら、透き通らんばかりに平滑に仕上げられた観念的空間を上から見下ろしている。磯崎流にいってしまえば、「花と竜」のごとく粗野な北九州の風土を反映した外観は、群馬と対照的であったが、ホールの内部では同質の、しかも群馬より拡大されたスペースが存在している。ここの空間に在るすべてのものは妙なリアリティを持って視る者と向かい合う。床から大理石のまま立ち上がったカウンター上の赤電話、床の隅に置かれた消火器、壁に貼付けられた各種美術展のポスターの文字、自然光を受けて一条の光を放つパイプの椅子、非常口の標示灯、そしてこの空間を横切っていく個々の人間の衣装や靴音までもが、ここでは独特の色合いを帯びて浮かび上がってくるのである。

それにしても、このホールの完璧に近いシンメトリーをどのように受けとめたらよいのだろうか。せめて最初に述べたような観念の遊びとでもいえる操作がもう少し入り込んでいたら、安らぎを覚えることもできただろう。だがそういった要素はすべて排除されている。ホールを真直ぐに進むと、正面の階段はまずやや湾曲した大理石の手摺りに沿って軸線の左右に分かれて休憩テラスのフロアまで至り、ここから一本にまとまって軸線上をビームに吊られた踊り場まで折り返す。上部展示室のレベルに至るにはふたたびこのプロセスを繰り返す。さらにホールの前後には、ボックスビームを支えるための大きな四本の垂直シャフトが立てられて、それぞれにガイダンスルームやロッカールームとして機能しているが、これらも強いシンメトリーを保っている。このホールの左右に伸びているウイン

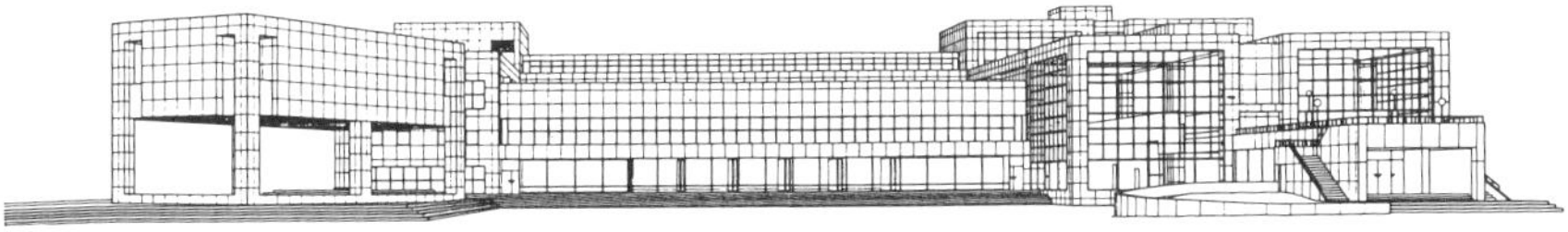

群馬県立近代美術館　パース

グの空間もそれぞれ機能や地形の条件に合わせて独自の空間を構成しているが、全体のプロポーションからみても二本のボックスビームに覆われた中央部が圧倒的なヴォリュームを占めているので、左右のウイングも中央のスケールと完結性とを強調するという結果に終っている。

たとえば群馬の美術館の場合にも、大理石に包まれたバロック的な階段をシンメトリカルに配置されたキューブの間に入れているのだが、数多くのキューブを平面上に点在させるモダニズムの手法を用いたために、この階段の効果を意識的に弱めてしまっている。群馬の階段についてC・ジェンクスが、「みがかれた大理石の壁の中に見事に浮かび上がり、シンメトリーに配置され、強い期待に満ちた進展――もっともエキサイティングな空間体験、けれども、このように誇張した展望の終りはなんだろう。ふたつの単調なドアと、ひとつのコルビュジエ階段があるだけだ。確かにそれは講堂の入口ではあるが、この機能上の必要性は、なぜ展望が閉ざされているかの理由となるのにはむずかしい。それとも、それだけのことなのか、視覚的な驚きと矛盾のあまり、一体、軸上のこの不意の停止は意図的なものか、それとも、さらに手のこんだ建築の冗談なのか、考えてしまう。」(「新建築」75年1月号）と当惑気味に述べているように、群馬での軸線は繰り拡げられた立方体群の間に突如溶け込んで消滅してしまっている。北九州の場合には、軸線は建築を貫いているし、階段は確実にシンメトリーを保持したまま展示室までつながっている。この階段にも群馬と同じように形式を単に「形式」としてのみ採用する知性の影が支配的であり、何かを求めて上りつめていくといった情念の気配はまったく感じられないが、群馬と異なるのはこの階段が彼の身体的空間である大きなボックスビームに結びついていることである。つまりマニエラとしてのシンメトリックな階段は、透明なたたずまいで身体的空間と対峙

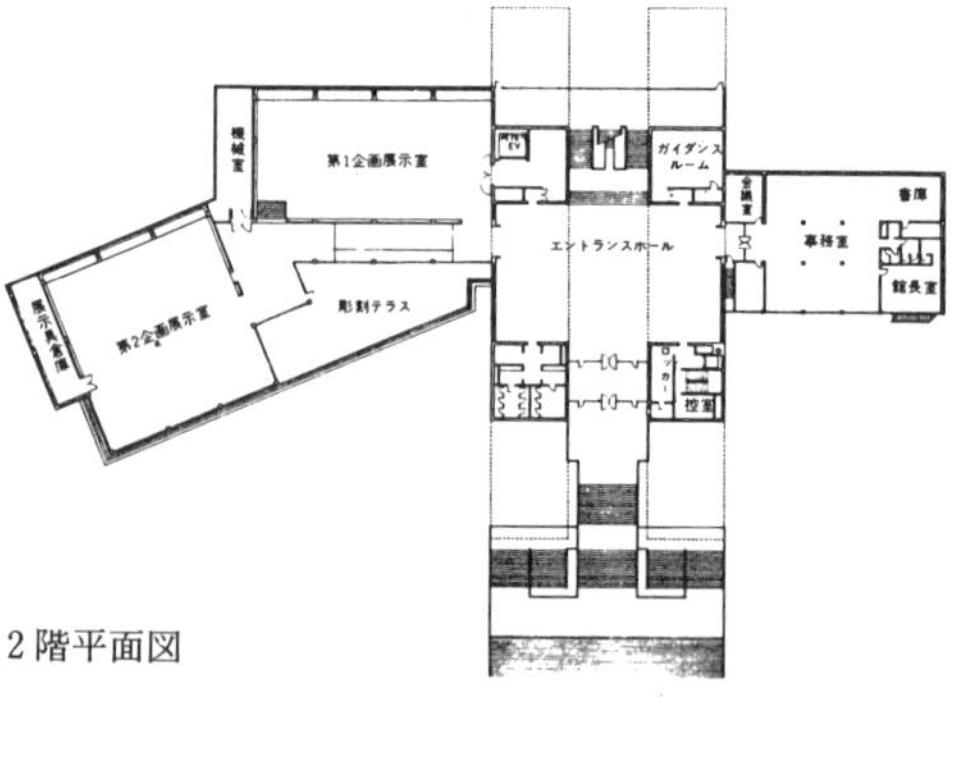

北九州市立美術館　2階平面図

している。

ここで「凍れる音楽」のような建築空間を求めたP・ジョンソンの「モニュマンのかなたに」と題された講演から引用してみよう。このなかでジョンソンは、「私がここでことさらに〈モニュマン〉という〈悪い〉言葉を選んだのは、建築を外なる目的に仕える技術でありとする態度に対して、建築をそれ自らのうちに存在理由を持つ芸術とする態度を強調せんがためなのです。〈モニュメンタリティ〉という言葉の意味するところはおかしなものです。それは一般の会話では侮蔑的な意味合いでしかけっして用いられません。建築におけるモニュメンタリティとは、空間の無駄使い、金の浪費、大げさなファサード、空虚な中央ホール、強引な軸線による対称、いんちきな石張り等々であり、要するに近代の規範に対するいっさいの侵犯が好んでそれに帰せられるのです。」（『フィリップ・ジョンソン著作集』72年）と述べ、これら批判的な言葉に対して、機能主義が実際にはモニュメンタリティを求める理由を、美術館を例にとって説明しているからである。彼の説明は、（1）絵が10フィート以上の天井高を必要とすることはまずないが、天井の低い部屋では絵が押しつぶされたような感じを受けること、（2）中央ホールは建物内部の位置関係を知るために必要であること、（3）絵のために大きな部屋は必要ではないが、大ていの人びとは優雅な広びろとした建物を美術館として求めていること、などきわめて具体的である。ジョンソンが例に引いたモニュメンタリティへの侮蔑的な言葉は、金の浪費はともかくとして、多少の修正を加えれば、北九州の建物にことごとくあてはまる。これに対し、ジョンソン自身は物理的な効用性に対して、心理的な機能とでも呼ぶべきものの必要性を説くことによってモニュメンタリティの意味を明らかにしようとするのだが、磯崎は、ジョンソンがいみじくも指摘した、「近代の規範に対するいっさいの侵犯」としての「形式」の採

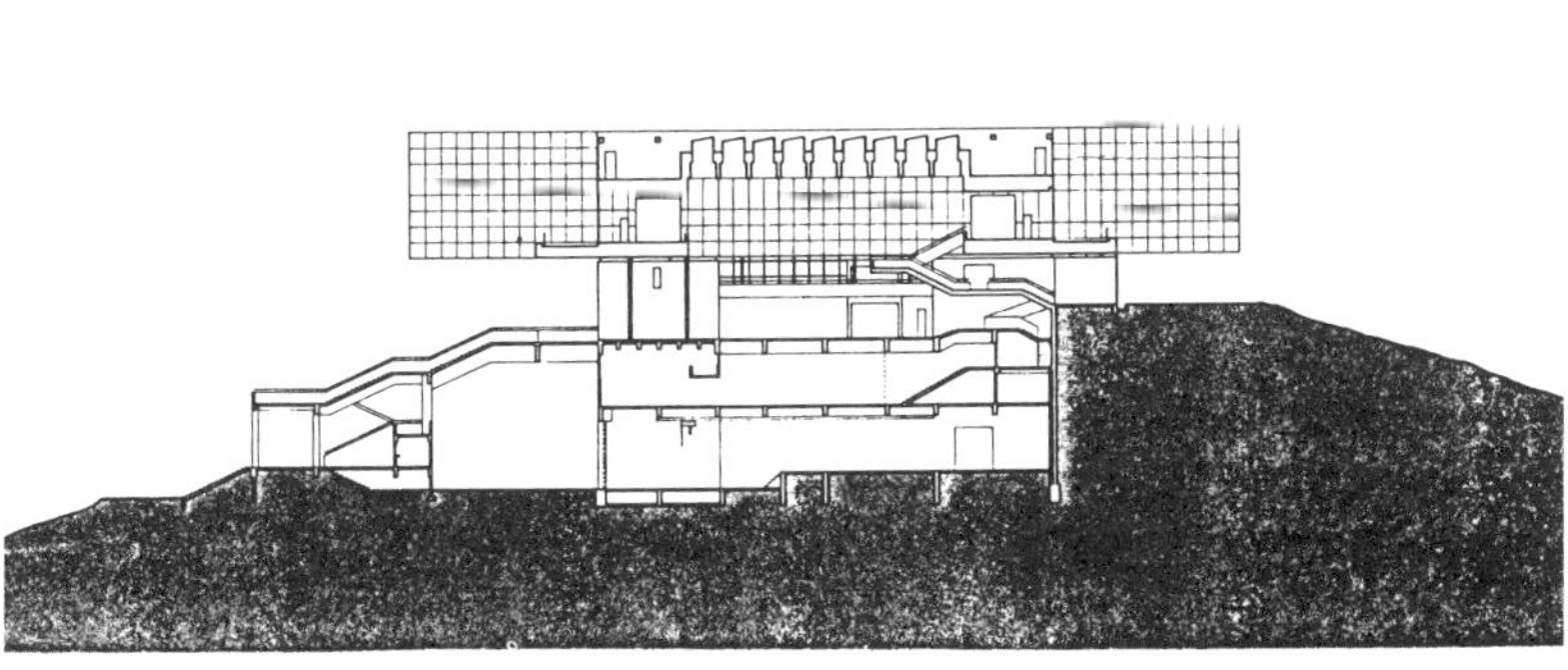

北九州市立美術館　南北断面図

用によって、これらボキャブラリーの使用を一挙に、そしてパラドックスとして正当化してしまう。すなわち、軸線とシンメトリー、それにまつわるモニュメンタリティといった近代建築が回避し続けてきたボキャブラリーを時にはパラディオまで遡りながら、自らの空間に持ち込み、近代の空間を挑発するのである。このようなパラドックスは、北九州より一年ばかり前に完成した最高裁の建物と比較してみると、いっそう明確になる。最高裁ではエントランスホールから大法廷に至るまでプランとしてはシンメトリーに配しながら、建物の見え方としてはシンメトリーを避け、流動的な近代の空間の規範に埋没させてしまっている。それにしても、北九州における完璧に近いシンメトリーは、磯崎が常時用いる観念操作としては、いささか強すぎるように感じられる。彼の空間の身体性があまりに大きなスケールで強く表現されたために、このような強い手法でないと対抗できないと考えたのかもしれないが、もしジェンクスがこの階段をみたら、「冗談にしてはきつすぎる」といっそう考え込んでしまったに違いない。

美術館の主要な機能である展示のスペースは、企画展示、常設展示とも群馬と同じようにおだやかな空間をつくりだしている。モノクロームに仕上げられた空間は、自然光と較べるとやや赤味を帯びた人工照明の効果によって、さまざまな光の濃淡のグラデュエイションを生み、ホールよりもはるかに甘く柔らかい。だが、これら展示室よりも印象に残るのは、彼の新しくデザインした椅子である。ホールに浮かんだブリッジを渡っていくと、アートライブラリィと命名された9.6m角の垂直シャフト内の部屋に突き当る。黒っぽいオイルステイン仕上げの部屋の周辺には美術書を収納する書棚が設けられ、中央に研究者のための大きなテーブルが配置されている。新しいモンローチェアとでも呼ぶべき八脚の椅

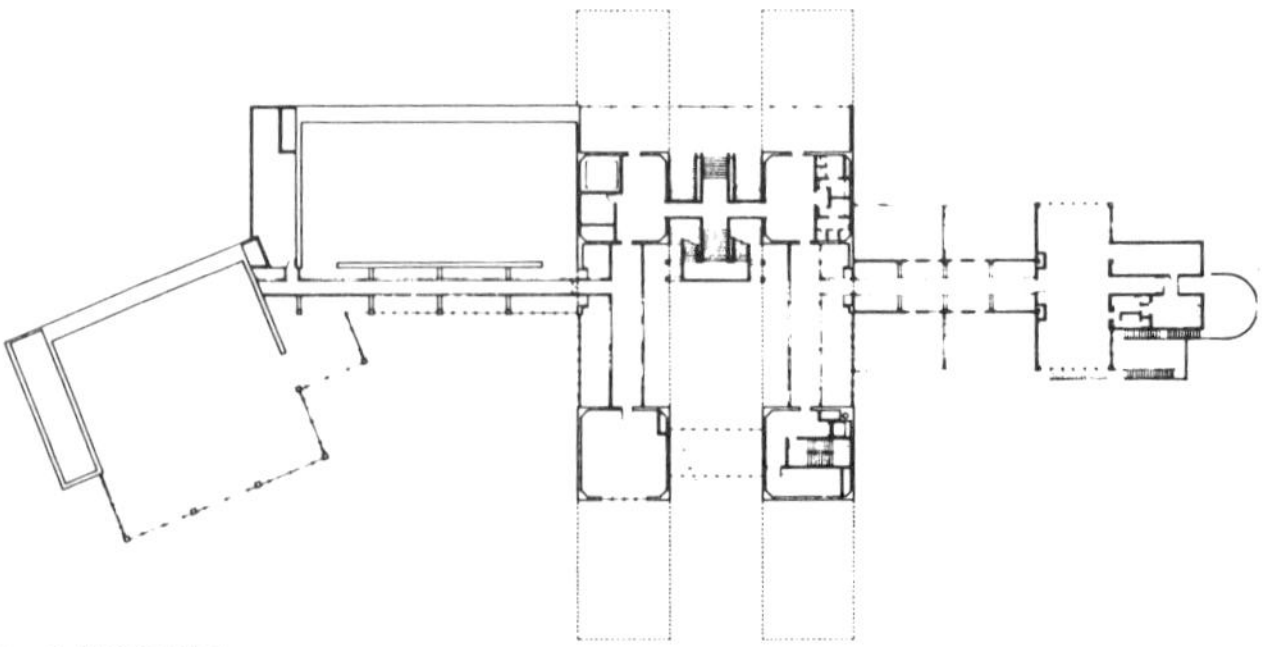

北九州市立美術館　1階平面図

子は、このテーブルを挟んで並んでいるのだが、モンローカーブにマッキントッシュを加味したことは一見して明らかである。先に彼がデザインしたモンローチェアと同じように、異常に長い背には幾条ものモンローカーブがゆるく流れ、脚部に至って動物の後脚のように小さく後に反ってエッジの鋭い平面的な座とのコントラストを示している。サクラの木にオイルステインを何度もかけ、クリアラッカーで仕上げを施されたということだが、この椅子の置かれた部屋にいると、他の空間にはない落ち着きが感じられて安堵の気持に浸ることができる。先のモンローチェアがレトリックの面白さのみでつくられていたのに対して、この椅子ではレトリックが彼の身体的空間に浸透しはじめていることを感じるからであろう。

建物をみることに疲れた私はひと休みするため、事務室の上のブリッジを渡ってティールームに出た。扉を開いた途端に、そこには北島三郎のあの鼻にかかった歌声がスピーカーを通して流れ、赤いエプロンをしたウェイトレスの高い笑い声が満ちていた。その笑い声の陽気さは何となく九州を思わせた。地方都市の小さなスナックや喫茶店なら、どこにでも見られる風景であった。靴音さえも余韻を残すようなエントランスホールの静止した空間と、ブリッジひとつを隔てたこのティールームの日常性、街を見下ろしながらコーヒーを飲んでいるとふたつの空間は重なり合って、北島三郎の演歌やウェイトレスの笑い声がホールの彼方に響きはじめる。このコラージュはスーパースタジオのイラストレーションを想起させる。イタリアの歴史や風土に向けて投射された、透明で氷のようにクールなコンティニュアス・モニュメントが、ここでは都市の日常的な猥雑さの亀裂にモンタージュされる。このような亀裂の瞬間に輝きを返すことが可能ならば〈形式〉あるいは〈モニ

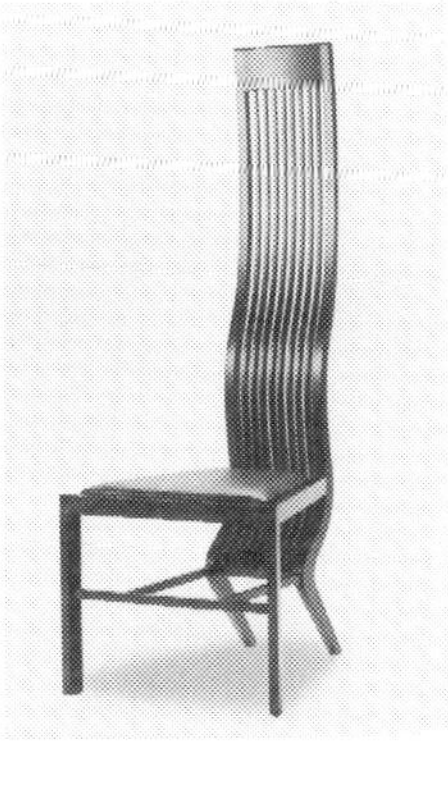

モンロー・チェア

ュメント〉は、十分すぎるほどにその今日的意味を持つのではないか。

私はレトリックの過剰な空間がそれほど好きではない。磯崎新という建築家の空間に興味を抱くのは、彼が自己の身体的空間を引きずっている限りにおいて、またその身体性へと向かうレトリックやマニエラである限りにおいてである。この身体性がマニエラ（手法）で完全に破壊される時があるとすれば、その時、彼の建築解体の作業は完了する。

1976

中野本町の家
上和田の家

吉阪隆正を中心とした早大出身の建築家達の集まりに〈タテの会〉があった。建築を語り合うというこの会は吉阪なきいまも続けられていると聞くが、この会が竣工したばかりの〈中野本町の家〉で開かれた。コンクリートの壁に囲われた馬蹄型の家である。会は夕方から始まった。ともに亡くなられてしまったが、当時は未だ山男の面目躍如たる吉阪隆正やヤクザの組頭のような風体の渡辺洋治を筆頭にして現役の学生までを含め約七〇名の早大勢が乗り込んできた。

この夜は坂本一成と私の二人がパネラーで、土を固めたままの中庭でコンクリートの壁面にスライドを上映していたのだが、あいにく途中から雨となり、内部に移動して湾曲する白い空間に全員が座り込んでのディスカッションとなった。さして広くもない空間に七〇名もの人間が詰め込まれた息苦しさも手伝って、閉鎖的すぎるとか、風通しが悪いとか、いいたい放題の会となった。吉阪隆正がどっしりと構えているので皆、何を言っても大丈夫と安心しきっている風で、坂本も私も

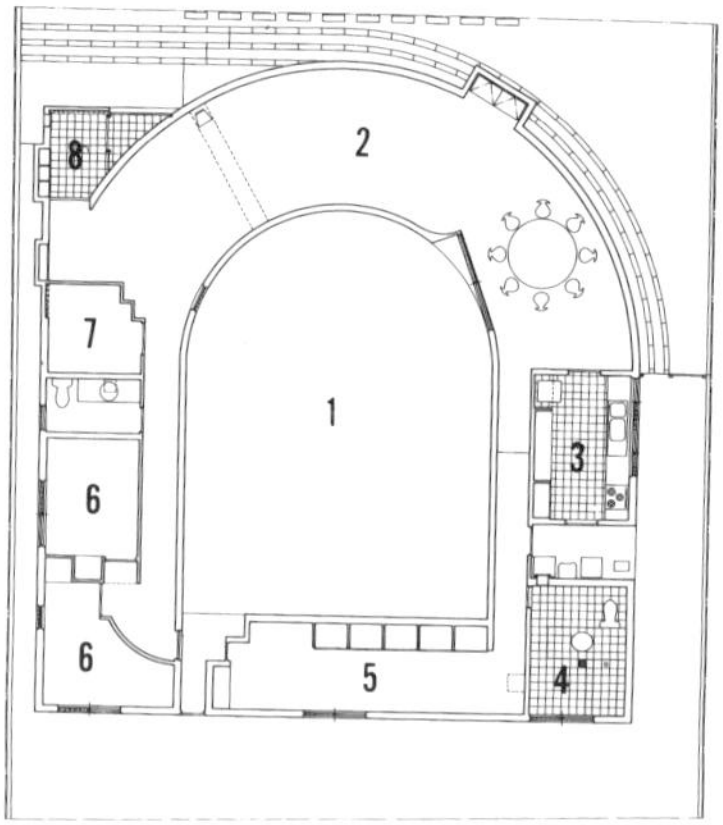

1 コート
2 広間
3 厨房
4 浴室
5 書斎
6 寝室
7 納戸
8 玄関

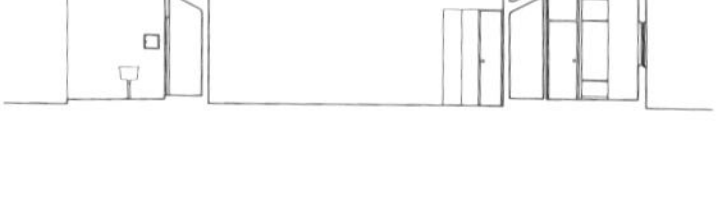

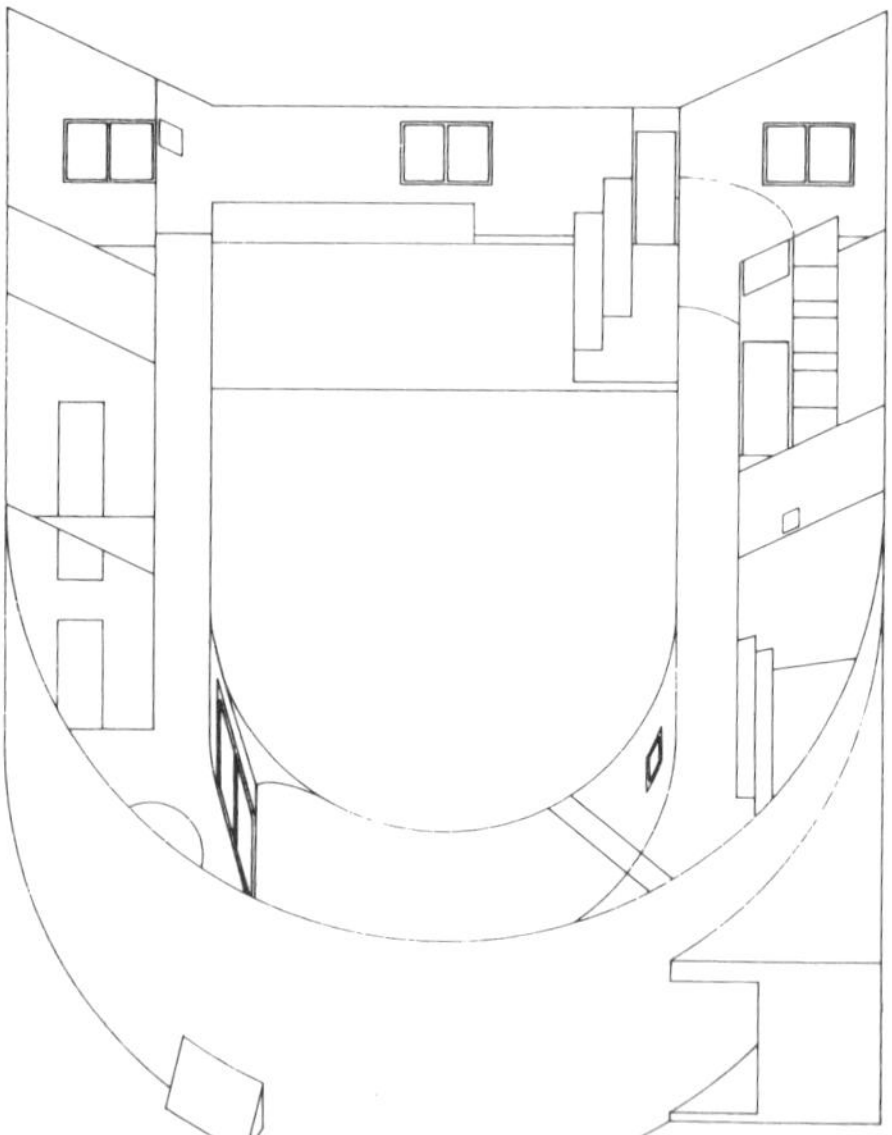

▲平面図
▼断面図，▶アクソノメトリック

生真面目すぎる位真面目に答えていたのが、途中からいささか馬鹿馬鹿しくもなり、苦笑いして過ごすしかないと考え始めていた。そんな時、議論を無視して部屋の片隅でコソコソと耳打ちし合ってはウフフフッと、集まりの場に水をさすような笑いを放っている二人組がいた。そのうちの一人が、この空間は白く甘ーい情感が漂っていて白樺派みたいですね、と言うと、もう一方がまたウフフフッと、含み笑いをしながら、いや、白バカ派の間違いじゃないんですか、と返し、するとまたもう一方が、いや白バカマだったりして、などとすかさず答えて二人で笑い合っている。石井和紘と石山修武であった。石井にいたっては翌日すぐ電話してきては、伊東さん、昨夜はどうも失礼、でもみんな、あの空間に嫉妬していたんですよ、などとぬけぬけと言う。したたかな男である。

　私にとって実質上の建築のスターティング・ポイントである〈中野本町の家〉の惨憺たるデビューであった。スターティング・ポイントという意味は、世の人々がこの家を通

中野本町の家

外　観

じて多少は私の建築を知ってくれた、ということもあるが、それ以前からの方向である閉ざされた内部がその極に達したという点でもそう言えるように思われる。何故ならばその後の十年間に心がけてきたことは、極論すればこの閉じられた空間をどうやって物理的にも精神的にも開いてゆくことができるかだけであったとさえ言えるからである。それ程にこの空間は私自身にとっての砦であり、破壊すべき攻撃目標であった。この家は安藤忠雄の〈住吉の長屋〉とほぼ同時期につくられたのだが、彼がこのスターティング・ポイントとしての砦を防禦し洗錬し続けることに、この十年間粉骨を砕いてきたのを見るにつけ、建築家の生き方の違いをまざまざと感じる。

〈中野本町の家〉での発見は流れていく空間のなかに要素を浮かばせていく方法である。軸線はここでも建築全体を貫いているが、この軸に沿って要素を配列せず、サーキュレイトする空間に要素や光を散在させ、漂わせたことである。したがってここでの要素は空間的拡がりというよりも音楽的体験のように、

サーキュレーションの時系列に沿って継起すると言えよう。このような空間は以後〈上和田の家〉から〈笠間の家〉に到るまでさまざまなかたちで展開されている。

この年の夏の夕方、篠原一男と多木浩二に同時に会った。写真家、大辻清司邸、つまり〈上原通りの家〉のオープニングにおいてである。坂本一成も白沢宏規もいたし、長谷川逸子もいた。大橋晃朗らも含めて、後に篠原スクールと呼ばれるような人たちとの付き合いが実質的に始まったのは、この夜以来である。この夜〈上原通りの家〉の狭い空間は大勢の人で充満していたが、これらの人びとと何を話したかほとんど記憶にない。この空間を斜めによぎるコンクリートの柱は横暴にこの狭い空間を支配していたし、その間を分割する板張りの床や、ガラス、三角形の窓などは、研ぎすまされたナイフのようで冷徹な美しさだけが印象に残っている。坂本一成が酔っていたのかどうか知らないが、透明なガラスのパーティションに頭をぶつけたシーンが、いまでも映画の一シーンのように鮮明な

▶◀中野本町の家

映像としてある。彼がガラスにぶつかったという以上に、それはシュールで象徴的なシーンに思われた。

篠原一男の住宅について書く機会を得て、〈白の家〉以降の作品の数々を二日間で一挙に見ることができたのも、その直後であった。この時、私はすでに三十代半ばに達していたが、二十代の頃から勝手に自らの想像のうちに築き上げていた空間の数々が、次々に眼前に現われた時、私はほとんど夢を見ている気分であった。虚構はその時から一層フィクショナルになり、ほとんど現実と想像の世界との境界が不明となった。まさに覚醒剤でも飲まされたような状態の私を、現実に引き戻したのが多木浩二と坂本一成であった。

坂本一成の〈代田の町家〉を見る機会を得たのもちょうどその頃であったし、完成して間もない私の〈中野本町の家〉を多木浩二や篠原研究室の面々が訪ねてくれたのも、同時期である。多木浩二自らが撮影した〈中野本町〉の数十本のフィルムのそれぞれは、私がこの住宅を設計している際には及びもつかな

◀上和田の家　内部

▼中野本町の家　内部

かった視点を言語以上に示してくれたし、坂本一成の繊細極まりないが、容赦ない批評の前では黙り込んで考え込んでしまうことがたびたびであった。建築の日常性、あるいは象徴力の消去といったテーマを中心にして、彼らは強靱に篠原一男と対峙していた。そのような厳密な議論のなかに突然放り込まれた私は、戸惑い、半ば感嘆しながらも、半ばこのような厳密な議論にはついて行けないとも感じていた。曖昧で気まぐれな私に、厳密さを教えてくれたのが篠原スクールであった。篠原スクールなどというグループをジャーナリズムに乗せたのは、グルッポ・スペッキオであったように記憶するが、彼らが私のことを篠原スクールの落第生と呼んだのは言い得て妙である。私はまさしく通信教育生であったし、このスクール持ち前の論理の厳密さに最も欠けていた。美しいと思えば直ちにそちらに流れていったし、全く論理の違う同世代の建築家グループ、婆娑羅の面々ともよく酒を汲み交わしていたから、篠原一男を初めとしてスクールの人びとからはさぞいい加減な奴

上和田の家　正面

だと思われていたに違いない。もっとも長谷川逸子なども論理の厳密さには著しく欠けていたが、むしろその欠落を持ち前の粗々しいエネルギーでカバーすることによって、時として気詰まりに陥る男たちの議論を救った。

大橋晃朗に家具の設計を依頼したり、家具の思考を教えてもらうようになったのも、この頃からである。篠原一男の強靭さと繊細さを最も引き継いでいたのはこの人ではないか、と思わせるほどに彼は強くはっきりとした線をひき、コンセプチュアルであることに最後まで固執する人であった。しかし、コンセプチュアルであろうとするからといっても言語に止まるのではなく、ぼんやりとしたイメージで相談をもちかけると、たちどころにスケッチを描き始めるこの人のヴィジュアライズする速さは驚異的であった。〈上原通りの家〉を訪れたあの夏の夜以後の約一年ばかりの間で、私は建築を始めて以来の十数年に考えたよりも多くのことを考えさせられたように感じている。私の建築との関わりにおける遅い青春の一端である。

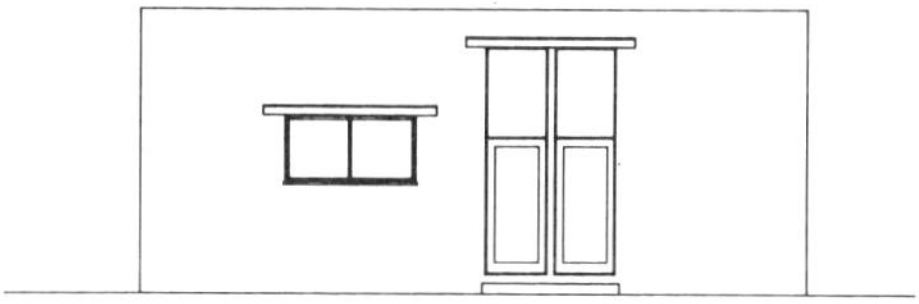

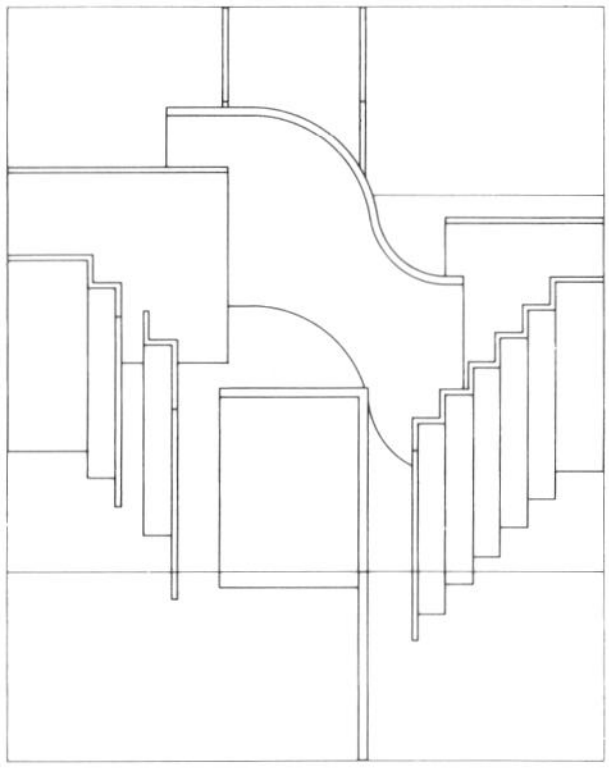

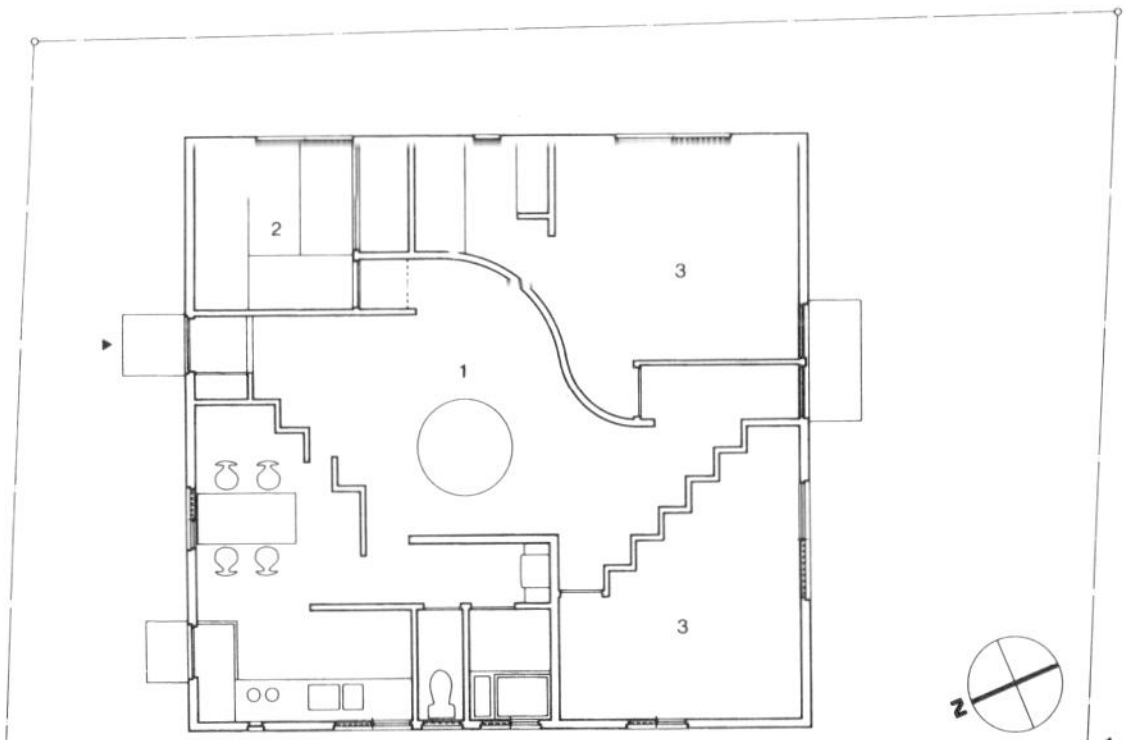

上和田の家
アクソノメトリック（▲右）
南側立面図（▲左）
１階プラン▼

1　ホール　2　和室　3　寝室

白い環

リアリティ

いま求められていることは、与えられた領域を自由に、かつ豊かに囲い、切るというもっとも原初的な地点にまで建築行為を引き戻してとらえてみることではないだろうか。いかに制約された条件の下でも、それが己れのリアリティから発せられているならば、つくられた建築自体も作者のリアリティを必ず何らかのかたちで語り出すはずである。

それまで私は軸線とシンメトリーという形式的な操作を手がかりとして空間を実体化しようと試みていたが、U字型プランの中央に縦に軸線を通すことによって、湾曲した大きな壁が左右に分断されてしまう点を納得できないままに思いをめぐらしていた。それはシンメトリーの強いフォルムをもつことになっても、緩やかに回り込んでいく壁面の美しさを断つことでもあった。軸線を貫きたいと思う形式への衝動と、空間の美しさを求めようとするきわめて感覚的な衝動との対立の末に、私は後者を採った。

軸線をはずし、エントランスを端に寄せた瞬間から、この建築の内部は直線的な固い空間を脱し、Uの字は白い環となって私のイメージのなかをゆっくりと巡りだし、その後の展開を暗示しはじめた。

設計過程のそれは些細な発見であったが、かなり重要な出来事でもあった。何故ならそれは、単に空間の質が変わるのではないかという事実に止まらず、設計の方法にまで関わってくるほどの問題であったからである。しかも、その動機が観念の操作からではなく、設計における内的な衝動から生じた結果であることに確かさを感じた。

流域と滞域

幅3.6m、天井高2.2～3.9m、延長約45mのリニアーな領域が白い環として閉じられた時、その内側には別の領域が囲い込まれた。これらふたつの領域は、まったく異なった性質をもちながら対置されている。前者は光や空気の流れとともに、人びとも環をめぐる流動的な空間であり、後者はすべてが淀む静止の空間である。それぞれを仮に流域（Flow）および滞域（Lag）と呼ぼう。

流域（F）は閉じられた環であるが、それは決して固いチューブではなく、柔らかくフレキシブルな環でなくてはならなかった。光の分布や空気の流れ具合、あるいはそこにいる人びとの状態までも含めて、時間とともに表情が変化し、その変化の様相がひとつの流れと渦のように感じられる領域。そのような領域を実体化したかった。

通常の建築では機能を持つ目的空間が適切な位置に置かれ、それらを結ぶために通路のような連結空間が設けられる。しかし、ここではごく一部の個室を除いて、そのような空間の区分はない。ひとつの流れの領域のなかに、さまざまな目的空間と連結空間が渾然と溶融してしまっている。したがって人びとはこの流域（F）のなかで日常行為を営む、つ

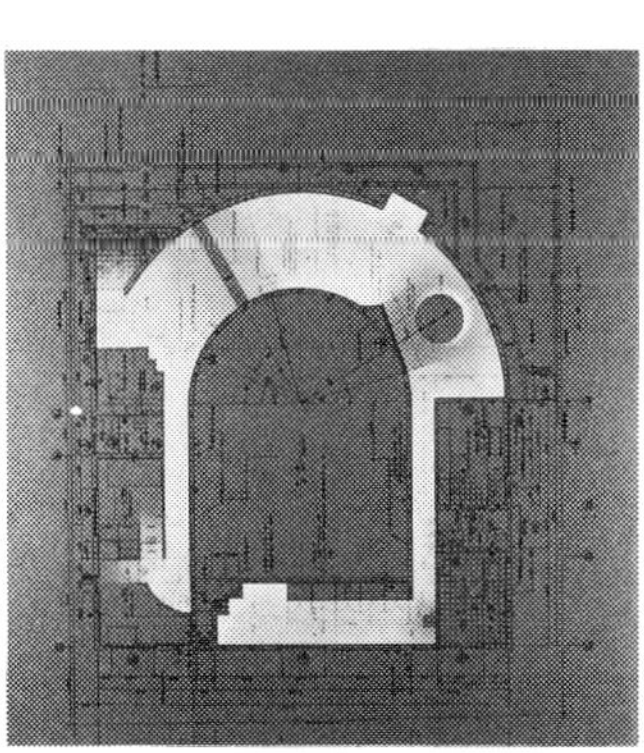

中野本町の家　ドゥローイング

まり住まうことになる。

この流動的な領域に従来の空間単位を溶融してしまう行為によっては、もはやこの空間は建築から逸脱してしまっているのではないかという疑問が何人かの建築家から投げかけられた。住まう場所に対して慣習的な建築的形態を規定するならば、確かにこの空間は建築を逸脱しているかもしれない。しかし私にとって建築をつくることは、やはり住まうことの意味を探る行為であり、それは日常行為から一歩踏み込んだ地点で人びとが何を求め、何を憂いているかを問い、その感情と触れ合う領域を構築することに思われるのである。したがって私は、流動しながら連続する領域をまず設定し、そのなかに住まうための日常的な行為の場を定めてみたいのである。

流域（F）が白い無機質な空間であるのに対し、滞域（L）はコンクリートの壁で囲われた黒い土の領域である。外界から二重に囲われ、ここでは空気も光も淀み、静けさが支配する。発せられた音も固く閉ざされた壁の間だけを直線的に行き交って戻る。すべてが一瞬のうちに認識されてしまう領域。ここから新宿の高層ビル群を見上げる時、人は地下空間に放り込まれたような印象を抱くらしい。しかし、ここにも雑草は芽を出すし、山鳩が舞い下りる。

流域（F）と滞域（L）は絶えず接しているにもかかわらず、わずかな開口部で関係をもつ以外は遠く隔てられている。したがってこの建築をコートハウスといった概念でとらえることもできないだろう。あるいはこの建築のパターンが、バロックのそれに類似しているという指摘も、少しも私の感情を揺さぶることにはならない。私にとって問題とされるのは、それぞれの意味を異にするふたつの空間の在り方と、その関係のみである。隔てられることによってそれぞれの領域はその性格を明確にし、領域間の関係も緊張を増すよ

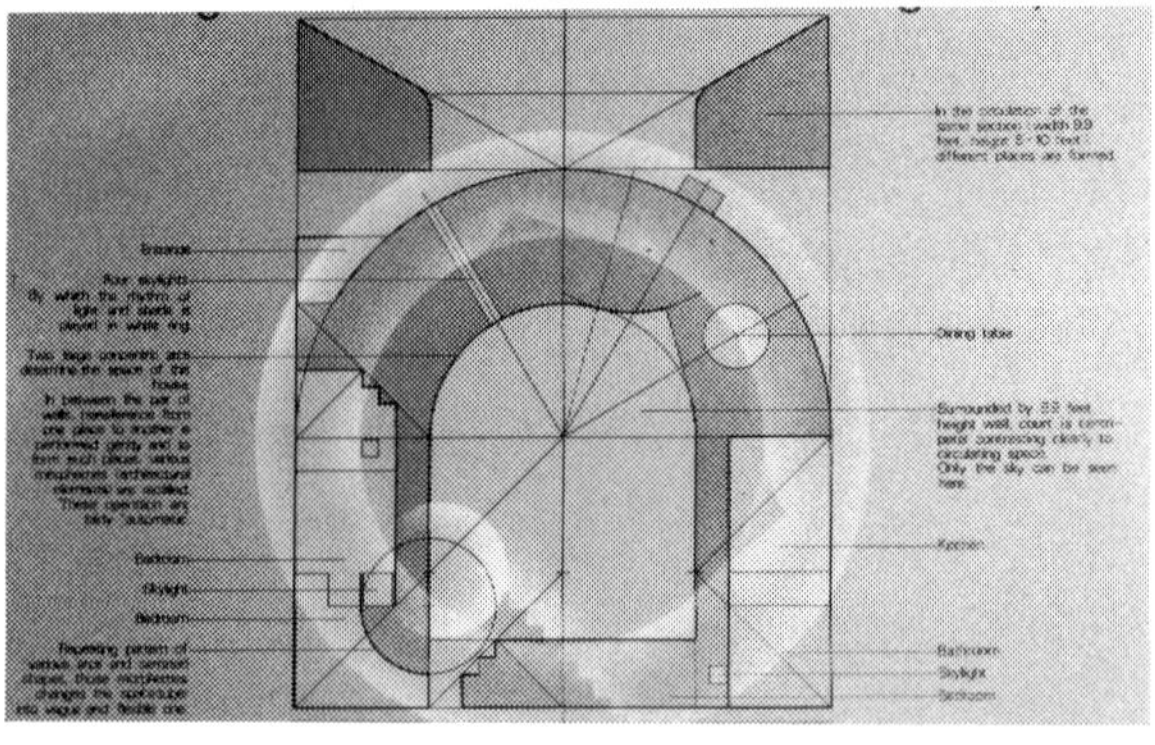

中野本町の家　ドゥローイング

うに思う。

モルフェーム（形態素）

流域（F）はさまざまなフォルムをもったエレメントの構成によって実体化される。ほとんど同一断面のこの環を柔らかく閉じるためには、多様なエレメントをこの環のなかにいかに分散し、配列して変化とリズムを感じさせる場所をつぎつぎに発生させ得るかという操作にかかっている。この領域には、幾種類もの半径の円弧、雁行を小刻みに繰り返す壁、三つのタイプを異にするスカイライト、複数のアルコーブ、空間を横断する螢光灯のライン、円形の大理石のテーブルなどのエレメントが組み合わされて配置されている。

雁行する壁はもはや壁というよりも、単にリズムをつくりだすためのフォルムとしてあるし、スリットに切られたスカイライトや螢光灯も明るさの確保という目的から離れて、このゾーンを横断する光の線分というフォルムとしてのみある。また大理石の大きなテーブルもその機能としてではなく、幾つも重なり合う円弧のひとつとして空間に運動感覚を与えるフォルムという意味だけを取りだすことができる。

これらのエレメントがそれぞれの機能的な意味から解放されて、単なるフォルムの群として集積される時、それらをさしてモルフェーム（形態素）と呼ぶことができよう。機能や合理性という意味を離れ、何らの情感をも伴わずにただフォルムの単位としてのみ浮遊するモルフェームという概念を、私は領域を分節するための道具として据えたかった。もしもモルフェームの配列という操作によって、空間にリズムや運動感覚を刻み込むことができるならば、空間の分割、あるいは連結という従来のプランニングの方法は、このモルフェームの配列というまったく異なる操作へと転換され得るかもしれない。その操作は恐ら

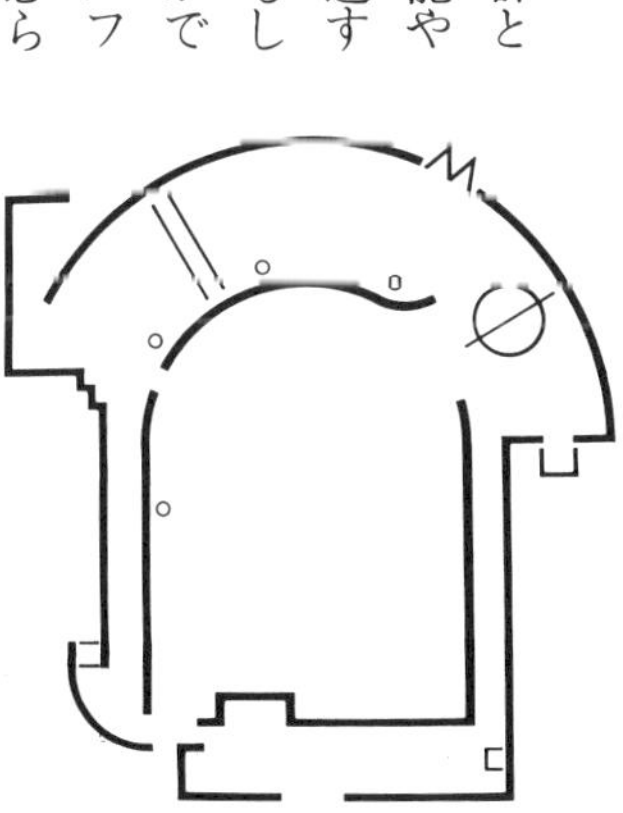

中野本町の家　モルフェーム

く、現代音楽のグラフィック・スコアをしるすように、ニュートラルな記号を分布させる行為となるにちがいない。私は、いまこの新しい概念に辿りついたばかりであり、このことを系統的に記述できる時期にはない。新しいモルフェーム自体の発見も課題であるし、それらを配列し、統合していく構造を見出すこともこれからの作業である。そしてこの構造を見出していく過程では、都市の表徴という以前からの主題も恐らく関わってくるであろう。

R・マイヤーらニューヨーク・スクールの建築家たちも、コルビュジエの建築を純粋なフォルムとして分析し、さまざまなエレメントを抽出してそれらを再構成して自らの建築をつくろうと試みているが、彼らのエレメントもモルフェームと呼びうるだろう。それらエレメントの構成方法の独自性によって、彼らは現代に意味をもつ建築をつくりあげているが、私の場合、モルフェームは自己の記憶や意識に留められている都市や自然の風景から抽象されたフォルムでありたいと考えている。都市の表徴という主題も、特にこの点に関係してくるのだが、住宅という建築の小さな領域に、都市という把えどころのない存在をしるそうとすることには、あるいは唐突でスケールアウトな印象を抱かれるかもしれない。しかし私は、都市のモデルとして建築をとらえようとしているのではもちろんないし、都市の部分の形態をアナロジカルに写そうとしているのでも決してない。ただ私の日常はすべて都市の内でなされており、そこでの具体的な事象のかずかずは都市との関わりとして私の内部に積層され、私の身体のリズムや運動感覚にまで浸透しているといってもよいであろう。このように身体化された感覚を建築のなかに表現することが、私にとって都市をしるす意味となる。建築家たちはしばしば自然と建築とのつながりを探り、日本や西洋の歴史的建築に自己の建築を重ねようと試みる。だが今日、自然や歴史は知識や感傷の対象ではありえても、私の身体のリズムを形成することはない。それはやはり現実の都市と私との個別な関わりによってしか形成されないであろう。

曲面

流域（F）はリニアーなゾーンであるとはいうものの湾曲している壁面がこの領域の性格を大きく支配していることは間違いない。

曲面はまず動きを誘発する。直線的に延びたり、直角に折れたりするのではなく、緩くカーブを描くことによって、視覚は絶え間なく変化し、前方の空間は一挙に姿をあらわすのではなく、徐々にその全貌をあらわす。人は光や空気や音の流れをまず先に感じとって、前方に広がる領域の気配を察し、この気配を頼りにして目的の空間へと歩を進める。人はこの領域を巡る時、表情を異にしながらも明確な境界をもたずに重なり合う場所をつぎつぎにかすめるのだが、この時この領域にあてどないという印象をもつようである。

流域（F）のこのあてどない印象は、領域を決定づけているふたつの曲面（R_1＝7.65m、R_2＝4.05m）のほかに、モルフェームとして用意された幾種類かの円弧が交錯することでつくられているように思う。ふたつの個室へ回り込むためのR_3＝1.98mの$\frac{1}{4}$円の壁、R_2＝4.05mの円弧に連らなりながら、逆に内側に巻き込むように湾曲した壁面、壁と天井とを連続的に一体化するための小さな曲面、さらにはR_4＝0.85mのテーブルの円弧。このようにひとつの大きな円弧がつぎつぎにさまざまな半径の円弧を引き出し、それらは互いに干渉しはじめて流域（F）に渦が形成されていく。

最近の住宅では、曲面の用いられることはさして珍しくもないが、この場合のように幾種類もの曲面が内部で干渉し合ったり、流域（F）と滞域（L）を隔てるR_2の壁面のように、曲面の外側がインテリアとして利用される例は少ないように思われる。

しかし何といっても、流域（F）にもっとも強い影響をもたらしているのはいちばん大きなR_1の曲面であろう。人びとがこの領域を歩く時、絶えず眼に入ってくるのはこの開口のない壁面である。この領域が実際の断面以上に大きくみえるのも、この視覚上の効果によっている。この曲面はまた、光や影を映すスクリーンでもある。光や影までも歪めてしまう曲面。平面ではコンパスによってただ機械的に描かれる円弧が、曲面として立ち上がってくる時、それは幾何学としてではなく、空間の作用として人びとに働きかける。曲面はまったく予期しないさまざまな効果をもたらすモルフェームである。

光および影

流域（F）には三つのスカイライトと、滞域（L）に面した四つのサイドライトがある。これらの開口の位置や形状、大きさの相違は、この閉じた環に引き込まれる光の量や、強さ、柔らかさ、色あいなどに変化を与え、領域にリズムを与える上でもっとも重要な要素となっている。

たとえばひとつのスカイライトは大きな曲面の中途を横断する幅45cmのスリットであり、このスリットと同種のものは、私の以前の作品（千ヶ滝の山荘）にも用いられたことがある。しかし、ここでは二枚の曲面の壁の間に切られたことによって、予期しないほどに形状を変えながら、終日、光の軌跡を壁や床に映すことになった。晴れた早朝には日本刀のように細く、わずかに反りをもった光の亀裂を、そして次第に太く強い直線的な帯となって壁から床に折れ、ふたたびその幅を狭めつつ、西日を映して帯を閉じる。閉じた後には外界の空気の色だけを淡く伝える。

他の六つのスカイライト、およびサイドライトはこれほど明確ではないが、それぞれに太陽の位置と強さに応じた明暗や色あいを壁や床に反映する。このように季節や時刻によって絶え間なく変わる光の明暗分布を、私は何枚かの平面にプロットしたいと考えている。何故なら、白い紙の上に記号の分布としてプロットされるような透明で、抽象的な光の領域をつくりたいと思うからである。この建築にも開口部から遠い暗い領域はあるのだが、かつて日本の空間にあったといわれる秘めやかな闇を、ここに人びとが感ずることはないであろうし、それは私の意図から遠い。また、ろうそくのゆらめきを伝えるような薄明りもここにはない。ろうそくに代わるものは、蛍光灯のスリムラインの乾いた光であり、それもまた私の現在の志向をかなり正確に反映している。

建築のつくられていく現場には、楽しい発見が少なくない。円弧のいくつかは建設過程で見出されたし、曲面の壁に人びとの影を映そうと思いたったのも工事がかなり進んでからである。ある夜現場を訪れて壁や天井の仕上げを行なうために組まれた足場板の影が、床に無雑作に置かれた複数の投光器によって湾曲した壁面にいくつもの弓型となって映し出されていたことからヒントを得た。

夜ここを歩く人は、床に設置された三つのスポットライトによって、大きさと色とを異にしながら重なり合う自己の三つの影と戯れることになる。しかしこの仕掛けは、私にとっては戯れという以上の意味をもっている。私が白い壁に期待するのは、家としての生活の重苦しい歴史を伝えることではなくて、人間の姿までも跳梁する仮象としてプロットしてしまう軽やかさでしかないからである。

光や影の映像はこの空間に絵画をかける必要をなくしたように思う。建築をただフォルムとしてとらえようとしている私にとっては、それはむしろ当然のことである。

中野本町の家

白

私が流域（F）をすべて白で仕上げたのは、やはりそこにはさまざまな記号の分布がプロットされる白紙のごとき領域を設定したかったからにほかならない。そこに私が求めたのは、何も伝えない白であり、白が空無として受けとられる白であった。

だが、白ほど意味が添えられ、汚れやすい色もない。それはすぐ輝きを帯びてしまうし、ともすると感傷を伴った甘美さを備えてしまう。サヴォイ邸の白であれ、シュレーダー邸の白であれ、あるいは紺碧の海の向こうに強い陽ざしを受けるミコノスの建築群の白であれ、白さは溶けやすい雪の白さと重なり合ってしまう。文学にも、絵画にも、そして建築にも白ほど多くの思惑を込めて使われた色もないであろう。白は私にとって甘美であるどころか、畏怖の念を抱かせてしまう。何故なら白は白を呼ぶからである。曲面が曲面を換起したごとくに、そのような魔力を白は秘めているように思う。

実際、私は当初この流域（F）をこれほどまで白で埋めるつもりはなかった。しかしひとたび白が表現されはじめると、それはすべてを抑制してしまう。白さが増せば増すほど、残された部分はフォルムのみの領域における異質の存在として、逆に強い意味を帯びて浮かび上がってくる。漂白という作業はまったく自己のリアリティが試されているような恐ろしさを感じさせずにはおかない。

マレーヴィッチが一九一八年に、白の上の白い正方形を描いたことは正に象徴的な出来事である。ここでもかつて黒く、あるいは赤く描かれていた正方形のフォルムまでもが白のなかに消え去ろうとしている。わずかにその存在の影だけを留めている白い領域。この極限の表現は思考の操作の結末という以上に、ひとりの芸術家の存在のリアリティの証しであったに違いない。私は流域（F）をすべて白で埋めたが、この建築の外部まで白によって覆うことは決してしなかった。外部に用いられている白といえば、エントランスの扉などごく一部であり、これは内部の白を暗示させるためである。この建築に関してのフィルムの操作は内部に限られており、したがって外部を白で覆う必要はなかったからである。白が氾濫すればこそ、白の意味が問われねばならない。

ロマネスクの行方　篠原一男氏の住宅について

1　疎外を生きる

毎日変化しているようでいて、昨日とまた同じ繰り返しのなかを人々が歩く。行き交うその姿は無表情で、ほとんど感情を伴わずに発せられる言葉と笑いの無数の群れのみが軽く舞い上がって、淀んだ空気のあいだに消える。人々の行き交う通りの傍には多くの建築がつくられたし、今日もつくられる。しかし舗道に散る落葉のような言葉と笑いを、〈人間〉あるいは〈生活〉という曖昧で偽りに満ちた生暖かさで覆ってしまうか、それともその背後に絶え間なくつきまとう人々の孤独の影を読みとるかで、建築をつくるべく世界に向けられた眼差しは一瞬のうちに測りがたいほどの距離をもってしまう。

鉢植えの観葉植物が垂れる吹抜けの壁のモダニズムや、スキップしたレンガの床の感傷によって癒されるほどに、醒めて都市を生きる人々の孤独の影が淡いものであるとも思われない。

《都会——閉ざされた無限。けっして迷うことのない迷路。すべての区画に、そっくり同じ番地がふられた、君だけの地図。
だから君は道を見失っても、迷うことはできないのだ。》（安部公房『燃えつきた地図』より）

不条理としかいいようのない繰り返される逆説のなかに、荒涼とした都市の均質さと渇きと、そこに生きざるを得ない人々の疎外の状況とが見事にある。

彼のなかの私、私のなかの彼。それがある日交替していても、何の不都合もなく日常が過ぎていきそうな不安に駆られるときが、確かにあるように思うから、この世界では人々はみな自己のアイデンティティ、すなわち己れの存在の証しを求めてさまよい続けるのだ。みながそれぞれの方法において。己れの存在を確認しようとする試みの感じられない建築にはすべて興味がない。

だが、世界の日常は鉛色の空のように低く、重くたれ込めて、とらえどころもないほどに流れるともつかず止まるともつかない。

篠原一男氏のすべての住宅は、乾いた言葉と笑いの向こうにある人々の固い沈黙の表情、すなわち世界の内にあっての孤独さをいやというほどに噛みしめた地平に成立している。

東京の五万分の一の地図上を、二本の平行線で縦断すること、あるいは高さ三〇〇メートルの巨大なシャフトで支えられた空中にきらめく住居ユニットを浮遊させること。かつて建築家たちがきらびやかなモニュメントの下で黒点のようにうごめく人間たちの俯瞰図を作成することに熱中していたとき、ひとりの建築家が〈住宅は芸術である〉とか〈すまいは広ければ広いほどよい〉などといくら声高に叫んでも、その叫びが空虚な響きを帯びぬはずがない。このとき篠原氏の手許にはわずかな数の、しかし極めて純化された美しい平面をもつ小さな住宅の空間のみがあった。

今日、俯瞰図は記憶に留まるただの紙片と化した。だが、手のなかに収まってしまうほどの住宅作品の数々は、十数年の歴史の重みに耐えて主張を失うことがない。これらの住宅は、都市からまったく無縁なようでいて、どれひとつとして都市という基盤を離れてはその存在の意味を考えることができない。人間と世界の亀裂は当時すでに進行していたのだし、いま覆うべくもなく大きいのだから。

篠原氏の創作活動は限りなく均質化する都市の内部に氏自身の存在の根拠《よりどころ》を発見し、それを実体化し続けることである。この行為は日常のあてどない流れを切断し、その裂け目に垣間見るイメージを空間として定着すること、つまり現実の世界の時間と空間の内に位置づける作業にほかならない。恐らくは想像を絶するほどに模索を重ねたであろう実体化の作業は、表現するというよりも世界とそこに生きる自己との具体的な〈関係〉を求めることであったにちがいない。しかも住宅という日常の最後の砦といわれる領域において。


あまりに文学的なタイトルをもつ作品の数々、〈直方体の森〉、〈同相の谷〉、〈空の矩形〉、〈海の階段〉……。これらの言葉には篠原氏が現実の都市の彼方にみた内なる風景が表徴《しる》されており、それは氏によって発見され、実体化された自己の存在の根拠《よりどころ》である。

現実の都市の風景がその渇きを日々増しているにもかかわらず、篠原氏の描くのは都市の森であり、谷であり、空であり、海であり、荒涼さのなかになお物語《ロマン》を探ろうとする精神《こころ》が求めたものは、存在の美しさであったといいかえることもできよう。

だが世界は、もはや都市という砂漠のオアシスの潤いをすら期待できないほどに渇き、不確かな存在と化した。篠原氏はいま、オアシスに代わって砂漠の荒涼さそのものを描こうとしている。

ともかくも不毛といわれるこの時代に、住生活に名を借りた偽りの機能性や経済性などからの疎外、都市に名を借りた偽りの共同性や合理性などからの疎外、そしてまた日本の伝統という使い古された様式からの疎外、それらのあらゆる疎外を背負い込んでその只中に身を置きながら、篠原氏はなお存在の美しさを求め続ける作家である。

《だが、建築というものはあるのだ。素晴らしいもの、最も美しいものとして。……

幸福な都市には建築がある。

建築は電話器の中にも、パルテノンの中にもある。われらの家屋に入れたらどんなに喜ばしいことだろう。われわれの家屋はみちをつくり、みちから町ができる。そして町は魂を持ち、感じ、悩み、感心したりする。町に建築があふれたらどんなによいだろう。》（ル・コルビュジエ『建築をめざして』吉阪隆正訳より）

力強く、期待を込めて建築を語れる時代をうらやましく思う。約半世紀も前に書かれたこの文章にも、存在の美しさを求めてやまない偉大な建築家の姿を読む。

篠原一男とル・コルビュジエ。もっとも遠いようでいて、この世界に自身の物語《ロマン》を美しく構築しようとした企てから測れば、二人の建築家を隔てる距離は近代建築の厚い層をのりこえて急速に近づいてくる。

コルビュジエもすべての疎外を生き抜いた建築家であった。

2　九つの空間を駆ける

八月初めの蒸し暑い日盛り、私は研究室の人に案内されて東京およびその近郊にあるという篠原一男氏の空間を駆けぬけた。

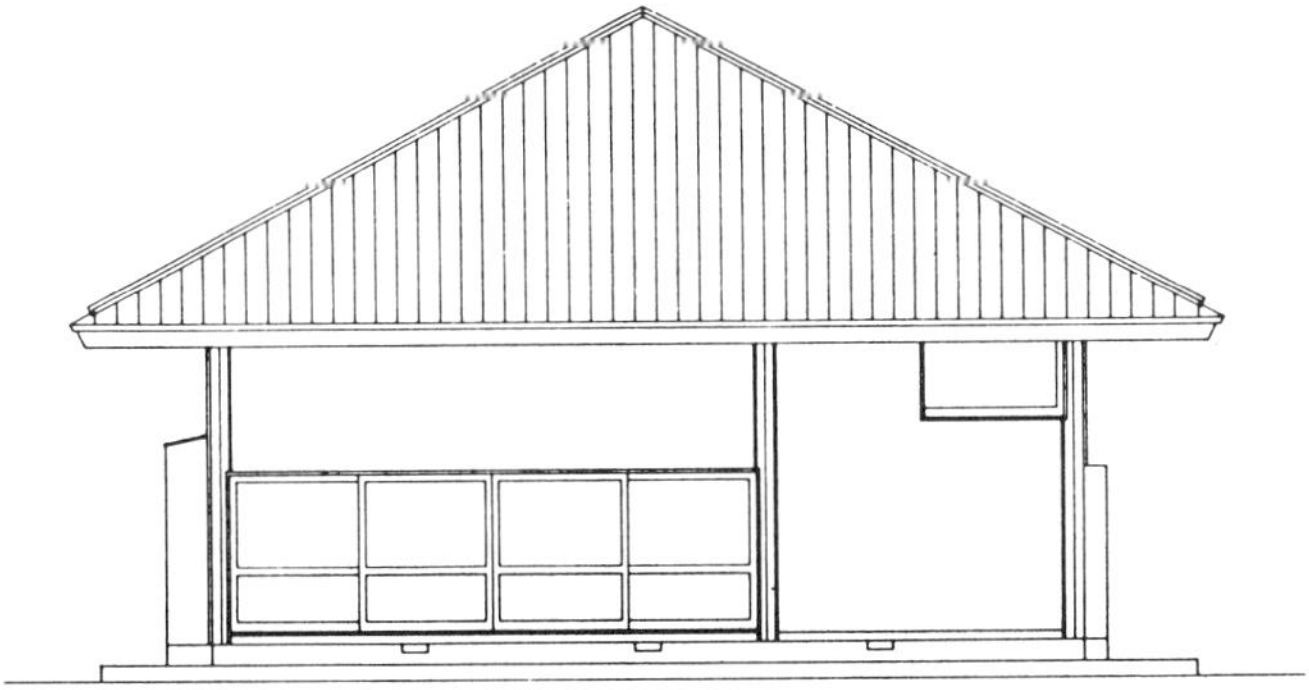

白い家　南立面図

あたかも作品集のページを繰るように、〈篠さんの家〉(70)、〈未完の家〉(70)、〈白の家〉(66)、〈成城の住宅〉(73)、〈山城さんの住宅〉(68)、〈同相の谷〉(71)、〈東玉川の住宅〉(73)、〈空の矩形〉(72)、〈大屋根の家〉(63)なる九つの空間をこの順序で。

厳密にいえば、それぞれ環境を異にしているとはいうものの、それらのすべてはひとつの都市の変わらぬ空と、空気と、均質な日常的な風景に囲まれてあった。それまで私の想像力の背後にのみ存在していた九つの空間が、平板な都市の日常の流れの内側から次々と切りひらかれてきたとき、私は現実と虚構の往復運動によって生ずる異邦な感情に包まれていた。鋭利な刃物の突端のようなきらめきを宿して、東京という都市に割れた九つの〈亀裂〉の空間。

これらの住宅には、それぞれの住まい手の生活があることはいうまでもないが、その空間はもはや住まい手や設計者という特定の個人の所有を超えたところに存在している。かといって、それは不特定多数の共有物でもあり得ない。この世界で人々の〈生〉の意味を探ろうとする精神《こころ》が、空間を媒介として一人の建築家の存在と触れ合うとき、その具体的な〈関係〉のなかにのみ空間は共有されるのだと思う。

多くの〈空間を駆ける〉という行為は肉体を通して視ることであり、これまで不連続に把えられ、意識のなかに散在していた個別の空間に脈絡を見出そうとする作業である。

写真というメディアを媒介にして視覚によって断片的に把えられた空間を、意識の操作で統合する行為と、肉体を通して直かに空間に触れる行為とは自ら異なる。後者の場合、空間はそれを経験する者の観念や論理を介さずに、全体的、かつ直接的に身体のすみずみまで浸透をはじめる。つまりスケールとかテクスチュアが独自に語りかけ、経験する者の身体と関係を持ち、意識にあった空間との交流をはじめるのだろう。

1　入口
2　広間
3　寝室

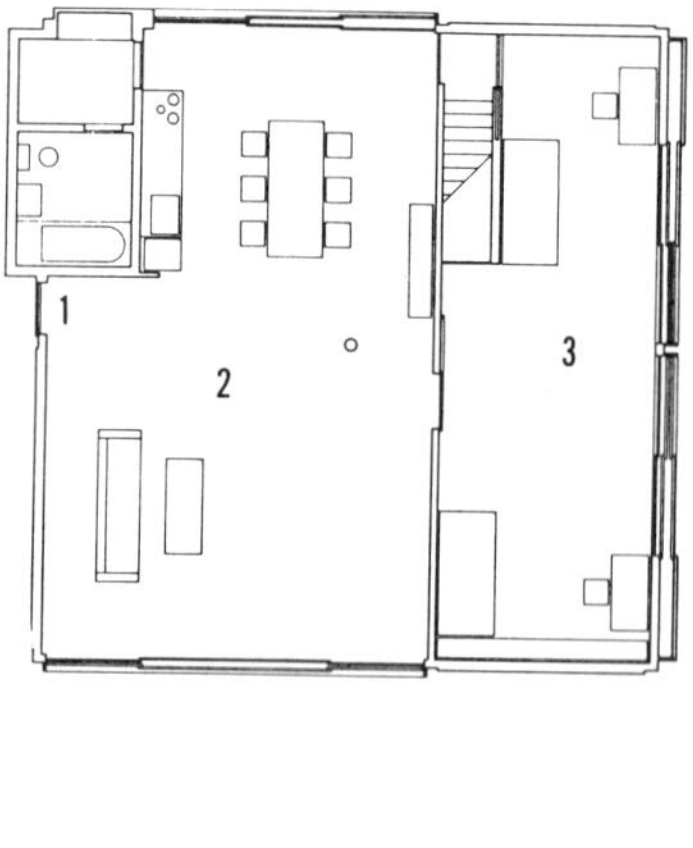

白い家　1階平面図

〈白の家〉では光を柔らかく包み込む空間が、〈篠さんの家〉では光を鈍く映し出す金色の奥深い空間が、そして〈東玉川の住宅〉では空気と光と音までもが絶えず淀みなく渦を形成して流れる空間があることを初めて身体的に知った。

〈空間を駆けめぐる〉行為から、東京という巨大な都会に埋まり、散らばっていた篠原氏の作品の数々の間に、みえない複数の糸が張りめぐらされはじめる。この網目《ネットワーク》こそ篠原一男氏が二十年の歳月を経て構築した〈彼自身の都市〉といえようか。

余白はいかにも多いが、人々は紛れもなく、このみえない〈彼自身の都市〉の構図に触れ、ここにひとりの作家の生存の軌跡を確認する。

3　虚構の溢れる世界にもうひとつの虚構を構える

篠原氏は日常性の裂け目に〈虚構の空間を美しく演出したまえ〉と語る。だが、人々の行き交う街にもまた、虚構の空間は今日溢れているではないか。

一人の建築家のつくりだす虚構の空間とメディアのつくりだす虚構の空間。二つの虚構は、ともに都市の日常の間にあって、人々に働きかける。

メディアのつくりだす虚構は、人々のさまざまな日常行為の間に割って入り、あらゆる手段《てだて》を講じて人々の視覚や聴覚を刺激し、その空間へと人々を引き込む。もの（商品）と記号（文字、ライト、ネオン、音）が氾濫し、交錯する幻惑と仮象の空間。この空間にあるあらゆるものはメディアのトリックによって輝きを示し、その間を歩く人々に誘いかける。人々は仮象の輝きに目を奪われて、自己のアイデンティティを回復したかのように思い込んでしまう。その錯覚のなかでなされる消費。仕組まれた虚構。

疎外の状況を演出し、その状況を楯に人々を自らの虚構の空間に引き込み、再び増長した疎外を送り返す巧妙な円環状の消費構造。メディアのつくりだした虚構の空間から再び日常へと送り返される人々には、蓄積した疲労の感覚とすでに褪色しはじめた消費物だけが残される。

住宅は、もはや疲労した人々と褪色したもののストックルームと化した。都市においては、住宅もまた人々と同様に、その存在の根拠をほとんど喪失してしまった。

しかしそのような住居の日常性のなかへ、今日もメディアは多大なレトリックを込めて、虚構の空間の輝きを暗示し続ける。疲労した人々の視線は、ストックルームに堆積したものの間から再びそこへ吸い寄せられ、消費の巨大な円環の歯車はまたまわる。

メディアのつくりだした虚構による個人の空間への侵害。篠原一男氏によってつくられるもうひとつの虚構の空間は、その不法な介入に対する異議申立てであり、巨大な歯車への抗戦の構えである。

〈失われたのは空間の響きだ〉
〈住宅は美しくなければいけない〉
〈空間に永遠を刻む〉
〈また新たな《閉じた系》へ〉
〈はじめに全体があった〉
〈亀裂のなかに連続が〉
〈空間に新たな知と情を〉
〈暗い世界のなかに生の空間を〉……

篠原氏もまた多大なレトリックを込めて抗戦を構える。これらのレトリックは、渦を巻いて流れ込む情報とものに対して掲げられた〈進入禁止〉の標識でもあった。だから氏の

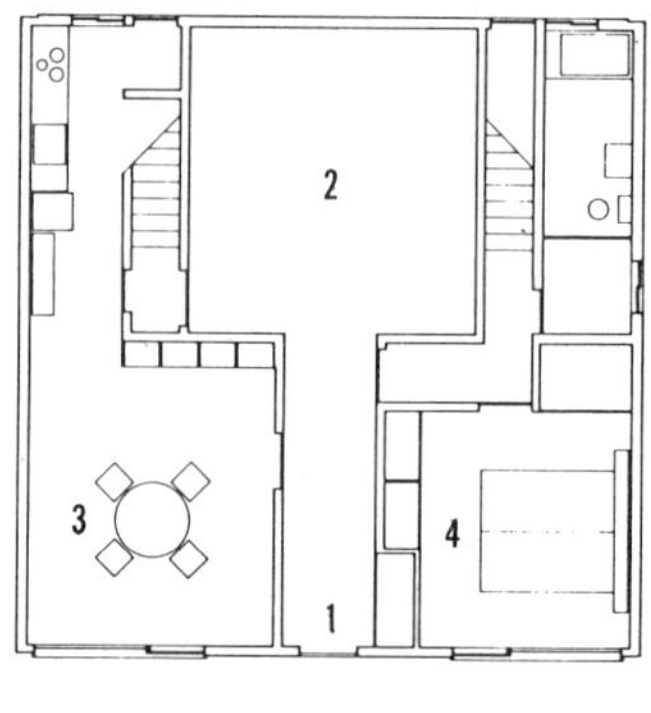

篠さんの家　1階平面図

住宅には零度にまで還元されるほどの〈閉じられた白い領域〉が必要とされたのだ。

篠原氏は、この〈閉じられた白い領域〉で、自身の物語《ロマン》を語り続けてきた。かつては〈深々と意味の込められて〉いる物語を、熱く謳いあげるように、少し前からは無機的な乾いた口調で……。

だが、氏の物語《ロマン》はどんなときにも、〈抽象化された形式〉を介さずに語られることはない。それが極端なストイシズムとさえみえるほどに〈抽象化された形式〉を採らなければならなかったのはなぜか。

同時代に生きる建築家のなかにも、空間を思想の表現としながらも、個人の情念が空間をつくりあげている各部分にそのまま粘着したかのごとくに、感情移入を行なっている作家もいる。その空間は、時として〈闇〉である。宗教的といえるほどの情念の空間。そのような空間に遭遇するとき、私はその作家の存在の重さを感じないわけにはいかないが、同時に、一人の人間の熱い吐息のなかにとり込められた息苦しさに襲われる。他人《ひと》の〈臨界距離《クリティカル・ディスタンス》〉の内側に入り込んでしまった自己を感ずる。

篠原氏の住宅のなかにも、氏の情念に関わる部分を表現の主題にした空間はある。光から隔絶された黒い空間としての〈地の家〉、あるいは金色が壁に張りめぐらされた〈篠さんの家〉など。

その場合でも、篠原氏の空間に〈闇〉はないし、肌にまつわりつく温もりの感覚も皆無である。それはやはり、氏の空間が〈抽象化された形式〉を通して語られるからであり、それを単に作家の嗜好の問題として片付けることはできない。

篠原氏が空間において語ろうとする意味は、常にまったく個人的、かつ具体的な内容のものであるが、〈抽象化された形式〉への操作の過程で、生のままの自己は殺されてし

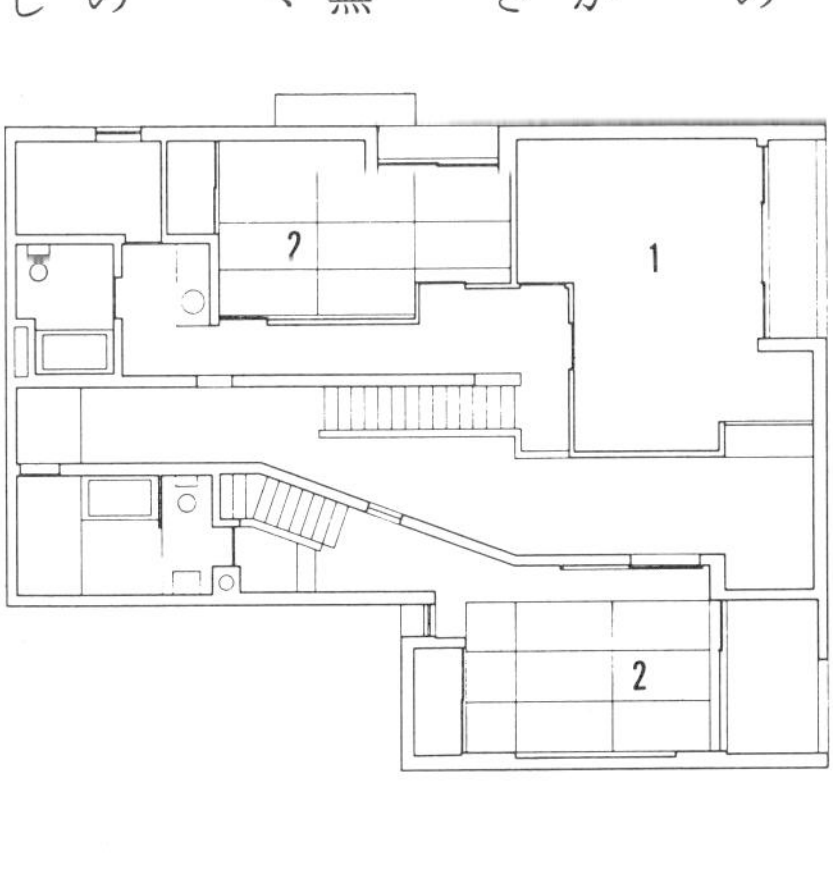

1　寝室　2　和室

東玉川の住宅　2階平面図

まう。いったん氏のなかの情念を断って、無人称にまで漂白する操作によって、逆に空間は解放され、一人の個人としての空間を超える。

だから、篠原氏は白い領域を閉じたが、その閉じられた領域の内側に、私の意識までもが閉じられることは決してない。私の意識に対しては、解放された空間がある。

情念が生まのまま肌に伝えられる空間には、感動することはあっても、いまの世界をともに生きているという触れ合いの感情、すなわち具体的〈関係〉をもつことができない。〈光の死〉と時を同じくして、〈闇〉もまた死を迎えたのではないかと思う。

4　象徴空間の構築と解体——言葉と実体のズレが建築をつくる

〈機能〉〈機械〉〈装飾〉〈横断〉〈正面性〉〈亀裂〉〈永遠性〉〈不確かなもの〉……篠原氏によって独特の新しい意味を付与された言葉の群。自己の作品を語るに際して、常に言葉を周到に選び、その響きを大切にしてきた建築家である。

しかしながら、選び採られた言葉と実体化された空間とは、時間の横断面でみると必ずしも整合していたとは限らない。むしろ多くの場合、そこにはズレがある。言葉と実体の間に生ずるズレこそが、篠原氏の建築を生み出す根源の力として作用し続けたように思う。言葉に新しい意味を発見する行為が、新しい空間を誘発し、誘発された実体としての空間が再び新しい言葉を引き出し、その意味を暗示するといった具合に。そのズレは意識的な操作ではないかと思わせるほどである。

いまもなお篠原氏は言葉を前方に投げかけ、そこに張られた糸をたぐるようにして新しい空間への到達を企てる。この作業は、恐らく直線的にではなく、かなりの振幅を伴いつつなされるにちがいない。

篠原氏が意味を与えた言葉のなかで、〈象徴空間〉は氏の創作活動をみる上でもっとも重要なもののひとつである。その作品の大半が、空間においての〈象徴的なもの〉を構築し、解体していく過程に関わっているといってもよい。〈象徴〉という言葉が初めて氏の文章にあらわれるのは、一九六二年、〈様式がつくられるとき〉と題された住宅論においてであり、これは〈から傘の家〉の発表と時期を同じくしている。篠原氏はここで、日本の伝統的な空間構成の原理が空間の分割手法によっていることを示すのであるが、この分割手法を洗練する過程に〈象徴的な〉美が空間にあらわれることを述べている。すなわち、日本の抽象的な形式化の彼方に、精神的なるものへの昇華を伴う〈象徴性〉の存在をみたのであった。

〈象徴的なるもの〉の強さと魔性の危険をすでにこのとき一方で指摘しつつ、なおその非合理な力に魅惑されていく姿を読むと、この言葉が磁力線のごとくに、その後の氏の空間を引き出してくる様相が、暗示的に想像される。

二年後の六四年、篠原氏は空間論、〈三つの原空間《プライマリー・スペース》〉を発表する。〈象徴空間〉はここで、〈機能空間〉〈装飾空間〉とともに建築の原空間、すなわち他の二つからは合成できない空間の原単位として体系づけられた。あらゆる色彩が三原色から合成されるように、私達の前に実体化された空間も、三つの原空間がさまざまな色あいで複合された合成物であるという。

しかし実体がさまざまな色あいで複合されているとはいっても、篠原氏の創作活動の跡をたどってみると、概ねは〈装飾空間〉から〈象徴空間〉を経て〈機能空間〉へという順序で空間における意味の中心が推移しているように思われる。しかも六〇年代において〈象徴空間〉のもつ意味は大きく、他の二つの原空間はその前後にあって、〈象徴空間〉の

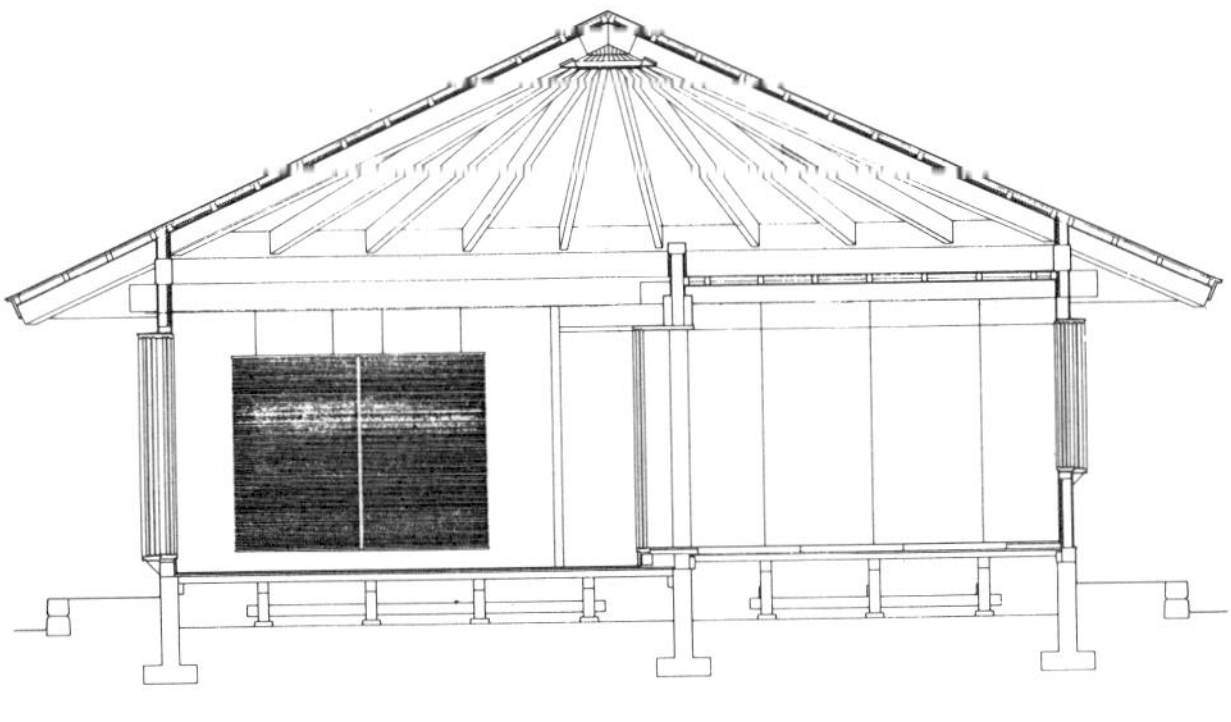

から傘の家　断面矩計

構築と解体のために対置された概念といってもよい位である。

六〇年代前半の構築過程にある〈象徴空間〉は、日本の伝統をいかに現代の新しい空間に実体化するかという課題に対して提出された。〈から傘の家〉〈白の家〉がその課題へのもっともすぐれた解答である。前者はそのひとつの中心へと昇りつめる求心的な棰木の架構により、後者は漂白され、抽象化された形式を備えた空間に立つただ一本の杉丸太によってそれは象徴されている。いずれの場合にも、もっとも完結的な正方形の平面に中心からややはずれた一本の分割線を入れる形式において、その〈象徴性〉は一層明快に浮び上がっている。

この二つの実体の間を次のように関係づけてもよいであろう。〈から傘の家〉が空間の〈象徴性〉を強く暗示し、意味づけられた言葉が篠原氏に再び働きかけて、その具体的な発見として〈白い家〉を結晶させたと。

〈白の家〉をひとつの頂点として、篠原氏の空間における〈象徴性〉はいったん弱められる。〈白の家〉の延長線上にある〈山城さんの家〉においても、磨き丸太は前者の場合ほどには領域に対する影響力をもたないし、〈鈴庄さんの家〉に至っては、空気や光の流れだけが意識されて中心性はなく、その〈象徴性〉はほとんど影をひそめる。

この時期から篠原氏の攻撃目標は、日本の伝統の表徴から都市の表徴へと転換された。すなわち、都市の多様な様相や荒涼さ、渇きなどを空間に映しとろうとする新たな企てが開始される。

《象徴空間で代表されるように、私は意味が深々とこめられている空間を追求してきた。一般的な呼び名を与えれば〈意味の空間〉の構築が私のいままでの、特に〈白の家〉あたりまでの基本的な主題であったと思う。象徴性のもつ魅力は長く私をとらえて離さなかったし、その点ではいまも変化はない。だが、いまはその意味を消そうと考えている。それは零から出発するのではない。もし消すという作業が開始されるとしたならば、私自身がつくりあげてきた〈意味の空間〉の到達点がその出発点である。還元作業を少しずつはじめつつある。いうまでもなく、その行き先はかつての意味の空間がたどってきた道の逆行であるはずはない。それをいま私は仮に中性的な乾いた空間と呼んだのである。》（篠原一男「象徴空間をこえて」、「新建築」71年1月号）

〈象徴空間〉の解体はこのようにしてはじめられた。しかしこの文章が、〈未完の家〉〈篠さんの家〉の発表に伴われたものであることを考えると、ここでもまた私は言葉と実体のズレを強く意識せざるをえない。

〈中性的な乾いた空間〉はこのときまだない。それどころか、〈未完の家〉の中央の空間は〈白の家〉と並ぶほどの強い〈象徴性〉に支えられている。平面の分割手法は採らないが、正方形の平面の中央にもうひとつの正方形を配置し、これにシンメトリーの軸線を加えた形式性の強い平面構成と、極端に縦長なプロポーションに基づく垂直線の重なりが、宗教的ともいえるほど強い〈象徴性〉を呼びおこすのかもしれない。

おそらくこのとき篠原氏の内部には、不確かで不安な都市を表徴《しる》したいと思う感情と、空間にだけは確かで安定した形式を求めたいと願う感情とが激しく対立していたに相違ない。この激しい対立のなかから実体化されたのが〈未完の家〉のホールであり、発見されたのが〈亀裂の空間〉という言葉であった。〈亀裂〉という言葉の響きは、意味の消去という意図とは裏腹に、あまりにも強く都市の不安に生きる人々の精神の奥深くまで突きささってしまう。

1　入口
2　広間
3　食堂
4　寝室
5　予備室
6　ボイラー室
7　居間・書斎

未完の家　1階平面（右），2階平面（左）

〈未完の家〉のホールの一角に立って、高い天井を見上げたとき、私は西欧の宗教建築が象徴した精神の上昇作用とは逆に、深く落ち込んで幽閉されたという印象を抱いた。エントランスからシンメトリーの軸線に沿って歩を進めても正面の階段の奥に私がみるのはただ白い壁であり、何処へか引き上げられる期待を抱かせるものは何もない。ホールの上方に見るものも、乳白色に染められた鈍い都会の光だけである。

脱出不能な閉ざされた空間。日常の平板に割れた〈亀裂〉からの転落と、その底に展開される虚構の空間。

不確かなるものを表徴《しる》すというよりも、象徴するものが不在であるにもかかわらず、シンメトリーの強い形式だけが表現されることによって、それは都市における象徴の〈不在〉が逆に象徴される空間となった。

〈亀裂の空間〉は、したがって形式の強さに基づく、篠原氏にとって逆説的な〈象徴空間〉となり、以後七三年の〈東玉川の住宅〉に至るまで数多くの住宅に展開され続ける。この間、その〈象徴性〉は急速に弱まっていくのだが、〈中性的な乾いた空間〉は依然として前方に投げられたままである。

〈象徴空間〉は長らく篠原氏をとらえて離さなかった。それはこの空間が氏自身の物語《ロマン》を語るのにもっともふさわしい空間であったからにほかならない。美しい自然に培われた日本の伝統に関わる物語《ロマン》であれ、荒涼とした都市に関わる物語《ロマン》であれ、それは強く感動的に語られる空間であった。

にもかかわらず、篠原氏は〈象徴空間〉の解体作業を続けてきた。永年語りかけた物語《ロマン》のための空間をなぜ自ら解体してしまうのか。

《象徴は世界のなかに、まっすぐに突っ立っているように思われてくる。つまり、その根（表徴されるもの）だけがつながりあっている垂直の関係の無秩序な並列にほかならない。もう一つは、この垂直関係が、どうしても類似関係として現われでる、ということである。多かれ少なかれ、形式は内容に似てくる。まるで、つまるところ形式は内容から生みだされたのだといわんばかりに。つまり、象徴の意識には、まだ決定論が排除されないままで残っている。》（宗左近『表徴の帝国』（ロラン・バルト）の解説より）

〈象徴空間〉もその空間の暗示するひとつの意味を深化させていくという点で人をいたく感動させるが、その深化は常に〈垂直的〉であり、意味の多元的に並ぶ〈水平的〉な拡がりを持ち得ないように思われる。縦糸だけで織られた横糸のない世界、それが〈象徴空間〉であったともいえようか。あるいは野原に立つ一本の大樹と、樹木の群生する森という譬えで説明できるかもしれない。前者は大きく伸びやかで感動的であるが、その周囲をいくら巡っても一義的に意味が深まるばかりで意味を選ぶ余地はない。後者の場合、一本ずつの樹々がそれぞれにもつ意味は浅く並列的であるが、それらの絡まりによって意味は横の〈関係〉をもちはじめる。しかも群生のなかを歩く主体の道筋や歩行速度によって、その〈関係〉は変わる、つまり主体によって意味は選ばれる。

篠原氏がいま描こうとしている今日の都市もまた、群生する樹木のように多様な記号が幾重にも重なって浮遊する空間である。それは多木浩二氏の指摘するようにまさしく〈生きられた都市〉であり、隣接し、無秩序に並列した多くの事象の間を主体がよぎることによって出来事の断片が切られ、モンタージュされ、はじめて意味が〈関係〉づけられるだけの空間である。かつて〈中性的な乾いた〉と呼ばれ、いま〈第三人称の横断〉すると呼ばれる空間こそ、このような都市を表徴する空間ではなかろうか。そしてこの空間を実体化する過程で、かつての〈象徴空間〉は捨てられる。

5 成城の住宅──面の相対的な関係のみがつくるvoidな空間

100㎡もあろうかと思われる大きな空間に足を踏み入れたとき、従来の空間とはまったく異質な感情をもった。

〈白の家〉も〈未来の家〉も〈東玉川の住宅〉も、すべて純白に漂白された空間であり、〈抽象化された形式〉を備えた空間であった。だが、これらの空間はいずれも、私に語りかけてきた。その語り口は決して饒舌ではなかったが、漂白された空間の内部にひとりの建築家の物語《ロマン》が息づいているのを感じとるには十分であった。

しかし〈成城の住宅〉の大きなホールは何ひとつ私に語りかけはしない。エントランスの前に広がるおよそ9mの天井高をもつ空間。この高さは篠原氏の作品のなかでももっとも高いものに属するが、〈未完の家〉や〈篠さんの家〉のような視線の方向に対する強制はなく、ただ無限定な広がりのみがある。45度に張られた純白な天井は、頂部まで上りつめて緩く折れ、プレーンな二枚の平面として浮かび、領域の設定を行なう。この白い平面にやや無雑作に切り取られた二つの矩形の天窓も、象徴的な光の導入といった意図はない。それは単に採光口であり、その位置や大きさが変化しても空間全体に影響を及ぼすことはありそうにない。

床と天井によって三角形状に切られた三枚の妻壁とそれに直交して重なり合う四枚の矩形の壁。それらは打放しコンクリートの粗面をさらして沈み、ただ重なりと断面を示しながら囲う。

この大きな架構の下には三つのレベルの異なった床面のみがあり、ここでもまたレベルの違いという相対的な〈関係〉だけが問題となる。

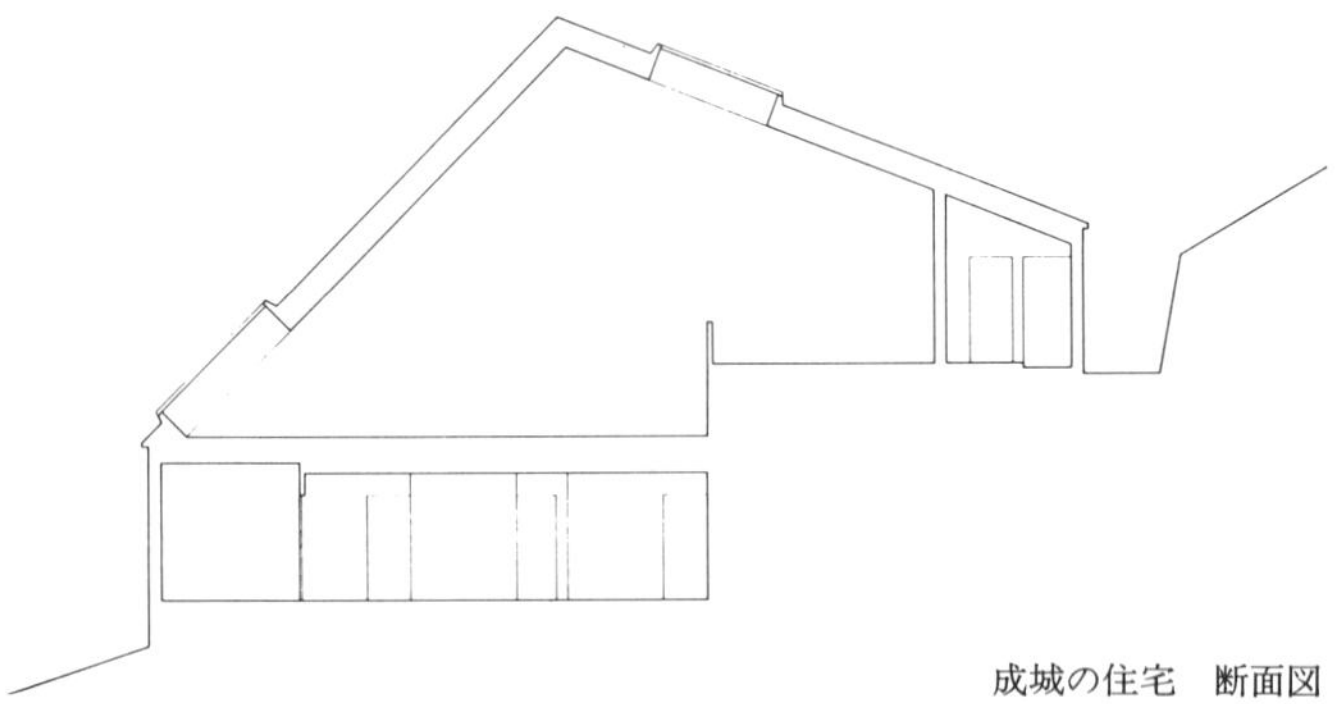

成城の住宅　断面図

この空間にいる者は、誰でも囲われた領域のヴォリュームに驚きながらも、ひとつの道筋に沿って特定の場所へと導かれるのではなく、どの方向からも、どのレベルからも自由に空間を体験することができる。

夕闇とともに天井の白さが静かに明度を落としていくとき、私の前には外界の空気の流れをただ断っただけの透きとおるような空間があった。静寂だけが支配する寡黙な空間。床、壁、天井の水平、垂直、斜め方向の数多くの平面によって構成されるvoidな空間。そこでは面の素材や明度の相違は、実体としてではなく、ただ単に相対的な〈関係〉としてのみとらえられる。かつて篠原一男氏はP・ブルックの『なにもない空間』を引用したが、ここでは〈なにもない空間〉というよりも接頭語すら消し去った〈空間〉だけがある。

作者自身によっても未だ体系づけられていないこの〈空間〉。私は篠原一男氏の作品のなかにはじめて〈中性的な乾き〉を感じた。

6　上原通りの家——実体としてのエレメントの関係のみがつくりだす空間の廃棄

話が前後するのだが、九つの空間を駆けぬけるより少しばかり前、私はもうひとつの住宅によって篠原一男氏の作品を初めて体験することになる。氏のもっとも新しい作品、〈上原通りの家〉である。この住宅を正確に評価するためには、いましばらくの時間が私には必要であるが、この作品を体験して以降それは久しく私の脳裡から離れず、他の九つの空間も絶えずこの新しい作品との重なりにおいてしかみることができなかった。

それというのも〈成城の住宅〉が、私に異質な空間体験を与えたのと同様に、というより〈上原通りの家〉はむしろそれ以上の異質な感情を与えたからであり、九つの空間を駆

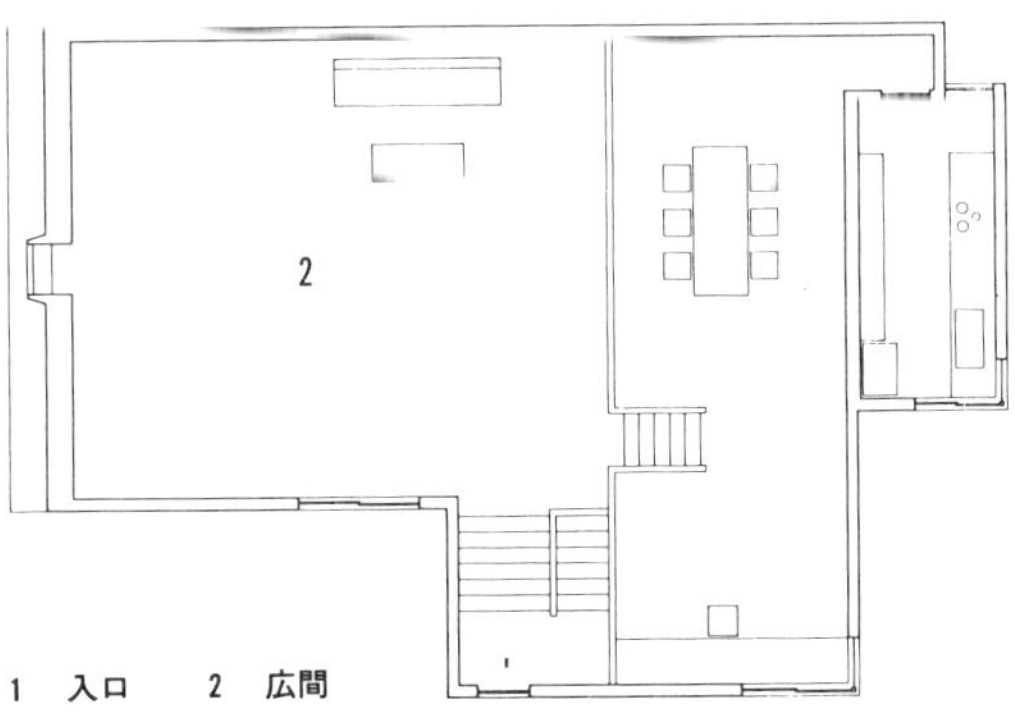

1　入口　　2　広間

成城の住宅　1階平面図

けている間もこれらの空間と、この新しい作品とを結ぶ何らかの文脈《コンテクスト》を何とかして探りたいと思ったからであった。しかしそれらを結ぶ何の手がかりもない。

実際それは驚き、というよりも困惑の感情とでもいうべきものであった。都市のどこにでも見られる住宅地の商店街をわずかに折れると、細い通りに沿って突然姿を現わすコンクリートのファサード。その外部に立つとき、すでに従来の作品との文脈《コンテクスト》は断たれたように感じた。

正面の打放しの壁とまったく同一平面内に収まって二層分の高さで並ぶ二本の柱。それは象形文字のようなＹ状を呈し、しかも二本の柱の斜材の大きさは異なっている。同一平面にある柱と壁の区別も単にコンクリートの微妙なテクスチュアの相違のみで表現されている。Ｙ状の柱と屋根スラブとの間につくられる四つの三角形の開口部。屋上に付加された半円型アーチの断面とそこに開けられた二つの円型窓。まったく脈絡のない多様なエレメントが平面的に並列されたファサード。円と三角形と矩形の幾何学的な形態のエレメントを散らしたパターンの遊戯のようなファサード。多様な実体としてのエレメントは何によって統合されているのか不明だが、それらは何らかの〈関係〉で結ばれ、新しい意味を発生させている。

アトリエとなっている一階を横に見ながら床スラブの間に切られた外部階段を上り、振り返ると、突如私は混沌とした内部にいる。外部で見たよりも粗々しく室内を横断して繰り返されるＹ状のストラクチュア。このストラクチュアと直角方向の斜線を構成する二つの階段。二層分の柱の美しいプロポーションをあえて断つ木造の床と、そこに張られた45度方向のフローリング。ストラクチュアとはズレて立つ白い木造の間仕切壁。三角形の複数の開口部から容赦なく入り込んでくる商店街の風景と雑音。

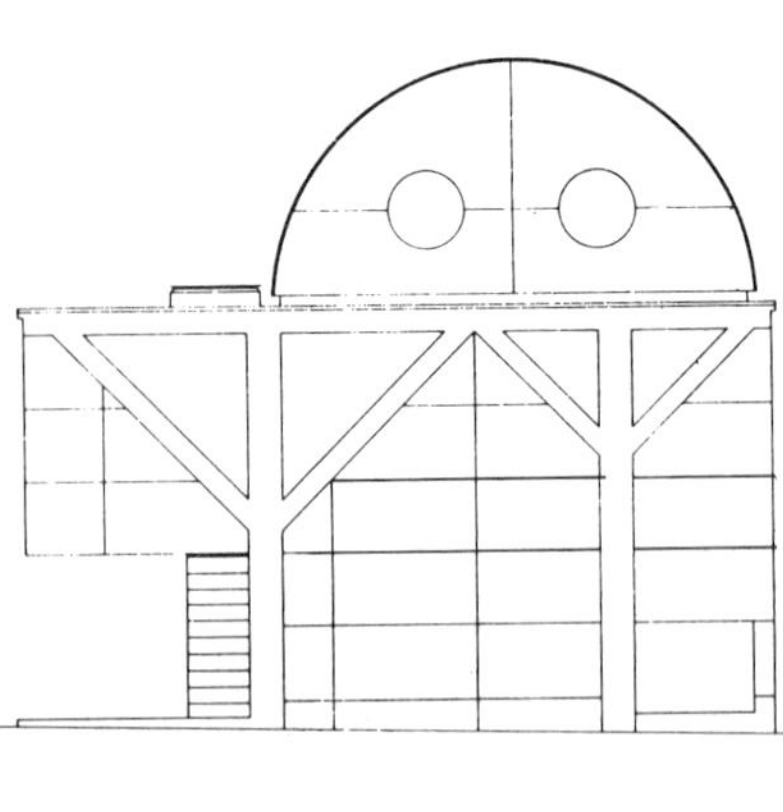

上原通りの住宅　北西立面図

単純な矩形のプランに外部以上に混在する実体としてのエレメント。多様なエレメントが暴力的といえるほど室内を縦横に、そして斜めに錯綜して空間はほとんど〈破壊〉されかかっている。〈破壊〉は一体何に対して行なわれるのか。自ら構築したたとえば〈白の家〉のごとき〈象徴空間〉に対してか、それとも怠惰な建築的状況に対してか。

この内部においても、問題とされるのは多様なエレメントの織りなす〈関係〉のみである。ここでは構造を意識することはあっても、視覚的に空間を感ずることはほとんどない。

篠原氏にとって空間は〈廃棄〉されるのだろうか。問いかけばかりが多いのだが、ここに意味を一義的、かつ直線的に伝えてくる空間が廃棄されたことだけは確かである。

7　ロマネスクの行方

〈成城の住宅〉におけるほとんど領域とさえ呼べるほどの、実体のない多くの抽象的な面の相対的な関係のみの〈空間〉と、〈上原通りの家〉における実体としての多様なエレメントの関係だけがもたらす〈空間の廃棄〉。振幅はあまりに大きい。だが、その中間に〈谷川さんの住宅〉を介在させると多少の脈絡がつきはじめる。なぜなら〈谷川さんの住宅〉には、対極的な二つの相のまったく異質な二つの〈関係〉が潜在的に重なり合っていると考えられるからである。

たとえばこの住宅の夏の広間における45度の勾配をもつ白い二枚の天井面、外部から傾斜して流れ込み、自然のままに内部をよぎって再び流れ出していく黒い地表、その流れを視覚化する壁のない大きな二つのガラス面、頂部で直角をなす白い妻壁。もし柱とブレースを除外して考えるならば、これらいくつかのプレーンな面の〈関係〉だけで構成される

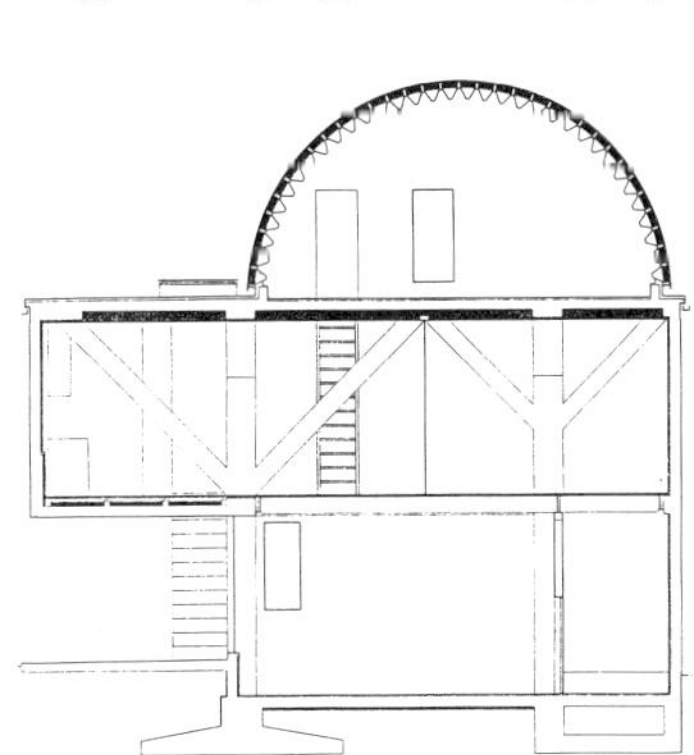

谷川さんの住宅　断面図

透明な空間は、〈成城の住宅〉とほとんど同一線上に連続してみえてくる。

　この二つの空間はともに断面をとらえながらそのわずかな相違は、前者が傾斜した地表をそのまま内部まで持ち込んだのに対し、後者ではいくつかのレベルの床に分割したというだけのことにすぎない。

　しかし逆に同じ夏の広間における複数のY状の柱、壁に代わる多数のブレース、ブレースによって分断された三角形のガラス面、夏と冬の空間を区切る間仕切壁の上部にある三角形のガラス面、傾いた地表面が妻壁に描く角度、妻壁の外部に45度方向に張られた縁甲板などを、多様な実体のエレメントが織りなす〈関係〉と読めば、それは〈上原通りの家〉とほぼ同一線上に並んでくる。

〈谷川さんの住宅〉の場合には、空間は〈破壊〉されずにあるので、多様な実体の〈関係〉はそれほど錯綜したものではなく、十分な間隔を保って配置されている。

　いずれにしても〈谷川さんの住宅〉は、一見まったく相容れない二つの〈関係〉を、同時に包含してなお美しく存在している空間である。

　九つの空間を駆けた夜、降り出した雨を知らずに、私は篠原氏と語る機会を得た。

　篠原氏は自身の新しい作品集の試作本を手にして語りはじめたが、その一冊の書物は氏の内の物語《ロマン》を語るにふさわしく、目のさめるような真紅のカバーで覆われていた。色彩のない研究室でそれはひときわ鮮やかに映った。そのなかの〈上原通りの家〉の写真を示しながら、〈野生〉という新しい言葉が氏の口をつく。〈野生〉……。

　それはレヴィ＝ストロースの〈野生の思考〉に由来する言葉であるはずなのに、この世界の疎外を生きてきた一人の建築家の口から語られると、言葉は新しい意味を担って投げかけられる。

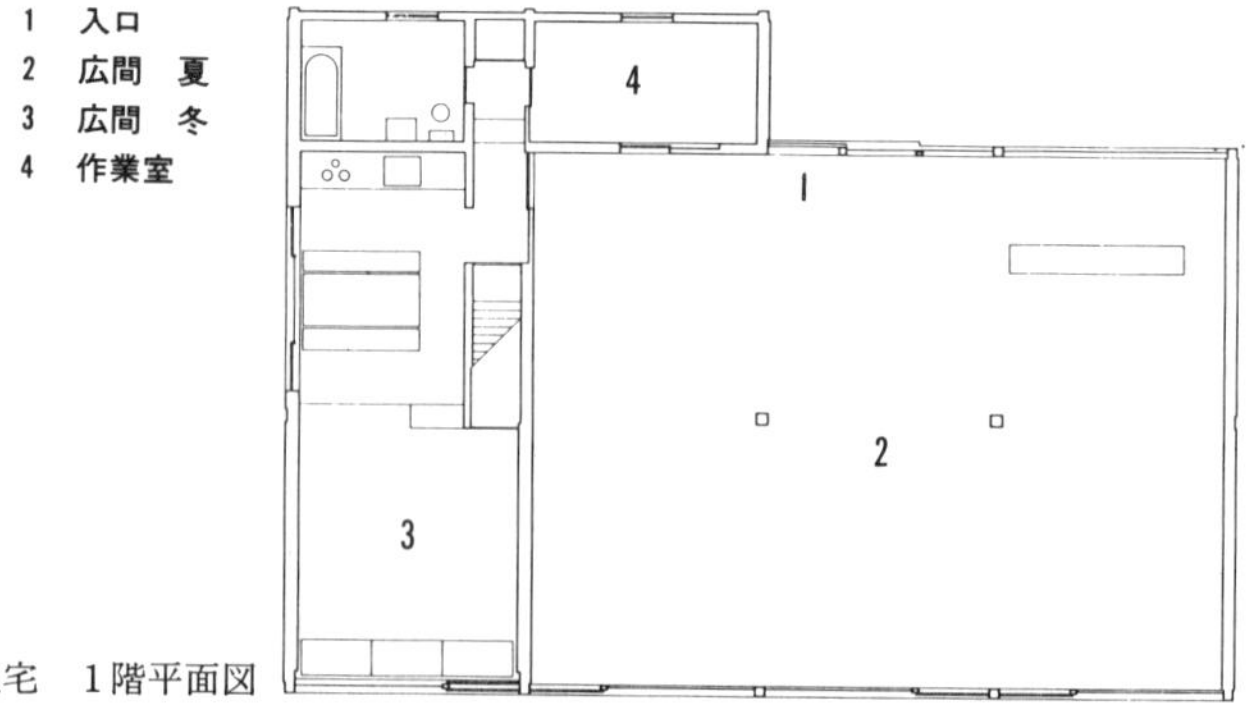

谷川さんの住宅　1階平面図

〈野生〉という言葉と真紅のカバーと林立するΨ。それらは次第に重なり合って……。空間の〈廃棄〉をすら企てたはずのこの住宅の背後に、再び物語《ロマン》の影がしのぶ。

空間においての〈象徴的なるもの〉の解体をめざしてからすでに久しく、〈中性的な乾いた空間〉という言葉も数年前、前方に向かって投げられたものであった。〈成城の住宅〉と〈上原通りの家〉、二つの間に介在する〈谷川さんの住宅〉、これら三つの住宅によって、投じられていた言葉は手許に回収され、かつての〈象徴空間〉の解体作業は一挙に進行したように思われる。

実体のないひたすらにvoidな〈空間〉と、空間が〈廃棄〉されるほどに多様なエレメントの混在。篠原氏がいま取り組む二つの空間の在り様は対極的なようにもみえるが、どちらも〈関係〉によって構成されるという点では極めて近い。〈関係〉で構成されるということは、すでに述べたように多元的で意味が主体によって選ばれることを示している。いずれにしてもそれは乾いた都市を表徴《しる》すために篠原氏によって実体化されはじめた新しい空間の在り様である。篠原氏がそのいずれか一方のみを採るのか、あるいは両者とも並存させていくのか、いまの私には知る由もないが、もはやそこで氏の物語《ロマン》が直接象徴的に語られることはないだろう。

《わたし自身の歴史的位置というのは、前衛のなかの後衛だ、と。前衛であるということは何が死んだのかを知っているということです。後衛であるということは、死んだものをなお愛しているということです。わたしは物語《ロマネスク》をつくるものを愛しています。しかしわたしは物語《ロマン》が死んだということを知っているのです。》（ロラン・バルト『表徴の帝国』の解説（宗左近）におけるバルト自身の言葉より）

篠原一男氏はその創作活動の最初から孤塁を守り続けた作家であるが、一度たりとて前

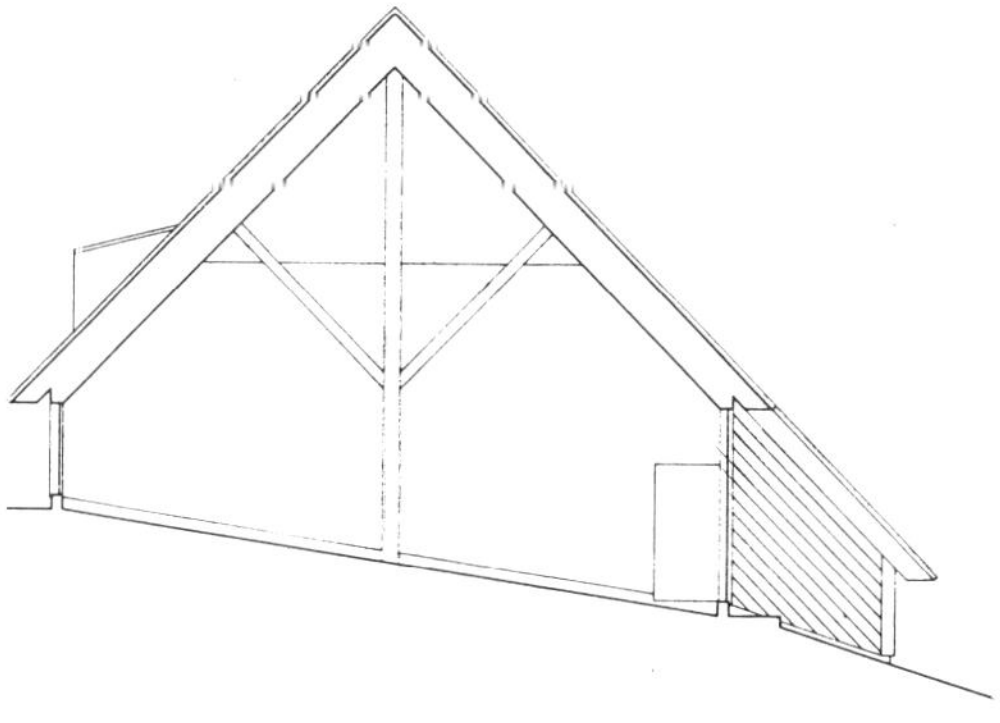

谷川さんの住宅　断面図

衛と呼ばれたことはあるまい。建築をつくることに前衛はあり得るのかというような基本的な問いはともかくとして、氏はなぜ前衛と呼ばれないのであろうか。

かつて篠原氏は自身で、〈私の場合のように日本の空間の様式を主題にするような創作は、間違っても前衛と呼ばれることはない〉と述べたことがある。しかし氏が前衛たりえなかったのは、日本の空間の様式を主題にしたからではなく、やはり篠原氏が常に物語《ロマン》を求める作家であったことによるのではないか。

いま篠原氏は自身の存在の根拠《よりどころ》ともいうべき物語《ロマン》までも、乾いた都市を表徴《しる》すためには殺してしまうのだろうか。もしも氏のなかの物語をつくる《ロマネスク》ものが本当に絶えるならば、このひとりの建築家は前衛としての位置《ポジション》に押し出されてくるであろう。

だが、あの真紅のカバーと林立する丫を想い起こすとき、篠原氏もまた前衛のなかの後衛であり続けるにちがいない。なぜならば、〈関係〉によって構成される乾いて中性的な空間のなかで、物語《ロマン》は表にあらわれることはないであろうが、氏の内部には物語をつくる《ロマネスク》ものへの愛が変わらず生き続けるであろうし、またそうあってほしいと思うからである。

いまほど篠原一男氏の建築に関心を寄せるときはない。

1977

ホテルD

同世代の仲間には話が通じやすいという無意識の安心感があるものだ。共通体験と言っても育った環境など全く違うのだから、同時代に共通に読み耽った雑誌とか、世の中に流れていたメロディといった些細な体験が支えとなってコミュニケーションのベースが築かれているに過ぎないのであるが、何故か他の仲間にはない親密な空気を生み出しやすいものである。

上下を見渡しても、我々のゼネレーションの建築家達程、相互のコミュニケーションが良く、かつ意識し合っている世代はないだろう。何処かで建築家達の集まりがあり、二次会となると、同世代の顔ぶれが自然に十名ばかり飲み屋のテーブルを囲むことになる。石井和紘、石山修武、長谷川逸子、松永安光、毛綱毅曠、六角鬼丈、渡辺豊和、象グループの面々、世代をやや下るが山本理顕や高松伸、布野修司、鈴木博之、それにジャーナリスト達、時には藤森照信や坂本一成……。最近の建築雑誌の話題作に関する批評、と言ってもほとんどは悪口雑言、身近かな建築家達

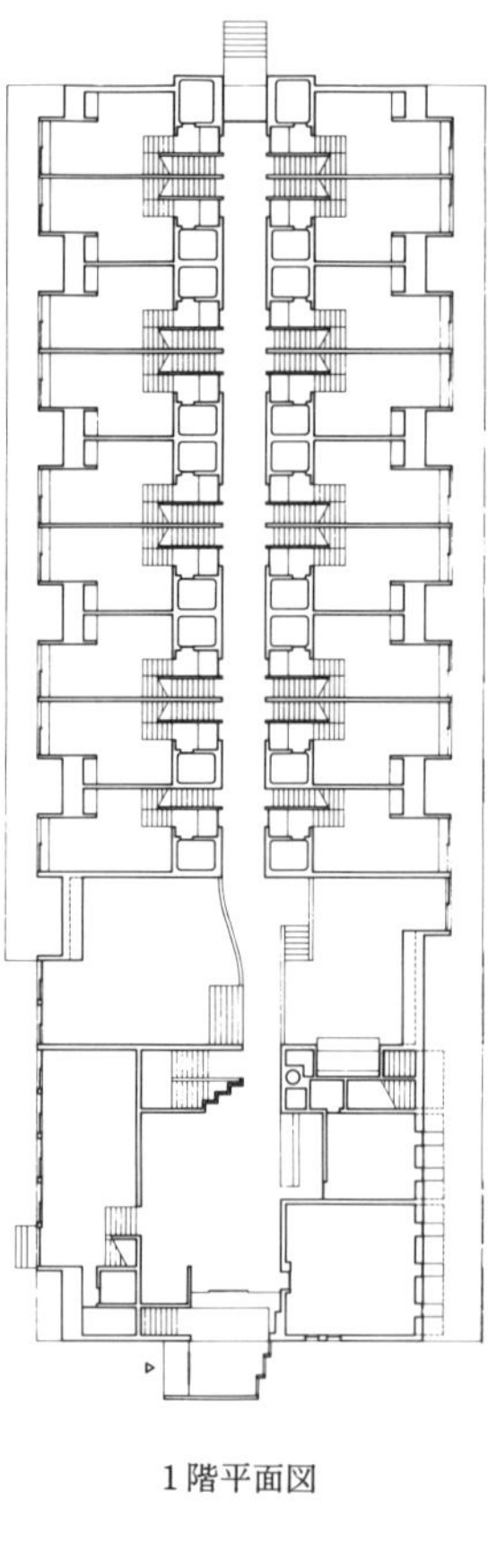

1階平面図

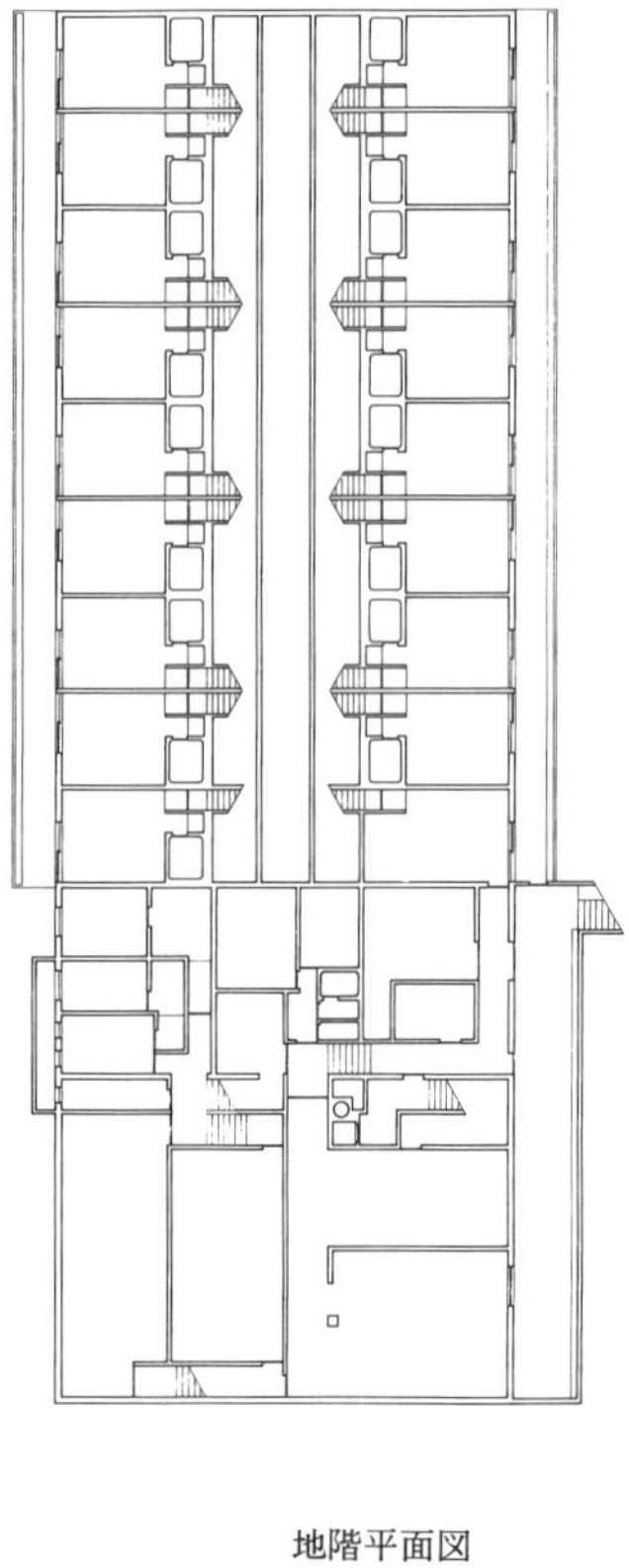

地階平面図

ホテルD

の噂話に始まり、少々酒が廻り出すと、同席している者相互の間にジャブが飛び交う。正確なストレートパンチはほとんどなく、ローブローばかりの応酬である。背後からも真横からも飛んでくる。全く油断もすきもなく、常に身構えていないととんでもないことになる。微差に鎬を削り、足を引っ張り合う。

ここ十年ばかりの間、国内にしろ、国外にしろ、〈ポストモダニズムの旗手たち〉とか〈建築界のニューウェーブ〉などと颯爽としたタイトルの下で雑誌の特集とか展覧会が企画されると、我々世代の建築家達は必ずグループで登場させられてきた。タイトルだけをみれば、いかにも颯爽だが、何のことはない、一人で登場するのは安藤忠雄ぐらいのもので、あとは常に一把からげの扱いなのである。そのような特集を見るたびに、半分はうんざりしながらも、そこに自分の名前がないと妙な口惜しさを感じたりもしてきた。したがって基本的に磯崎新や槇文彦、篠原一男といったヒロイックな建築家達とは社会に於ける建築家としての存在の仕方も、またつくる

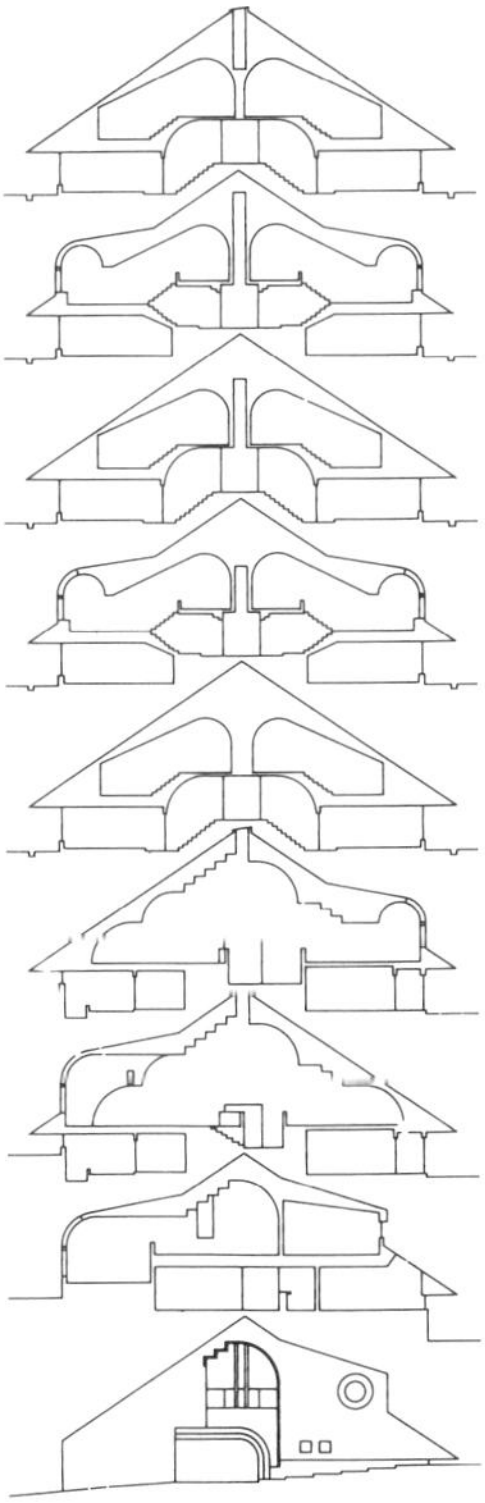

ファサード及び断面図

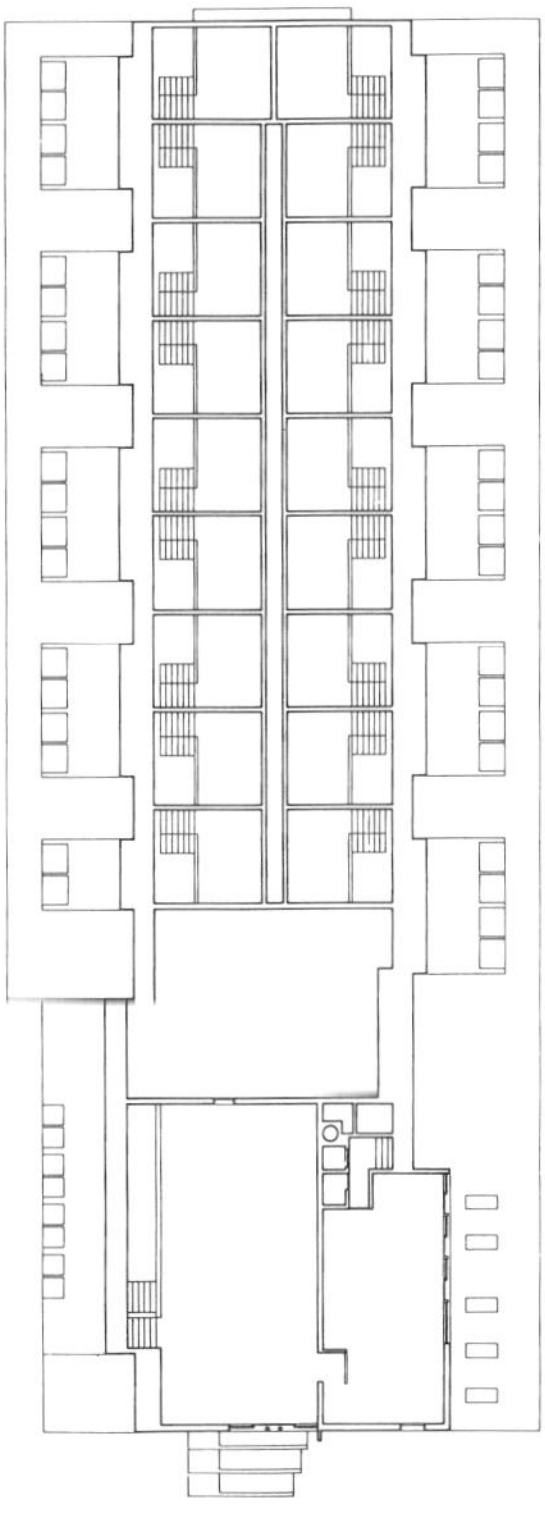

2階平面図

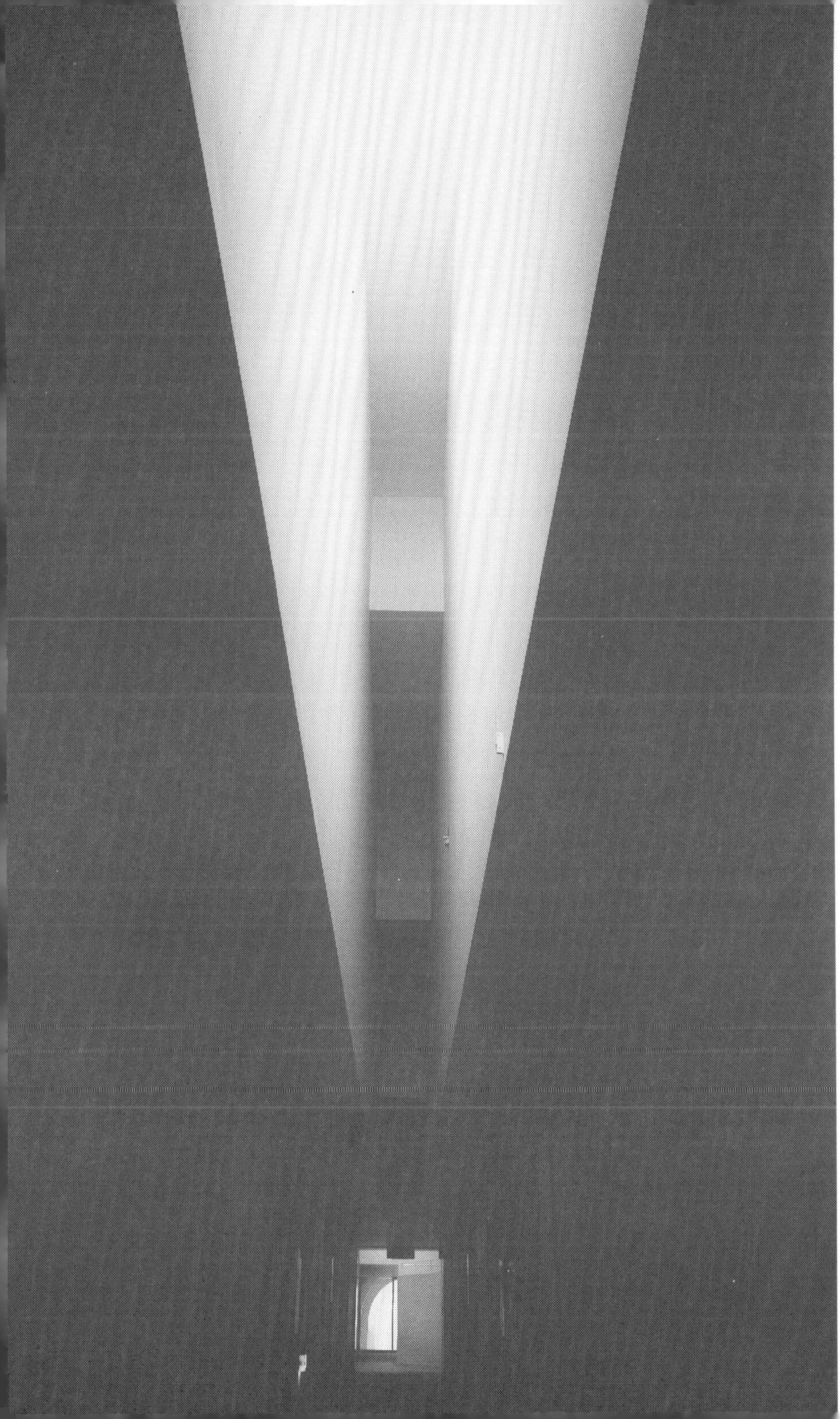

▶◀ホテルD

意味もまるで違っているのである。メタボリスト達がグループでデビューしたと言っても彼らは三十代で皆立派な事務所を構え、公共建築の設計に携わり、それぞれの個人名で社会に位置づけられていた。それに比較すれば我々世代のほとんどは、スタッフ二、三名で小住宅の設計によって細々と生計を立ててきた。つまり槇文彦がいみじくも〈平和な時代の野武士たち〉とネーミングしたように、我々は社会の側からはほとんどその存在を要請されないお世話なはぐれ者集団であり、遅れてやってきた集団であったのである。

だがこうした同世代特有のハングリー精神、ライバル意識、或いは社会や業界のルールに束縛されない気楽さが、建築の身振り自体を変えた、と言うこともできるだろう。つまり、いかに観念のなかで建築を混成させ、コラージュさせ、解体させてみたところで、建築家自身のヒロイックなポーズが変身されない限りにおいて、建ち立がる建築も所詮はこの混沌とした都市からは超然と孤立したままである。我々は、出発点からそのような輝

ホテルD　外観

かしい存在としての建築とは無縁であり、建築自体が既に都市空間に、あるいはコマーシャリズムのなかに埋没していた。我々に要請される建築はその前提条件からしてヴェンチューリの主張したオーディナリーでアンヴィギュアスな建築でしかあり得なかったのである。つまり建築家の存在そのものが既にヒロイックではありえなかったのである。だからハングリー精神やはぐれ者の気楽さは当然ヒロイックな建築への批判に転化されたし、それは自身の建築をつくる際の最もベーシックなポテンシャルでもあり続けているのである。

この年、坂本一成、安藤忠雄、石山修武という三人の同世代建築家に試みたインタヴューも、いま読み返してみると、その後のそれぞれの軌跡を十分に予測させるに足る内容である。彼らの発言は十年のスパンを描いて今日再び彼らの口を衝いたとしても何ら意外でないように感じられる。

ホテルD

光の表徴

この文章は建築における光の讃歌ではない。しかし光ということばは、あまりにも象徴的に響いてしまう。光と闇という対置が、中世以来の明と暗、彼岸と此岸、あるいは生と死等の象徴として西欧世界の文学や思想、絵画における最も主要なテーマであったことはいうまでもない。レンブラントやルオーの絵画をみるにつけて、今日でもその対置は、ある種の感動を伴って精神的な世界へと私たちを引き込まずにはおかない。

だが闇と対置された光が、どれほど精神的、内面的に美しく輝こうとも、いま建築をつくるに際して、その象徴性を空間に表現することはできない。闇をつくりだす状況がないからである。かといって、光と影のコントラストが意図でもない。コントラストを印象づけるほどの強い光も私たちの周辺にはないように思うからである。闇というかげりのなかに浮かび揺らめく光もなく、リズミカルな面の凹凸を演出する強い光もないとすれば、私たちに残されているのは、〈影も色も光源も時間さえないだろう明るい世界〉(宇佐見英治『迷路の奥』みすず書房)である。このような世界はいかにも不条理に思われる。ここには閉じられた宇宙がないからである。しかしそれはまた私の生活している世界に最も近い。

今日の建築に於いて、いかにその空間が閉じられ、個人の内面的な世界を描こうとしても、完結した宇宙を構成する可能性はもはやないといってよいだろう。むしろ閉じようとしても各部から脱け落ち、あるいは漏れてくる状況との関わりを、さまざまな方法でしるすことのみがつくる行為として残されているのではなかろうか。

東京のような都市で生活していると、地下道やビルの足もとばかりを歩いていて、外光を意識することがほとんどない。むしろオフィスビルの内部などにいる方が、窓際に陽がさし込んでいるのに気づいて空の青さを知ったりするのだが、それも意識に残らぬままに毎日が過ぎてしまう。

しかし地上の視線よりもやや高い場所、たとえば六〜七階のビルの屋上などに出てみると、近頃では必ずといってよいほど高層ビル群のシルエットと対することになる。新宿からわずか数㎞しか離れていない私の住まい裏手のマンション屋上から眺めると、西日を受けた高層ビル群はそれぞれが一枚の金属板やガラス板の如くに鈍い反射光を返し、ビルの影は数百mから時には1㎞以上もの長さとなって周辺地域に伸びている。下方の道路を走る車もやはり鈍い光を時々放つし、ビルの下を埋め尽くす木造家屋の鉄板屋根があちこちで輝いてみえる。木造家屋の間から頭だけ突き出した中小ビルのガラス面や、屋上に取り付けられた広告塔などもやや強い反射光を放っているし、建物の間に垣間見る樹々でさえも、緑というよりは無彩色で、ただキラキラと輝いてみえる。これら多くの反射光は輝く点の集合として、決して強くはないが広大で柔らかな光の織物をつくりあげている。

弱い光で満たされたこの都市にもまた、それなりの光の表現があらわれる時刻があるのだ。それは『裏と表』とか『結婚』など初期の作品で、未だ若く情熱的なカミュが浸りきっているアルジェの灼けつくような光線からは程遠いが、かといって北海に面した低地の、重くたれ込めた厚い雲の向こうからさし込む光線とも全く異質の表情である。この都市の各部分は、けばけばしいほどの色彩で埋まっているのに、ある時刻にそれらの色彩は照射された光線によってすべて吸収され、ほとんどモノクロームに近い織物となる。無数の光の分布はゆらめきを伝えるが、それは水面に反射する無数の光の点のような鮮やかな輝きではなく、クロード・モネの最晩年の作品〈睡蓮〉のように、ほとんど色彩のない点の揺らめきである。光は無論季節によって異なる明度と彩度をこの風景にも添えるであろう。しかし四季を通じて、かなりよく晴れた日でも陽ざしは鈍く、清澄な印象を抱くことは稀れである。紗をかけた柔らかさの背後には、常にdullな疲労感がついてまとう。この感覚は日本画に描かれてきた消え入りそうに織細で柔らかな田園の風景から受ける印象とも明らかに異なっていて、おそらくこの都市に特有な光の表情なのであろう。

私が見下ろしている低層で過密な住居地域の拡がりの随所で、〈我らの太陽を奪うな〉といったスローガンが掲げられ、日照権の紛争がきょうも続けられているにちがいない。不透明な東京の陽ざしにもかかわらず、人びとの日常生活において太陽だけは依然として象徴化され、崇められている。いやむしろ弱い光線しか得られないからこそ、太陽はこれほど精神化され、象徴化されているのかもしれない。

この都市に建築をつくる時、どれほど小さな住宅であろうとも、私はこの都市がつくりだした光の織物を断ち切って、そこにひとつの領域を囲い込むことになる。その時断ち切られた織りの断面を、この領域の内部に表徴《しる》すことだけが私に可能な行為である。表徴《しる》すことは決して象徴化することではない。時間の経過とともに移ろう光の表情を、さまざまな具体的な表現として記号化していくことである。それは生活という既存の意味の体系に組み込まれていない、新鮮な光の記号群でなくてはならない。人びとがその記号群を読みながら歩き、読みとった記号が各人の内部で再び織りあげられるとき、光を媒介にしたひとつの領域が意味をもちはじめるのではなかろうか。

〈中野本町の家〉の設計をはじめたばかりの頃、クライアント、といっても実は音楽史の仕事に携わっている私の姉にあたるのだが、彼女とこの新しい住宅のイメージを語り合っているうちに、空間における光のことが話題となった。この時彼女は、『冬の闇』（田中英道、新潮選書）と題された一冊の小さな書を私に示して、十七世紀前半のフランスの画家ラ・トゥールの絵について語った。十七世紀前半といえば、オランダのレンブラントやヴァン・ダイクとほとんど同じ時代であるが、この初期バロックの時代にドイツ国境に近いロレーヌ地方で生涯を過ごしたジョルジュ・ド・ラ・トゥールという画家の名前を、私はこの時はじめて知ったのであった。

ラ・トゥールはその生涯において一枚の風景画も描かず、人物ばかりを描いたという。しかも描かれる人物はすべて漆黒の闇を背景として、わずかに揺らめく蠟燭のあかりによって淡く浮かび上がってくる。この画家の作品のなかでも最も印象的なのは、犯した自分の罪を悔いているひとりの若い女性、聖マドレーヌを描いたという一連の作品である。それらは〈夜とぎのマドレーヌ〉、〈炎の前のマドレーヌ〉などと名づけられており、いずれも机の上に置かれて白い炎のゆらめきをみせている蠟燭の前に腰かけたマドレーヌが描かれている。たとえば炎の前のマドレーヌの場合、同じ机の上に置かれた鏡のなかにはやはり蠟燭の炎が映し出されている。黒く長い女性の髪と白い上半身の衣裳と肌のみが闇のなかから照らし出され、静止した空間がひろがっている。しかし女性の膝の上にはひとつ

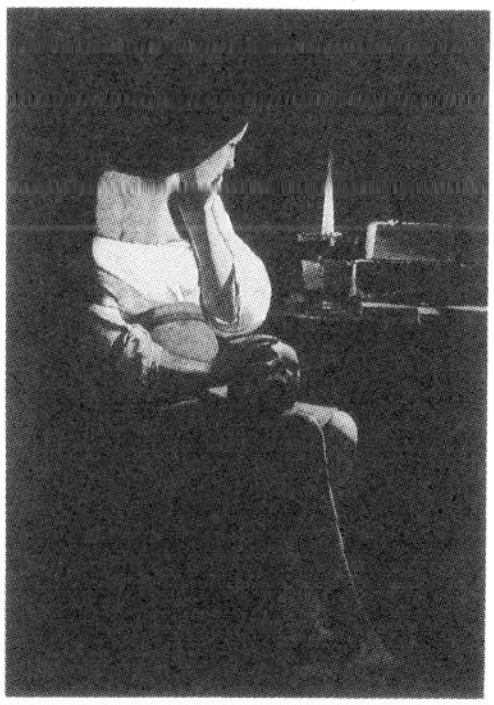

ラ・トゥール「悔恨するマドレーヌ」

の頭蓋骨が置かれている。放心したように闇のなかに吸い込まれていく視線、石膏でつくられたかの如くに白く硬い肌などが死と向かい合っている女性の姿を暗示させて、私たちは急速に非日常の世界へと連れ去られてしまう。

ラ・トゥールの闇の世界は、まだ人工光線のなかった時代の、夜の世界そのものであった。そこで燃える光は、長い暗い夜に眠れぬ孤独の精神を慰める性質をもっていたと同時に不安の象徴でもあった。（中略）

火は生であって消えれば闇に戻り、そこには死への恐怖が存在するだけとなる。ラ・トゥールの描く聖者の膝にある頭蓋骨だけが死の象徴ではなかった。この蠟燭の火そのものが、死を予想させていたのである。（『冬の闇』）

ラ・トゥールの描く白い炎の揺らめきは、私のこころを動かすものではあったにもかかわらず、結果として出来上がった住宅の広間を照らす光は、細長い一本の螢光灯と三つのビームランプなどでしかなかった。前者は部屋の中空を走る白い光のラインとして、また後者は白い壁に人物のシルエットをグラフィカルに映し出すプロジェクターの光源として据えられている。いずれも蠟燭の白い炎とは程遠い光である。白い空間の内で、それらは闇のなかに浮かび上がることもないし、揺らめきの陰翳を伝えることも決してない。白い無機質な壁に投影された青や黄色の交錯するシルエットも、かつて障子に映し出された柔らかい影と違って硬く、余韻を残すことがない。それらの光をさして無機的、抽象的、非人間的で冷たく、潤いに欠けると思う人もいるだろう。だが私にとってこのような表現の方法をとることが、現在、建築をつくることの意味に最も近いのだとしかいいようがない。ラ・トゥールの作品にある中世へと向かう光を建築にもち込もうとすることは、いまの私にはできない。

ラ・トゥールは夜の光ばかりを描いたのだが、これに対して昼間の光を最も美しく描いた画家として直ちに想起されるのは、オランダのヨハネス・フェルメールであろう。ラ・トゥールよりも約四十年ばかり遅れて一六三二年に生まれたフェルメールは、四十余年の短い生涯をデルフトで終えたが、描いた光の静けさと透明感において、この二人の画家には通ずるものを感じとることができる。

フェルメールにも若い女性を描いた絵は多い。しかし描かれた女性は、一心に手紙を読んでいるかと思うと、前掛けをして壺から牛乳を注いでいたり、あるいはまたレースを編んでいるかと思うと、秤で真珠の目方をはかっているといった具合に、日常の生活そのもののなかにある女たちである。ラ・トゥールの描いたマドレーヌの表情が死と向かい合った静寂さに覆われていたのと比較して、フェルメールの作品に登場する女たちの表情は明るく、幸福感に包まれている。ほとんどの絵に共通して画面左側に窓があり、仄暗い部屋にいるこれら女たちに柔らかい光を投げかけている。透明な光の柔らかさと美しさがさまざまなしぐさのさなかにある女たちの動きを止め、輝きを与えて永遠化してしまう。

フェルメールの場合、光を象徴化しているのは窓である。それらの窓は、彼の描いた風景画〈デルフトの眺望〉や〈小路〉のなかで繰り返しあらわれるのだが、建物の外側から眺めると厚い木で枠取りされた素朴なガラス窓でしかない。しかし一旦、部屋の内側から眺めると、これらの窓は千変万化する光を透過して輝き出す。ガラスは多くの場合、直線や円の繊細な桟で細かく分割され、時に中世の薔薇窓のように色彩をもったガラスがはめ込まれている。ヨーロッパ北方の弱い光はこの繊細な窓を透過する時に一層和らげられ、時に女の頭を覆う布の白さを浮き上がらせるかと思うと、時にその衣服の青や黄色の鮮や

フェルメール「手紙を読む若い女」

かさを強く印象づける。窓の内側周辺もほとんど白に近い淡い青紫や淡い黄色に染まって、透明感に溢れた光の領域が描き出される。そしてあの〈デルフトの眺望〉に描かれた赤と青に彩られた屋根の連らなる静かな街の風景を想い起こしながら、内部の美しい光の領域もデルフトの如き街の風情が在ってはじめて成立しうるのだと思わずにはいられない。フェルメールによって描かれた光景は、ひとつの描写というよりも私たちの内面に絶えず在り続ける心象風景とでもいえようか。

しかしその心象風景は内面の奥深くに留めておきさえすればよいのであり、いまつくる行為はむしろこの風景を断つ地点からはじまるのだということだけをここでも銘記すべきなのだ。

ところでこれほど美しい光を表現したフェルメールが、その絵を描くにあたって〈カメラ・オブスクーラ（暗箱）〉を用いたのではないかという推測を、私は面白いと思った。デカルトやケプラー、ガリレオをはじめ、オランダでもホイヘンスなどが輩出して科学思想が急速に発達した時代であり、この地域でのレンズの発達も著しいことを考えると、画家の世界でも光学装置を用いて、視ることを客観化しようとする試みが行なわれても不思議はないというものである。

フェルメールの頃には、レンズとピントグラスのあいだに反射鏡を一枚入れて光線を曲げ、上からのぞくようにした暗箱がすでに用いられていた。（中略）暗い暗箱のなかを通って光が半透明なスクリーンに届く。スクリーンは明るい窓のように自然を色鮮やかに映し出す。小さな光の窓だ。

窓の光が、光の窓に映る。レンズをひねりながら、フェルメールは、光のなかの窓の光が明滅するのを息をころしてみつめる。（中略）見慣れた窓や地図やじゅうたんや

フェルメール「デルフトの眺望」

舗床や毛皮のついた黄色い服や綴織のカーテンやライオンの飾りのついた椅子や楽器などが、幾度も視野のなかに登場しながら、いつも違った輝きを放っている。画家は、見慣れた物たちと妻カタリーナや子供たちをモデルにしながらも、〈光の窓〉のなかでそれらと会うとき、時の停止した世界の映像と再会しているのだ。（黒江光彦『フェルメール』新潮美術文庫・解説）

仮に推測の域を出ないとしても、ひとりの画家の内面の世界が、暗箱のような光学装置の介在によって成立したと考えるのは、全く興味深いことである。フェルメールが宗教の世界を描かずに、あのように日常的な情景のみを描いたという事実も、確かに暗箱の存在を裏づけているようにも思われる。〈光の窓〉たる半透明のスクリーンは、おそらく三次元の光の世界を二次元の面に色鮮やかに、だがありのままにしるしたであろう。このスクリーン上に投影されたありのままの画像をキャンバス上で永遠の光へと理想化したのは、やはりフェルメールの内に宿っていた中世へと向かう光であったに違いない。この象徴化の作用によってフェルメールの作品は普遍的な価値をもった。

しかしいまフェルメールの内面を熱く流れていた中世へ向かう光はどこにもない。半透明のスクリーンに映し出された記号としての光だけが私たちに残されているにすぎない。

近代のかげりのない明るい光を建築に照射したという点では、観念上からも、表現上からもコルビュジエに勝るものはないだろう。全く一九二〇年代から三〇年代における、確信と期待に満ちたコルビュジエの太陽への讃歌を前にしては、暗がりから白日の下に引き出されて狼狽する自己を見るような、そんな疚しさを感じないわけにはいかない。

彼の最初の著作『建築をめざして』が書かれたのは、一九二〇〜二一年ではあるが、このなかで引き合いに出されてくる建築が、ギリシャ、古代ローマ、エジプト、ポンペイなどすべて地中海の光の下で存在するものであることは、すでに多くの人びとから指摘されてきた。確かにヴィラ・サヴォアをはじめとして、彼の二〇年代の純白の住宅作品の数々は、立方体、円錐などプライマリーな形態をもったエレメントを集積して構成されており、その形態は強い光線で照射された時に、最も輝かしく浮かび上がるに違いない。おそらくこの時期の彼の光に対する関心は、内部空間よりも外部のプライマリーな形態に向けられていたといってよいだろう。それを裏づけることばは、この著の随所に見出すことができる。

〈建築は光の下に集められた立体《ヴオリユーム》の蘊蓄であり、正確で壮麗な演出であるから、建築家はこれらの立体を包む面を生かすようにする任務があり……〉、〈われわれの目は光の下で形を見るようにできている〉、〈建築の要素は光とかげ、壁体と空間とである〉、〈ローマは絵のような風景のところだ、その光はすべてをよいと認めさせるほどに美しい〉、〈光は純粋な形に従い、それを現わす。単純な立体は巨大な面に発展し、それぞれの特徴を展開し、円天井、穹窿円筒、角柱または角錐などとなる〉、〈エジプトのピラミッドは、かつて磨かれて鋼鉄のように光った花崗岩であった時には悲壮に感動的だった〉、〈壁は光で輝いていたり、かげの中に、またはかげになって、愉快にしたり、平静にしたり、悲しくさせたりする。交響曲がここに組上げられる〉。（ル・コルビュジエ『建築をめざして』吉阪隆正訳、SD選書）

これらのことばには全くかげりがない。そしてこの明るさが、機能性と合理性に基づく新しい住生活への期待へと置き換えられていく。〈太陽のいっぱい入る化粧室、住戸の中

ル・コルビュジエ「ヴィラ・サヴォア」

で一番広い部屋、たとえば従来の広間を要求すべきである。一壁面はできれば全部窓とし、日光浴のためのテラスにつながること〉、〈子供らには、家屋に光がいっぱいで壁も床もさっぱりしていなければ住み得ないということを教えこみなさい〉。（前掲書）

コルビュジエの好んだ地中海の強い陽ざしが、わが国にはなかったからかどうかは定かでないが、わが国の近代建築においてコルビュジエの光は、プライマリーな形態を照らすことよりも、生活の機能的側面から受け入れられることの方が多かったようである。その結果、特に内部空間においては隅々まで明るく快適にすることにのみ関心が向けられ、内部にとり入れられた光を美しく演出することに対しては、ひどく無頓着であったように見受けられる。そのような傾向は今日まで続いており、内光の処理という点で見るべき建築は少ない。

ところでコルビュジエ自身の建築における光の扱い方は、三〇年代から次第に変化を示しはじめる。二〇年代、ガラスと壁が凹凸なく並ぶ平坦な面をつくることで、むしろマスとしての光の効果を意図した方法に対し、立面には深い彫りをつくることによって明暗の強いコントラストを強調するようになる。仕上げもプラスターの白から粗々しい打放しのコンクリートとなる。シャンディガールの建築などにみられる大きく反り上がった厚いコンクリートの庇などは、一時わが国でもデザイン・モティーフとして好んで用いられたものだが、やはりインドのような強い陽ざしに欠けるため、それほど効果的であったとは思われない。

このような外光に対する立面処理の方法の変化よりも私にとって興味深いのは、五〇年代以降のコルビュジエの建築の内部に生ずる闇と、その闇のなかに射す光の空間である。たとえばあのノートルダム・デュ・オー、すなわちロンシャンの礼拝堂。ここのゆるく湾

ル・コルビュジエ「ノートルダム・デュ・オー」

曲した壁面はその厚さにおいて、もはや私にとっての壁という概念の域を超えている。その途方もなく厚い壁にさまざまな大きさで穿たれた窓から、窓の大きさに応じた幾条もの光が伸びて、内部で柔らかく溶け合う。窓にはめられたステンドグラスの色彩を伴って……。祭壇の塔にしても、外部からの形態は明らかに地中海を連想させるのに、内部から見上げる塔は深い洞窟のなか、あるいは巨大な動物の胎内にでもいるように生ま生ましく見える。

あるいはまたラ・トゥレットの修道院。この建築を支配する闇と、そこに浮かび上がる原色の光の空間について想像をめぐらそうとするならば、まず磯崎新氏の文章を読むことだ。

> 中庭をかこむ僧房をめぐる迷路のような廊下につながって傾斜のついたバン・ド・ヴェール・リズミックと呼ばれたモデュロールによって割りつけられた林のような竪方立からの採光にリズミカルな刺戟をうけながら、突然暗い手さぐりでしか動けない地下の廊下におとされ、そのあげくカノン・ド・リュミエール、つまり光をたばねた筒のような採光窓によって、原色に塗られた祭壇が輝いている光景にであったとき、私は驚きというよりも、一種の恍惚とした陶酔感にさそわれたことを、いまここに記しておくべきだ。
>
> それはまったく深海の光景であった。さまざまな角度に切りとられた穴からひきこまれてくる外光、そのいくつかは色彩を塗られた筒の内側に反射して、原色に染まっている。人間達はそのように区切られ、ほのかに浮びあがるさまざまな物体。それはあの荒っぽいベトン・ブリュットそのままの肌なのだが、この間を泳がされはじめる。そして、もし赤や黄や黒に塗られた壁に対峙するとき、僧達は神と肉体的に交接する

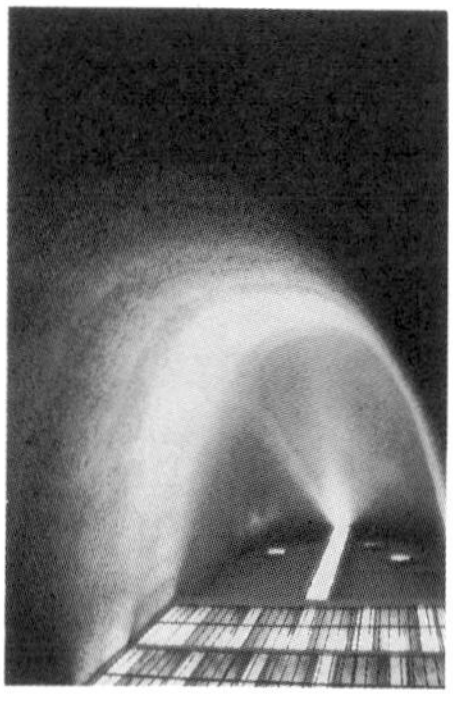

ル・コルビュジエ「ラ・トゥレット」

にちがいないと、私は思ったのだ。（磯崎新『海のエロス――ラ・トゥレットの修道院』GA）性的といえるほどエロスの充満したこの空間が、海を愛し、海に抱かれて去ったコルビュジエの肉体そのものの表現であったと磯崎氏は説く。そして肉体を極限にまで追いつめたその背後に、このエロスは姿をあらわし、はじめて祈りの空間が発生するというとき、この建築の内部にある光がやはり中世へと向かっていることを思わずにはいられない。あれほど明るく、強い透明な光を讃えていたひとりの建築家までが、その晩年には秘めやかで奥深い闇の空間を求めてしまう。何故にかくも光は終局的に中世へと向かうのだろうか。コルビュジエは三〇年代の半ばに『伽藍が白かったとき』のなかで、〈白く、澄明で、嬉々として、清潔で、明確〉な中世を美しく謳ったのだが、この時すでにかげりの多く、人間を深淵へと引きずり込んでいく中世を同時にみてしまっていたのかもしれない。

いまから五年ばかり前、私の最初の作品〈アルミの家〉がつくられたときに、建築に光をどうとり込むかは私にとってすでにかなり重要なテーマであった。この住宅の外形を特徴づけている二本の筒は、ただ採光のためにのみ設けられたのだし、外部を覆い尽くしているアルミという素材も、この都市の柔らかい陽ざしを受けて鈍い光を返すありさまを想定して用いられたのであった。この二本の筒からさし込む光は、内部の空間においてはさほど効果的なものであったとも思われないが、以後の設計における光の操作に対する多くの示唆を与えることになった。

すでに触れたように、私にとっての光に関するテーマとは、この都市の光の表情をいかに建築に表徴《しる》すかということである。それは具体的にいうと次の二つの局面となる。ひとつは壁、床などの面における光の記号化の方法に関わるものであり、もうひとつはそれらの面の構成に光がどう関わるかを考えることである。

面における光の記号化について考えるとき、私は表面性という問題を避けて通ることができない。私の住宅作品〈千ヶ滝の山荘〉や〈中野本町の家〉では、いずれも白い壁面にスカイライトからさし込む直射光がさまざまな形状を映し出している。壁面は前者の場合には部屋の中央に天井まで届かずに独立して立ち、後者では二つのゆるやかな曲面を形成しているのだが、すべて無機質で、壁面というよりも単に抽象的でプレーンなスクリーンといった方がよいだろう。従来壁面に照射される光は、つねに面の凹凸から生ずる影との関係において考えられてきたように思う。それはコルビュジエの立面の如くに開口のガラス面を奥に引き込ませることで強いコントラストを生じさせるような場合でなくとも、素材の粗さが光を受けたときに示す微妙なニュアンスが問題にされた。レンガや吹付けの粗面は柔らかな陽ざしを受けると、確かに妙なかげりを生じるし、内部の仄暗い空間では官能的ともいえる生ま生ましさをもちはじめるものだ。そしてその生ま生ましい感触は、つねに私たちの精神の奥深くに沈潜している歴史への憧憬とどこかで触れ合ってしまう。歴史は少しずつ形状を変えながらも、繰り返し私たちの眼前に姿をあらわす。しかも建築の歴史に限っていえば、それはひとつの状況が手づまりになりはじめると、必ずといっていいほどに頭をもたげてくる。だがこのような歴史に頼ることなく、私たちを包み込んでいるこの時代を表現できないものだろうか。

私がこれらの住宅で試みたのは、紙のようにプレーンな面にこの都市の光がしるすさまざまな表情、すなわち光の強弱、スリットによって切られる直射光の形状、柔らかさ、色あいなどであった。それは光のつくりだすグラフィカルな像である。夜になると人工照明がここに映し出す人物や家具のシルエットについても全く同様である。しかしそれらのグラフィカルなパターンはその形状を留めることがない。ある瞬間の投影は次の瞬間には別の像に変わっている。太陽が雲間に隠れる時などには、大きな白いスクリーンは和紙に墨が滲んでいくように明度を落としていく。時々刻々と姿を変える仮象にすぎないが、その仮象は絶えず表面だけをすべっていく。壁面の内側から滲み出してくる意味を伝えることは決してないにちがいない。

このように壁や床の表皮だけを次々と通過していく像の表面性は、プリント合板やビニールレザーなどのテクスチュアと通ずるかもしれない。プリント合板にしるされた木理やビニールレザーの布目は、木や織物などの自然のものを記号化したにすぎない。嗅覚や触覚を斥けて視覚のみでその意味を伝えようとする方法は、虚偽という以上に私たちの周辺を覆い尽くしている。それは表面性の時代ともいうべきひとつの文化的状況であるといってもよいだろう。

> だが表面とはなにか。それは存在のあらゆるカテゴリーをのがれるなにものかではないであろうか。表面は存在論の文脈から脱けおちる、それは、表面が、ほとんど定義によって、存在論の対象となりえないからだ。表面は厚みをもたず、どんな背後にも送りとどけず（なぜならその背後もまた表面だから）、あらゆる深さをはぐらかす――そのとき、ひとは軽蔑をこめて表面的と形容するだろう。（宮川淳『引用の織物』筑摩書房）

ヨーロッパにおける光と闇、あるいは光と影という対置のさせ方はことごとく石を介して生まれてきたといえるのではないか。重い石を積み上げて覆うことによって闇が築かれ、その石を穿って闇にみちびかれたのが光であった。また積み上げる石の厚さによって

中野本町の家　スカイライトからの光

光と影のコントラストが生じたのである。それはまさに深さと厚さの美学であった。近代建築の祖たるコルビュジエですら、光に関する限り、これから逃れることはできなかったのである。すでに西欧をみてしまった私たちの精神にも、石の厚さとその厚みに囲われた空間の深さは灼きついているにちがいない。しかし同時に、私たちはまたそれと全く対極的な表面性の只中で生きているということを忘れてはなるまい。

ひとつの面における光の表徴《しるし》が表面性の問題であるとすれば、それら面によって構成される領域は、光の流れ、または光のつくりだすリズムの問題である。

たとえば〈黒の回帰〉の場合、エントランスの前にある約25㎡ほどの純白な壁に囲まれたやや暗い居間と、その正面奥にみえる光の降り注ぐ階段とがコントラストをなして置かれる。このコントラストは空間の明暗のコントラストである。また〈中野本町の家〉の場合、内部は幅3.6mでゆるく回るリニアーな環状の空間を構成しているので、明暗のリズムはより明確につくられている。子供部屋へ入るために回り込む小さな円孤の内側の明るい領域、細長く暗い通路、屋根のスリットの下の最も明るい領域、内側へ小さく巻き込む円孤に囲まれたやや暗い領域、中庭に面した明るいダイニングテーブルの部分、再び暗く長い通路とその突き当たりのスカイライトの落ちるコーナーといった具合に、明と暗が繰り返される。この空間のリズムはモルフェーム(形態素)と呼ばれるエレメントによって強調されているのだが、明るい領域と暗い領域ははっきりと分け隔てられるのではなく、互いに溶け合うようにして全体の光の流れと淀みが交錯していく。ひたすらに白いこの領域の一隅に佇んでいると、周囲の壁や天井は明確な境界をなくしてこの光のたゆたいのなかに引き込まれてしまいそうだと述べた人がいる。それは闇でもなく、かといって近代の光に満たされた空間でもない。そこで意図された領域とは、柔らかい光による明と暗の交錯する白い雲の内部のようなものであり、最初に述べたような〈影も色も光源も時間さえないだろう明るい世界〉である。

中世の光への憧憬は私の内にはないといえば嘘になるであろう。それはラ・トゥールやフェルメールの美しい作品をうみだし、コルビュジエですから最後には辿りついたほどの魔性を秘めた光の世界である。だが、いまの私には、それはあくまで憧憬でしかありえないことをここで繰り返しておこう。

文脈を求めて

1 文脈《コンテクスト》

最近多木浩二氏が私の作品を分析された際に、私が既存の文脈に頼らずに建築をつくっていることを指摘された。たとえば次のような一節がある。

「中野の家の外観は、内部のための結果であり、いかなる表現的意図がなかったにせよ、それは強いというより真空のなかに、確かな表情をもちかねた建築である。この表情は、まさしく伊東がどんな文脈ももたないことのスティグマであり、文脈ぬきで設計をすすめている悲劇のしるしではないか。……」(「詩が言語のコードを開くように空間を開く形式」、「インテリア」77年4月号)

多木氏の指摘される通り、私には日本の伝統的な建築の歴史へ戻ることにもほとんど興味はなく、また現実の環境と直接的に連続させるような意識でつくることからも背を向けてきた。事実「中野本町の家」の場合なども多くの人びとから、何故これほどまでに閉ざされなくてはいけないのかといわれるほどに外部環境に対して殻を閉じた表情を示している。「上和田の家」の場合にも、敷地周辺は宅造がすすめられつつあって、ブルドーザーに掘り返された土の山に埋もれるようにコンクリートの箱がわずかに顔をのぞかせてい

る。

しかし個々の建築の立地は問題ではない。このふたつの住宅についていえば、外部はまさしく内部の結果でしかなく、外側をつくろうと意識したこともほとんどなかった。学生時代から、建築の外部は内部空間のボリュームや構造、機能の表現であると教えられてきた私は、近代建築の規範が根拠のないことを示された後も、未だに外部を組み立てていく方法を見出すことができないでいる。それは必ずしも私のみに限ったことではないだろう。だからある建築家は西欧の古典的な建築に、またある建築家はサーヴェイを通じてヴァナキュラーな建築にその根を求めたのも、どこかに文脈をもちたいとする切実な姿であるように思われる。

文脈がないといわれるけれども、私自身は絶えずそれを探し続けてきたつもりである。文脈を求めるために建築をつくってきたといってもよいほどである。したがって文脈を断ってコンセプチュアルに建築をつくろうとする方法とはおのずから異なっている。

そのような文脈に対する姿勢の相違は、たとえばP・アイゼンマンの建築とM・グレイブスの建築にはっきりとあらわれている。同じニューヨーク・スクールのメンバーでありながら、アイゼンマンの建築はすべての文脈を意識的に断ち切った地点で成立している。彼がパラディオやヴィニョーラ、あるいはテラーニやコルビュジエの建築に関心を抱きながらも、自己の創作活動に関する限り、これらの形態とは切り離された建築をつくろうとしているし、象徴性もテクノロジーも社会性も彼の建築には無縁である。完成した結果としての建築そのものすら彼にとっては大した問題ではないのかもしれない。記号としての

エレメントを関係づけていく操作、すなわちシンタクティック（統辞論）なレベルに一切の彼の関心は集中している。これに対しグレイブスはコルビュジエの建築をはじめとしてキュビズムの絵画など多くの歴史的建築・美術に関心を寄せ、その部分的な形態を意図的に自己の建築のなかに引き込み、さまざまな意味を建築に発生させている。すなわちグレイブスの建築はセマンティック（意味論）なレベルで成立しているのであるが、その意味は歴史への文脈から派生している。

あるいはまたもう少し時代をさかのぼれば、リートフェルトとコルビュジエの二〇年代の住宅の比較にも、同じような対比を読みとることができるであろう。たとえば、リートフェルトのシュレーダー邸（一九二四）はデ・スティールのエレメントの構成というコンセプトの追求にのみ関心を集中し、建築的な一切の文脈を断っている。それに対しコルビュジエの場合、ガルシュの家（一九二七）にしてもサヴォア邸（一九三一）にしても、例えばパラディオのヴィラのプロポーションやファサード分節のリズムなどが意図的に採用されているかと思えば、エーゲ海の集落からモティーフが持ち込まれていたり、キュビズムの絵画的エレメントが混在しているといった具合に、さまざまなジャンルとの古典的な建築関係をすべてつなぎとめたままに建築を成立させている。

私は何らかの意味を漂わせている建築、つまりアイゼンマンやリートフェルトの建築よりはグレイブスやコルビュジエの建築に興味をおぼえる。コンセプトの純粋さや抽象性という点からすれば、明らかに前者のほうが徹底しているが、さまざまな文脈から滲み出してくる建築の情感、建築的イメージの喚起力等に惹かれるからである。

ところで私がこれまで求めてきた文脈はやはり現代の都市である。都市といってもそれは住宅のファサードがフィジカルに周辺の環境と連続してくるといった脈絡のあり方ではないし、ましてや六〇年代によくみられたように、都市の構造を外側から規定し、その構造を建築のレベルにまで引き下ろそうとしたような文脈の求め方でももちろんない。それは私自身の毎日の体験を通して内部に積層されていく都市の断片的イメージ、つまり日常的な都市生活を通じて触れる現代という時代状況との関わりとでもいったらよいであろうか。

「上和田の家」の、中心を形成しながら曖昧なひろがりを示す空間も、「中野本町の家」の、柔らかく閉じられた白い環というイメージの空間も、そのような時代状況に対する認識の結果である。しかしいずれも現実の都市空間を私なりの眼で捉えて、イメージを形成したにも拘わらず、実体化されて現実の都市環境のなかにふたたび送り返された建築は、物理的環境とのたとえようもない断層を生じてしまう。設計という現実との往復運動の過程で生ずるこのズレを修正する手段がみつからない限り、本来の意味で私が都市との文脈をもつとはいえないのかもしれない。

いまのところ私には、その手段を見出す手がかりはないのだが、さしあたりここでは都市に対する認識がどのようなものであり、それがどのように意味の空間を形成し、実体化の過程でどのようにこの意味が解体されながら、ひとつの住宅として統合されていったのか、そのプロセスを「上和田の家」を通じて考えてみたい。

2　コラージュとしての都市

私が歩きまわる現実の都市と私の建築を結びつける、キーワードをまず思いつくままにしるしてみよう。

①　コラージュ：私たちのイメージする都市は、各個人がきわめて断片的に遭遇する事象

や体験の集積から成立している。それらの事象や体験の空間は不連続であるし、互いの脈絡もない。この脈絡ない断片的空間が重ね合わされ、ひとつの模様として織りあがっていくのはあくまでもある主体を介するからである。すなわち、イメージはコラージュの手法で形成されている。

② 均質性：都市における住宅街の大半は色褪せたモルタルの壁とカラー鉄板の屋根に覆われて、特色のない風景のひろがりを示している。一方、オフィス街の空間も巨大化し、ますます均質化されたグリッドを水平方向にも垂直方向にも延長しつづけている。これに呼応するかのように都市生活もまたモノトナスで、平坦な日常が連ねられている。こうした均質化が増幅されるにつれて、人びとは平坦な壁の向こうに非日常的な虚構の空間を期待する。ここに空間のレトリックが発生する背景がある。

③ 表面性：都市から臭いや物質の奥行きは次第に消去され、視覚的要素のみが強調される。たとえば、レンガタイルの建物が流行しても、レンガにまつわる感傷の感情のみが鏡のように映し出され、被膜を形成する。またプリント技術によって、木も石も布もレンガも薄いビニールシートにコピーされ、奥行きのない視覚世界が私たちの周辺を広く囲んでいる。ものばかりでなく人ですらも、その存在としてではなく表層の記号によって衣服のようにすっぽりと覆われてしまい記号が浮遊する表面のみの世界が構成される。

④ レトリック：記号の浮遊する環境にはレトリックが充満しており、それらは実体とはまったく別の世界を形成している。あらゆる情報メディアを通してレトリックを付加されたものや人に私たちは囲まれており、そこでは虚と実の関係は逆転し、もはやいずれが実でいずれが虚であるかの見きわめすらできない。

⑤ リズム：都市には都市特有のリズムがある。オフィス街にはオフィス街の、盛り場に

は盛り場のリズムがある。そのリズムにのっていれば体験は軽快であるが、いったんリズムからはずれると苛立ちの感情がついてまとう。こうしたリズムは長い間ひとつの都市で生活していると肉体化されてしまう。だから突然見知らぬ街を訪れると、その都市のもつリズムに馴染めない経験を誰しももっているであろう。

⑥　断層：表層的でリズミカルな都市、レトリックで充満した都市は一般的にはクールで平坦であるが、時として私たちはその表層間の断層に遭遇することがある。表層を横すべりしつづけていた私たちは、表層の裂け目から顔をのぞかせている断層を垣間見て背後の存在の一端を知ることがある。

3　意味空間の解体過程

このようなことばを媒介にすると現実の都市は、私の内部で直ちにさまざまなイメージの空間へと移しかえられる。つまりメタファーの世界、意味の空間が生ずるのである。それ程意識的であったわけではないが、いま考えてみると最初の住宅「アルミの家」（一九七一）から「上和田の家」（一九七七）に至るまで、いつも何らかのメタファーを探そうとしてきたように思われる。

たとえば「アルミの家」の外部を覆っているアルミという素材も、東京という都市のメタリックではあるが無彩色でくすんだ印象のしるしとして用いられているし、筒も空へ向かって垂直に突き出された光の象徴にほかならない。また「黒の回帰」（一九七四）の外部に塗られたペイントの鈍い黒も均質な都市のしるしであり、白い内部にさし込んでくる光はこの均質な都市空間の裂け目である。「中野本町の家」（一九七六）や「上和田の家」の内部を構成するエレメントは都市のリズムをしるそうとしたものだし、いくつものスカイライトからの光も空間に明暗のリズムをつくりだすためであった。

「上和田の家」はちょうど「中野本町の家」の現場の進行と並行して設計がすすめられた。立地や経済条件などから、一辺10m弱のコンクリートのフラット（天井高3m）なボックスをつくることはほぼ前提条件であった。「中野」で曲面の壁がもたらすさまざまな効果に魅せられていた私は、ここでもゆるやかなカーブを描きながら南北にこのボックスを縦貫するリニアーなゾーンを描いた。この胃袋のような形状の空間には都市の街路がイメージされていた。「中野」ほどのスケールは期待できないにしても、南北からさし込む光を中央まで導きながら柔らかく湾曲する白いリニアーなゾーンは、ハードな外壁とのコントラストを示し強い意味を形成したにちがいない。

だが私は、この強い意味をもった空間を、「中野」で用いたさまざまなエレメントをより積極的に導入することによって解体しようと企てた。二枚の湾曲する長い壁面をいくつかのエレメントに分解してしまえば、この意味の空間は随所で分断され、後にはただイメージの残滓ともいえる空間のみが残されることになるであろうと推測したからである。

それにしても、いったん構築された意味の空間を解体するという逆説的な行為がなぜ行なわれなくてはならないのか。その理由はいろいろと考えられるのだが、次のふたつがもっとも大きな要因であると思う。

まず第一にそれは空間体験のあり方に関わってくる。すなわちイメージとしての都市空間が断片的な体験を集積してつくられるコラージュであるからには、建築においてつくられる意味もこの空間を体験する者がコラージュ的に織りあげていくものでなくてはならないはずである。ところが強い意味の空間は一義的に意味を伝達してしまう。「上和田」の中央ゾーンももし当初考えられていたようなリニアーな形状の空間であったとすると、恐

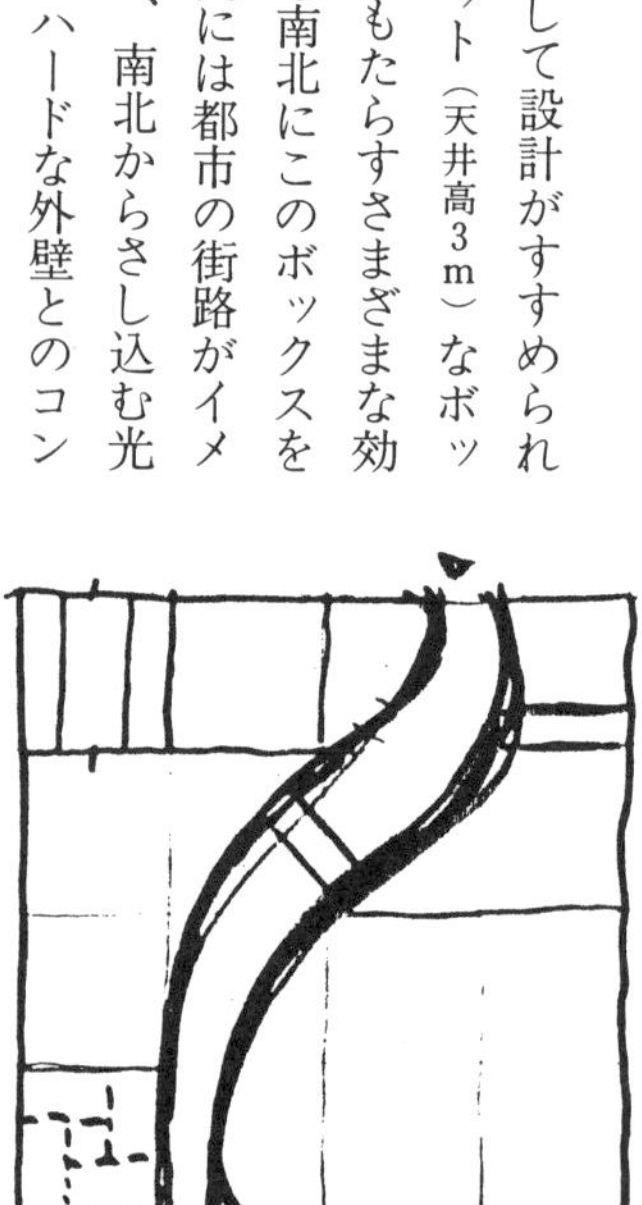

上和田の家　スケッチI

らくそれは地下に掘られた洞窟のようなとか、中世ヨーロッパの通りのようなといったイメージに導いて、そのイメージは閉ざされてしまうであろう。そして具体的なイメージは、壁面を構成する素材の無機質さにもかかわらず、壁の厚みやぬくもり、あるいは空間の深さや奥行きなどを想起させて、現実の都市のイメージとはむしろズレを生じてしまうのではないか。ぬくもりや深さなどを消し去って、もっと軽ろやかな表情を空間がもつためには、エレメントへの分解が不可欠であったように思われたのである。

　いくつかのエレメントへの分解の結果、あるひとつのイメージの空間への収斂は直ちに中断され、体験者のイメージは開放系となる。このイメージの中断作用によって表層的でグラフィカルなコラージュ的空間の表象は回復されたように思われる。

　第二にエレメントへの分解に基づく意味空間の解体は、プラグマティックなレベルでもプランニングの方法が自ら変わってくるという興味深い結果を招いた。「上和田」におけるベッドルームや和室など四周の諸室と中央のゾーンの間の扉はすべて透明なガラス戸で、しかも上部には大きなガラスの欄間がとられている。通常のプランニングでは各室への出入口は壁の一部をくりぬいてあけられるから、プライバシーの条件を保つためにもガラス戸にすることはあり得ないのだが、ここでは重なり合うエレメントの間を回り込みながら各室に入るようにプランニングされたため、不都合はまったく生じていない。遮音や断熱の条件さえなければ扉など必要ないほどである。扉をあけ放してあれば境界は消え、各室の関係はきわめて流動的になり、空間の連続性が確保された。

　和室などもこのようなプランニングによって他の領域とまったく同質の空間となり、わずかに床材が畳に変わるにすぎなくなった。中央のゾーンを横切ると林立する壁の間から各室の入口に置かれた家具や屋外の風景などがわずかに垣間見られ、内部の気配を感じと

上和田の家　スケッチII

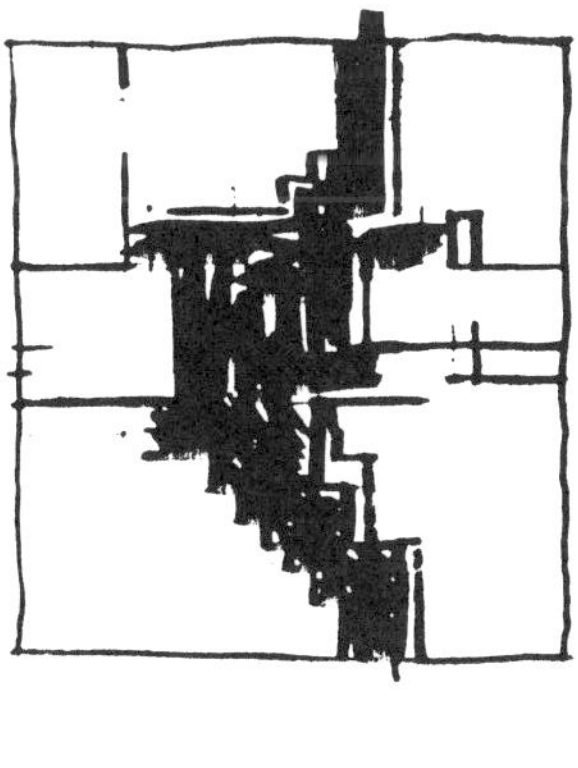

上和田の家　スケッチIII

ることができる。

当初考えられていた案のような構成の場合、プランは中央のリニアーなゾーンとそれによって切られる両側のふたつのゾーンに大別されるが、中央のゾーンがイメージされた通りのポジティブな空間として実体化されても、残されたふたつのゾーンはそれに対するネガティブな空間でしかない。スケールの小さなこの住宅に、表と裏の空間ができてしまうことは、恐らく機能上の不都合がさまざまな点で生じたであろう。この問題もエレメントへの分解によって解消された。

外壁によって囲われた約90㎡の領域は、エレメントに分解されたためにすべて同質化され、空間の序列や裏表はまったくなくなった。この領域内には人はいうまでもないが、光や空気や音の自由な流れが生じている。たとえば光についてみると、各エレメントの間から中央のゾーンへ流れ込んだ光は相互に干渉し合って空間を溶融しはじめる。

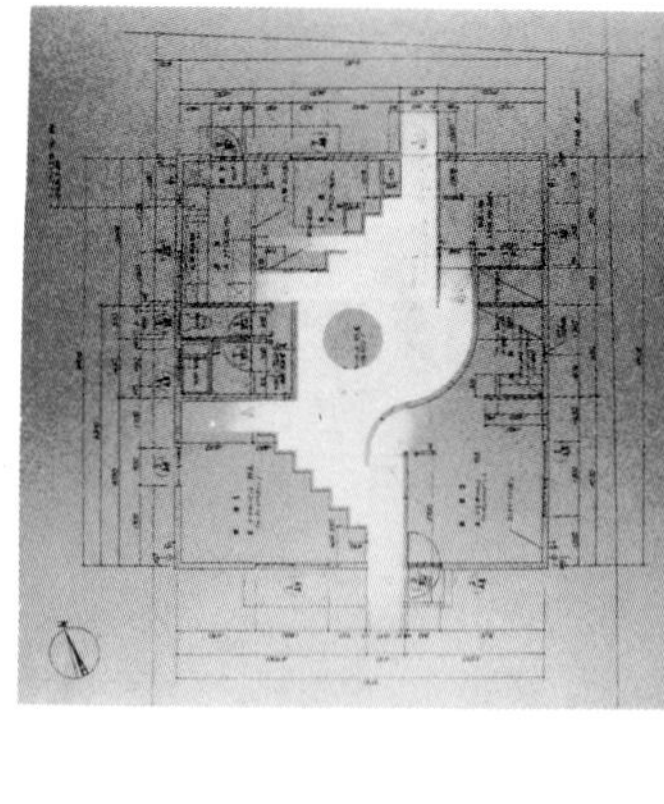

上和田の家　ドゥローイング

4　エレメントに基づく空間の統合

「上和田の家」における意味の解体は、エレメントへの分解によってはじめて成立し得た。しかし建築をエレメントに分解する仕方には大きくふたつの考え方があると思う。

ひとつは建築を構成する柱、梁、あるいは幅木や扉の枠などに到るまでのエレメントを構成部材としての意味はそのまま残しながら、付加的意味だけをすべて除去してしまうような考え方である。たとえば大黒柱などに示される柱の重圧感や支柱としての精神性などはすべて取り去ってしまう。そのようなエレメントの考え方に対し、もう一方で建築の構成部材とは異なるエレメントに分解する方法が成り立つであろう。もちろん建築であるからには、それぞれの構成材はその機能を果たさなくてはならないが、視覚的に幾何学的形態をもったエレメントのみに分解してしまう方法である。この場合構成材は幅木や枠、天井の回り縁などが視覚的に壁と一体化されてしまうようなかたちで隠蔽されるか、あるいはあらわれたとしても柱や梁などは単にある太さをもったリニアーな形態のみを表現するエレメントとして捉えられる。壁もその厚みや素材感を除去されて、紙のように軽く無機質なエレメントとして捉えられる。そのようにグラフィックなエレメントのみで建築を再構成しようとする考え方である。

これらふたつの方法のうち、私は後者を選んでいる。それはすでに述べたように、私の求めている建築への文脈が表層的な現代の都市的状況と関わろうとするからであろう。

私が現在とりあげている構成エレメントは主として壁に関わるもので、さまざまな半径の円弧と、雁行しながら連続する幾何学的形態のふたつのパターンに集中している。これらふたつのパターンのエレメントを他の直線やL型の壁と組み合わせていく方法が採られている。このときこれらをさして私はモルフェーム（形態素）と呼んだ（「白い環」）。それはやはり視覚的に形態のみが問題とされる記号としてのエレメントという意味においてである。

エレメントすなわちモルフェームの発生自体はまったく個人的な記憶の領域から呼び起こされてきたり、あるいは具体的な部分の解決のために発見されたりして導かれたのであるが、エレメントはいったん発見されると直ちに自立してしまう。そして次の設計、すなわち今回の「上和田の家」の設計に際しては汎用性を備えたエレメントとして作用しはじめる。したがって「中野」においては、それらエレメントはU字型の環のなかで特定の場所を分節すべく配置され、二枚の大きな壁画との関係のみが問題となってエレメント相互の関係はさほど問題ではなかったのであるが、「上和田」の場合には、自立したエレメントの配列を決定する原則、すなわち統合のシステムとでもいうべきものが求められることになる。この統合のシステムをつくっている要素として「上和田」の場合には次のようなものが考えられる。

① 当初にイメージされた意味空間。すなわち都市の街路を連想させるリニアーなゾーン。
② 人や光の流れをつくりだすためのエレメント配列の原則。
③ 建築を支える構造システム。
④ 機能的条件の検討。各室の面積配分や位置関係。
⑤ 白への統一、素材感の消失。
⑥ 光のコントロール。

これらの統合要素のなかで①のイメージの空間や軸の設定はもっとも支配的である。リニアーなゾーンや軸線をすえることで、流動的であったエレメントの関係にレイアウトの筋道がみえてくる。いったん意味の空間を構築し、ふたたび解体するといった逆説的な作業も、このエレメントの統合のために必要な作業なのである。「上和田」ではこの際さらに②の関係が付加され流動的なエレメントの配列が考慮される。

さらにプランニングは③、④の条件も重ね合わせられながら進行する。③の条件は構造システムとエレメントの関係を規定するものであり、いくつかのエレメントは構造的な役割をも担うことになる。①〜④のフイードバック作業が何度もくり返されながら、エレメントの統合は完成する。

この時点では各エレメントには素材の相違がまだ存在している。「上和田」の場合、それらはコンクリートと木造の二種類の素材によるエレメントが交錯しているが、それらはすべて白く塗装された。白く塗装するという作業も空間統合のひとつの要因である。

光についても同じことがいえるであろう。たとえば雁行する壁なども光がさし込んでくると一定間隔で並ぶ面の間に完全なグラデュエイションが発生する。プランでみるとこのパターンは強い形態をあらわしているが、壁として立ち上がってくると、光のグラデュエイション効果によって空間はむしろ柔らげられる。光は時に空間全体に明暗のリズムをつくりだし、時にはエレメント相互を溶融して空間を統合する。

「中野」や「上和田」ではたまたまフラットな空間であったためにエレメントの配列は平面的な関係のみに限定されたが、垂直方向に積層される空間の場合には、断面方向の関係も当然考慮されねばならないし、その際に新しいエレメントも求められるだろう。統合の作業は一層複雑になっていく。しかしいずれの場合でも、私にとっては今後一義的な意味空間の構築よりも、その解体に伴うエレメントの統合が関心の中心になっていくように思われる。

1978

Exhibition "The New Wave of Japanese Architecture N.Y., etc. 出品パネル

Exhibition "Post Metabolism" AA School, London 出品パネル

PMT ビル―名古屋

王子の家プロジェクト

ロンドンのＡＡスクール（Architectural Association）での〈Post Metabolism〉、ニューヨークのI.A.U.S.（The Institute for Architecture & Urban Studies）主催の〈The New Wave of Japanese Architecture〉、二つの展覧会に参加。ＡＡスクールの方はピーター・クックが、ＩＡＵＳの方はピーター・アイゼンマンとケネス・フランプトンが磯崎新を介してプロデュースしたもので、いずれも最近の欧米での日本の現代建築ブームを呼ぶ先駆けとなった。

　私にとって海外での初の展覧会という新鮮さもあり、かなりのエネルギーを費やしてパネルをつくった。ロンドンに送ったのは三枚のシルクスクリーンである。それぞれに〈中野本町の家〉、〈上和田の家〉、〈ホテルＤ〉のインテリアの写真とコンセプトを示す図面を組み合わせ、グレイの紙に白とチャコールグレイでプリントしたものである。三枚のパネルに共通するのは、〈モルフェーム〉と呼んでいた、幾何学的な建築構成エレメントの空間への配列を描くことによって、私の建築

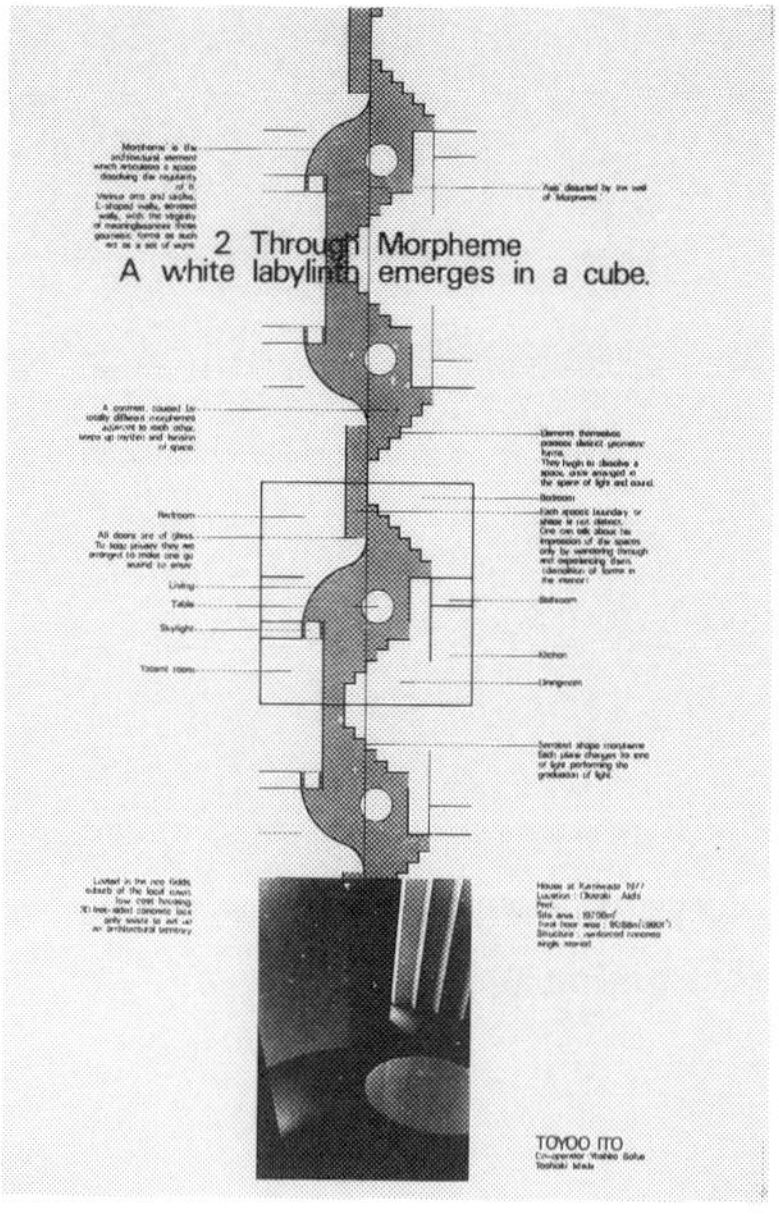

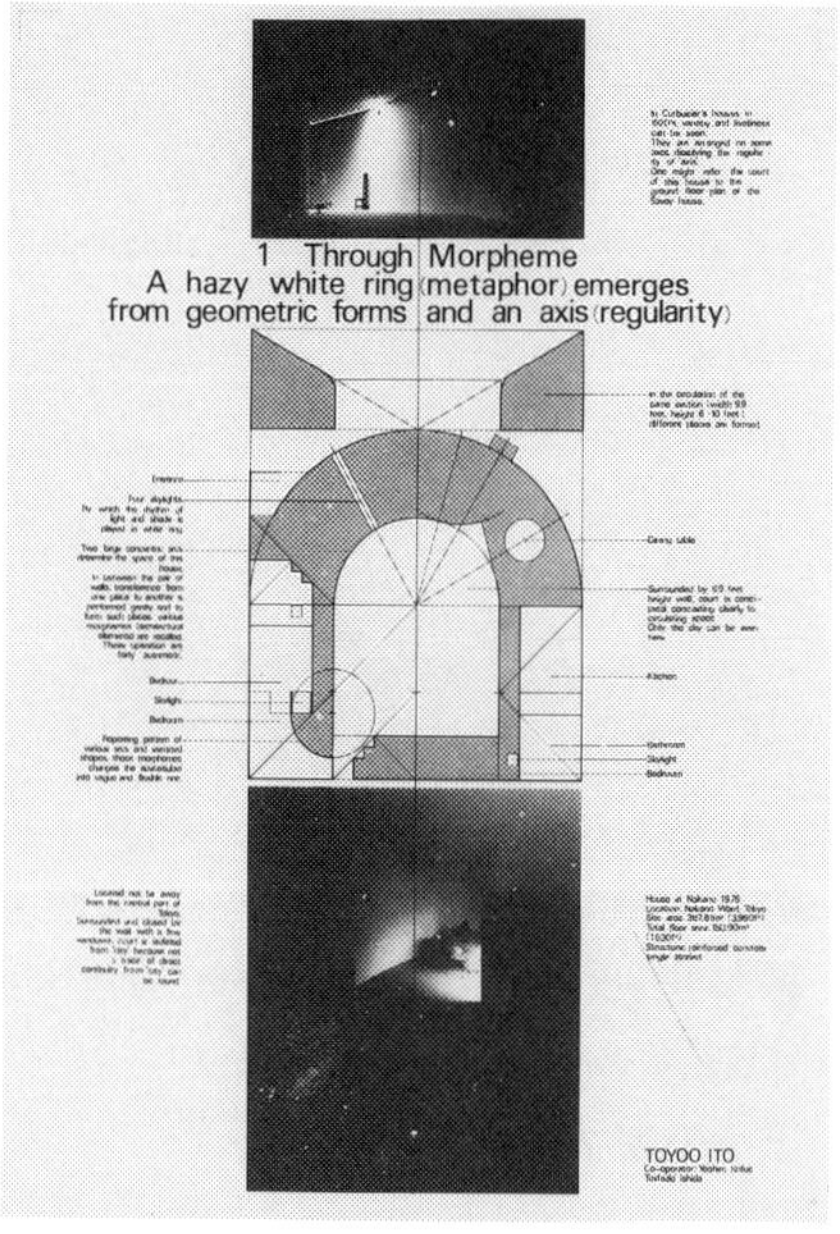

◀▲ロンドンAAスクール・ポストメタボリズム展出品パネル　3点

のイメージである白く柔らかく曖昧な空間の流れを示したかった点にある。

一方ニューヨークへ送った九枚のパネルはすべて、名古屋に竣工したばかりの〈PMTビル〉の写真、それもほとんどファサードの写真であった。但しそれらの写真はすべて、鏡のフレームのなかに収められている。それも十八世紀フランスの室内で暖炉上部の壁面などに取り付けられていた装飾的な鏡のフレームのなかにである。つまり〈PMT〉のファサードは鏡に映り込んだ写像としてパネルのなかに見える訳である。その詳細は翌七九年の「学ぶというより映すこと」を参照されたい。

〈PMTビル〉は仮面のようなアルミのファサードにすべての想いが込められていた。ひらひらと一枚の紙が風に舞っているような薄く軽いファサード、それは見る者すべてにとってまさしく鏡に映った虚像のような存在でしかない。表面ですべてが反射されてしまう奥行きのないスクリーンのようなファサードを持つ軽い建築への関心は、この頃から急速

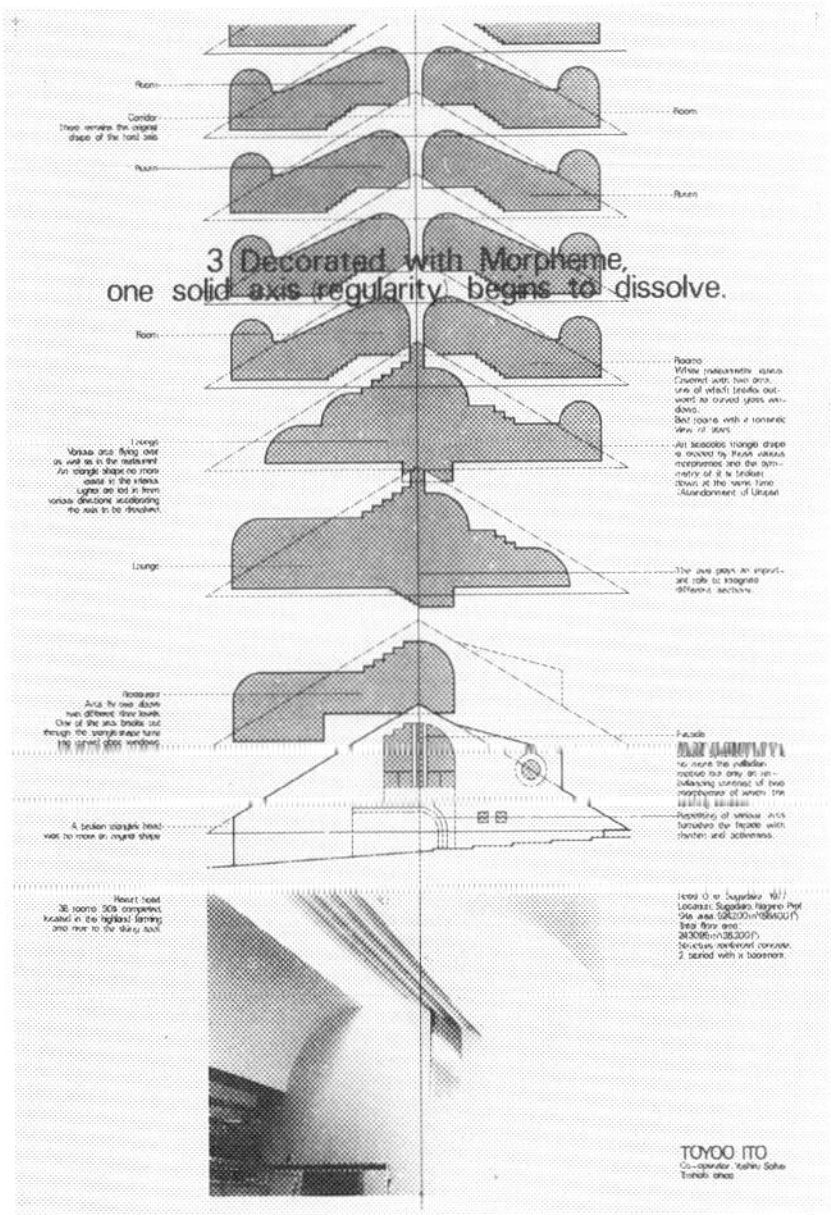

▲USAにおけるニュー・ウェイブ・オブ・ジャパニーズ・アーキテクチュアの出品パネル

PMT ビル　前面

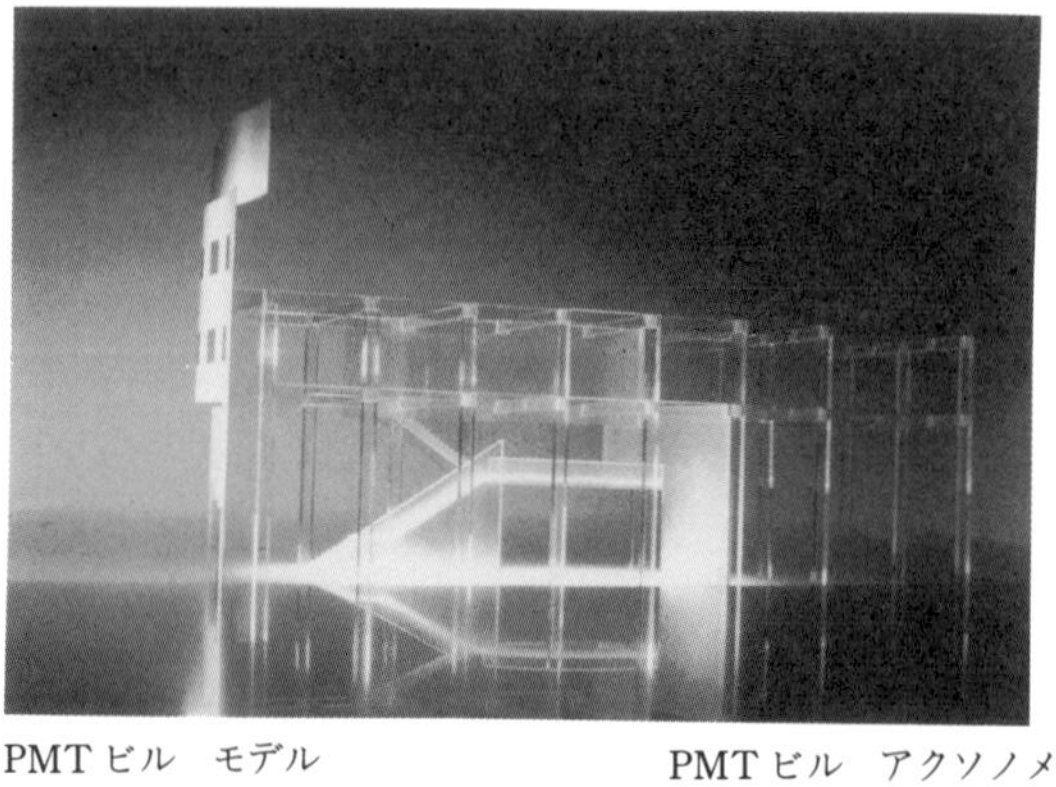

PMT ビル　モデル

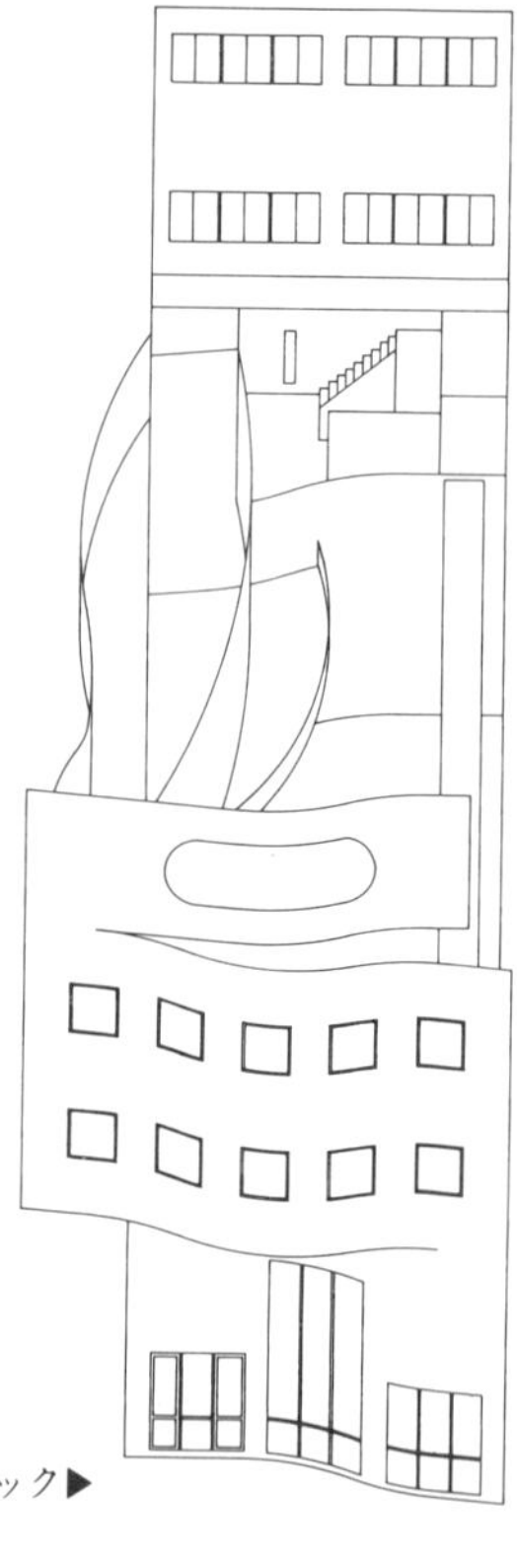

PMT ビル　アクソノメトリック▶

に深まっていった。

〈PMTビル〉よりもほんの少し早く萱平に竣工した〈ホテルD〉は何年もの紆余曲折の後に出来上がった建物である。本来このホテルは瀬戸内海の島に建つはずであった。ところがオイルショックの影響をまともに受け、敷地が長野県の山間部に変わり、企画も中途でたびたび中断されたり変更されたりで、ほとんど実施を諦めていたプロジェクトであった。当初円錐状の幾何学形態であったのだが、国立公園内のために美観規定に触れるとの通達を受け、県や環境庁に異議申し立ての陳情に日参したり、下水の浸透浄化法をめぐっての議論に関わったりで思わぬ時間を要したりもした。しかも多木浩二や坂本一成らとしばしば夜を徹して建築論を語り合っていた時期で、私自身の建築に対する思考ももっとも揺れ動いていたので、進行している設計と変わってゆく思考とのズレにこれほど苦しんだ建築はない。軸線に沿った要素の配列、モルフェームによる軸のゆらぎや幾何学的断面の変形、自然光の導入による空間のリズム、

PMTビル　ラウンジより上空を眺む

PMTビル

◀PMTビル　ファサード

フォールスファサードなど、七〇年代の私の建築の方法のほとんどすべてがこのプロジェクトに混在されている。

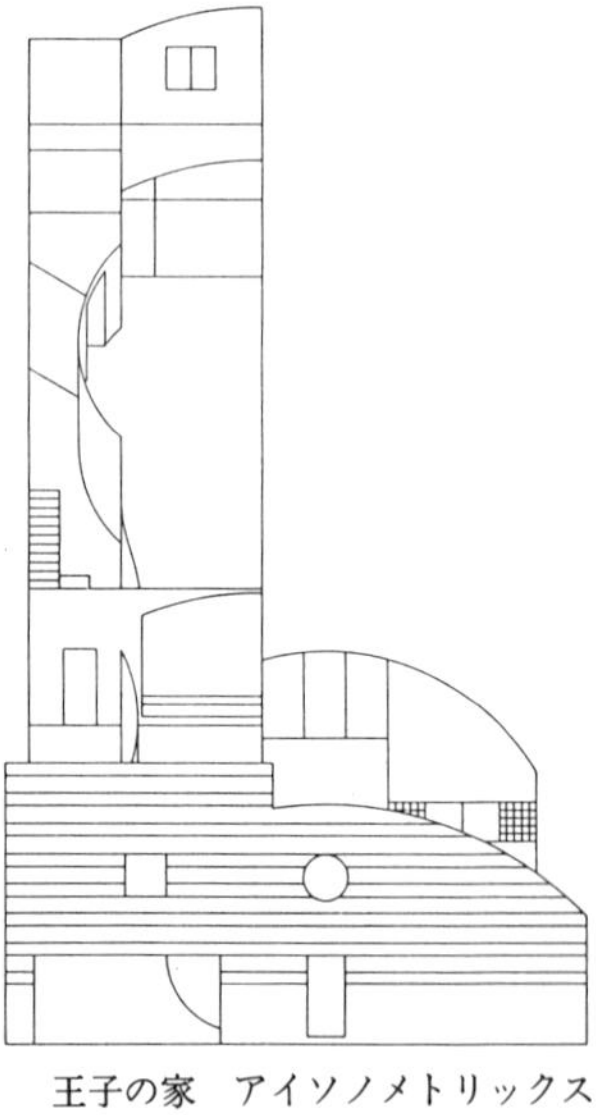

王子の家　アイソノメトリックス

建築におけるコラージュと表面性

私がいま関心をもち、つくろうと試みているのは次のような建築である。
・コラージュ的建築
・表面的建築
この二つの概念は互いに密接な関連にあり、現代建築が辿らざるを得ないひとつの方向を示している。と同時に、それらは私たちがいま住んでいる都市の文化的状況を最も適切にあらわしているようにも思われる。

私たちはおびただしい記号の浮遊する都市に生きている。それらの記号群はまばゆいばかりの華麗さで私たちの環境の表層を覆いつくしている。しかも多くの場合に日本の都市は格子とか放射状といったフィジカルにクリアーなパターンから出来てはいない。したがって私たちは都市空間をパターンによって認識するのではなく、不連続に散在するシンボルを体験的につなぎ合わせること、即ちコラージュすることによって認識する。シンボルとなる建築には伝統的な木造建築もあればヨーロッパから輸入された様式主義の建築もあり、アメリカから輸入された近代建築もある。例えば東京のような都市では、このようなあらゆる時代のあらゆる地域の建築をイコニックな記号として無秩序に並べたてて拡大し続けてきた。繁華街を歩く時など、私たちはこれらのイコンで充満した薄膜に囲まれている。視覚的にみる限り、ヨーロッパの都市にみられるような重く秩序ある調和を感ずることはないが、その軽さ、その表層性、その無秩序さによって日本の都市は絶え間ない変化と急速な発展を遂げてきた。しかしその表層の豊かさは伝統によって培われた実体としての建築群をベースとしているのではなく、あらゆる過去を等価に並べ、それらへのノスタルジアを表層のイコンに置き換えたに過ぎないのである。あらゆるノスタルジアの満足という限りない欲望の背後には、絶えず実体を伴わない空虚さがついてまとう。いま私が建築において語ろうと試みるのは新たなノスタルジアを附加することではなく、その表層性を強調することによって、その奥には何もないこと、即ちその空虚さ、稀薄さを浮き彫りにすることでしかない。

コラージュ的建築はさまざまな異なる意味をもった建築的エレメントから構成される。それらの並列によって建築家の統一されたイメージの世界を解体し、もっと開かれた自律的建築をつくることが目指される。六〇年代から七〇年代前半にかけては建築を建築以外のあるイメージに置き換え、そのフォルマリスティックな意味を問う傾向があった。建築を宇宙カプセルのようなSF的イメージとして把えることも、抽象的なキューブに近づけることも、あるいは洞窟のような中世的空間をつくり出そうとする試みもいずれも建築をアナロジカルに表象することである。しかし未来のユートピアを探したり、あるいは失われた過去のユートピアを懐しみ、イメージの楽園に人々を引き込むような思い入れの建築の時代は終りを告げた。今日の都市と関わる建築はただ意味をつくりだす容器として軽く乾いていなくてはならないはずである。それは建築が人々に意味を強要するのではなく、人々が建築的体験から意味を独自に読みとっていくような建築でなくてはならないはずである。

コラージュ的建築を構成するエレメントを私はモルフェームと呼んでいる。当初このモルフェームとして私は円孤や段状の形態など白くニュートラルな幾何学的モチーフを用意した。このモチーフを組み合わせることによって空間のメロディやリズムがつくられていくことを意図したからである（中野本町の家、上和田の家、ホテルD）。しかし最近の作品ではこれらの幾何学的形態に軽い意味を最初から附着させている。即ちモルフェームとして過去の建築の断片を持ち込むのである。それらは人々の記憶の片隅にある歴史的建築への想いを軽く刺激し喚起する。しかし参照される建築はコルビュジエ、ロース、マッキントッシュなどの作品やあるいはアールデコの建築等、二十世紀初頭の建築群に限定されている。何故ならば近代以降が問われている現在の状況においては、二十世紀初頭の、インターナショナル・スタイル確立直前の建築に未だ残っている装飾的な要素が修辞的エレメントの問題として私の関心をそそるからである。しかしこれらの修辞的エレメントが過去の建築を参照するとしても、それらはあくまで意味の問題として軽くかすめ去るだけである。さらにエレメントは、意味の断片として無媒介に並べられるために、イメージされた空間へと統一されることを随所で中断される。

こうしたコラージュの手法を古来我が国では、都市に限らず建築にも見出すことができる。近世の住宅などにおいてもそのプランはきわめて複雑でヨーロッパの建築のように必ずしも軸線などで統辞されてはいない。一見無秩序に配列された要素から人々はいくつかのシンボルを選びとり、空間体験のプロセスに従ってそれらをつなぎ合わせ、独自の空間を感覚的につくり上げる。そこには我が国独特のコラージュ的空間統辞法が作用しているように思われる。

このようなコラージュ的建築を成立させる過程で第二の表面性の問題が生じてくる。即ちそれは過去の建築がものとしてもっていた存在の厚みを削ぎ落とし、自己の建築のエレメントにその意味だけをスライドさせ忍び込ませるのである。先にも述べたように新しい建築に組み込まれた意味の断片は人々の記憶をかすめ去るなどの稀薄さが必要に思われる。ものの奥行きが感じられるほどの生ま生ましさは形式的な操作を不可能にするし、コラージュの効果をも半減させてしまうであろう。

そのような理由から私は建築の表皮を特に大切に扱ってきた。表皮は薄いファサードとしてあらわれることもあるし（PMTビル、王子の家プロジェクト）、また壁や天井などのインテリアを白く覆ってしまうこともある（中野本町の家、ホテルD）。いずれの場合にもその表皮は平滑な平面や曲面で構成されており、さまざまな光が照射され、影を映し出すスクリーンとして作用する。意味の断片を伝えるエレメントもあたかも紙でつくられたかのように軽くグラフィカルに扱われる。紙のようなスクリーンをいくら辿ってもその表面をスライドするだけでものの奥行きはあらわれることがない。それは表層のみを通過してゆく私たちの都市の構造でもあった。私たちは建築においても都市と同様に記号の浮遊する空間を歩き、そこに意味の空間を織り上げる。

1979

PMT ビル—福岡

PMT 工場—大阪

小金井の家

中央林間の家

批評という行為も私にとっては、自己の方法を他者の方法の上に重ね合わせてみる試みに思われる。この二重の映像の間に生じるズレを取り出してみると、対象となる作家の特質が浮上してくるように感じられるし、言うまでもなくそれは自らの方法を顧みる結果にならざるを得ない。但しこの場合、批評の対象は自ら限定されてくる。

倉俣史朗と大橋晃朗という二人のデザイナーのインテリアや家具に関する批評は、きわめて意味深い作業であった。この二人のデザイナーは、或る意味では建築家達よりもはるかにストイックであった。それは彼らが、家具のようにイメージと形態が一義的に結ばれる行為と向かい合っているからかもしれないし、建築という曖昧さを含んだ領域よりもはるかに直截的にデザインの消費という問題と関わらざるを得ないからかもしれない。

しかしこの時期、二人のデザイナーはともにデザインに於ける意味の問題を回避し得ない地点にいた。デザインの方法は大きく異なっていたけれども、意味が形態に附着するこ

PMT ビル

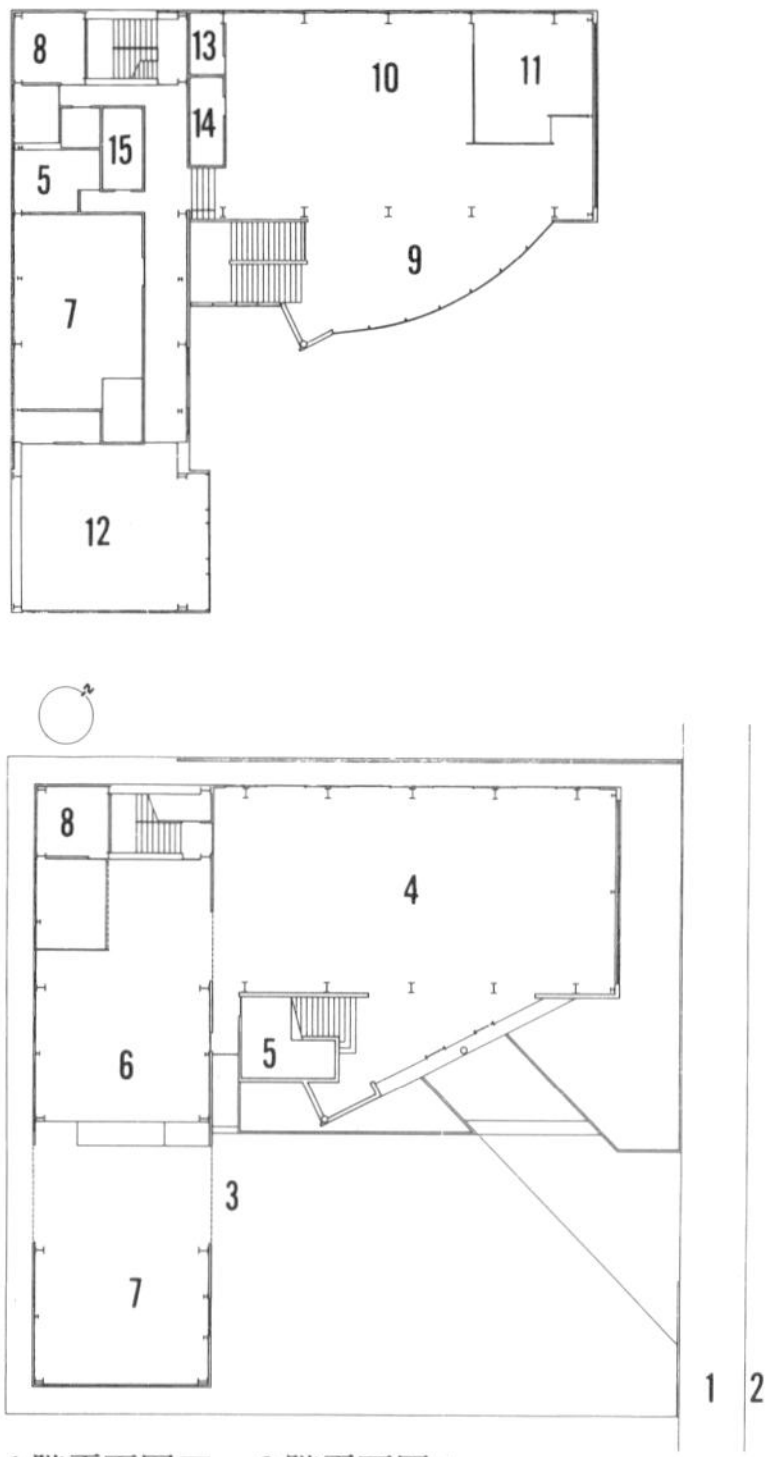

1階平面図▼, 2階平面図▲

ラウンジよりオフィスを望む

1 歩道
2 車道
3 搬入口
4 ショールーム
5 便所
6 修理工場
7 倉庫
8 空調機械室
9 ラウンジ
10 事務室
11 応接室
12 レクチュア・ルーム
13 給湯室
14 書庫
15 更衣室

PMTビル　ファサード

とを嫌い、家具のコンセプチュアルな側面のみを追い続けてきた彼らが、家具の形態にある表情を回復しようという点では共通していたと言えよう。倉俣史朗の場合には自らの身体感覚のみを頼りにして、そして大橋晃朗の場合には西欧の歴史上の家具の形態を参照しながら意味を自らの家具に潜入させようと試みていた。それは私が建築で当時考えようとしていた問題と全く重なっていた。

坂本一成の三つの住宅作品の批評に於いて中核を占めた家の概念というテーマも、私にとって決定的に重要な問題であった。先の家具の場合も同じことであるが、建築や家具を意味の問題として考える時、その意味、つまり視覚言語を通じて人々の間にコミュニケートされるべき事柄は、最終的に概念として浮上してくる建築や家具であった。言い換えれば家や椅子の概念を人々が共有できるか否かの問題を模索していたと言ってよいだろう。したがってそれは当時流行となりつつあった所謂ポストモダニズムと称される建築に顕著な歴史的な建築言語を表層に散りばめて建築

小金井の家　夜景▶

PMTビル　工場

中央林間の家

にストーリー性を持たせるようなチャールズ・ジェンクス流の意味とは全く別の問題であった。

確かにジェンクスやヴェンチューリが言う通り、街のなかに建ち並ぶ建築のファサードやインテリアに家のイコンは断片として充満していた。しかしポピュリスムの問題としてそれを再現する方法もスノビッシュに西欧クラシシズムの建築の要素をコラージュして構成する方法も、私は少し違うように感じていた。むしろ私は一方でコルビュジエの建築言語のようなモダニズムの建築要素を組み合わせ、形態操作しながらその背後に普遍的な概念としての家が幻像の如くに透かし見えてくることを期待していた。三つの〈PMTビル〉や〈王子の家プロジェクト〉等がその典型と言えよう。また住宅では切妻や緩いヴォールト屋根を組み合わせながら、やはりその向こうに概念としての家が影のように浮かび上がってくることを期待していた。〈中央林間の家〉から〈笠間の家〉に至るプロセスがそうした方向を語っている。

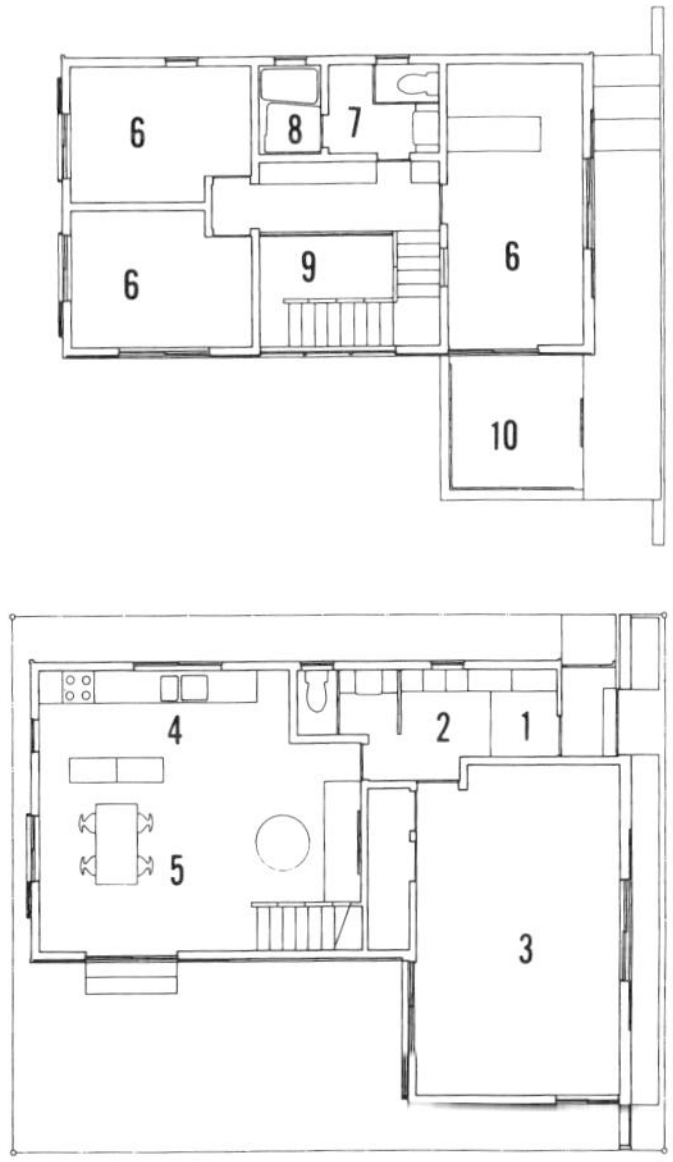

1階平面図▼，2階平面図▲

1 玄関
2 ホール
3 アトリエ
4 厨房
5 居間
6 寝室
7 洗面・脱衣室
8 浴室
9 吹抜
10 テラス

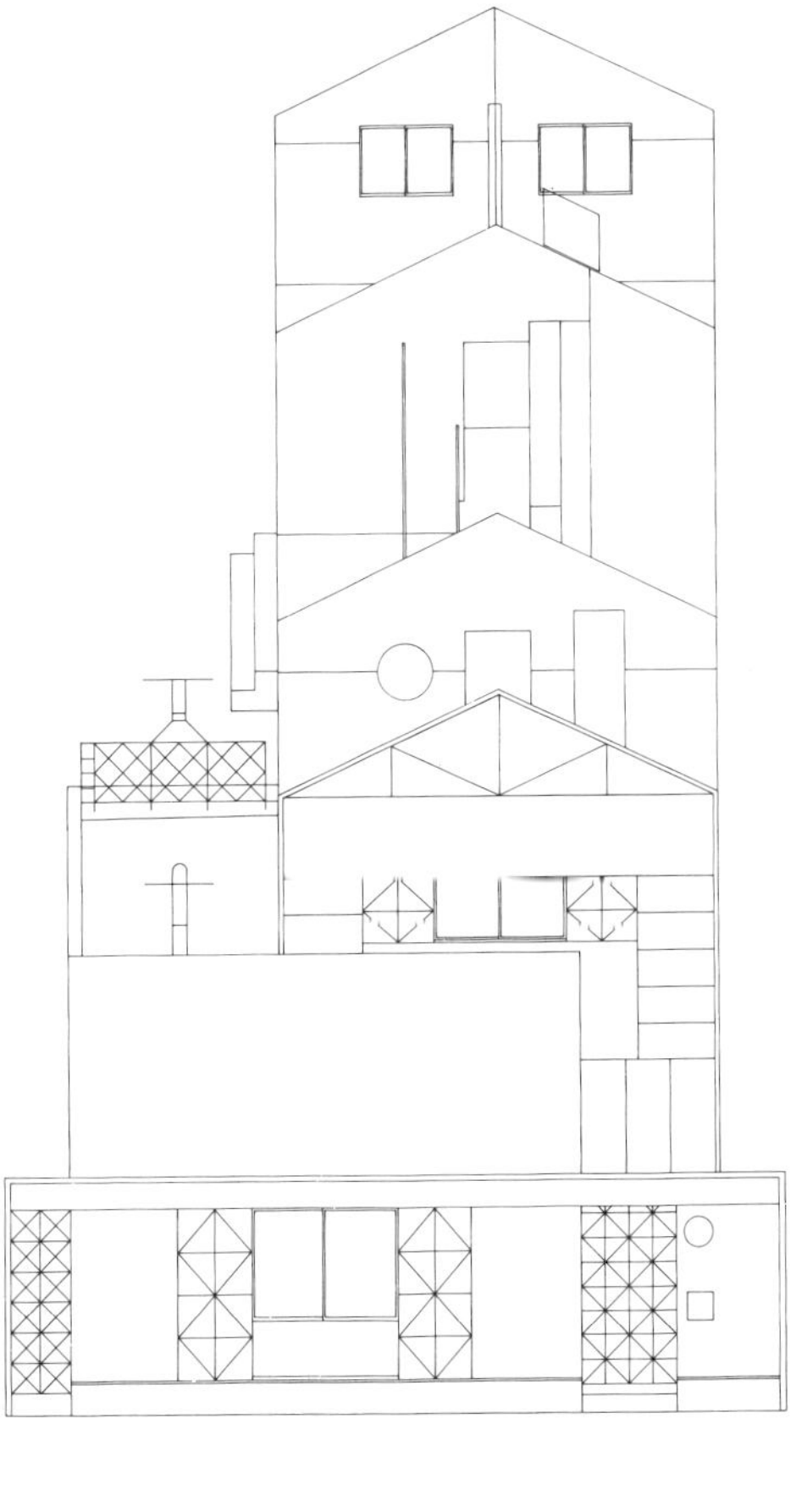

中央林間の家　アクソノメトリック

「白いまどろみから醒める時」と題したマッキントッシュ論は、西武美術館で催された彼の家具展に伴って雑誌「SD」が特集号を出した際に寄せたものである。マッキントッシュのデザインに共通する平面性、空間に漂う官能性に関しては理窟抜きに惹かれていたとしか言いようがない。あのたゆとう白い空間はいまでも必ずドビュッシーの音楽とオーヴァラップしながら浮かんでくる。

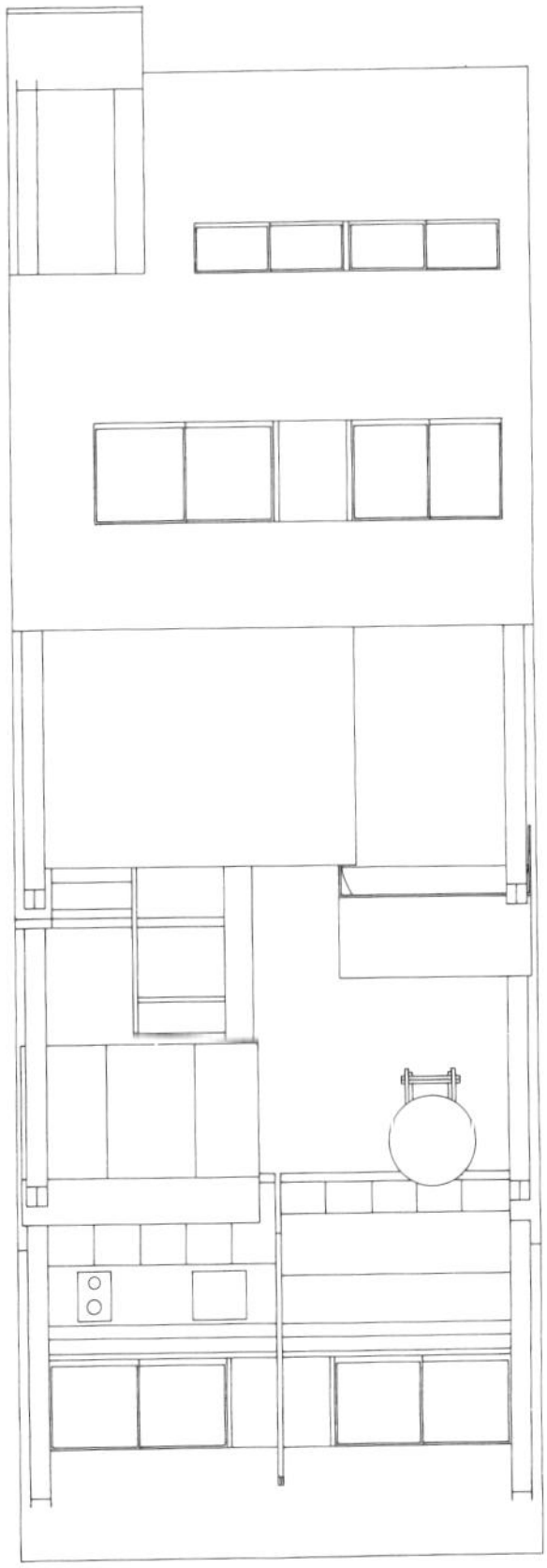

小金井の家　アクソノメトリック

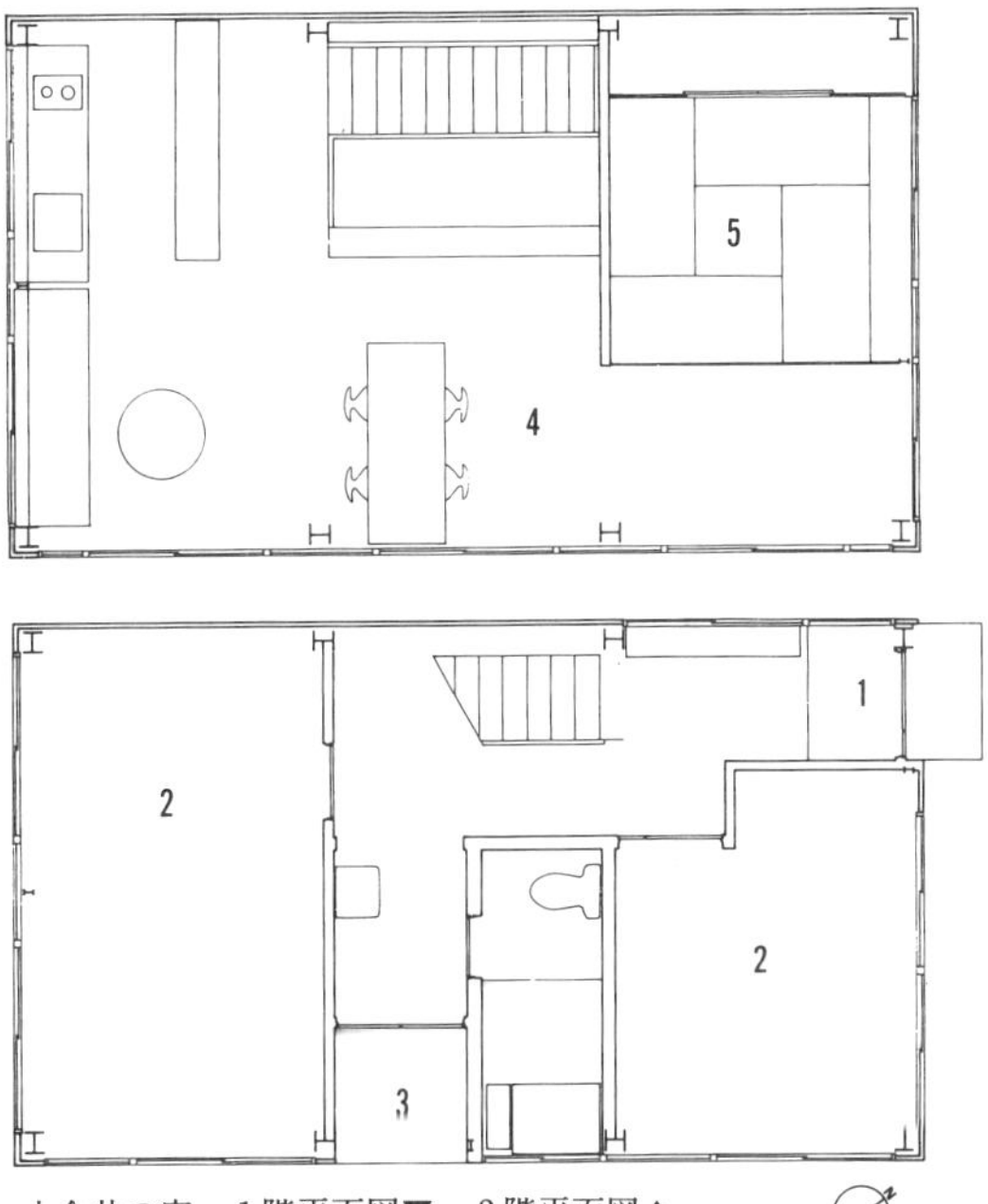

小金井の家　1階平面図▼，2階平面図▲

1　玄関
2　寝室
3　ユーティリティ
4　居間
5　和室

中央林間の家　階段吹抜け▶

曖昧性の背後に浮かぶ概念としての家　坂本一成氏3つの住宅評

坂本一成氏によって「代田の町家」以来久々に発表された三つの住宅は、それ以後に展開された厳密な思考の軌跡である。それらはいずれも三十坪前後の小住宅である。ほとんど同じ勾配をもった切妻屋根の単純な外観は、くすんだアルミ板やグレイに塗装されたスレートを張られているし、内部に至っては壁や天井はおろか床やすべての造作に至るまでがベニヤに覆われているので、それらは一見何でもない表情に見える。この形状といい、素材といい、できる限り控え目につくられていることによって、あるいはもう少し正確にいうならば控え目につくり得る巧《うま》さによって、彼の実体としての住宅の背後に潜む概念としての住宅は見過ごされてしまいがちである。白くプレインな壁や象徴的な柱ではなく、壁につくりつけられた無数の棚であるとか、微妙にレベルを変えて設定されたベニヤの床、あるいはまったくあたりまえに張られた平らな天井のベニヤなど、日常的なもののすべてが素朴で暖かい生活をつくり出すための道具立てであると思われがちであるが、それらが坂本氏の〈建築すること〉の思考の道具であることを見ないと彼の建築を単なるヒューマニズムでとらえようとする見当違いを犯してしまう。

従来からしばしばいわれ、彼の住宅を体験した人ならば必ず感じる心地良い空間は、むしろいままで以上にこの小さな住宅のいずれにもある。それはいわゆる巧い住宅作家といわれてきた建築家のみがつくり得るスケールに対する天性の感覚に支えられていることも事実である。しかしそのような巧さにも拘わらず、というよりも巧さを備えているが故に、彼はその具体的なものの背後に建築の概念を語らなくてはならないのかもしれない。壁面に設けられた棚のすべては日常生活の機能を果たすと同時に、彼の建築の概念を語る道具でもある。だからこれら無数の棚にはものが満載されていたとしても、誰も少しも違和感を覚えはしない。それほどこれらのものはすべて日常的である。だが彼の提示する内部の写真ではこれらの壁面は白く抽象的な壁のごとく空白のままであるし、そうあらねばならないのである。そしてだからこそ彼は、〈住むこと〉、〈建てること〉の区別をあえて述べなくてはならない（坂本一成「〈住むこと〉、〈建てること〉、そして〈建築すること〉」、「新建築」78年12月号参照）。

近代以降、〈住まうこと〉と〈建てること〉が不幸にも分離してしまったにも拘わらず、住まうべき場と建てるべき場が、ひとつの実体に重ならなくてはならない矛盾を前提として、彼の概念としての建築をつくる試みははじめられる。「私たちが〈住んでいる〉ということは〈家〉という実体の内に〈住む〉とともに、〈家〉という概念の世界に〈住んでいること〉ということ」（同上）を認識した上で、坂本氏は今日〈建築すること〉は〈住まう場（日常としての空間）を発生させる座標〉を設定することであると規定する。この座標とは屋根や壁、床など建築を物理的に構成するエレメントの関係によって成立する形式の場であるという。それは〈日常としての空間〉を可能にすると同時に、まったくレベルの異なった概念としての空間を成立させる〈零度の座標〉でもある。この座標に描かれる概念

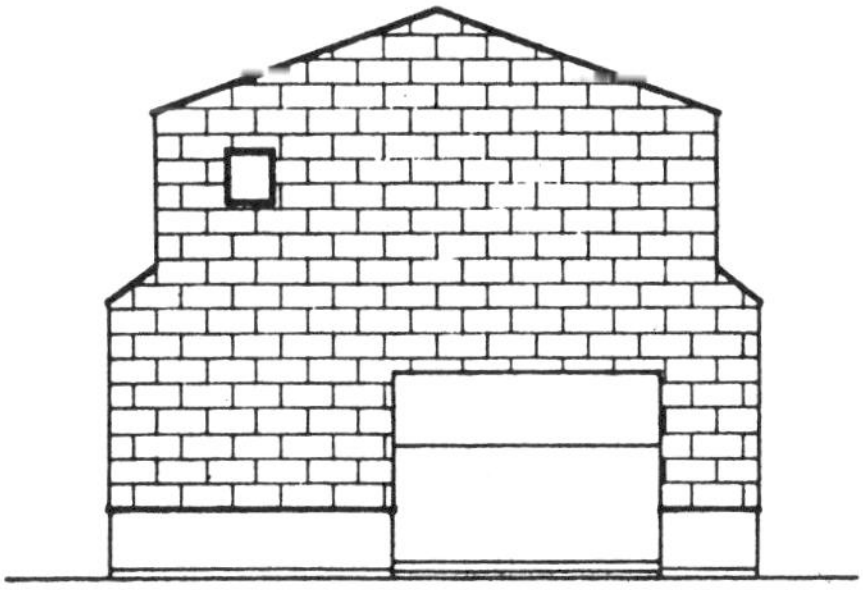

代田の町屋　北側立面図

としての建築とは恐らく数式で描かれる抽象的な関係の空間と受け取ってよいであろう。その数式に個別の条件を投入した時にそれぞれの建築が具体的に生まれてくる。しかしここで誤解してならないことは、それが彼にとって〈建築すること〉の認識であって、方法では決してないことである。諸々のエレメントを記号として与え、それらを構成するルールを与えれば解が得られるといった操作主義的方法の問題ではない。したがって少なくとも認識のレベルでは彼の建築は概念的であると同時に日常的であり得るし、むしろそうあらねばならないのである。その間に論理としての矛盾はない。

　建築における概念的な操作というとキューブやメッシュなど幾何学的、抽象的な形態の操作を意味しがちである。たとえば、アイゼンマンやグレイブスの建築はどうであろうか。彼らの建築は確かに概念的といってよいであろう。そこで用いられるエレメントはコルビュジエの建築に表われる形態であったり、キュービズムの絵画にしばしば見られるモチーフであり、それらは視覚的にも抽象的、幾何学的である。したがって記号化されたそれらエレメントの関係も抽象的に操作されるが、その方法が抽象的であるから概念的であるのでなく、彼らの建築が単にイメージの視覚的な表現ではなくて抽象的な関係を示すこと自体が目的となっているからこそ概念的なのである。アイゼンマンやグレイブスが近代建築の抽象的なエレメントを用い、坂本氏がむしろヴァナキュラーな建築に見られるような具体的なエレメントを用いるという違いはあっても、ものの抽象的な関係自体が目的化されているという点において、両者ともに概念的ということができるであろう。

　しかしたとえイメージを視覚的に表現することが目的ではないとしても、坂本氏の内に〈家〉に対する原イメージとでもいうべきものがない訳ではあるまい。「代田の町家」のファサードにしろこの新しい住宅にしろ、それらを見た多くの人びとが倉庫、あるいは蔵を

南湖の家　南立面図◀，西立面図▶

連想するというが、それはまだ写実を知らない子供たちの描く〈家〉のイメージとどこかで連なっているのかもしれないし、人びとの意識化されない深層に潜在している〈家〉と彼の原イメージが重なっているからかもしれない。だからそれはきわめて日常的であると同時に曖昧なものであり、決して明確な形態をもって表われるものではないという。したがって具体的でなくてはならないが、視覚的にイメージの固定として描かれた途端に、夢を中断されて蘇った現実のごとくまったく異質なものと化してしまう。坂本氏にとって〈家〉のイメージを描くとは具体的なものの関係を抽象的な空間に表わすこと、つまり〈家〉の概念を描くことにならざるを得ないのである。私の前に視覚化された三つの実体はその抽象化された関係のある具体的な断面に過ぎない。しかし私に可能なことは、この断面に表われたものの関係を見ることによって、実体として統合されている建築の抽象化された構造を探ることでしかない。そしてその時この抽象化された空間の向こうに、あるいは彼の概念としての〈家〉のイメージの一端をうかがうことができるかもしれない。

南湖の家

三つのなかでもっとも早く設計されたこの住宅はもっとも穏やかな表情を持っている。その穏やかさは可能な限り低く押さえられた立面や、そこに巧妙に計算されて分布する開口部、内部の漂うように流れる空間構成などによるもので、それは彼の初期の作品である「水無瀬の町家」や「雲野流山の家」に連なる部分を感じさせるといってよいのであろう。しかしこの住宅はふたつの点において以前のものと明確に区別される。ひとつは道路に面して建つ高い塀状の壁であり、他のひとつは内部の壁面を分節する無数の棚である。

外部を特徴づけている大きな塀状の壁面は何を意味するのであろうか。高さ約3mで敷

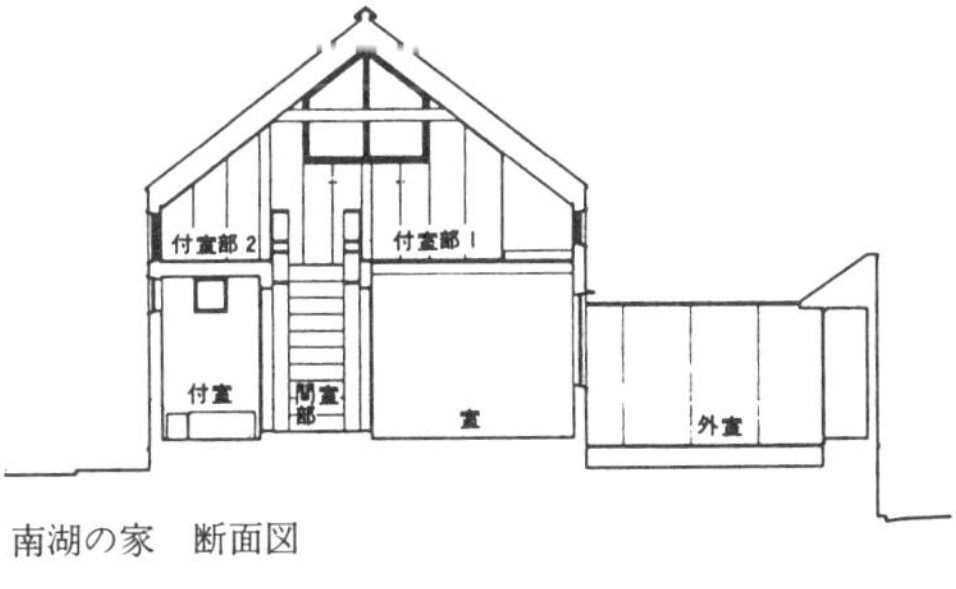

南湖の家　断面図

地の前面いっぱいに建てられたこの壁はグレイに塗装されたプレーンなスレート張りで、中央に大きな開口を持つのみである。しかし小さな三角形状の妻側の小壁を持ち、裏側にはこの開口を挟んで片側には収納が、もう一方には水平に伸びるベンチが設けられている。このベンチと建物の間には敷地よりややレベルを上げた床が張られ、「代田」のような落着いて心地良い外室がとられているが、この塀によって外部から建物本体の表情を持った立面は隠蔽されている。すなわち表情は消されている。平面で見ても断面で見ても、この塀状の壁は塀と呼ぶ以上の、つまりファサードとしての働きをしているように思われるが、かといって「代田」のように明確なファサードを構成する訳でもない。この〈半ファサード〉ともいうべき壁面越しに、本体の立面は重なり合って曖昧に見える。この曖昧さはより意識化された方法として以後の住宅に展開されていく。

この心地よい外室から流れるように導かれる内部はほとんど一体的につくられている。わずか二十四坪という規模とはいえ、囲い取られたヴォリュームはベニヤを張り廻らされた内部にほとんどそのまま可視化されるが、この架構によって形成される壁や天井面は、日常的には棚やテーブルとして機能する表皮ともいうべき線や面によってさらに分節される。たとえば主室の床が居間と食堂として機能する部分でレベルを変えるのに対して、テーブルやベンチ、その脇の壁面に取り付いた棚などは水平に伸びて分節と統合が繰り返される。特にこの主室の内部を覆っている棚は無数の縦横の線として大きな壁面の持つ強さを消そうとする試みであるに違いない。二階に設けられた室のひとつはわずか四畳に満たず、しかも壁際では70cmの天井高しかない。ある種の日本の伝統的空間が持っていたようなきわめて技巧的な空間ということもできようが、これは坂本氏にとってのスケールに対するぎりぎりの追求でもあり、このぎりぎりに抑えられたスケールをなお日常的なものに

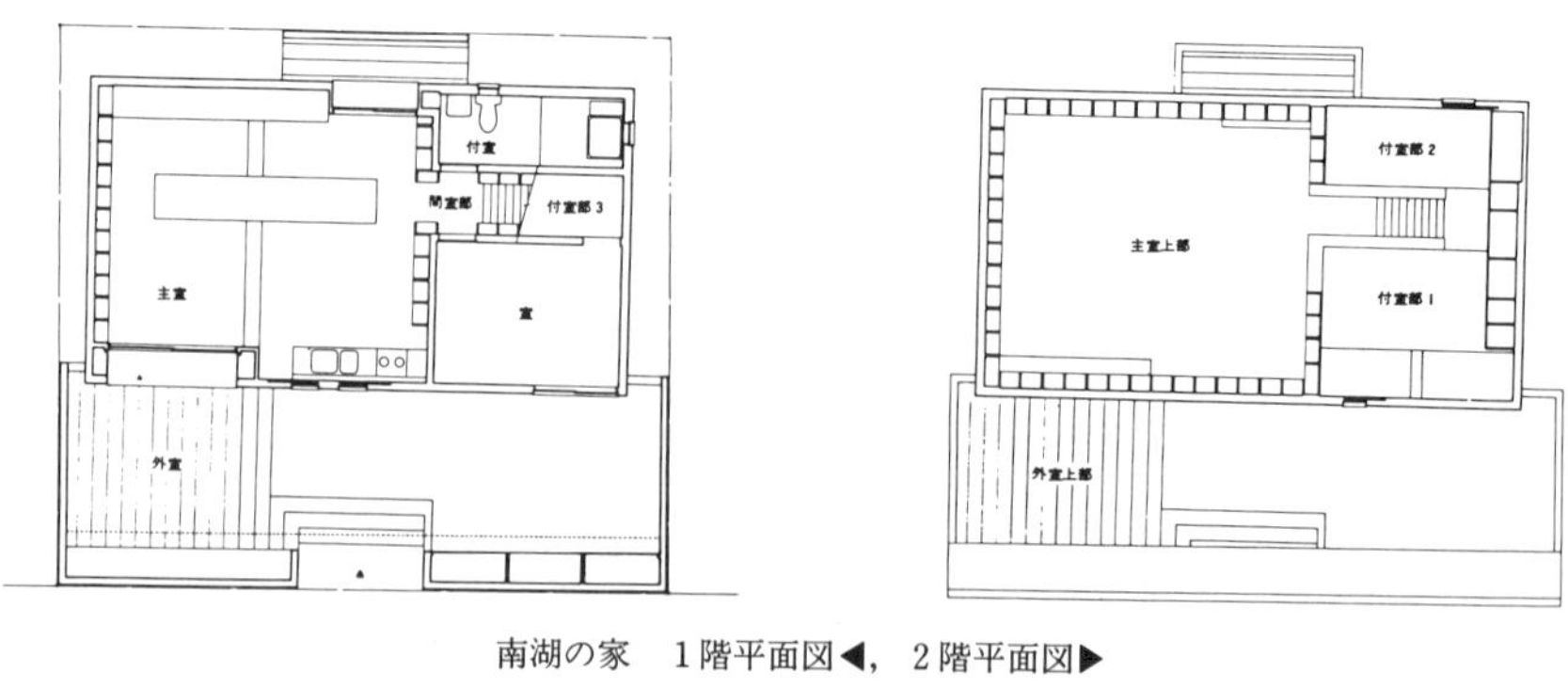

南湖の家　1階平面図◀，2階平面図▶

よって分節しようと試みられた空間には、穏やかさに秘められたある緊張を感じない訳にはいかない。

坂田山附の家

この住宅はまったく単純な外観を呈している。「南湖の家」とほとんど同じ形状であり、軒高が少し高く、屋根の両側に短い庇が伸びただけの違いであるが、ここでは〈半ファサード〉に相当するものはなく外観はすべて露わにされている。壁面の間のアルミサッシュの開口部もそのスケールやプロポーション、レイアウトが例によって綿密に検討されたとはいうもののさり気なく取られ、なんでもないといってしまえばこれほどなんでもない建築もなかろうと思われるほどである。しかしここでもこのさり気なさを演出するためには細心の技巧が施されている。たとえば短く突き出た庇であるが、これは両側とも妻の面に到る手前ではなくなっており、庇はあるようにもないようにも見える。つまり曖昧にあるのであり、この曖昧さによって逆に全体のヴォリュームはシャープに表われる。あるいはまた開口部の間を構造としての柱が縦断しているが、それはあたかも偶然そうなったかのごとくにズラされている。

しかしこのようにできる限り表現することを抑え、何でもなく、日常的に見えるように仕組まれたこの住宅も、少し離れた地点から周辺の環境を考慮に入れて眺めてみると、たちまちのうちに異なった様相を帯びはじめる。錆びた鉄屑のなかに見出された鋭利な刃物のごとくに孤立し、浮き上がって見えてくるのである。この現実の風景に見られる違和感こそ、〈概念〉として建てられた〈家〉と〈住まう場〉としての〈家〉との相違を物語っているのではなかろうか。〈日常的《オーディナリー》〉という言葉は決して現実との調和を意味するもの

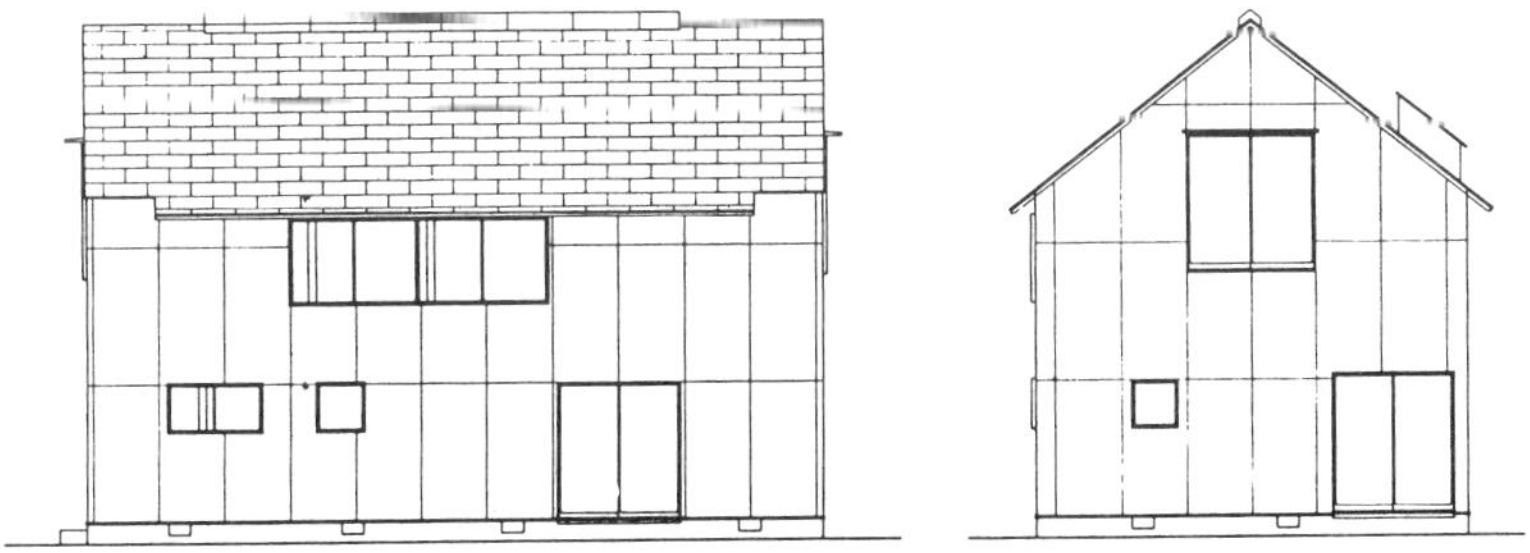

坂田山附の家　南立面図◀，東立面図▶

ではない。

「坂田山附の家」の平面は珍しくほとんどシンメトリーに構成されている。坂本氏自身このことをあまり意識しないというが、外部と同様に内部においても可能な限りの単純化がはかられた結果の表われと見ることもできよう。妻側中央のエントランスを入ったホールは天井高2mに満たない小さな空間である。このホールの両側にある室もまた天井高2.1mに押さえられ、ここでもまた切りつめられたヴォリュームの追求は続行される。やや暗いホールの奥にある短い階段を上ると主室に出るが、ここでは「南湖」以上に囲い取られた架構の内側がそのまま表われている。すなわち全体のヴォリュームが「南湖」では断面方向の壁によって分割されるのに対し、「坂田山附」では一、二階を隔てる水平方向の床によって分割がなされる。いずれの場合にもそれらの間は階段によって連続させられるのだが、穏やかな表情と述べた流動的な空間は後者においてはほとんど影をひそめる。二階の主室も棚、ベンチ、テーブルなど多くのつくり付け家具のつくる水平線によって柔らげられるが、これらは「南湖」のように空間を支配する要素ではなく、架構によってつくられる面の関係のみが支配的な、いわば素っ気ないほど乾いた空間が表われている。妻側の壁にとられた開口にしても前者では屋根勾配に沿って切り取られていたが、後者では架構と無関係な矩形の開口となっている。こうして空間の視覚的な表情は希薄となって単純化された何でもない架構だけがここに示される。

今宿の家

最近完成したばかりのこの住宅からは他のふたつよりはるかに発展させられた思考の跡をうかがうことができる。「南湖」において〈消す〉ためになされた作業は技巧的ではあ

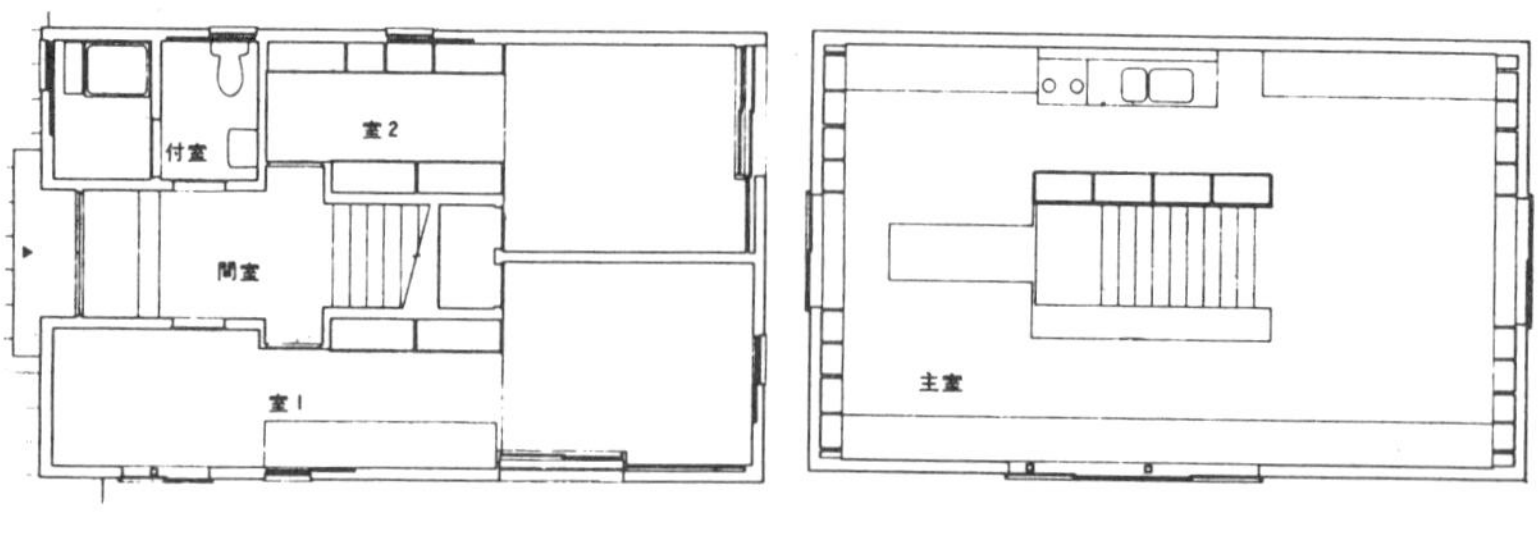

坂田山附の家　1階平面図◀，２階平面図▶

っても坂本氏の意識と身体との渾然とした深部から行なわれた面を感じさせなくもなかったのに対し、この「今宿の家」ではその作業は意識的な操作になったといい切ることができる。つまりこの意識と身体とが渾然となった消す作業の結果として曖昧な空間ができ上がるのではなく、〈曖昧さ〉をつくり出す意識的な操作を方法として獲得したといってよい。したがって意識の部分をこの作業から独立させることによって彼の身体は抑えられるのでなく逆に自由を得る。

このことを具体的に見てみよう。まず外部である。短い庇の突き出た切妻屋根の二階建てという基本的な架構は、他のふたつと同じでありながら、「今宿」の外観はまったく異なる表情を持っている。両妻壁の中途から外側に60㎝の幅で張り出したヴォリュームが付着し、さらに道路側の面だけは低い塀のような薄い袖壁が両側に付加されている。したがってこの道路側の立面は独立したファサードであるようにも見えると同時に、一体的なヴォリュームの表現ともとれる。この〈半ファサード〉ともいうべき表現は「南湖」の場合よりはるかに意識的である。しかもこの立面のなかには多くの開口がとられているが、ほとんどすべての開口を架構としての柱が縦断している。この開口と柱のズレは「坂田山附」で意識化された手法であるが、ここでは柱はやや引込んで付けられた玄関扉の前面にまで露出しており、部分に関していえば積極的な表現すら感じさせる。開口部も以前の作品に比べて大きく、その取り方はほとんど恣意的といえるほどである。これほど曖昧化された外観ですら、横浜近郊のこの新興住宅地にあってはひときわ浮き上がって、ここでもまたその黒っぽいアルミ板が不気味な表情さえかもしだしはじめる。

曖昧さはこの住宅の内部にも及ぶ。中央の小さく吹き抜けられたエントランスホールの両側に室を持ち、ホール正面のやや幅の広く短い階段を上ると主室に出るという大きな空

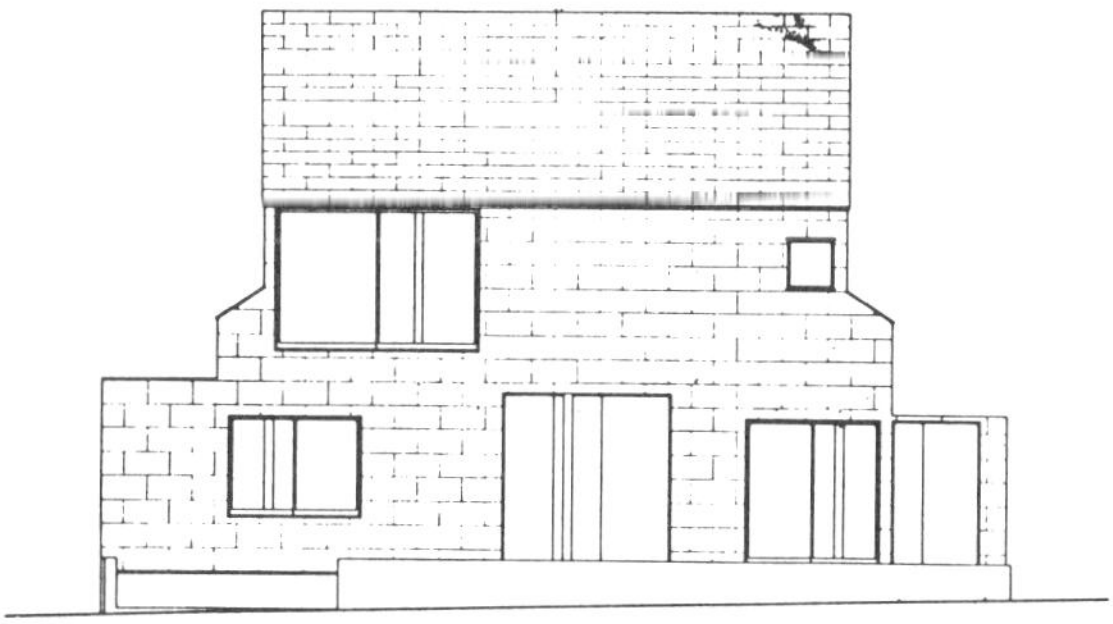

今宿の家　南立面図

間構成は「坂田山附」に近いが、いくつかの点で前者とははっきりとした相違が見られる。まず二階にはすべて同一レベルでフラットな天井が張られて切妻の架構は隠蔽される。すなわち坂本氏の言葉でいえば主室ですら全体の覆いから〈異化〉されている。他のふたつの住宅において、切妻の形状とその間に渡された水平材という架構がそのまま内部に表われていたのに対し、ここではプレインなベニヤの面だけが示される。さらに一階において階段右脇の室を隔てる壁が二階にまで伸びて天井に達し、二階にもふたつの小さな室を主室から隔てているのだが、主室と結ぶ扉はいずれも天井一杯まで開かれ、主室とこの二室は連続しているようでもありかつ切られているようでもある。つまりここでも両者は意識化された手法として曖昧に切られているのである。二階のふたつの室の間にも小さな開口が設けられ、その結果二階の平面は吹抜けを中心に緩やかなサーキュレイションがつくられて、一階のホールからこれらの空間は微妙にスケールを変えながら連続する。したがって従来、主室、間室と呼ばれていたふたつの空間がここではほとんど区別されないほど主室の存在の意味は弱められている。また以前の住宅で壁面の分節に用いられていた棚も壁の背後に引込められ、ここではプレインな壁面だけが表われている。切妻屋根と横架材の織りなす〈空間〉もなく、棚の陰影によってつくり出される奥行きの〈空間〉ももはやここではなく、あたかも仮設のプレハブのようにベニヤの面だけに囲まれた日常的としかいいようのない空間だけがある。しかしこの何気なさのなかに垣間見られる挑戦的とすら感じられる意識的な操作、たとえばそれは一階両側の室に露出された、まるで自然に現われてしまったかのごとき柱に象徴されてはいないだろうか。このように意識化されたいくつかの操作の方法を獲得したことによって坂本氏は何でもない空間をつくり得たのであり、その何でもない空間の内に自己の身体をふたたび解放した。だからここにはまた漂

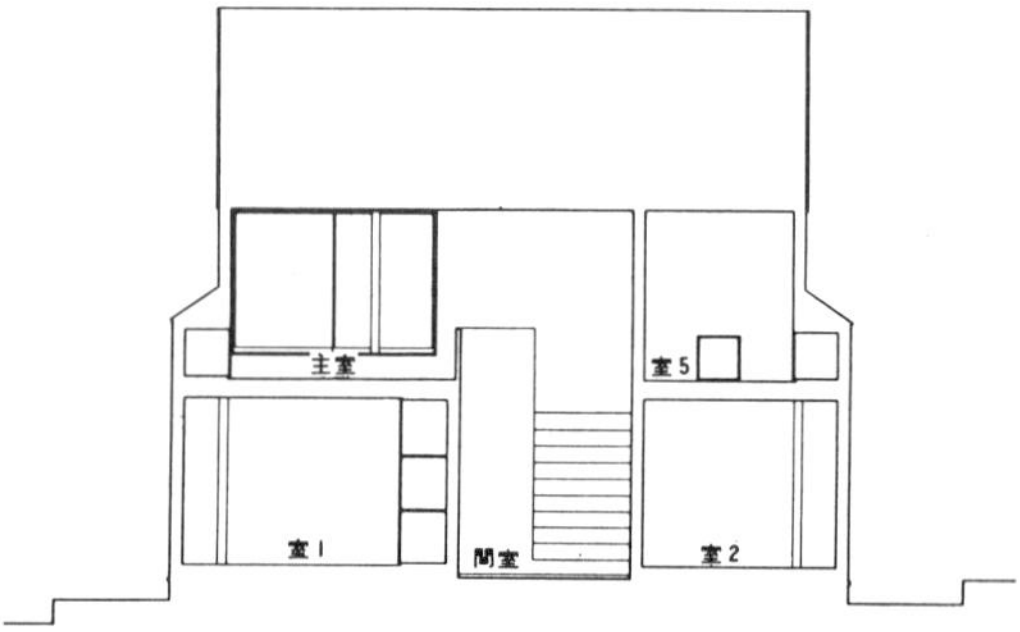

今宿の家　断面図

い、サーキュレイトする空間がある。だがここに漂わされた空間は、もちろん初期住宅に見られた生まな身体の直接的な表現でなく、知性によって乾かされ表層のみではね返るドライな身体の表われとしての空間である。

坂本一成氏にとって建築をつくる行為は〈空間〉を〈消す〉という矛盾に満ちた作業ではじめられた。それはシンボリックな空間の否定であり、幾何学的な形態の持つ抽象性への否定であり、シンメトリーの否定であり、歴史上の建築の意味を想起させる断面の否定であった。絶えず核心の周辺を廻る模索のなかで、否定的な言語を介してしか語られない自己の方法への身振りは時に私を苛立たせもした。しかし今回の新しい三つの住宅、そのなかでもとりわけ「今宿の家」において〈消す〉という意識と身体の一体化された作業から、操作としての〈曖昧性〉をつくり出す意識的な方法を切り離すことによって身体の解放が獲得されたことを指摘し、その具体的な表われをすでに見た。

坂本氏の求めるものが最終的には概念としての〈家〉であったとしても、そこで見られた通りその方法はきわめて具体的なものの関係を扱う操作であった。しかもその思考は実体としての住宅を通じて多少の振幅はありながらも、慎重にかつ丹念に発展させられてきた。そしてその結果として具体的で何でもないものの関係のうちに、彼の直接的な否定の対象であった広間は消し去られ、いま〈主室〉さえも〈室〉に置き換えられようとしている。その曖昧で日常的なものの関係の背後に逆説的に浮かび上がってきたのが形式としての空間であり、概念でしかとらえられない〈家〉であった。しかしこの概念としての〈家〉は曖昧であればあるほど、何と現実の環境に並ぶ〈家〉と遠いのであろうか。そこ

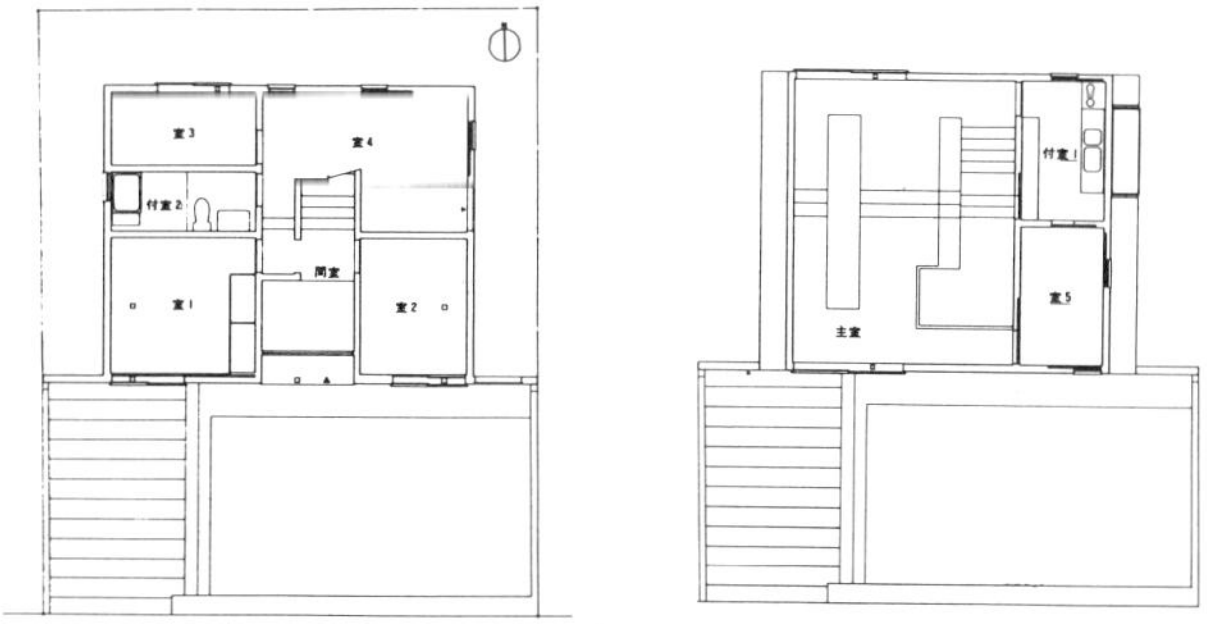

今宿の家　１階平面図◀，２階平面図▶

には論理の矛盾はないと述べたが、現実に表われるこのズレを認めない訳にはいかないし、この現実との矛盾を出発点にしない限り彼の〈日常としての空間〉もあり得ないのである。巷にいわれているインクルーシブ――イクスクルーシブなる図式が単に視覚上のヴォキャブラリーでは語れないことを、坂本氏の住宅はもっともよく示しているのではなかろうか。

これら三つの住宅で試みられた知的な操作の側面を現今流行りのポスト・モダニズムの建築的状況との関わりで語ることはいくらでも可能である。たとえばジェンクスはポスト・モダニズムの「空間の分割は限定されず曖昧で、しかも全体にたいする部分の関係はまったく『不合理』で変換的なのだ。空間の境界はしばしば不明確のまま残され、端部を明確にしないまま無限に広がってしまう。ポスト・モダニズムの他の様相と同様に、その空間は革新的ではあっても、革命的ではないのだ。だからこそモダニストの質をも含んでいるといえよう。」(『ポスト・モダニズムの建築言語』竹山実訳、「a＋u」78年10月臨時増刊)と述べているが、この指摘はそっくり坂本氏の住宅にあてはまる。あるいはまたヴェンチューリもかつて〈複合と対立の建築〉の重要な側面として〈曖昧性〉をあげ、ある詩人の言葉を引いてそれは〈詩的効果の最大の頂点〉であり〈緊張という質を生んでいる〉(『建築の複合と対立』松下一之訳)と述べた。ヴェンチューリ自身の建築がその卓抜した知と技巧によってともすると見過ごしてしまうような何でもなさを獲得しているように、坂本氏の住宅もまたその〈曖昧さ〉のなかの緊張を見過ごされてしまいがちである。さらにヴァナキュラーな建築の側面とか、マルティヴァレントな側面などのヴォキャブラリーで彼の建築を分析することもできよう。しかし彼にとってそうした状況との関わりで論ぜられることは望むところではないだろう。彼の視角は絶えず自己の内側にのみ向けられているからである。

そして何にもまして、たとえば〈曖昧性〉なる言葉ひとつにしても、状況のなかで語られているレベルでは語られないほどの〈緊張という質〉を備えている。

学ぶというより映すこと

先日IAUS（P・アイゼンマンらの主宰するInstitute for Architecture and Urban Studies）の企画によってアメリカのいくつかの都市で催された"New Wave of Japanese Architecture"と題する建築展のために、私は何枚かのモンタージュの写真パネルを作成した。それらはいずれも十八世紀のインテリアによく見られる暖炉の上の鏡のフレームに私の作品、PMTビルのファサードを入れ込んだモンタージュである。装飾的なフレームのなかに日本の日常的な都市環境が映し出され、その風景のなかにアルミのファサードがやや浮き上がって収まっているのだが、それらのパネルに私は「覗き込んでいるのはお前なのか、それともオレなのか」と書かれたラヴェルを貼付した。即ち、このモンタージュがあらわしているのは、「ヨーロッパというフレーム越しに覗き込んだ日本のなかのヨーロッパ」ともいうべき二重に反転された建築的状況である。

外国の建築から何を学んだのかという問いの前に、私はヨーロッパの建築家たちが私達のつくる建築を本当はどのようにみているのか常に興味深く思っている。何故なら私達のつくる現代建築は日本の伝統的な木造建築との関係を除けば、多かれ少なかれヨーロッパから輸入されたものであり、したがって彼らの前に提出された私達の建築を彼らは所詮あるフィルターを通過して異化された自分たちの建築の映像としか感じていないに違いないからである。それは私達がアール・ヌーヴォーの家具やグラフィックに異化された東洋の映像をみると同種の感情であるのかもしれない。彼らが覗き込んでいる日本への関心がそのようなものであるとするならば、私が覗き込むヨーロッパへの関心もまた彼らの建築の内容というよりも、その上に照らし出される建築的状況の確認に過ぎない。

私達にとって同時代の建築といえば、即それは近代建築を指すといってもよいほどに、近代建築は私達にとって確かなものと思われてきた。近代建築こそ私達の日常を支える建築であり、それに較べれば日本にしろヨーロッパにしろ伝統的な建築は過去の遺産に過ぎないと久しく思われていた。その確かさは近代建築が工業生産という新しい構造の言語で語られる過去と無縁の幾何学であるかの如き信奉に裏づけられていたからである。しかしそうした言語と幾何学を整合させていた神話が崩壊し始めた時、その背後に見えてきたのは近代建築のスタイルも実際にはさまざまな点で過去の建築と連続している事実であり、むしろそのなかに見出される古典的法則性とか装飾的側面が指摘され、評価され始めているのが昨今の実情である。そしてその連続性の指摘から明確になったのは、字義通りにインターナショナルなスタイルであると思われていた建築が所詮はヨーロッパの建築でしかなかったのではないか、つまりそのコンテクストをヨーロッパの歴史に求めることができるという事実である。この瞬間に私達にとって唯一身近なものに見えていた近代建築ですらも、急激に遠ざかってしまったのである。近代建築にすらそうした距離を見てしまった時、私達は総てのコンテクストをはずされて海に投げ出されたといってもよい。そうした状況のなかで建築をつくるという行為は、逆説的ではあっても総てのコンテクストから離

ニュー・ウェイブ・オブ・ジャパニーズ・アーキテクチュアの出品パネル

脱して、鏡像の表面を滑ってゆくような作業にならざるを得ないのではなかろうか。

ヨーロッパというフレームのなかに鏡像を結ぶこと、それは学ぶことでなくただ映す作業である。映すとは付着している歴史の汚れを洗い流し、腐蝕してしまったイデオロギーの錆を剝ぎ落とし、奥行きのない表皮だけを鏡面のようにひたすらみがきあげることである。しかし映すという行為は奥行きのある、存在の厚みをもつものを稀薄な表皮に移す構造変換の作業を伴うから、その変換のためのフィルターを必要とする。例えばヴェンチューリにとってのフィルターとは、遠く隔てられたヨーロッパの建築をラスヴェガスのようにコマーシャルな日常世界の映像に転換する装置であったし、或いはグレイブスにとっては、コルビュジエの幾何学をドミノのフレームを用いて意味のエレメントに置き換える装置にほかならなかった。コルビュジエのサヴォア邸やガルシェの家など初期の住宅ですら、C・ロウの指摘するようにドミノのフレームというフィルターを通して抽象化された古典的なヴィラの映像と見ることもできよう。

今日私達の周辺には夥しい海外の建築に関する情報が流入してくる。私は彼らがどのようなコンテクストに基づいて、或いはまたどのようなコンテクストのなさに基づいて建築をつくっているのか、その点にのみ関心を集中している。あるコンテクストに支えられた重い建築をみた時、私はある羨望の念を禁じえないが、当面私にとって可能なことは軽さを映像として求めることのみである。

白いまどろみから醒める時　チャールズ・レニイ・マッキントッシュ論

1

ピアノの詩人、フレデリック・ショパンが三十八歳で死期を迎えた時、病床を訪れた友人達に音楽を求めた。親友のチェロ奏者、フランショームが「ではあなたのソナタを」というと、「いや僕のではなく、もっと純粋な音楽を、モーツァルトを」といったという（河上徹太郎『ショパン』音楽之友社）。それはショパンを襲った発作のためにかなわなかったらしいが、その葬儀にモーツァルトの《レクイエム》が演奏されたという話はよく聞く。ここで「純粋な」という言葉はさまざまに解釈できるけれども、それはともかくとして、もしもチャールズ・レニー・マッキントッシュが建築家でなく作曲家であったなら全く同じことを言いはしなかったであろうか。

一方がロマン主義の十九世紀前半を、他方がアール・ヌーヴォーの世紀末を生きたとしても、ともに後世に大きな影響力を残した芸術家であったことはいうまでもない。しかしその恵まれた才能にもかかわらず、音楽と建築のそれぞれの歴史を縦覧する時に、この二人は共通してその主流からはやや逸脱した地点に位置づけられる。マッキントッシュにとってモーツァルトに当たる建築家が存在したかどうか定かでないが、少なくとも彼がウィーンの当時の建築家、例えばオットー・ワグナーやヨゼフ・ホフマンらと交わった際に、その古典的な伝統の流れを汲む芸術の中心に対し、産業都市として栄えていたとはいっても芸術に関しては所詮辺境でしかなかったグラスゴーとの距離を感じなかったはずはあるまい。それは、ショパンがハイドン、モーツァルト、ベートーヴェン、シューベルトと継がれてゆく伝統的な音楽の中心、ウィーンと故郷ワルシャワとの間にやはり感じたであろう距離と重なるものではなかっただろうか。その風土を愛し、生育した自然や民族との体験を抒情的な詩として語れば語るほどに、その距離の認識は高まったに違いない。

マッキントッシュはショパンと違って六十歳まで生きた。しかし極度のアルコール中毒によって四十代半ばで建築の設計を断念せざるを得なかった。その頃には空中で廊下が突如切れてしまうようなプランを描く始末であったという（T. Howarth, Mackintosh and Modern Movement, PKP）。妻とともにグラスゴーを去った彼は療養生活の内に、風景や花を透明感に満ちた水彩で描きながら晩年を送るのであるが、こうした挫折をただアルコールに帰することはできまい。むしろ彼をアルコールに浸らせずにおかなかったのは、ウィーンとの距離、或いはめまぐるしく変化していく新しい建築的状況との距離に対する焦躁感であったように思われる。

確かにマッキントッシュは、本国よりも、ウィーンのゼツェッショニスト達に新鮮な印象を与え、受け入れられたようである。ホフマンの用いたヴォキャブラリーの多くはマッキントッシュに負っている事実からも、それは想像される。だが北方のやや淀んだ官能的な建築から、二十世紀の新しい建築が汲み上げられる限りのものをすべて汲み尽くした代償として、マッキントッシュが得たものは一体何であったのか。この問題を考える時に、はじめてマッキントッシュの建築の本質を求める手がかりが得られるように私には思われるのである。それはただ世紀末に特有なもの憂い幻想のなかに埋没する建築ではないはずである。

マッキントッシュが活動し始めた一八九〇年代は建築のみならず、あらゆるジャンルの芸術が新しい世紀への胎動を見せ始めていた頃である。「要するに、すべての芸術が多かれ少なかれアブストラクトな方向に向いつつあった時代である。即ち、それまでの『均整のとれた美』が溶けて『いま、まさにドロドロと流れ出さんとする瞬間の美しさ』ということが世紀末の美なのである」（矢代秋雄『オルフェの死』深夜叢書社）。

このような時につくられたマッキントッシュの建築が、矛盾するかに見える多様な側面を併せ持っていたとしても少しも不思議はない。事実マッキントッシュはふたつの世紀にまたがる両義的な地点で建築をつくっているし、たびたび言われてきたようなモダン・デザインのパイオニアであるとともに世紀末の神秘主義者であるという指摘も勿論誤りではないが、その作品自体その指摘ほど明快でもなければ、それほど単純な構成から成立してもいない。北方の憂愁に閉ざされているかと思えば、素朴で健康な自然への信頼もあり、東洋へのエクゾティシズムに浸されているかと思えば、十九世紀のゴシック・リバイバルの影響もあり、さらにスコットランド地方のヴァナキュラーな建築から触発された部分もあるといった具合である。或いはまた、そのデザインの領域も建築から家具、食器、ポスター、テキスタイル、水彩画などの広範に及んでおり、精神の内面を描こうとする象徴主義芸術家の横顔を示すかと思うと、他方ではグラフィック・デザイナーのように軽妙な側面ものぞかせる。

だがイギリスのアール・ヌーヴォーにおいては、オスカー・ワイルドやビアズレーのような唯美主義的側面と、ウィリアム・モリスのアーツ・アンド・クラフツ運動に典型的な生活のための美の側面とが、ともにプレ・ラファエリストとラスキンから出発しており、したがってモラリッシュで社会的であるという指摘（海野弘『アール・ヌーボーの世界』造形社）さえ考慮に入れれば、マッキントッシュのインテリアにあらわれるプレ・ラファエリスト的な虚ろな表情の女性像も、スコットランドのカントリーハウスに由来すると思われる住宅の外観やインテリア、素朴な木のテーブルや椅子も、そしてゴシック的な垂直線の強調も必ずしも矛盾する要素でないことが明らかになる。むしろそれらが渾然と溶融し合っているところにマッキントッシュの建築の魅力はあるようにさえ見える。

その具体的な形態を次節において検討するつもりであるが、それにしても今日これほどマッキントッシュに関する著書が出版され、展覧会などが催されるのは何故だろうか。そうした現象は同じくここ数年ブームといってよいほど採り上げられている同時代のガウディと並ぶほどである。同時代といえば、シカゴのルイス・サリヴァンや、パリのオーギュスト・ペレなどの方が二十世紀の新しいスタイルと直接結びついているにもかかわらず、マッキントッシュやガウディにポピュラリティが集中するのは、エクゾティックなショパンが好まれるわかりやすさ、通俗性と重なっているからであろうか。それはまさにショパンが自ら口にした「もっと純粋な音楽を」の裏返しとしての通俗性であり、古典的な「均整のとれた美」からのエクゾティックな距離という言い方も可能かもしれない。ガウディがつくり続けたバルセロナもまたグラスゴーやワルシャワと同様にヨーロッパの中心から隔てられていた。

ここで私達がこれらの建築家や音楽家に感ずる共通の性格は、彼らが決しておろそかにもせず、また彼らに欠落していたとも思われない建築や音楽の構成にもかかわらず、それ以上に表面化する身体的な詩的言語である。それは常にものから私達の肌に直接的に語りかけてくる。それは、いくら冷ややかな表情に覆われていたとしても一回性の言葉であり、書法化される、或いは普遍化されるような性格のものではない。

ガウディの建築があの奇怪な形態を持ちながら構造的合理性に支えられていた事実はよく耳にするし、マッキントッシュの住宅があのイコニックな装飾に囲まれていながらもきわめて日常的機能の巧みな処理を施されているのも事実である。しかしこれらの建築家への今日の関心は意識よりも無意識の、知よりも情の、言語（記号）よりもものの領域へ向けられたまなざしであり、そこにベンヤミンのアウラなる言葉を重ねてもよいだろう。今世紀の近代建築が、少なくとも表面的には、この側面を切り捨てることによってその規範を獲得したのであった。したがって二十世紀も末に近づいてきた今日、その反作用として近代の捨象した部分に視線が向けられるのもむしろ当然といってよいかもしれない。

私もこれまで近代のスタイル確立直前のこの時代の建築への関心について何度か述べてきた。しかし私の関心は近代のスタイルが確立してもなおそこに潜んでいる歴史的な建築の形式を見出すことにあった。そのような建築の形式は決して意識的な操作ばかりとは限らない。無意識のうちに建築に盛り込まれ、そこにある質と緊張をもたらしていることもある。意識的であれ無意識であれ、ひとつの質を備えた空間のなかにある形式、建築を構成しているものを客観的に直視したかった。

マッキントッシュのつくり出した空間は確かにひどく人を魅惑する美しさをもっている。ともすると誰でもがその官能的な妖艶さのなかにとり込まれてしまいそうである。だが新しい時代の建築にこの官能的な美がもはやあり得ないことを、すでにこの時マッキントッシュ自身ですら認識して、自らを賭して形式を求めて官能と闘ったのである。ましてやそれから数十年を経た今日、このような官能的な美を空間に求めることはノスタルジーでしかない。あの官能的な美をもたらした壁面の白さの性格と限界を見きわめることにこそ、今日という時点での意味はあるように思われる。

ヒルハウス

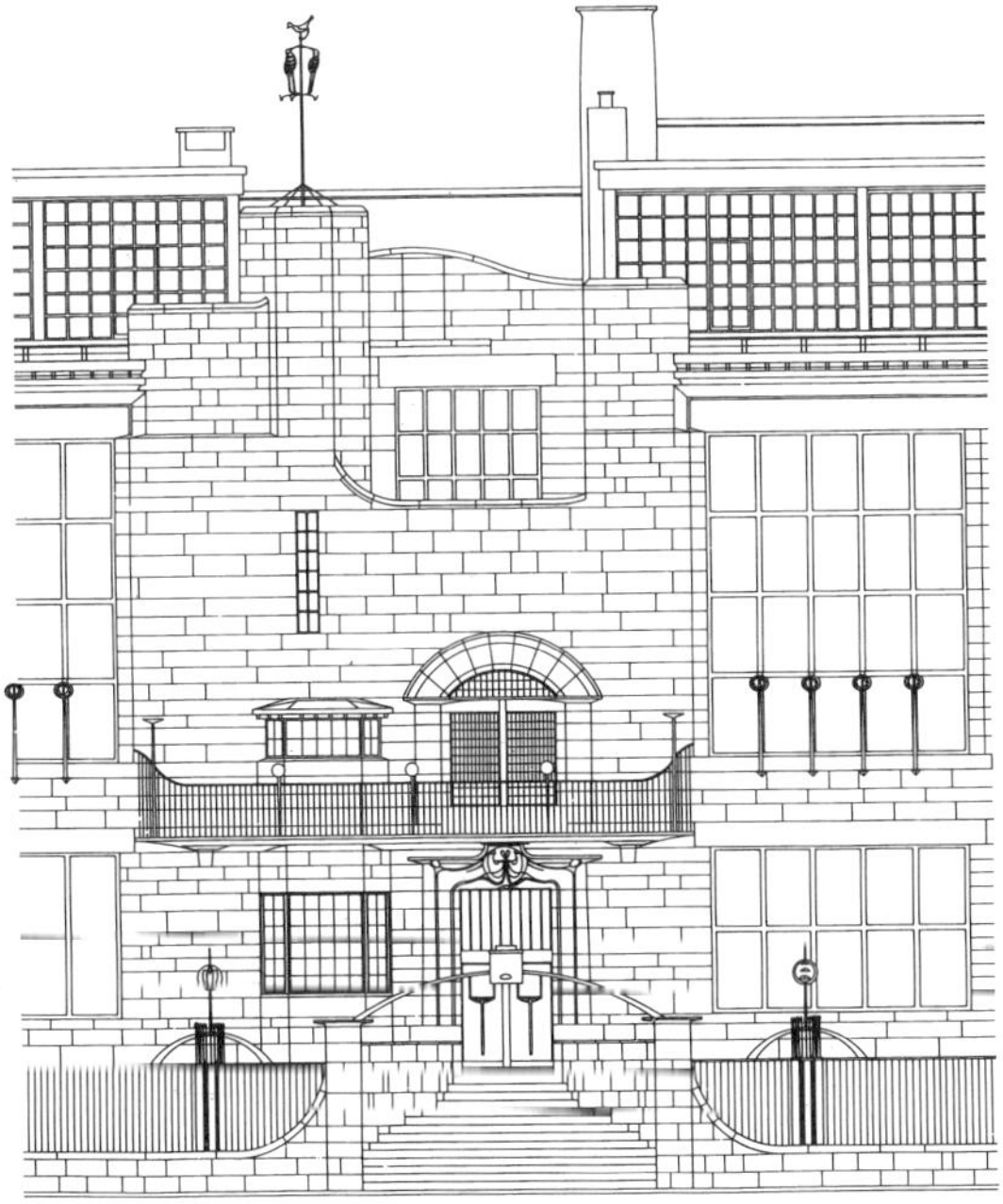

グラスゴー・スクール・オブ・アート　ファサード

2

私はまだマッキントッシュの建築に直かに触れたことがない。それだけに想像力を一層かきたてるのである。しかし、いささか強引な言い方をすれば、ヒル・ハウス（一九〇二～〇九）のベッドルームとグラスゴー・スクール・オブ・アート第二期工事（一九〇六～〇九）の図書室、このふたつの空間によって彼の建築はほとんどすべてを語り尽くせるのではなかろうか。これらよりやや先につくられたウィンディヒル・ハウス（一八九九～一九〇一）の絵画的な外部のたたずまいも美しいし、ヒル・ハウスと図書室の間につくられたスコットランド・ストリート・スクール（一九〇四～〇六）の大きなガラス面も魅力的であるが、これらはそれぞれに先に述べたふたつの建築に収斂すると考えてよいであろう。

ヒル・ハウスとスクール・オブ・アート第二期工事は、ほとんど連続しているのだが、この二十世紀の最初の十年間は三十代のマッキントッシュがその創作活動において最も充実していた時期であり、ウィーンのゼツェッショニスト達との交流もあって、わずか数年の間にこのふたつの空間は著しい変化を示している。ちょうどこの頃、ホフマンはブリュッセルにストックレー邸を、ペレはパリにフランクリン街のアパートを、ガウディはバルセロナにカサ・ミラを、またシカゴではサリヴァンがカーソン・ピリー・スコット百貨店を、そしてウィーンではワグナーが郵便貯金局をつくっている。旧い部分、新しい部分が混じってまさしく百花斉放の時期であった。

マッキントッシュの建築がきわめて多様な側面から成立していることは既に述べた通りである。だが彼の建築を構成しているヴォキャブラリーという点からみれば、それらはかなり限定されている。そして限定された基本的なヴォキャブラリーをほとんどあらゆる建築や家具にわたって繰り返しながら、或るルールに従って自在に展開し、組み合わせて構成した点にマッキントッシュの方法的特徴を見出すことができる。

即ち、この基本的なヴォキャブラリーとは、①垂直性の強調されたメランコリックな女性像、薔薇の花や

ブキャナン通りのティールーム壁面（1897）

マッキントッシュのデザインを構成するエレメント

ヒルハウス　ベッドルーム

マッキントッシュのイコン・リスト

蕾、小鳥などイコニックなモチーフ、②エクゾティシズムを感じさせる格子や縦格子、横格子などの直線的モチーフ、③スコットランド地方のヴァナキュラーなカントリー・ハウスに由来する小塔、ペディメント、上方へ行くに従って細くなる平板なキャピタルをもつ柱などの建築的エレメント、である。①はいうまでもなくアール・ヌーヴォーの時代の典型的なイコンであり、多少時代を遡ればロゼッティやバーン＝ジョーンズなどプレ・ラファエリストの女性像に、同時代ではビアズレーやクリムトの女性像に連なっていく。その像はいかにも、もの憂げな表情を残すものから、薔薇の花や蕾と溶け合ってほとんどいずれか判断のつかぬほどに象徴化されたものまでさまざまなレベルであらわれる。そしてそれらのイコンはその象徴性を高めるために、常に平面的かつ線的に描かれる。②は日本など東方の美術に傾倒したアメリカ人の画家、ホイッスラーやウィリアム・ゴッドウィンによってデザインされたエクゾティックなインテリアや家具からの影響が顕著な部分である。また③に関してはマッキントッシュよりもやや以前から活動していたイギリスの建築家、マックマドウやアネスリー・ヴォアジーなどの作品に負うところが大きいと言えよう。

十九世紀後半のイギリスにあらわれた、美術や建築のこうしたさまざまな影響により形成されたマッキントッシュの建築や家具構成エレメントは、レベルを変え、スケールを変えながらも複雑に錯綜しながら展開されるのであるが、内部空間についてみると、それは対照的なふたつの空間に大別されることに気づく。一方はほとんど白一色に塗りこめられ、そのなかに薔薇や女性などのイコニックなエレメントが浮遊する柔らかく幻想的な空間であり、他方は濃い褐色ないしは黒く塗装された木材やスチールの線材から構成された直線的で硬質な空間である。先にあげたふたつの空間、ヒル・ハウスのベッドルームとスクール・オブ・アートの図書室はそれぞれに対応する空間である。マッキントッシュにとっての白の空間と黒の空間、彼はこのふたつの対比的な空間を意識的に使い分けた。その対比はひとつの住宅の内部でも、或いはひとつの室内相互にも、さまざまにレベルを変えてあらわれる。

ヒル・ハウスのベッドルーム——白の空間

ヒル・ハウスのベッドルームは、マッキントッシュの作品のなかでも最も世紀末の官能を漂わせている。当時の写真によれば白い壁面には薔薇の花が散りばめられ、それはソファのクロスや床に敷かれたマット、ベッドカバー、天井や壁に取り付いた照明器具のガラスまでを覆っている。しかし、漂う幻想を感じさせる空間でありながら、そこに散在するかにみえるイコンはかなり明確な形式に基づいて配列されている。

例えば、小さなヴォールト天井に覆われたアルコーブの部分にはひとつのベッドが置かれているが、ヴォールトとベッドとは同一軸上に配され、正面の壁に附加された装飾的なエレメントもこの軸を中心に正確なシン

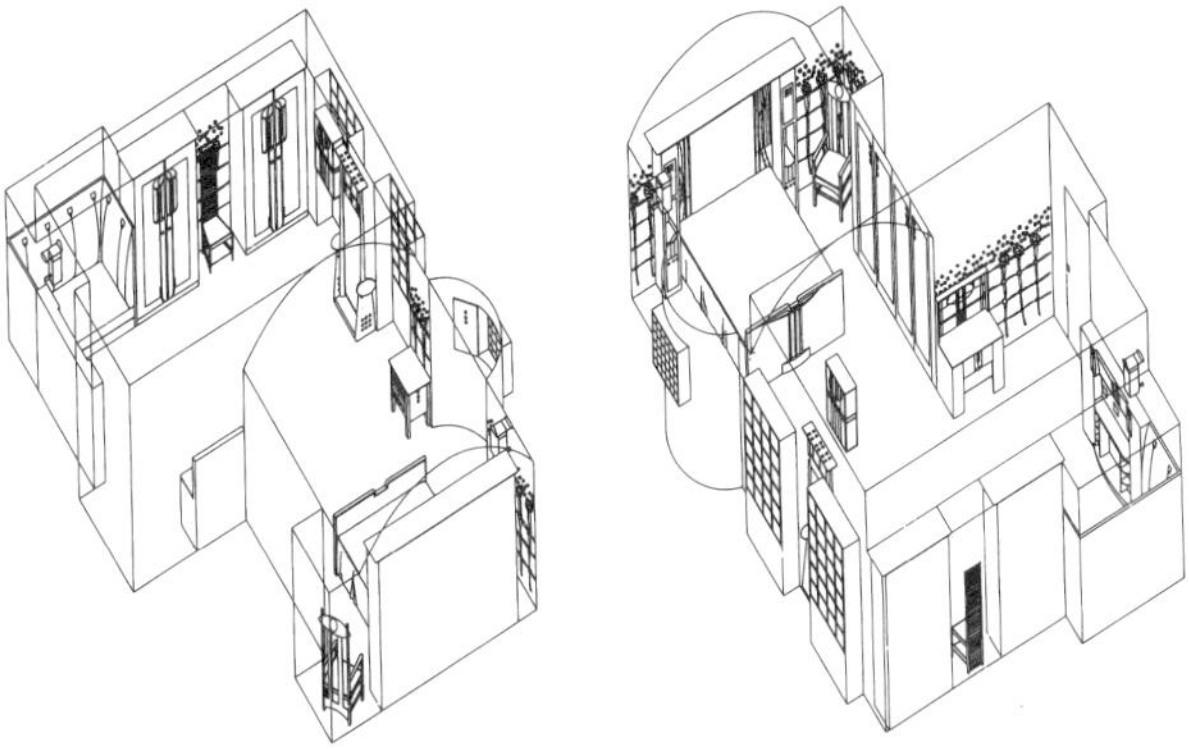

ヒルハウス　ベッドルーム　アクソノメトリック

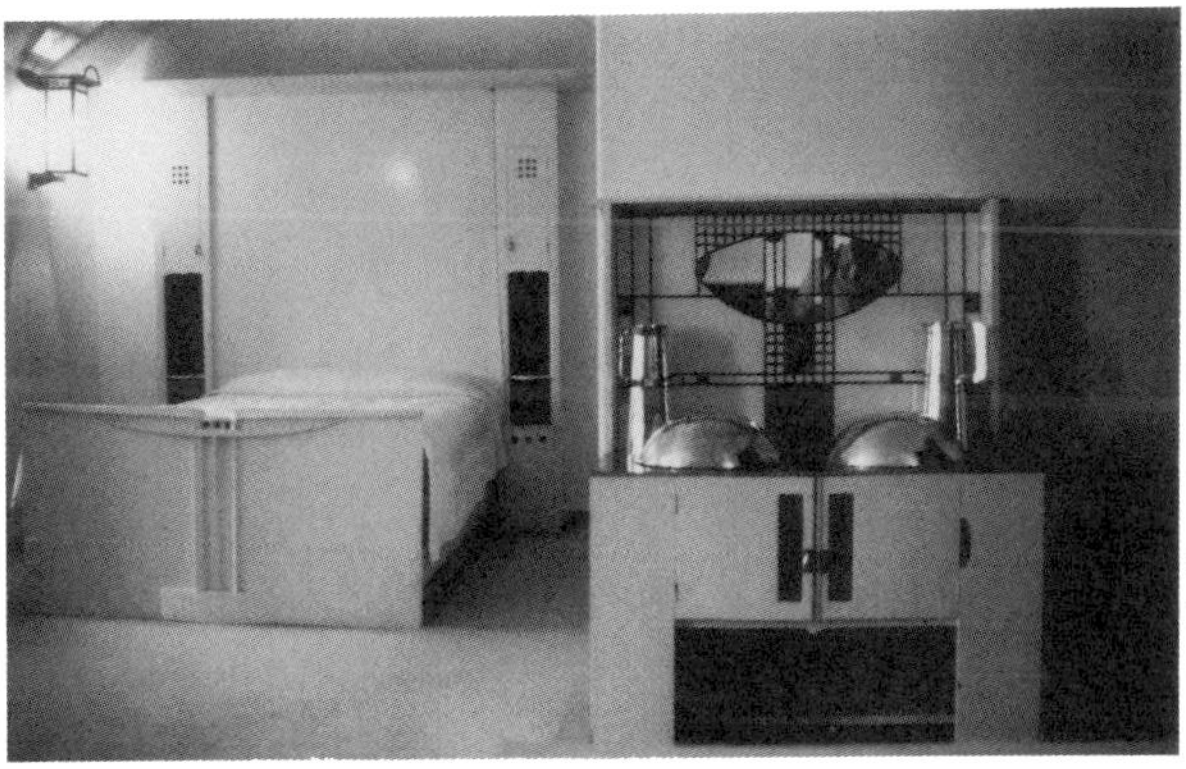

ヒルハウス　ベッドルーム

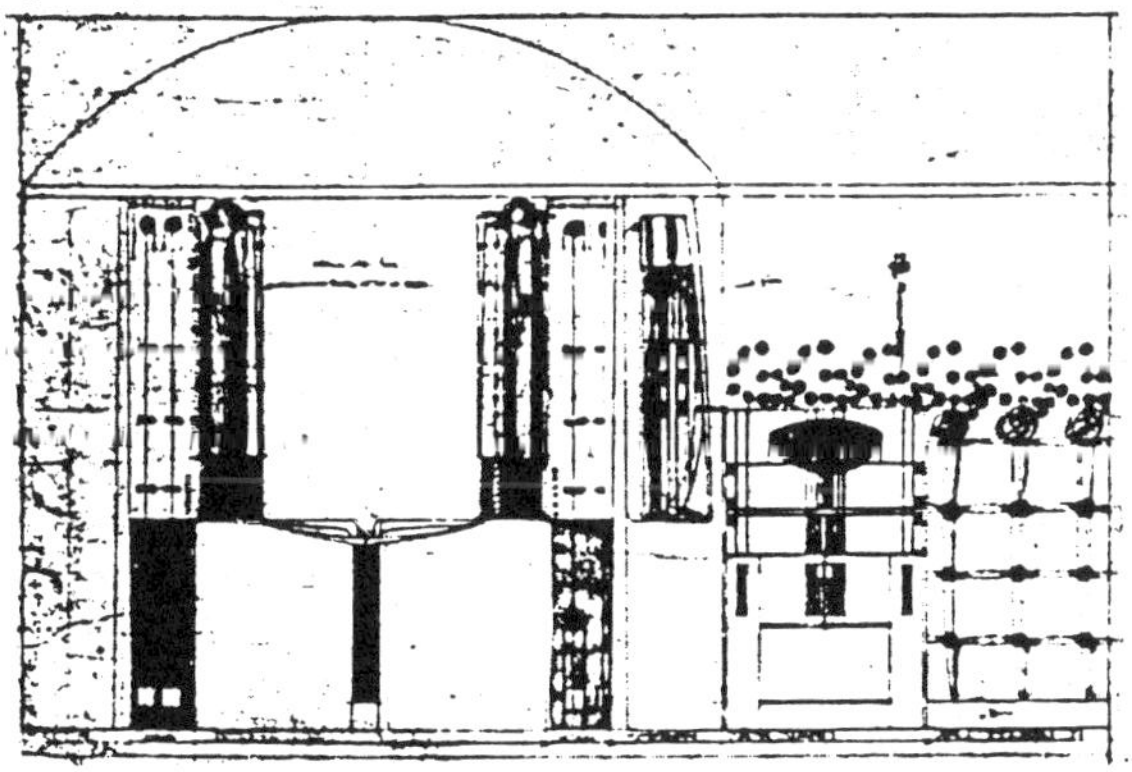

ヒルハウス　ベッドルーム　展開スケッチ

メトリーを構成している。実施の際に多少変更されたようだが初期計画案の展開スケッチ（マッキントッシュのインテリアはほとんどすべてこのような展開図によってスタディされており、平行な面はすべて同一面上に投影されて描かれる）によれば、羽をひろげた鳥が象徴化されたともみえるベッドのエンド・ボードの装飾を中心に据えて、その両側には垂直に引き伸ばされた女性像に薔薇の花が緩やかな曲線を描きながら絡み合う。この部分はマッキントッシュが好んだ薄い紫色に彩色されて女性のメランコリックな表情を高めている。さらにその外側には一層垂直性の強調された薔薇がやや明るい同系色で描かれているが、ここで興味深いのはこれらの花や葉が或るモデュールにのって配列されていることである。それはさらに右側に拡がる壁面に散りばめられた薔薇の花をみることで一層明らかとなる（A・ダウリーア「ヒル・ハウス」、「インテリア」77年7月号）。この一枚のスケッチから私たちは次のことを知らされる。つまり装飾エレメントが一本の軸を中心にシンメトリーを構成していること、この軸の及ぶ範囲は部分的で、あるレベルを超えるとこのシンメトリーは意識的に崩されること、きわめて世紀末を象徴するイコニックなエレメントが豊富に描かれながら、それらはあるグリッドのモデュールの上に規則的、かつ平面的に配されていることなどである。

ベッドと向かい合う東側壁面にはふたつのワードローブがあるが、これらに挟まれた縦長のアルコーブには先程と同様グリッドにのった薔薇の花が描かれ、その前には最もポピュラーな黒い梯子状の背をもったハイバックチェア（ラダーチェア）が置かれている。白いワードローブの扉にも線状のレリーフでシンメトリーな装飾がなされているが、そのモチーフは薔薇の花や蕾とも、或いは抽象化された女性像ともとれる。ふたつのワードローブ及びラダーチェア間にも再びシンメトリーで形式的な構成法が繰り返される。そしてこのレベルでもうかがうことのできるイコニックな装飾のあらわれる白い面と直線的な格子で形成される黒い面の対比。しかも椅子の高さまでが基本的なグリッドのモデュールに符合されて薔薇の花と重なり合う緻密な構成。

さらにこのベッドルームのプランをみれば理解されることであるが、先にみたアルコーブの中心軸とワードローブの間に置かれたラダーチェアの中心軸とは一致する。つまりL型プランにも拘わらずこの軸は東西方向を貫いているのである。しかしまた私たちは直ちにこれと直交する南北軸を見出すことになる。即ち、南面のふたつの開口の間に置かれた姿見の中心を通る軸である。直線的なグリッドに区切られた開口部と対比をなす白くイコニックな装飾を施された曲線的な姿見。こうした原則は意識的と先に述べたが、ここまで徹底されると逆に無意識のレベルに達していたと思われる程である。プランでの家具配置からみると東西軸が優先しているかにみえるが、天井面の構成からは南北軸が優先するといった具合に、ふたつの軸は互いに弱めあって空間の柔らかさが生じている。

部分的な装飾の形式を規定しながら、絶えずレベルを変えてあらわれ、中途で消える軸線、幾何学的なグリッド上に配されるイコンなどきわめて理性的な構成をもちながら、統合された空間に私たちが感ずる官能的な美しさは一体何に由来するのであろうか。恐らくそれは軸を溶かし、下書きされたグリッドを消し去っている余白としての白ゆえである。この余白としての白の存在によって規則的に配列された無数の薔薇の花や女性達はこの空間を漂い、相互に交信を開始する。

従来この白い壁面は近代建築への先鞭をつけた抽象的な面の如くに言われてきた。しかし私にはこの白は北方の風土に人びとを幽閉する白夜のような白であり、知的な構成を隠蔽してしまった官能的な奥行きのある白にみえる。だからマッキントッシュの白は物理的には二次元の平面に塗り込められた白であるが、概念としては軸やモデュールをそのなかに解放し、さまざまなエレメントを浮かばせ相互貫入させた近代の空間に近いものであった。

グラスゴー・スクール・オブ・アートの図書室——黒の空間

この図書室の空間は床も壁も天井も、そして家具に至るまでほとんどのものが褐色に彩色された木でつくられており、白い面は皆無である。だが単に白の空間、黒の空間の対比をみるだけならば、同じヒル・ハウスのエントランス・ホールで較べることもできるはずである。このホールの空間もほとんど直線的な黒いエレメントによって分節されており、ヴァナキュラーな伝統的空間からの発展とエクゾティシズムとが巧みに交錯しながら豊かな空間を織り上げている。このやや硬く暗いホールから白に包まれたベッドルームへの空間体験は恐らく印象的な対比を形成するであろう。

しかしそれにも増してこの図書室がマッキントッシュの作品のなかで最も完成度の高い質を示すと思われるのは、新しい時代に向けて自らに問いつめられた末の思考の限界ともいうべき緊張を感じるからである。ここではあの甘美な薔薇の精とともに、ベッドルームを覆っていた柔らかな白も消え去った。そしてあの白が形式を隠蔽する白であったという事実を裏付けるかのように、逆に形式があらわにされた空間がここに在る。

10・5m角の正方形プランをもつこの室の中央は約5mの高さで吹き抜けており、四周をギャラリーが廻る求心的な構成を示している。しかしこの吹き抜けのなかに並ぶ細い柱は東西方向の軸線に沿っており、求心性と対立する方向性をつくり出している。上階より吊り下げられた天井の木造床組み（吹き抜け上部のみ格子状）、西面にほぼ三層（7・5m）を吹き抜けて縦貫するガラス面など、他の作品にはみられない大胆な構造と技術に支えられた空間、それは直線的であるが同時に垂直性の強い空間でもある。

しかし、もしもこの図書室が構造的な合理性に裏打ちされた直線的な明快さのみで成立していたならば、むしろこの空間は平坦に思われる。私にとってこの空間が興味深く見えるのはこの直線的なグリッドの間を縫うようにしながら埋め尽くしているリズミカルな装飾モチーフの存在である。例えばそれはさざ波のように小さな波長で振幅する曲線であり、或いは繰り返される無数の微小な楕円である。それらは吹き抜け周辺ギャラリーの手摺りや手摺り子、天井から吊り下げられた数多くのペンダント、閲覧机などの家具などを覆ってこの空間にざわめきを与えている。このようなモチーフが何に由来するのか私にはわからないが、後期のマッキントッシュのテキスタイル・デザインやイラストレーションにもこのパターンはしばしばあらわれているし、ロンドンに移住してからデザインされたインテリアの壁面をも埋めている。この様相はまるで陽光を浴びた水面の如くにきらめく無数の点の集合のようであり、印象派の画家達の描法を連想させる。この空間に向けられたマッキントッシュの意図は一体何であったのだろうか。この時期大陸では既にウィーンのゼツェッションの運動

グラスゴー・スクール・オブ・アート　図書室のギャラリー手摺りのディテール

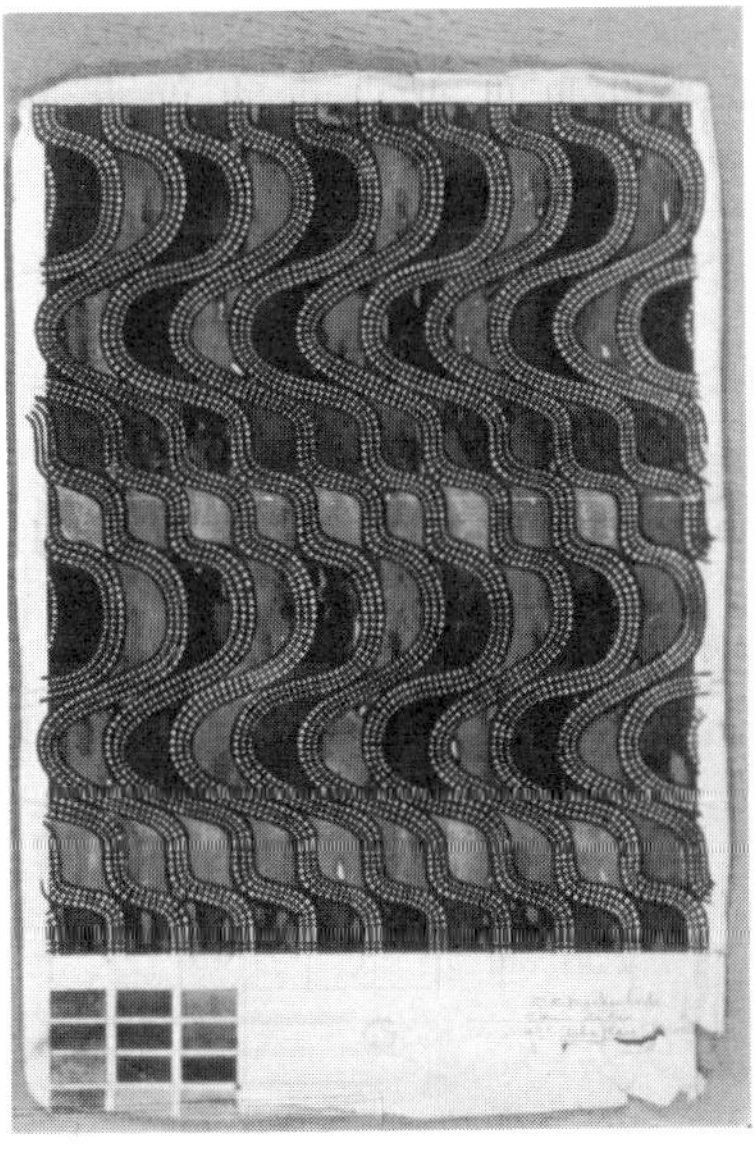

テキスタイル　デザイン(1916-20)

グラスゴー・スクール・オブ・アート図書室

すら終局に向かい、アール・ヌーヴォーの時代は完全に終焉したことを彼も十分に認識していたであろう。世紀末のイコンが姿を消したことからもそれは明らかである。しかしどれほど直線的に明快な構成をもっていたとしてもなお残存する強い垂直性。それはこの図書室の外側を形成している西側立面に一層顕著である。理性の力では抑止することのできない十九世紀的な身体のあらわれを最もよく認識していたのはほかならぬマッキントッシュ自身であったのではなかろうか。この建築が完成された年に、ライトはロビー邸を、ペーター・ベーレンスはAEGタービン工場をつくり、そしてイタリアでは未来派の活動が開始されていたのである。

マッキントッシュの図書室を埋めたあのきらめく点のような装飾は、緩やかに壁面をうねっていた世紀末の官能的な曲線が次第にその振幅を小さくしてやがて停止する、まさにその直前の状態ではなかったのか。そしてこの振動が停止した瞬間に、マッキントッシュの建築家としての生命もまた終りを告げたのであった。まさしくこの建築家にとってあの図書室は、時代的な状況と自己の身体とのズレの限界の表現であったのではなかったかと私には想像される。

3

前節で私はマッキントッシュのふたつの代表的な空間を分析することから、この孤独な建築家が建築のなかに意識のレベルを超えて求めたものを探ろうと試みた。それは同時代の作曲家クロード・ドビュッシー（一八六二〜一九一八）の音楽と比較される時に、或いは再び確認されるかもしれない。

すでにこの文章の冒頭で、私はロマン派の作曲家ショパンを引き合いに出した。だが、それはグラスゴーとワルシャワという地域性、早熟な才能に恵まれながらも健康を害して必ずしも幸せとはいえなかった晩年の生活、甘美で幻想的な抒情性などの側面からであった。しかしドビュッシーの場合には、より具体的に彼が音楽に求めた内容の問題をマッキントッシュの建築の場合と比較できるように思うのである。

マッキントッシュの建築が、世紀末的幻想の世界と緻密な理性的構成との両義的な地点にしか成立しなかったことはすでに触れた。新旧、ふたつの時代に関わり、世紀末という特殊な状況のなかから新しい音の響きを発見し、それが次の世代の音楽家たちに継がれて新しい音楽の確立に貢献した点からしても、ドビッシーの音楽もまたほとんど同様な意味を持ちはじめる。

実際、ドビュッシーの最も初期のカンタータ《選ばれた乙女》（一八八八）は、世紀末の女性像をつくり出したプレ・ラファエリストとして先にあげた詩人兼画家、ダンテ・ガブリエル・ロゼッティの詩によっている事実からも、その近さを指摘することはできる。この音楽を表現した言葉「清潔な甘さ、神経質すぎない繊細さ、多分にセンチメンタルな神秘性」（矢代秋雄、前掲書）、これはそのままマッキントッシュの初期の空間に適用される。さらにドビュッシーの初期の代表作《牧神の午後への前奏曲》（一八九四）は、マッキントッシュの白の空間、ヒル・ハウスのベッドルームに対応してはみられないだろうか。甘美、官能的、もの憂げ、淡彩、柔らかな美しさ、曖昧模糊とした音のひろがりといったこの曲を表現する言葉もまた、あのベッドルームの白い余白の空間にふさわしい。

現代作曲家、故矢代秋雄氏はドビュッシーをあらゆる面でそれまでの音楽の伝統から切り離すことに一生を費やした偉大な破壊主義者であったとして次のように述べる。「ドビュッシーは、メロディーを破壊したという人がよくある。然し、それ以上に、彼は、リズムを去勢し、ハーモニーを無力化し、とうとう形式まで無視してしまった。彼は、和音を、調機能の支配から解放した。調機能を持たない和音というものは、響きにすぎないので、すでに和音ではない」（前掲書）。勿論私は音楽の門外漢にすぎないから、この音楽的な意味を正確に理解する能力を持たないが、ドビュッシーの音楽を聞いていると、それ以前の、例えばロマン派の作曲家の音とは全く異質な、空間を漂い、あてどなく浮遊する異邦な音の響きを感ずることだけは確かである。これらの音が従来の音楽で作用していた和音の機能を喪失し、単に形態のみを残しているにすぎないとすれば、そうした音のひろがりの空間はあのヒル・ハウスの余白としての白、溶融した空間の概念と近似してはいないだろうか。それはまさしく《牧神の午後》のまどろみの空間であり「まさにドロドロと流れ出さんとする瞬間の美しさ」にほかならない。矢代氏は逆説的に、ドビュッシーのこの音楽にも精緻で、型どおりのソナタ形式を見出すことができると指摘しているが、恐らくその形式は単に形態として漂う音のエクゾティックな響きの空間のうちに隠蔽されているのであろう。マッキントッシュの余白としての白が空間構成の形式を隠蔽してしまった如くに。

ドビュッシーもマッキントッシュ同様に創作活動の期間が決して長いとはいい難いけれども、あのもの憂げで官能的な柔らかな音色はその後半期になると次第に硬質化し始める。これはフランスの哲学者、ジャンケレヴィッチの指摘によれば、同時代の作曲家モーリス・ラヴェル（一八七五～一九三七）のもっと硬質で金属的な音の影響からであると言う（『ラヴェル』白水社）。ラヴェルもドビュッシーと似て、《水の戯れ》《鏡》《夜のガスパール》《逝ける王女のためパバーヌ》などロマンティックな標題のもとに作曲したが、その音は全く異質である。この二人の作曲家のピアノ曲を聞いていると、ドビュッシーの音は彼の身体の奥からひとつひとつ反芻され、噛みしめながらもなおそこにためらいを残しつつ発せられ、空間を彷徨し、またいずこともなく消えていくのに対し、ラヴェルの音はいかにも澄んで軽妙な滑らかさを持ち、乾いて聞こえる。それはラヴェルの音楽がきわめて古典的な形式をはずすことがなかった上に、自己の身体の生な発現を隠蔽するために徹底して意識的、技巧的な操作によって音をつくり上げた事実によるらしい。人工的な自然主義やエクゾティシズム、そして模作までが意識的な操作として為されたのも、すべてこの隠蔽工作のためであったようである（V・ジャンケレヴィッチ、前掲書）。

この指摘のように、ドビュッシーが実際にラヴェルの影響を受けたのかどうか私には知る由もないし、そのこと自体にそれほど関心がある訳ではない。私が興味をもって想像するのは、メロディやリズムを、そしてハーモニーを、最後には形式までも無力化しようと試みた一人の作曲家が、その後年に例えばラヴェルの影響によって音の構成を意識的に把え直そうと、もしも考えたならば、その時彼もまた、恐らくマッキントッシュが感じたような自己の身体と意識のズレを感じないはずはなかったであろうということである。

今世紀に入ってから作曲された交響詩《海》（一九〇三〜〇五）は三つの楽章から成立している。《海の夜明けから真昼まで》《波の戯れ》《風と海との対話》と美しい標題で飾られた三つの楽章から成るこの曲は、ドビュッシーの音楽のなかでも最も古典的な形式を備え、すぐれた構成を示す作品とされている。ここに見出される古典的な形式を、この時作曲者自身はさほど明確に意識していたとも思われないし、むしろ彼自身の意識としては形式を無力化しようとする意図の方があるいは強かったかもしれない。しかし結果としては明確な形式に支えられ、しかも新しい音の響きがそこに満ちているという両義的なバランスの下にこの音楽は成立しているのである。このように両義的な要素がきわどくバランスしているという意味合いにおいて、これはマッキントッシュの図書室に通ずる部分をもっていると言えるかもしれない。しかしこうしたきわどいバランスがいつまでも持続するはずがない。形式が意識化され始めると、すでに述べたように絶えずそこには身体的な音の響きとのズレが表面化し始める。ドビュッシーの音の硬質化とはそうした意味をあらわしてはいないだろうか。一九一三年に初演されたバレエ音楽《遊戯》もまたドビュッシーの音楽のなかでは技巧的な作品であると同時に、いわゆるドビュッシーらしい音から遠い作品でもある。このことは既に音楽の意識的な構成と、身体から発せられる無意識的な音の響きとの比重が逆転してしまっていることを物語っているように思われる。

このように考えてくるとドビュッシーの音楽にとって〈標題〉は単なる標題以上の意味をもっていたのではないか。それはつまり、詩的に情景を描写するという問題ではなく、その内容よりも形式を隠蔽する漂う響きの空間自体をあらわす言葉であり、先にマッキントッシュにおいてみた余白としての白の〈空間〉に対応するといえよう。したがってドビュッシーからこの標題を取り去ることは彼の身体を無視することになると言っても言い過ぎではないだろう。

二十世紀の建築がマッキントッシュの建築から、彼の身体の発現としての〈空間〉を見出さずには成立しえなかったにもかかわらず、同時にそれを概念化して彼の身体を感じさせる空間的奥行きを捨象せずには成立し得なかった。つまりマッキントッシュの白とコルビュジエやリートフェルトの白とは全く異質な白である。

前者から後者への白の転換、乾いた白の発見によってはじめて新しい建築のスタイルは確立されたのであった。このことはドビュッシーの音楽にも全くあてはまるのではないか。どれほど今世紀の音楽の新しい音の発見がドビュッシーに負うところが大きいにしろ、新しい音楽の理論化は、例えばシェーンベルクのような作曲家によるもっと乾いた音列への置き換え作業を経ずにはあり得なかったように思われるからである。

最後にもう一度、矢代秋雄氏の言葉を引用しておこう。このような認識を前提にしなくてはマッキントッシュやドビュッシーの作品を直視することは不可能であろうし、また私たちの現在の思考も始まらないからである。

「音楽の神、または名人が琴をかき鳴らし、笛を吹き、あるいは歌うとき、たちまち野山には花が咲き乱れ——花は植物のセックスである——虫や動物たちは嬉戯し、ときには人間までそれの仲間入りをする。（中略）しかし、オルフェオは永遠に死んでしまった。いつの間にか音楽は呪術的性格を失ったのである。わずかにその痕跡が宗教音楽や民族舞曲に残ったとはいえ、音楽はもう超自然の存在とわたり合うことも、人の魂の故郷をゆさぶるようなことも出来なくなってしまった。（中略）音楽はエロティシズムと訣別したときに、はじめて一人歩きをし、今日の意味での音楽になるのである。」（前掲書）

パイプによる表情の回復　大橋晃朗氏の椅子について

大橋晃朗氏の一連のパイプ椅子を見て久しぶりに新しいという感慨を味わった。それは家具というジャンルにおいても、モダン・デザインを通り抜けたという実感を抱かせるほどの新しさとすら言えよう。デザインに携わっていない人びとさえ、これらの椅子に触れると椅子から発せられるある表情を感じないわけにはいかないだろう。まるでユーモラスな劇画に登場するキャラクターが抽象されたような親しみの感情をこの金属の線描に感ずると言う。そうした表情こそモダン・デザインが久しく排除し続けてきた部分であった。しかし彼自身ユーモアを表現しようなどとは毛頭考えないし、まして人体のアナリシスによって椅子をつくろうなどと意識した覚えもないであろう。その表情を、人間の身体と絶えず密着することから椅子が自らもたざるをえない「身振り」であると彼は言う。人が坐るという行為も、物理的な存在としてのものとの間に介在する、この「身振り」こそ、大橋氏が長い間、椅子のなかに探し続けてきたものではなかっただろうか。たとえば、これらの椅子がつくられる以前に、彼は十九世紀アメリカのシェーカー教徒の椅子を複製していた時期があるが、このシェーカーの椅子について「手近かにある木材を使ってつくられた家具類は、ぜい肉を落とした、ぎりぎりの単純化の結果、単なる素朴さを通りこしてある強さを性格化しています」と述べている。この強さの性格化こそシェーカーの椅子の「身振り」といってよいものであろう。したがって、それは坐りやすさを求める直接的な人間工学からは決して得られない、ある質であり、直観的にしか摑みとれない椅子の質の問題であるに違いない。モダン・デザインが慣用してきたクロームメッキのパイプを主たる素材として、直線と単純な幾何学的曲線のみを用いながらこれらの椅子がそれぞれに表情をもちえている事実は、おそらく大橋氏が椅子の「身振り」に係わる部分で何らかの確かな手がかりを得たことを示している。彼がこれら一連のパイプ椅子をわずか二年足らずの間に次々とつくり上げた事実もこのことを裏付けていないだろうか。

木地箱をつくったり、シェーカーの椅子を複製したり、長年どちらかと言えば寡黙で、かつ寡作であった大橋氏が、これらの椅子によって突然饒舌になったかのごとき印象を与えるのだが、たとえ、つくられた椅子のあらわれ方が変わったとしても彼が家具の歴史に示す関心と椅子の構成への執着という点からすれば、以前から何ら変わったところはない。

後に「ミリ」と名付けられた木製の台のような椅子を二年ほど前に初めて見たときにも、私はその椅子の構成的な側面を強く感じた。シェーカーの椅子の複製を通じて歴史的な椅子を丹念に検討するかたわら、彼がそれ以前につくってきたテーブルやベンチと同じ構成を、いったんはこの椅子に求めながら、なお椅子だけのもつ固有な性格を見出そうとした結果生まれたのが、彼にとっての最初の椅子「ミリ」であった。この椅子には丸く削り出された材で低い背が付けられているが、この斜め後方に伸びた材が後脚の角い材と同

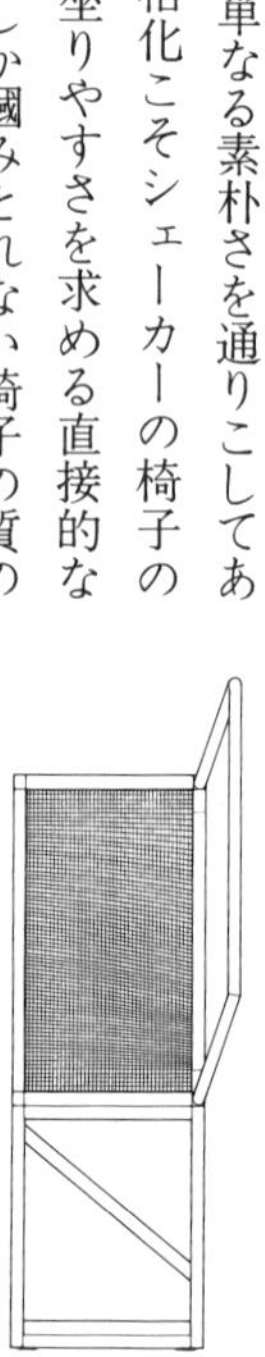
ミリ

大橋晃朗による
一連のパイプの椅子

じ一枚の板から削り出されたことを知って私は大変に驚いた。それは家具の接手というディテールへの関心よりも全体の面の構成への執着のほうがはるかに強いことをよく物語っている。かつて篠原一男氏のもとで建築を学び、今もなお家具デザイナーでなく建築家と自らを規定する大橋氏にとってみれば、それはごく当然のことなのかもしれない。その後の一連のパイプ椅子においてもパイプ同士の接手はほとんど無頓着といってよいくらいに単純な溶接によっており、多くの家具デザイナーにとって、この無頓着さは気になるところかもしれない。しかし素材の合理性に基づくディテールへの固執が今日モダン・デザインを呪縛の内側に陥れてしまったのではなかろうか。大橋氏は歴史を参照することによって、むしろ一見不合理とすら見える要素の構成が椅子の力強い表情をつくりうることを直観的に見てとったに違いない。ともかくもこの最初の椅子「ミリ」を長い寡黙の時間のうちにつくることから、饒舌への急速な展開は訪れたのであった。

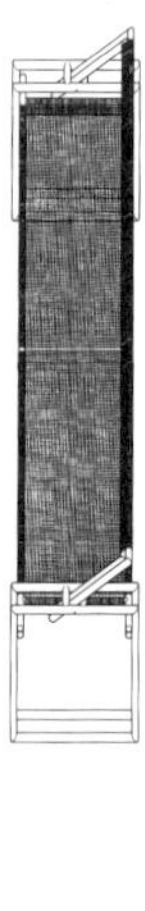

クキュ

「クキュ」と呼ばれるベンチと「オマ」と名付けられたラウンジチェアとは、「ミリ」椅子の後ほとんど同時期にデザインされたようである。どちらもクロームメッキされたパイプとステンレスワイヤという素材でつくられ、歴史上の椅子の参照と構成への関心という点からまったく同じでありながら、この二つの椅子のあらわれ方の違いは大きい。すなわち、前者が十五世紀オランダの長椅子を参照しながらも、最初の椅子「ミリ」の延長上にあって座、脚、背の分節と統合に主題が集中しているのに対し、後者では、それらの単なる統合以上に椅子が張りつめた表情を示しているからである。

「オマ」椅子は大きく左右に開いた前脚、前脚と直交しながら後方へ下がっていく後脚、後方に円弧を描いて傾斜する背から構成され、この背の途中から左右前方に短い直線の肘が突き出ている。このいずれの構成材も他の材と奇妙な角度、すなわち水平、垂直からずれた不安定な角度で結合されており、台のような座に背が取り付くという従来からの構成の規則は守られているにもかかわらず、ある種の不調和のなかにバランスが保たれている。一見したところでは、全体からの印象がウェグナーのラウンジチェアを想わせたり、座と背の関係がリートフェルトの椅子を想わせたりするが、この不思議なバランスを大橋氏は十八世紀イギリスの家具デザイナー、チッペンデールに啓発されたところが大きいと言う。チッペンデールはさまざまな時代のさまざまな地域のスタイルを折衷させながら市民のために多くの家具をつくったと言われている。たとえば彼によってデザインされたある椅子はロココ風に装飾された曲線からなる前脚、後のアール・ヌーヴォーに連なるように緩やかでほとんど装飾なしに後脚から背に至る曲線およびゴシック風に飾られた背面など互いに脈絡のないモチーフを組み合わせてつくられている。大橋氏の場合にはすべてのエレメントが単純なパイプの加工のみによってつくられているから、直接装飾とか折衷といった言葉はふさわしくないが、異質な形態のエレメント相互が唐突に結び合わされていくという点で確かにチッペンデールの構成法に近いものを感じさせる。

彼の椅子が示す表情のある部分は、脚や肘の先端の形態処理に因るものと思われる。この「テム」椅子の場合、球形のキャスターが付けられているが、それは可動という意味よりも椅子のあらわす記号としての表現に寄与している。それはかつて家具の脚に表現された動物の足先の丸みを連想させる。このことは脚や肘の先端を短く水平に折り曲げた「ピト」と呼ばれるダイニング・チェアの場合に一層顕著である。大橋氏はこれらの処理によって床から椅子を切り離す、つまり自立させたいのだと語るが、私は古代エジプト以来、動物を写した脚によって支えられてきた家具の発生過程に係わる意味との結びつきを強く

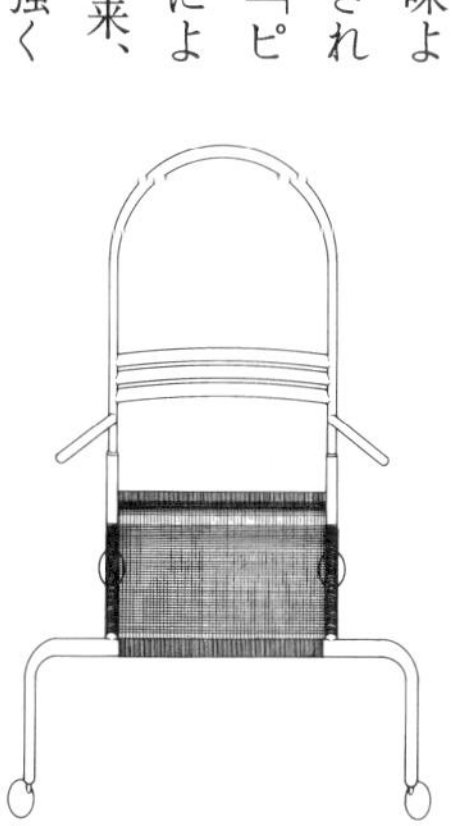

オマ

感じてしまう。それは生産の合理性と坐りやすさを求めたモダン・デザインのなかではほとんど意識的には語られなかった形態の言語であった。

ごく最近つくられたばかりの「トゥム」椅子は、かなりシンプルな要素から構成されているが、その単純な力強さによって従来からのコンセプトを一歩進めている。灰白色のレザーを張られた座、斜めにクロスする前脚、同じく斜めにクロスするブレースの入った背と矩形の後脚からなる三つの平面を組み合わせてこの椅子は出来ており、クロスのパターンは座のなかにも縫いとられて繰り返される。クロスする脚とレザーの座という構成はローマ時代からのストゥールを連想させるが、これに矩形の後脚が加わることで、このイメージは中断される。形態のコントラストはエレメントが単純なだけにより強調される。しかし、この椅子をもっとも特徴づけているのは、水平な座に対し、前脚および後脚がかなりな角度で後方に傾斜している点である。わずか三つの面から構成されながらも、初期の台のような椅子「ミリ」やベンチ「クキュ」などのスタティックな印象に比較して、いまにも後方へ倒れ込んでいきそうな不安定なバランスを保っているのも、このためであろう。この不安定さを物理的にも心理的にも柔らげるために、後脚の後方へ水平材が付加され表情を添えているデザインもかなり説得力がある。水平な座に対する背や脚の傾斜はシェーカーの椅子からヒントを得たと言うが、やはりこの椅子の強い「身振り」を形成していると言ってよい。大橋氏がこの一連のパイプ椅子によってあらわそうと試みたコンセプトが、この「トゥム」椅子において、もっとも端的に示されているように私には思われた。

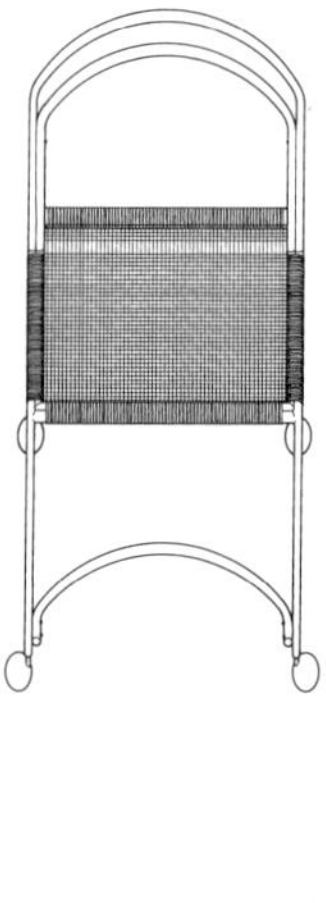
テム

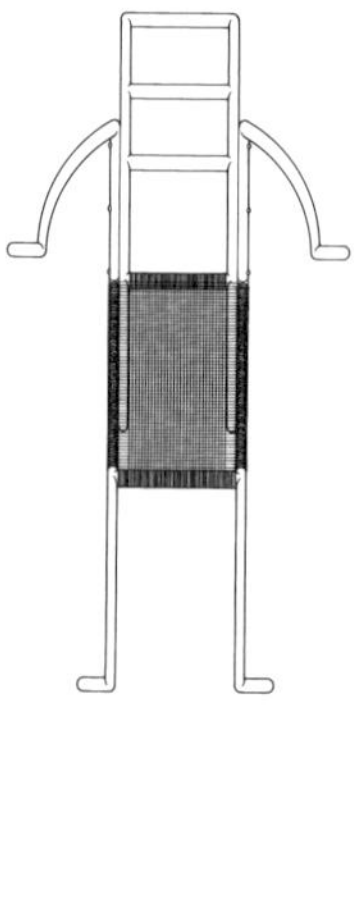
ピト

大橋氏によってつくられた一連の椅子は、歴史を参照していると述べてきたが、二、三の例で見たように、それはあくまで参照であって決して引用ではない。建築で行なわれるように家具においてもチッペンデールのごとくさまざまな歴史上のモチーフを組み合わせてひとつの家具を構成することは可能であろう。しかし彼にとって個々のモチーフは問題でなく、あくまでそれらを貫いている椅子というものの存在を探ることでしかない。したがって大橋氏の場合、歴史上の幾つかの椅子を連想させることはあっても、個々のモチーフは彼の内部で絶えず操作され抽象化されて単純なパイプの描く線としてあらわれてくる。そこに異質な形態エレメントの唐突な組み合わせはあっても、個々のエレメントが歴史的なモチーフとしての意味を保持していることはない。

したがって大橋氏の椅子にとってクロームメッキされたパイプという素材は二重に意味をもつと考えられる。一つは、いま述べたように歴史上の椅子にあらわれるモチーフを抽象的な記号として操作するための道具としてであり、もう一つはこうした歴史的な形態言語をモダン・デザインとの違いとして確認する意味においてである。

バウハウス以降、家具のデザインは基本的にほとんど変わっていないと言われてきた。クロームメッキされたパイプはブロイヤーやコルビュジエが好んで用いた素材である。量産に基づく経済的合理性への期待を込めたこのパイプという素材をあえて用いながら、大橋氏が近代以前の歴史を参照した椅子をつくり上げた事実は、たとえ本人が意識しなかったとしても、モダン・デザインとは一体何であったのかを考えさせずにはおかないであろう。イームズによるプラスチックの椅子にしろ、ヤコブセンのエッグチェア、スワンチェアなどにしろ、多くのモダンな椅子の備えていた大きな特徴は、それらが空間的であったことである。可塑性という新しい技術的な可能性を利用して人体を包み込むヴォリューム

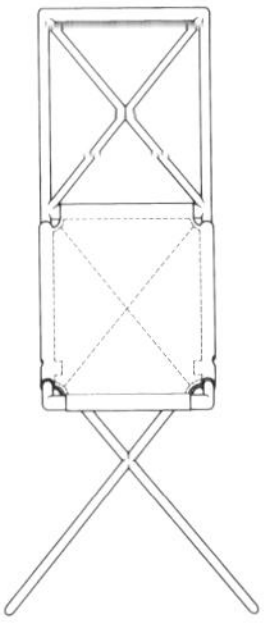

トゥム

を表現しようとする試みのうち、モダン・デザインはあらゆる時代を通じて椅子がもち続けてきた構成的思考を喪《うしな》い、その結果として椅子の存在の仕方を規定する形式を見喪ってしまったかに思われる。

大橋氏が歴史と構成への執着から試みようとしているのは、まさに喪われた形式を椅子に回復しようとする作業であり、それは多くの建築家が自己の建築のなかに見出そうとしているものとほとんど重なってくる。建築よりも構成要素が整理されているために、建築では曖昧になってしまう部分がより単純化され、クリアーな構成となってあらわれているように思われる。

ストイシズムからの解放　倉俣史朗氏の近作をみて

乃木坂の美容院〈カクテイ〉を探しあてた時、かなり隔たった通りから見上げたにもかかわらず、大きなガラスと鏡の間で揺らめくように光っている曲線がまず眼についた。近づくにつれ、それはパイプ椅子の背と肘を構成する小さなカーブであることが判ったのだが、無機質でプレーンなインテリアにあってこのくねくねとしたいくつもの曲線は相互に作用し合い、鏡やガラスの映像とも重なってひときわ印象的に見えた。

目地なしに平滑に仕上げられたシルバーの床や壁面、職人芸的な技術で曲げられたという鏡等から成るインテリアに入っても、最後まで私の気にかかったのはこの椅子の曲線のことであった。直線的な細い脚や平面的な薄い座という点では、やはり倉俣氏によって十年近くも前にデザインされた〈細い脚のイス〉と共通しているが、背と肘の構成は全く異なっている。即ち、以前のものでは背から肘にかけて大きな円孤がスタティックな水平線を描いていたのに対し、新しいデザインに見られる三つのたわめられた円環は、水平方向にも垂直方向にも小さく曲げられ、それぞれは空中で踊るように浮いて下部の直線的な構成とアンバランスにさえ見える関係を保っている。これまで曲線といっても、ほとんど幾何学的な形態しか用いなかった倉俣氏が、ここではその幾何学的な円孤を敢えて押しつぶさんばかりに曲げて用いているのである。このような倉俣氏にとって見慣れぬ曲線は一体何を意味しているのであろうか。

〈ポパイのオリーブのように見えるでしょう〉と言って倉俣氏は笑ったが、それは確かに何か表情を持ちたがっているようでもあり、また同時にあらわれようとする表情を押し殺そうとしているようでもあった。この椅子のデザインだけから方法の転換を云々するのはやや尚早であるが、私には現在の倉俣氏の思考の振幅を見るような思いがした。それはともかくとして、少なくとも従来の作品に見られたような研ぎすまされたナイフの切り口の如き戦慄を覚えることがないのは確かである。新しいパイプの椅子が以前のデザインと似た部分をもつといっても、その脚のパイプの細さをぎりぎりにまでつめることがここで意図されている訳ではないし、ガラスやアクリルなど透明な素材によって視覚的な無重力状態をつくり出すといったテクノロジーの仕掛けがある訳でもない。むしろこれまで倉俣氏が極度に警戒し、そのストイシズムによって切り捨ててきた遊びの精神とでも言えるような部分が浮上しかかっているようにさえ見受けられるのである。倉俣氏は久しくスケッチによってデザインすることを意識して抑えてきたという。つまり手を動かし、筆が走ることによって感覚が生まな形でデザインにあらわれることを恐れたからであろうが、もうこれからは自身の感性を無理に抑え込む必要はないと思い始めていると語った言葉からも、倉俣氏のデザインの方法に何らかの変化が起こっていることは確かなように見えた。

倉俣氏のデザインは常にストイックなモダン・デザインという表皮に覆われてきたが、その表皮を剝がしてみると、これまで二つの方法的特徴をもっていたように思われる。それらは既に指摘されている点であるが、

①新しい素材やテクノロジーを媒介として、家具や建築が通常持っている形式を解体し、その意味を視覚的に無化したり逆転してしまうこと。

②〈記憶〉或いは〈体験〉に基づく個人的なイメージをモダン・デザインのスタイルに映し換えること。

である。

前者の例としては、脚を取り去られ壁からキャンティレバーで支えられた水平面としてのテーブルとか、壁面をくり抜かれたネガティブな形態の椅子、壁、天井にタイルを貼りめぐらした均質なインテリアなどをあげることができる。これらのデザインではテーブル

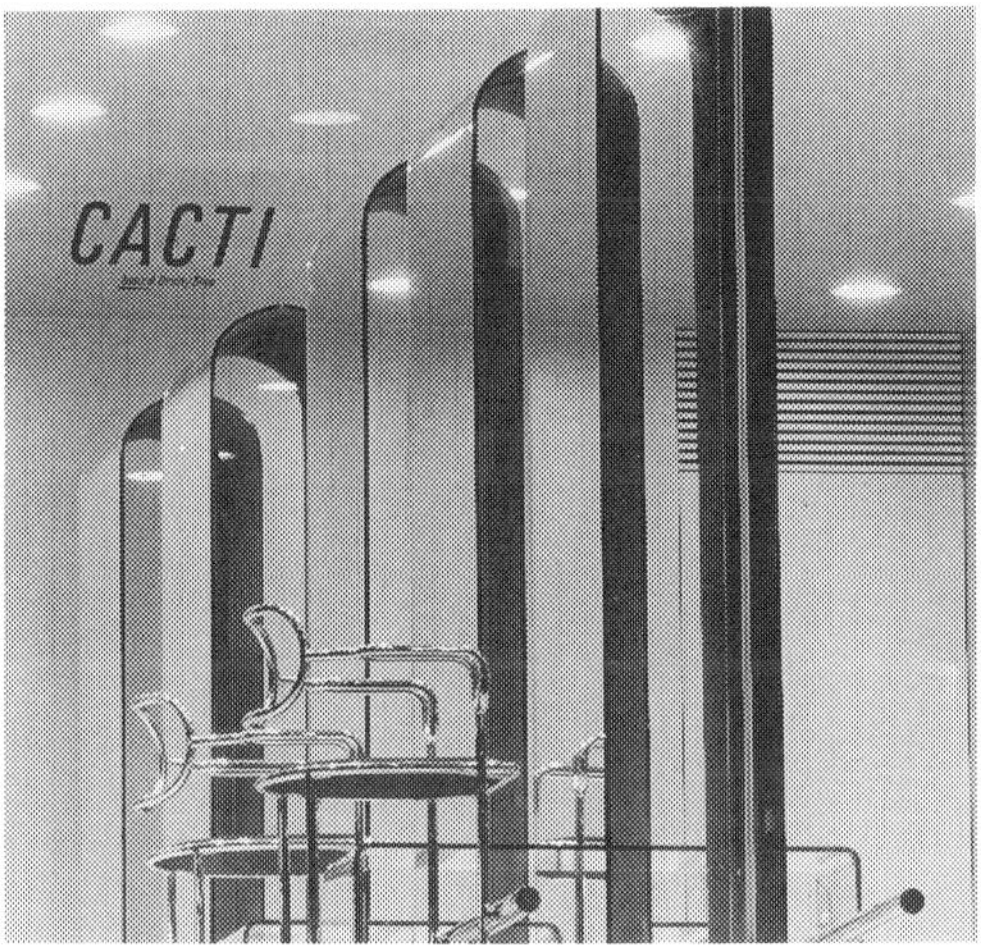

▲カクティ

▼チェア01

の甲板と脚、椅子の座と脚と背、建築の柱と壁、床、天井といったエレメントによる形式的な構成は解体され、それぞれは単に抽象的な面や線としてのみ存在している。このように伝統的な意味を消去されて浮遊するエレメントの配列こそ、リートフェルトらが先鞭をつけたモダン・デザインの基本的な概念であるが、倉俣氏はそうした抽象化をほとんど極限的な状態にまで透徹する作業を行なったと言ってよいだろう。宙に浮いたステンレスの水平面のあの固く拒絶的な表情は、まさにモダン・デザインの到達点が人々に畏怖の念を抱かせるのに十分な程の不毛さに覆われてしまうであろうことを思い知らせてしまったように見える。

これに対し、②の例としては、さまざまに展開された抽出しのシリーズとか、スチール・フレームを組んだお菓子のショー・ケース、あるいは和紙に包まれた行燈を想わせるアクリル板を曲げたフロア・スタンドなどをあげることができよう。これらのデザインの原イメージを倉俣氏は、あくまで作家個人の脳裡に焼きついている体験として語ってきた。駄菓子屋の店先でガラス・ケースの奥に目を凝らしていた幼年時代とか、井戸の底から空を見上げた少年時代の詩的な原風景を抽象的なモダン・デザインのなかに封じ込めようとする試みは、風景の具体性、日常性とデザインの抽象性、非日常性という裏腹の側面が独特の感性に基づく相互作用のなかに結ばれて、いくつかの秀れたデザインを生み出してきた。そのなかでも初期の一連の抽出しのデザインは特に魅力的である。

これら二つの方法は、意味の消去と附加という矛盾を相互に孕みながら、並行して持続されてきた。しかしコマーシャルではないが、〈倉俣史朗の世界〉はいまや確立されてしまった。青山や六本木界隈では倉俣風デザインのブティックやスナックは氾濫しており、もはや倉俣氏はクールで都会的なショップ・インテリアのスタイルをつくり上げた教祖的

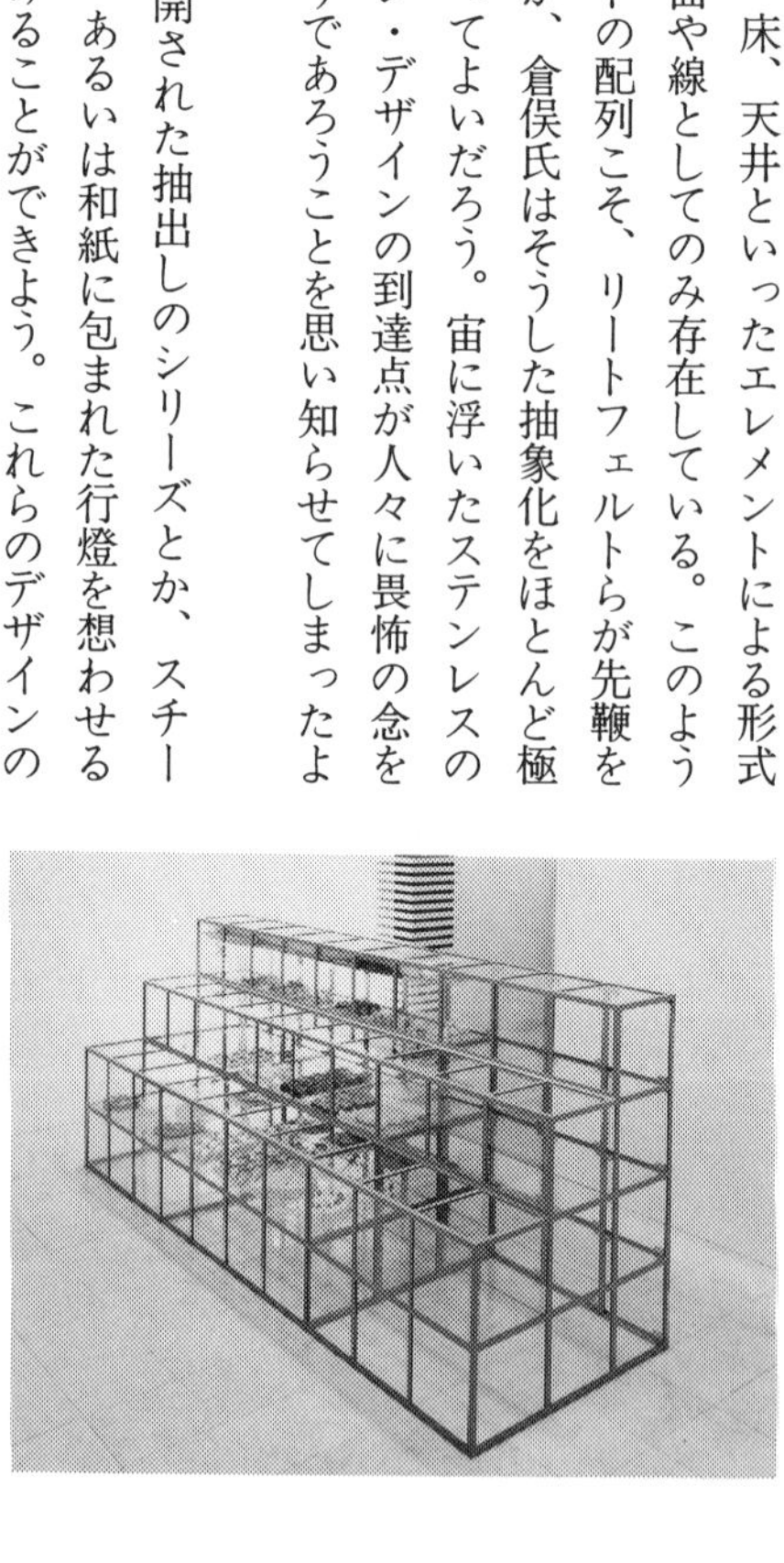

お菓子のショーケース

存在と言ってよい。そして巷に亜流のデザインが氾濫すればする程、倉俣氏自身はより水際だった演出によって、張りつめられた糸の上を歩くように空間の緊張を高めざるを得なかったように思われる。

このようにアクロバティックとすら見える演出、即ち新しい素材やテクノロジーを媒介とした仕掛けがきわどさに支えられれば、それだけ空間の緊張は高まったかもしれない。だがそれは、作者たる倉俣氏自身のデザインに対する姿勢の緊張を示すことにはならなかっただろうか。例えば壁からキャンティレバーで突き出されたテーブル・トップや、透明なガラスの椅子が空間に示すテンションをこれ以上増幅しようとすれば、テーブル・トップや座ろうとする人を真実宙に浮かせる以外にないだろう。そんな地点にまで倉俣氏はモダン・デザインを追いつめてしまった。〈疲れる〉という言葉をふともらす時、全くその一言がこの人ほど実感をもって聞こえる作家も他にいまい。こんな時期に、倉俣氏が夾雑物を除去し、ひたすら純化していく方向から、逆に附加し、不純化していく方向へと方法を旋回させ始めたとしても、不思議はないだろう。

〈カクテイ〉を見た後、最近発表された寿司屋〈梅の木〉を見る機会を得た。シンプルで端正なインテリアはやはり倉俣氏ならではの巧さに支えられてはいたが、ここでもまたあの新しいパイプ椅子のように、或いはそれ以上に倉俣氏はデザインを楽しんだように見えた。墨色に塗装されて上部の白と美しい対比を見せる木の腰壁と扉、黒いファサードに浮きたつ白い暖簾、入口のみかげ石の階段などソフィスティケートされてはいても、それはステンレスを貼りめぐらした無機質なインテリアのように人を拒む不毛な空間とは違って居心地の良さを示していた。

やや曖昧な言い方になるが、椅子らしくない椅子を、寿司屋らしくない寿司屋をと言い

アクリル板のフロアスタンド

続けてきた倉俣氏にとって、これは紛れもなく寿司屋らしい寿司屋である。そしてこのことは少しも倉俣氏のデザインの堕落を意味するものではない。ものを純化していく方向でのモダン・デザインの先には不毛さ以外の何ものもないと思えるからである。むしろ私は倉俣氏のデザインにもっともっと夾雑物があらわれてくることを期待する。それもいまモダン・デザインが喪ってしまった具体性をどこまで回復できるかが問われるからである。

しかし倉俣氏がデザインの具体性を、氏自身の個人的記憶や体験の領域にのみ閉じておくことには疑問を感じない訳にはいかない。氏自身の幼児体験はともすれば多くの人々に共通の体験でありうるはずである。そうした体験やその記憶を個人の抒情的領域に美しく止めておくことなく、共通の言語としての明かるみの領域に引き出してくる作業にこそ、具体性と同時に喪われてしまった形式性を見出す手がかりがあるように思われる。共通言語としての形式を備えることによって、初めて椅子は椅子らしく、建築は建築らしさを取り戻すことができるのである。その時コミュニケーションの手立てを喪失したモダン・デザインはようやく再び開かれ、文脈の問題と遭遇できるのではなかろうか。

梅の木

1980

「〈俗〉なる世界に投影される〈聖〉」と題された文章は前年完成した二つの住宅、〈中央林間の家〉〈小金井の家〉の発表に伴って書かれたものである。この二つの住宅の一方は切妻の屋根を持ち、ディテールの処理が装飾的ですらあるのに対し、他方はフラットルーフのキュービックな形態にまとめられている。それはフレームとコンクリートスラブのストラクチュア、その外側を覆う平滑なプレキャストの外壁、水平に連続する開口部などコルビュジエの最も初期の住宅プロジェクト〈DOMINO〉を想起させるであろう。形態で見る限り、この二つの住宅は全く違って見える。ともに全体のヴォリュームも敷地も限られたプロジェクトであったために、屋根の組み合わせや一連のPMTビルのようなさまざまなエレメントの形態操作が行き届く以前に、単純な家型とキューブがそのまま露呈されてしまったと言うべきであろう。しかしこの単純さが私に新しい発見をもたらしてくれた。即ち形態要素の操作という作業から建築を皮膜で覆う作業への移行である。勿論それ以前から薄く軽いファサードには執着していたのであるが、薄い皮膜でヴォリューム全体を覆ってしまうという発想が明確に意識されたのはこの二作以来である。建築の皮膜性という問題はそれ以後私の最大の課題となった。

歴史を映し出す「シルエット」の意味

大橋晃朗氏の合板による家具

ここ一年程の間に、何度か大橋氏と共同で仕事をする機会に恵まれた。ほとんどの場合、私の設計がある程度まで進んだ建築に、大橋氏のデザインによる家具を組み入れていくという作業であったが、住宅であれ、オフィスであれ、その都度変わる空間のなかで、合板の展開によって、そのデザイン環境に適合した多様なデザインを生み出している柔軟さ、フレキシビリティに私は驚かされ続けてきた。各々のデザインはその空間の質に合わせて、神経の行き届いた配慮がされているから、空間と対立することはまずないけれども、その空間に迎合することも決してなく、たとえ造り付けられてほとんど建築化されかかっていても、常に自立した家具としての存在を貫いている。

大橋氏のデザインに見られるこのフレキシビリティは、一方で広汎な生産プロセスを許容しうる柔軟さにある。例えば家具としてかなり高度な技術を要する緻密な精度に支えられたキャビネットがあるかと思えば、既製品のスチール・ケースに木製パネルを部分的に覆っただけのオフィス・カウンター、或いは使用者自身がカッターで合板から切り出したホーム・メイドの時計などもある。

同時にもう一方では、その合板に描かれる形態の多様さからくる柔軟さがある。例えばマッキントッシュを直ちに連想させる装飾的な脚を持つサイド・ボードがあるかと思うと、直角に組み合わされ木口を彩色した脚の上に薄い合板を乗せた円型のリートフェルト風テーブルがある。トイレの男・女別サインを想わせるプレスの椅子があるかと思うと、ヨー

カッタアドボード・ファニチュア

〈中央林間の家〉のためにデザインされたクロスボード・ベース・テーブル

ロッパの伝統的家具に用いられてきた大きなブロークン・ペディメントを戴いたヘッド・ボードやワードローブがあるといった具合に、その形態の多様さは変幻自在と言ってよい程である。このような形態の多様さは以前のパイプ椅子の延長上にあることはいうまでもないが、パイプ椅子では線として表現されていた表情、椅子の「身振り」は、今回は参照される歴史の枠を拡げつつ、合板から切り抜かれる平面的な形態、「シルエット」として映し出されるのである。

多くのデザイナーがモダン・デザインをソフィスティケートすることに専念している時、つまりある技術を媒介にして素材をひとつの動かすことのできない形態へと収束する作業としてデザインを捉えている時に、大橋氏は一方では生産プロセスの、そして他方では形態の二つの側面からのフレキシビリティによって、デザインという観念の枠自体を拡げてしまおうと試みていることに気付く。このことは、結果として提示された家具の形態や精度が必ずしも問題とならないような領域に関心を向けていると言い換えてもよいだろう。現実に収められた家具の多くはホーム・メイドであり、精度よくつくられた住宅内部に置かれていると、その粗さが目につく。だがこのホーム・メイドの粗さによってデザインは損われたのではなく、むしろ逆に新たな問題をここに浮上させてくるのである。

大橋氏は自身のデザインについて語る際、「システム」という言葉をよく口にするが、それは現在の氏のデザインへの意味を解くキー・ワードと言ってよい。それは通常用いられているように、アッセンブリー可能なパーツへの分解とか、それに伴う量産プロセスのための合理化を意味するものではない。大橋氏にとって「システム」とは視覚や触覚を越えて存在する椅子やテーブルの概念を顕在化する手段とでも言ったらよいであろうか。逆に言えば、どのようなプロセスを経てつくられようと、或いはどのような精度でつくられ

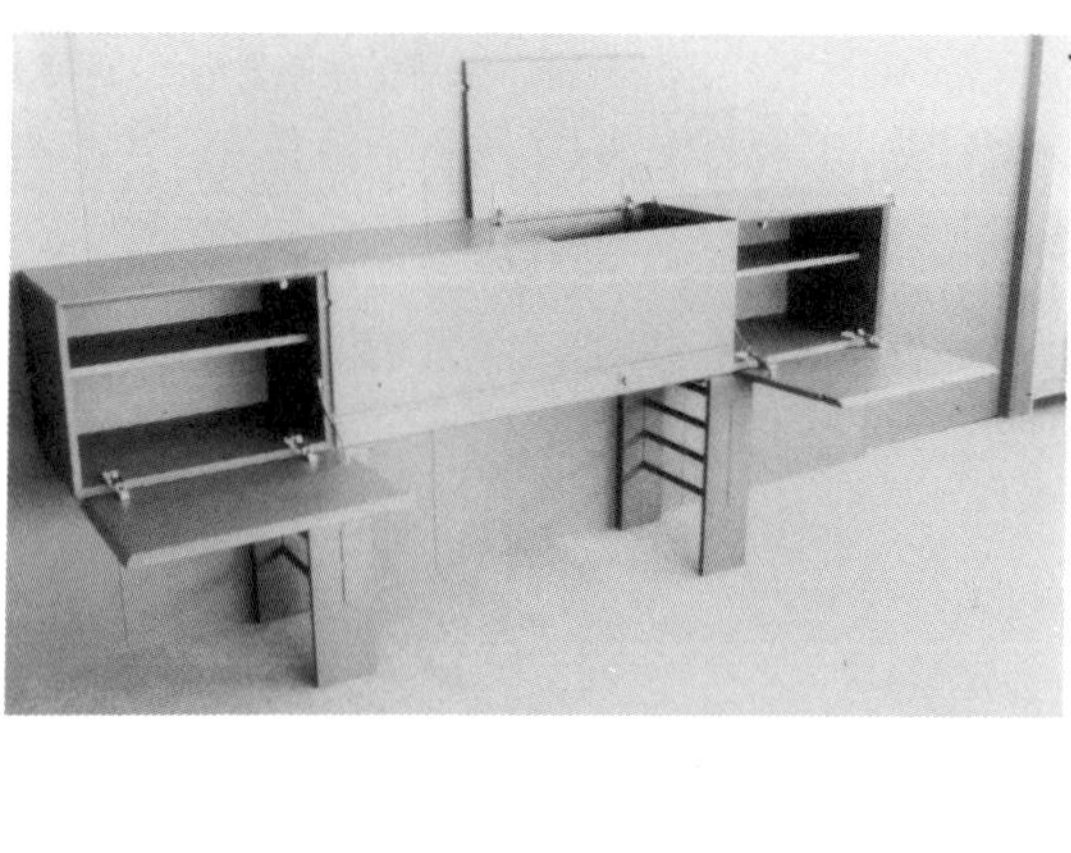

〈PMT ビル-福岡〉のための
コレクトボード・キャビネット#2

ようと、それらの概念はプロセスや精度によって変更を受けることはないのであり、現実に提示されたもの自体は視覚化、触覚化された一部でしかないことを示そうとしているのではなかろうか。

事実、大橋氏のデザインした時計や家具はカッティングされただけの合板のパーツとして、組立て図とともにパッケージングされれば、デパートやスーパー・マーケットの棚を飾っても少しも不思議はない。以前のステンレスやクローム・メッキのパイプのデザインと較べても、今回の合板のカッティングという手段は一見した限りではより一般的、或いは大衆的に見える。ブロイヤーやコルビュジエ、ミースらによるパイプの椅子がデザイン当初の意図とは裏腹に、ハイ・ブローなモダン・デザインという評価を定着させてしまっているからでもあろう。それにひかえ、ラワンや椙の合板は今日最も一般的、経済的な素材という意味を獲得しているように思われるのである。実際に大橋氏のデザインしたパイプの椅子は製作も決して容易とは言い難いし、ローコストではないが、合板をプレスしただけの椅子ならば、恐らく日に何百脚だって生産可能であろうし、コストも比較にならない程に大衆的であろう。

しかしただの合板をカットするという極めて単純な操作から、あらゆる史的な形態を「シルエット」として映し出そうとする作業は、その操作の単純さ故にポレミックな性格を帯び始めはしないだろうか。それがセルフ・メイドの稚なさを見せていればなおのことである。史的な形態の参照などというと、あたかもアンティークなどと呼ばれている装飾的な家具をローコストで一般性のある商品に置き換える操作のように感じられる。或いは若い女性向けのインテリア雑誌に登場するローコスト家具とか、地方都市の家具センターに出廻っているオーディナリーな家具と同質化することを目指しているように思われる。

〈PMT ビル–福岡〉のための
コレクトボード・カウンター

しかし恐らく、大橋氏のデザインによる家具と、これらデパートや家具センターでよく売れる家具とは決定的に異なる性格を持っているに違いない。例えばワードローブが同じようなブロークン・ペディメントを備えているとしても、前者はその歴史に附着している意味を剝ぎ落として、抽象化された形態としてのペディメントを描く。そこに附着している意味は、ヨーロッパへの憧れであり、その歴史の厚みに塗り込められた艶やかさであるが、「シルエット」はその塗り込められた存在の厚みを剝ぎ落として薄い平板と化してしまう。そしてその脱落した意味の背後に概念のみを描こうと試みるのである。しかしこの意味の剝離作用が、ニュートラルな形態をつくり出すのではなく、薄い合板と結びついて逆転した意味を持ち始めることに注目しなくてはならないだろう。人々が求めているのは、ペディメントの形態そのものではなく、大橋氏が剝ぎ落とした意味の艶やかさに他ならないからであり、そのためにはいくらローコストでも合板の薄さや平板さは徹底して覆い隠されねばならないからである。

ここで両者の指向は全く逆方向である。ここに大橋氏のデザインが新たな意味を生じ、大衆的であると言えば言う程にポレミックな様相を呈する根拠がある。このことに大橋氏自身十分に意識的であるはずだから、従って大橋氏の家具がスーパーで売られることはあってもよく売れることはまずないに違いない。しかしその意味をここでこれ以上述べることはできない。それは私自身が建築において直面する問題とも重なり合ってくる。日常性への接近を指向すればする程、同時にデザイナーや建築家達が感ずる対照的な距離の意識は極めて重大な、かつ困難な今日の問題である。

〈俗〉なる世界に投影される〈聖〉

1 都市から

三年半ばかり前、「新建築」で紹介された私の〈中野本町の家〉の一枚の写真の上に、短いコメントが添えられている。写真はこの住宅の屋根越しに電柱や瓦屋根の民家など東京の風景がわずかに見えているものであるが、すり鉢の斜面のように弧を描きながら傾いている手前コンクリートの造形と遠景とはそれぞれにまったく異質な印象を与え、強いコントラストをつくり出している。それは人工的な小宇宙のごとき空間に対するアノニマスな都市の空間との対比であり、そこに添えられたコメントは次のようなものであった。この「住宅を見ながら、ふと、それが地下に埋められたありさまを空想した。それほど外に対して閉じている。そう感じたとき、内部の仄白い空間は、ほんとうに『白』なのか、と思った。そこは観念としては闇なのである」（多木浩二「〈形式〉の概念」、「新建築」76年11月号）。すり鉢の斜面と述べたけれども、この住宅の中心を形成しながら弧を描いている部分の屋根面は、一点に会するように設計されており、いわば円錐形を逆に立てたときの錐面に相当する。設計の時点では、単に幾何学形態の操作と考えていたのだが、ピラミッドや竪穴住居など〈家の原型〉ともいうべきもっとも強い象徴性を持った形態と、この住宅の空間が補完関係にあることは何らかの意味を生じないはずがないと考えるに至った。つまり、山と同様に天を象徴する円錐形をポジとすれば、そのネガティブな形態といえるこの空間に、地下、あるいは観念としての闇がイメージされてくることはまったく納得のいくところだからである。またある建築家は、この住宅の空間を指して「ヴォイドの象徴性」（石井和紘「同時代の建築師たち」、「a＋u」77年11月号）と表現した。恐らくかなり直観的な印象を言葉にしたに違いないが、いま想うとこれもまたこの空間の性格を巧みに衝いているように思われてくる。

現実にはこの住宅は、ルロワ・グーランのいう巡回空間を示す白い内部と、放射空間を示す中庭というふたつの異質な空間に分節され、主たる居住部分では中心性が消され、絶えず中心の周縁を巡る運動だけが繰り返されるのであるが、この巡回運動に遠心力を感じないといえば嘘になる。それほどにこの空間の求心性はやはり強いのである。

ほとんど無意識に進めている設計という作業のうちに、潜在している何らかの本質に関わる空間志向が浸透し、でき上がった空間の写真や批評からそのことが顕在化されるのは、設計者にとって少なからぬ衝撃である。〈中野本町〉の場合にも、当初それほど明確に分析できた訳ではないが、強い対比を示すふたつの世界が、自分の想像していたよりもはるかに大きな距離を持っていることを、この写真から知らされた時、それは私にとって大変な衝撃であった。向こう側にほとんど無限に拡がり続ける都市空間と、その内のエア・ポケットのような特異点としてのこちら側。そのこちら側からわずかに見えていた都市の風景すらも見えなくなった時、そこに在るのは恐らくまったくの闇でしかない。建築家にとって闇の空間は独特の魔力を秘めているが、そこに憑かれた途端に、建築家はアリ地獄の底に滑り落ちていくように、この世界との脈絡、ひいては時代の感性への脈絡をも見失うことになりはしないだろうか。

それ以降、設計に際してこの写真のふたつの世界は私の頭から離れることがない。事実どのようにしてこの閉ざされかかった空間を、ふたたび都市に開き、都市との脈絡を通じる、すなわちコンテクストを回復し得るかを考え続けてきた。軽い建築をつくりたいといい続けてきたのもすべてこの点への関心からである。そして

◀中野本町の家

ごく最近、私はようやく自分の建築を都市へ向けて、何らかの形で開いていけるのではないかと思い始めるようになった。それは何人かの建築家や批評家たちが、七〇年代の後半から活性化し出した文化論的状況のなかで建築を捉え直し、建築空間をより拡大された空間概念のなかに位置づけようと試みた作業を通じて、都市に向かって建築が開かれ得ることを示唆されたからである。そこには建築をつくる行為を、建築という限られた枠の内で見つめている限りでは決して見えてこないさまざまな興味深い問題が提起されているように思われる。表面とか曖昧性、複合性、あるいはずれや両義性といった言葉のひとつひとつも、建築という閉じられたジャンルのなかから汲み上げられ、より広い文化の領域に投げかけ、ふたたび投げ返されてくる時、それらは新たな意味を獲得し、生き生きとした空間を回復する刺激となってくるのである。

活性化した文化論的状況とほとんど時を同じくして、いわゆる〈ポスト・モダニズム〉と総称されている建築界の動きも、状況として見ればスキャンダラスな喧騒という表層上の様相に対して顰蹙を買いながら、他方で保守化する近代の構図と、それに伴う近代建築の生命力の枯渇を鮮明に浮き上がらせる役割を果たした。そこにあらわれた個々の建築を論ずるならば、さまざまな差異を指摘することも可能だが、さしあたりその個別の評価よりは、このような動きの結果として、浮上し、あらわにされる近代建築の体質こそが問題にされるべきであろう。つまり全体の状況は相変わらず混沌としており、個々の試みは互いに他を刺激し合って一種内ゲバ的様相すら呈しつつも、その試行錯誤のひとつずつが、安定した秩序感覚のなかでひたすら啓蒙に堕してゆく近代建築を浮彫りにしていくように見えるのである。近代―反近代という言葉の対比では、あまりにもこの活性化した状況を鎮静してしまうことになるが、この建築的状況で次第に明らかになりつつある問題は、確実に文化論的状況の問題と重なる部分を持っているように思われる。

したがってここでは、一枚の写真に示された異質なふたつの空間が、こうした文化的な視野の拡がりのなかでどのような空間であるのかをまず整理したうえで、都市に開かれる建築空間とはどのようなものであるのか、そしてさらにこの空間はどのような方法によって獲得されるのか、といった問題について考えてみたい。

2　〈聖〉―〈俗〉

〈中野本町の家〉の屋根越しの眺めは、日本の都市ならどこにでも在るまったく平均的な住居地域の風景である。この風景に隣接して、新宿の高層オフィス街や中層集合住居群も否応なく眼に入る。通常いわれる理解によれば、東京という街は、均質なフレームで構成される近代建築群と、その間隙を一面に埋めている、より無秩序な自然発生的建築群との均衡の上に成立しているということになるだろう。次第に近代建築群が後者の領域を侵犯し、制度的秩序化の方向へと動きつつも、このふたつの領域のせめぎ合いがこの都市に、不思議な活

東京の風景

力を与え続けているのだという指摘もある。

現実の都市を成立させているこのふたつの領域は、一見、対照的な空間を示しているように見える。しかし、ミルチャ・エリアーデの説く、〈聖〉なる空間―〈俗〉なる空間というふたつの空間の対比において見れば、ともに後者に属するといってよいだろう。無論エリアーデのいう〈聖〉―〈俗〉がもっと哲学的な視点からの根源的なふたつの空間体験の在り方を指しているのはいうまでもないことだが、ユニヴァーサルな近代建築群から成る空間は、その均質性、相対性において、また自然発生的建築群から成る空間も、その混沌、無秩序、日常性といった点で、ともに〈俗〉なる世界といえるように思われるのである。つまり私たちは、この都市にいる限り、〈俗〉なる空間に覆われて生きているのである。しかし私たちの体験する街はさまざまな起伏を伴って現象している。たとえば繁華街を歩くと、ありとあらゆる技巧を凝らした魅惑的な空間が連続的、かつ無媒介にたちあらわれる。けばけばしいほどの装飾と、折り重なるように前後左右を埋め尽くしているものの間を歩くと、それらは飾り立てられた極彩色の薄いヴェールとなって私たちの周辺をすっぽりと覆い尽くす。ヨーロッパのどこの街を歩いても、東京の盛り場ほどに、このきらびやかなヴェールが自分の衣装ではないかと見紛うぐらい身体に纏わりついてくる空間体験はないだろう。

しかしこのように魅惑的な空間体験にもかかわらず、この薄いヴェールを一枚剝ぎ取れば、そこに残るのは均質なフレームの空間のみである。それは少なくとも観念としては、世界の神聖性を否定した非宗教的人間、すなわち近代人の生きる平坦な空間でしかない。

「〈世界〉はもはや存在しないのであって、あるものはただ粉々になった宇宙の断片であり、人間が工業社会のなかの生活の義務に追われてあちこち動き回る、無限に多数の、多かれ少なかれ中性的な〈場所〉の無定形な集まりにすぎないのである」(M・エリアーデ『聖と俗』風間敏夫訳、法政大学出版局)。このように近代人の浸り切っている平坦な空間が〈俗〉なる空間であるとすれば、それに対する〈聖〉なる空間はどこに存在するのであろうか。エリアーデによれば、それは「何の目標《めじるし》もなく、見当のつけようもない無限に均質の空間のなかに、ひとつの絶対的な〈固定点〉、ひとつの〈中心〉が聖体示現によって露われてくる」（前掲書）空間であり、存在論的に創建される世界である。すなわちこれは、前近代的な世界把握に基づく宇宙が形成され、固定した場所の設定される空間である。それは世界についてのあらゆる考察に先立って原初的に体験される空間である。〈俗〉なる空間との対比で考えるならば、均質性に対しては中心性が、非秩序に対しては秩序が、混沌に対しては宇宙という言葉が対峙される空間である。機能論が論じられる世界に対しては象徴論が論じられ、相対論的に語られる世界に対しては存在論が語られる世界でもある。

近代建築は、それがいかに英雄的《ヒロイック》なポーズをとっていても、その規範としては均質性、相対性、普遍性を根拠にしているという点で〈俗〉なる空間の美学から成り立ってきた。しかしここで規範としては、と述べたのは、現実に呈示された空間が必ずしもその規範通りには成立しておらず、しかも規範通りに成立していない建築が近代という建築的状況のなかでもある評価を受けてきたからである。

たとえば近代の只中を生きたコルビュジエの作品を見ても、もっとも評価を受けているのは後期のラ・トゥーレットやロンシャンであるが、その空間に示されているのは闇を求めて自然に回帰していく建築家の姿である。あるいはカーンの空間が六〇年代においても人びとを魅了したのは、近代が排除した強い中心性を彼の空間に読みとったからに違いない。近代建築の傑作と見做されている作品のなかに、こうした中心性や閉じた宇宙の形成を感ずるものは少なくない。それどころか、規範としての近代を信じつつも、その違犯としての〈聖〉なる世界は絶えず建築家たちの憧れの世界、願望の世界であり続けてきた。そして今日でも、この〈聖〉なる世界の〈聖〉なる空間という神話は、建築家たちのなかで脈々と生き続けているように思われる。だが〈俗〉なる世界に生きていることを知りながら、建築家のみが何故にこの空間にこれほど執着するのであろうか。ベンヤミンがアウラの喪失を示して以来、他の現代芸術のジャンルではこのような思い入れはとうの昔に否定されているのである。このような〈聖〉なる世界への建築家の憧れは、〈家は世界の模型〉という神話に基づいており、何にもまして建築家はその〈世界の模型〉としての〈家〉のつくり手なのだからとは考えられないだろうか。〈家〉を構成する屋根またはドームが天を象徴するとすれば、屋根を支える支柱は天と地を結ぶ世界の中心を徴す。したがって家をつくる行為は、混沌を秩序づけ、これに構造、形態、規範を与えて宇宙を形成する儀式にほかならないという神話の世界である。

近代建築はその成立の時点から、〈世界の模型〉としての〈家〉という観念を徹底して排除した。それはイデオロギーとして〈家〉に付着してしまったさまざまな歴史上の意味を洗い落とすために〈家〉のイコンを排し、清潔な〈容器〉に置き換えようとする試みであった。それは正しく偶像破壊《イコノクラスム》であった。しかし単なるイデオロギーの変換によって、古来より世界の中心と思い続けてきた観念がそれ程容易に捨象されるはずもない。したがって世界の中心などという言葉をことさら用いなくとも、ただ多少の情を込めて〈空間〉と語る時、すでに建築家のその言葉の背後には〈家〉、あるいは宇宙といった観念が侵入し始めているように感じられる。多様な現実のプラグマティックな問題処理と対応しながらも、空間に中心を求めたい、完結した秩序を求めたいとする欲求はかくも強いのである。もっと日常的な設計のレベルにおいても、ただ一本の軸線や、ひとつの中心点を設定しただけでも、絡み合っていた糸がほぐれるようにプランニングは動き始め、その軸や点に基づいてほとんど自動的に秩序化が進められていく経験を建築家なら誰でも持っているに違いない。しかもこの軸や点の統辞力に憑かれてしまうと、容易にそこから脱却できないほどの魅力をそれは持っているのである。これは単に設計の技術上の側面に過ぎないが、建築の構成に関し、空間中心化のダイナミックスは無意識のうちに抗し難いほどの強さで働きかけていると考えてよかろう。C・ジェンクスはネオ・クラシシズムの建築が合衆国では約二十五年ごとの周期で流行すると述べているが、建築のもっとも原初的な形態エレメントから構成されるこの種の建築が繰り返しあらわれることからも、人びとのこのような中心志向の願望をうかがうことができるのではなかろうか。

しかし〈聖〉―〈俗〉ふたつの空間の存在が認識され、〈俗〉なる世界に生きている私たちにとって、〈聖〉なる空間の今日的意味が強調されたとしても、私たちにとって、この空間を秘めやかではなく建築に取り込み、都市に生きる人びとといかに〈共有〉できるかを考えることがここでの課題なのである。いかに人びとの深層にこの〈聖〉なる空間への憧れが秘められていたとしても、私たちが現実に生きているのは機能によって分節された均質な世界であり、たとえ象徴的なる世界が近い過去まで私たちの周辺にも実在していたとしても、いまさらその方向を逆に向けることなど望むべくもないことが前提となる。「近代人の〈私的神話〉――彼の夢と幻想――はもはや存在論の神話にまで高まることはない。その理由はまさに、それが全人的に体験されず、したがって個人的状況を典型的状況に変化させることがないからである」（前掲書）とエリアーデは述べているが、この個人的状況を典型的状況にまで押し上げることがきわめて困難であるという状況を前提として、なおかつ私たちは空間を〈共有〉したいと思うのであり、都市に開くとはこの〈共有〉の可能性を問うことにほかならないのである。

3 移行過程の空間

今日の建築の世界で、近代以降とか反近代といった言葉でジャーナリズムをいくら賑わしたとしても、高々それはきわめて安定した秩序を獲得して拡がり続ける近代建築を目の前にしてのことである。その秩序化と安定は単にアノニマスな都市の均質空間を構成している建築群のみでなく、建築家たちの作品まで含めての認識である。多くの建築家たちが、もはやプラザの噴水のように安全無害なモダン・デザインの領域で、〈容器〉としての住宅をつくりつつポピュラリティを獲得したという現象からもそれはうかがい知れる。その住空間がどれほど巧みに擬装されていたとしても、その安直な北欧風ヒューマニズムや、コンクリートの見かけの存在感、あるいは一見概念風抽象形態の衣の下に、保証された秩序の枠内に構成された生活美学が一瞬のうちに透視されてしまう。それほどに近代建築のかつて持っていた新鮮な攻撃精神、革新的性格は懐柔され、保守化してしまったのである。

しかしそのような安定した秩序の領域が拡大すればするほどに、他方では〈容器〉のなかの快適さにはどこか収まり切らない人びとのストレスが渦を巻きながら次第に昂まっている現象をも見逃すことはできまい。たとえば俗にミニ開発と呼ばれているような狭小住居群が、その毒々しいほどの趣味の悪さにもかかわらず、均質なフレームの間隙を埋めている風景に触れて、妙な親近感を覚えるのは何故か。あるいは同程度の趣味のマンションの上部に無理矢理添加された、けばけばしい瓦の屋根を装った形態の意味するところは何か。そこには住宅としての性能とか、物理的な居住環境の悪さだけでは指摘し尽くせない、人びとの変わらぬ〈家〉願望を見ることができるし、そのような願望に訴える何かが在るからこそ、さまざまな法規制の網をくぐり抜けてなお存続するエネルギーを貯えているのであろう。

保守化する近代の空間が一方の〈俗〉であるとするならば、この都市を埋めている自然発生的住居群もまたその混沌さにおいてもう一方の〈俗〉なる空間を形成している。同じ〈俗〉であるとはいいながらも、前者がその建築から偶像破壊《イコノクラスム》によって徹底して〈家〉の連想に結びつく形態を排除したのに対し、後者はその無秩序なななかにも絶えず宇宙としての〈家〉への憧れを潜在させてきた。このごく日常的に生きる都市の人びとの内に潜在している憧れとしての〈家〉と、先に述べた近代を生きる建築家の深層に神話的に根拠を置いて潜在する〈家〉とは一体触れ合うのであろうか。それともまったく異質な観念なのか。近代建築家にとっての〈家〉という観念は、機能論で語られる近代の規範に対する違犯として、緊張関係を持続できたように思われる。すなわち技術に対する情念であり、機能に対する象徴としてその美が語られてきたように、近代の均質性の深まりに伴って、アンチ・テーゼとしての〈世界の模型〉たる〈家〉もまた昂揚されなくてはならなかった。つまり近代建築が英雄的《ヒロイック》にその秩序を示すにつれて、その対概念としての〈家〉の建築、つまり建築家にとっての〈聖〉なる空間もまた英雄的《ヒロイック》な特異点としての性格を強めていったのである。この近代の特異点としての建築は〈俗〉なる世界を切り開いた向こう側につくられた非日常的な虚構の空間であり、正しくほとんど宗教的といえる空間である。それは〈模型〉として〈典型化〉され得るために排除《エクスクルーシブ》に排除を重ねなくてはならなかった。それは近代という時代と空間の拡がりを相手に葛藤する強靱な精神のみがものすることのできる〈聖〉

なる空間である。

　このようにして孤高の点と化してしまった〈聖〉なる空間としての〈家〉は、〈俗〉なる世界の底に渦巻いている憧れの〈家〉と大きな距離を持ってしまったのである。そしてこの距離こそ、最初に触れた都市と建築との間を今日隔てる距離である。人びとは〈世界の模型〉としての空間の凝縮された強さに打たれることはあっても、この空間を〈共有〉することはできないに違いない。それに比して〈俗〉なる世界に潜在している憧れとしての〈聖〉は未だ拠るべき秩序を持つことができずに混沌の底に沈み、わずかにその断片のみを現象として燃焼させているように思われる。それはこの都市の持つ潜在的なエネルギーであるが、これまで建築家が放置してきた世界であった。

　〈俗〉なる世界に浸り切っている近代人にとって、建築とはまず〈容器〉としての空間であり、そして同時に〈家〉としての欲望を満たす何かでなくてはならない。〈容器〉であると同時に〈家〉でもありたいとする、この矛盾した欲求を認識し、その矛盾ゆえに秩序化されない欲望の空間に眼を向ける時、建築家は初めて人びとの生きる都市との関わりを持つことができるのである。したがって〈俗〉なる世界の無意識の底から汲み上げられた〈聖〉・〈共有〉という感情に支えられた都市的空間は、このような両義的な性格を持たざるを得ない。いい換えればこれは、〈聖〉―〈俗〉ふたつの異質な世界が混じり合う地点に成立する空間である。

　少し前、私は「コルビュジエとヴェンチューリの交錯する地点に今日ひとつの建築が成立する」と題した文章を書いた（「建築文化」78年3月号）。このとき、未だ私のなかでその主旨が十分整理されていたとはいえないが、ル・コルビュジエとR・ヴェンチューリなるふたりの建築家に託したものも、建築における近代的なるもの―反近代的なるもの、という対比であり、その交錯点に複合的、両義的で曖昧な建築があり得るという予測を述べたのであった。象徴的であるかと思えば機能的であり、中心性を持つかと思えば均質的でもあり、非日常的に見えて日常的な空間、そのような矛盾を包含した空間がそれである。事実ヴェンチューリは、近代建築家たちが〈聖〉の高みにのみ在ると信じていた象徴力の働きが、無意識な〈俗〉なる世界の内にいくらでも転がっていることを証して見せた最初の建築家であった。

このように〈俗〉と混じり合う〈聖〉は、〈俗〉なる空間の亀裂の彼方に輝く空間ではなく、障子に映し出された影絵のように、あるいは、和紙ににじんでいくインクのシミのごとくに、〈俗〉なる空間のなかに曖昧に浮かぶ〈聖〉の世界である。さらにまた別のいい方をすれば、〈俗〉なる世界の澱みの底から透視できる高さにまで手繰り上げられた〈聖〉とでもいえようか。いずれにしても、この〈聖〉と〈俗〉が混じり合う空間では、〈聖〉から〈俗〉へ、逆に〈俗〉から〈聖〉へという空間の変形が繰り返されるはずである。建築に即していえば、〈家〉から〈容器〉へ、〈容器〉から〈家〉へという空間の絶え間ない往復運動が、この地点で生ずるに違いないのである。つまり〈家〉を志向して宇宙形成の秩序を求める欲望と、〈容器〉としての日常性、相対性を求める欲望とが互いに干渉し合い、ずれや攪拌作用が生まれ、そのダイナミックスがそこにある空間を活性化するのである。

この両義的な空間を、誤解を恐れずに具体的な建築のイメージとして表現しようと試みれば、それを狭小な建売り住宅群が輝き始める瞬間に喩えることができるだろうか。計画上から見れば、粗悪この上ない惨状を呈しつつも、その空間には決して排除し切れない活力の秘められていることはすでに指摘した通りである。それは計画された住居とはまったく異なるヴォキャブラリーと、まったく異なる構造から形成されており、そのヴォキャブラリーのすべてに近代が捨てた歴史や地域へのイコンに対するぎらぎらとした欲望が息づいている。こうしたイコンへの欲望を秘めて毒々しく飾り立てられた扉や、窓や、バルコニーなどの構成エレメントはほとんど恣意的に集積されており、そこに何らの視覚的構造を取り出すことはできないにもかかわらず、誰でもが個々の形態を越えて共通のイメージを描けるような特性をそれは備えているのである。これも人びとの深層に潜む観念の〈家〉と重なるからであろうか。

しかし建売り住宅群に未だ秩序化されていない粗野な力が存在していたとしても、それを現象として眺めている限りにおいて、それはそれまでのことである。そのイコンを貯えたヴォキャブラリーのひとつひとつを磨

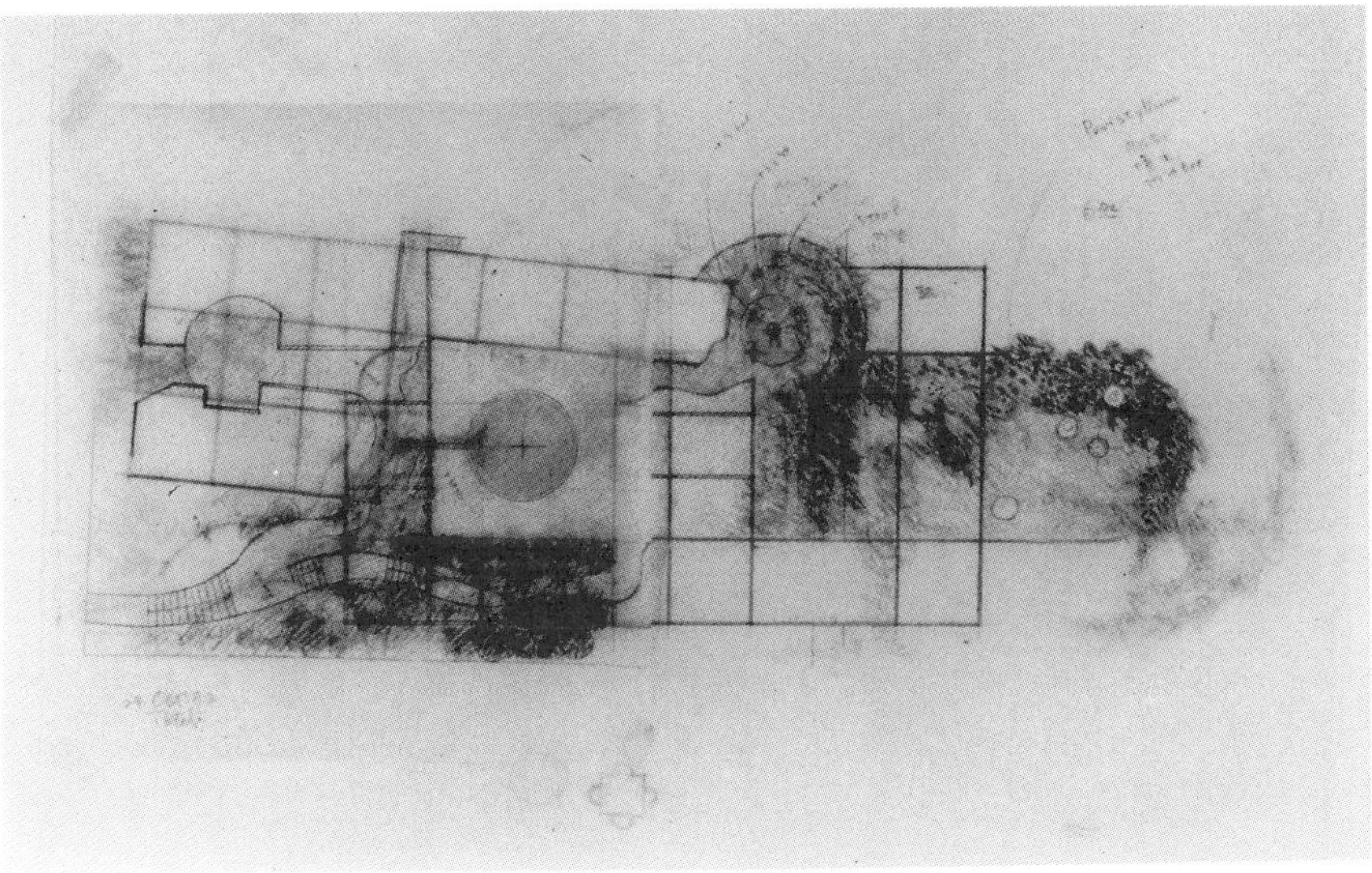

〈シルバーハット〉　P3コンファランスのためのプロジェクト・スケッチ(1982)

き上げ、その磨かれたヴォキャブラリーを独特のフレシキブルなシステムによって組み替えて〈容器〉としての性能を高め、その活力を失うことなく、この空間に輝きを与えることは可能に思われるのである。そのような輝きは、決してリアリズムで捉えられるのではなく、象徴力の喚起によってしか得られないに違いないが、それが可能となった時、この住宅群は文化としての住宅の質を備えることになるのである。

さらにもうひとつの具体的なイメージとして、均質な機能空間を構成しているフレームが突然溶融し始めて揺らぎ出す瞬間に喩えてみよう。まさにそれは紙ににじんで拡がるインクのしみのように、たとえばフレームの内部に〈聖〉への志向が浸透した結果として、そこに中心化の力が作用し、フレームとの軋轢が生ずる瞬間の空間である。ここでも〈俗〉から〈聖〉へ、〈聖〉による〈俗〉の歪曲といった相互運動が起こり、そのためにフレームは柔らかく歪み、ファサードは波打つように揺らめき始める。そして安全無害であったプラザの噴水が渦を巻きながら流れ出すに違いない。さらに溶融が進む時、フレームはほとんど喪失し、夥しいイコンに彩られたエレメントをコラージュして成立した建築は非視覚的な構造に繰られて、陽炎のごとくに、この均質な空間の内に浮かぶであろう。

人間にとって、肉体の変化にしろ、環境の変化にしろ、移行の状態に置かれることはもっとも不安定で恐ろしい状態であるという指摘をよく聞くが、山口昌男氏によれば、形の変化の別のあらわれ方は「混じる」ことであり、この「ま」は「間」に通じる、つまり移行する間の空虚な「間」であるから、やはり人間にとって恐ろしいのであるという（「文化における中心と周縁」、「世界」77年7月号）。〈聖〉と〈俗〉の混じり合う空間も、このようにひとつの秩序から別の秩序へと移行する瞬間に立ち会う時、その曖昧さのなかに恐ろしさを示し、活力を与え得るのである。それは文化が非文化との境界領域、すなわち周縁において両義的なるものを取り込みながら活性化を繰り返すプロセスでもある。

4　方法としての表層化

今日、人びとが〈共有〉できる空間とは、私たちの浸っている〈俗〉なる世界の内側に、〈聖〉なる世界が混じり合い、影絵のように映し出されてくる空間であると述べた。それは決してこの世界を切り分けて直線的に突進した彼岸に獲得される空間ではない。そうでないとすれば、〈俗〉という澱みの不透明な濁りを浄化して、そこに沈澱している〈聖〉が垣間見えるような、あるいは不透明な和紙の背後から影を照らすような何らかの〈仕掛け〉がない限り、このような空間は得られないはずである。いうまでもないことだが、ここでいう〈仕掛け〉とは単に建築技術上のテクニックではなく、建築を建築として成立させる知的方法としての演出機構とでも名付けられるべきものである。それは小説に関して〈人間をその全体に亘って活性化させるための言葉による仕掛け〉（大江健三郎『小説の方法』岩波書店）という時の〈仕掛け〉であり、〈小説の方法について考えることは、この言葉の仕掛けのしくみと働き方を検討すること〉（同右）とまったく同じ意味合いでの方法である。たとえば、私たちがひとつのドラマを観て笑いころげ、涙を流して引き込まれたとしても、その背後にはこのドラマの空間をつくり上げている構成へのまなざしがあるように、建築の空間にも人びとの無意識の闇に沈んでいる象徴力を喚起し、その肉体に揺さぶりをかけるべく、ヴォキャブラリーのひとつひとつを選択し統合していく冷静《クール》な眼が必要に思われるのである。

だが巧妙につくられたドラマや小説は、各情景《シーン》での描写の豊かさによってほとんど〈仕掛け〉を覆い尽くし、私たちは部分の描写を貼り合わせることでしかドラマや小説の空間を測ることができない。しかも現代のドラマや小説は事件のない平坦な日常の出来事の繰り返しに終始しているのが通例であるから、そこに物語《ストーリー》の空間が開けるとは限らないのである。ある破局やクライマックスへ向かっての奥行きのある空間が開かれないとすれば、ごく日常的な会話や表情として示される微妙な翳りや笑いのなかにのみ、愛とか家族といった深層に関わる問題は忍んでいるのである。したがってこのように平坦な日常性に終始するドラマや小説には深層の構造がないのではなく、慣習的な構造がないのに過ぎないのであり、人びとはこの表層の平坦さのなかに浮かび上がっている現象を織り合わせて、深層を読み取らねばならないのである。

建築においてもまた、豊かな表層のヴォキャブラリーはその空間の構成に関わっている〈仕掛け〉を隠蔽してしまう。そしてさらに表層の豊かさが〈仕掛け〉自体を変質させたり、遂には抹殺してしまうほどの豊饒さを示す時、ようやく表層的な建築は成り立つといえよう。この建築の空間には一見表層しか見えず、建築は存在を感じさせる重いものでなくてはならないと今日でも信ずる人びとにはいかにも頼りなく、軽々しいものに見えるに違いない。しかしこの空間には深層の構造がないのではない。表層のなかに浮かんでいる影像としての〈聖〉を見ることによって、深層の構造を読み取るのであり、慣習的な構造がないに過ぎないのである。つまりこの空間において深層は表層に宿っているのであり、人びとはこの深層を捉えるためには、表層から表層へと壁を伝い歩きする以外にはないだろう。表層の壁を切り破ってもその奥に深層をあらわす世界はない。

今日表層―深層の関係は、不確かな現象的表層を辿ってその向こう側に確かな存在としての深層がきわめられるという継時的な関係ではなく、反射神経で結ばれた回路のように同時的に反応し合う関係である。表層へのある刺激によって、電撃的に深層の構造が浮かび上がるし、また深層の構造は無意識のうちに表層にあらわれている。この電流が走るように瞬時的で、フレキシブルなフィードバックを可能にする機構を小説や建築の空間を成立させる〈仕掛け〉ということもできようか。

〈中野本町〉以後、私は建築を活性化させるための方法として、いくつかの〈仕掛け〉を考えてきた。そのひとつは建築の〈仮面〉に関するものである。字義通りに、建築を構成するヴォリュームがそのまま外側にあらわれるべきだとする近代建築の規範を違犯して、外側から偽りのファサード《フォールス》を付けることでこの〈仮面〉の試みは始められた。均質なフレームの内部空間に対し、通りに面した外側のみは他と異なる素材と形態を持つ立面を付加して表皮という性格を強調しようとしたのである。それはまさに、この建築の都市に向けられた擬装された顔であるが、近代建築が軽視してきた商業建築のジャンルでは、常套とされてきた手段である。したがってこの〈仕掛け〉は、近代の規範という秩序化された領域から見れば未だ包含されていない商業建築という領域の粗野な力を汲み上げようとする試みと見ることができる。

さらにそうした試みは、別の建築ではフレームを構成する物理的な構造と、表皮としての外壁との視覚的なずれを表現することで引き継がれた。この表現は今日さまざまな建築家たちによって試みられているが、このずれが視覚的表現に止まるのならば、それは意識的な操作としての〈仕掛け〉の露呈に過ぎないし、近代建築の初期にドミノ・システムとして論理化された方法のひとつの展開でしかない。ずれは構造と表皮の予定不調和の〈仕掛け〉を視覚化するのではなく、〈仮面〉という〈仕掛け〉がずれという秩序からの変形を否応なく示し始める時に、初めて空間は活性化するのではないだろうか。この時、〈仮面〉もその〈仮面〉たる威力をあらわすに違いない。

もっとも新しい住宅で、私はファサードというよりも、建築の外側と内側のずれというさらに一般的な問題を考え始めた。すなわち外側では、この住宅が〈家〉として作用する、つまり中心を志向する象徴作用を喚起するように捉え、それに対して内側では機能に従って〈容器〉としての空間を組み立てていく、といった異なる作業を併行して重ね合わせ、その往復運動からひとつの空間として呈示しようと試みたのである。この異質なふたつの系の空間を重ね合わせた狭間に、中心化されることを欲しながらも機能に従っているままの曖昧で、両義的な空間を、建築の外側にも内側にも生むことができるのではないかという期待を持てるように感じられるのである。それはシステムとして空間のずれと考えることも可能である。

〈仮面〉の表層化を考える過程で、次第に私の内に拡がり始めている新たな〈仕掛け〉は〈装飾〉である。それは未だ今後の課題というべきだが、〈仮面〉が空間の表層を飾り、表層から空間にずれを与えていくという点では同じ機能をもつと考えられる。近代建築の抽象的でニュートラルな面が飾られ、飾られることによって表面には多くの意味が添えられる。すなわち、幾何学的なパターンであれ、有機的な文様であれ、〈装飾〉は紋切型として、古来人びとの記憶に刻み込まれ続けてきた共有の財産である。したがってそれ自体完結していながらも、その普遍性によって独自の宇宙へと人びとを誘い込む象徴力をそれは持っているのである。このことは装飾それ自体がすでに、表層でありながら深層にまで人びとを導く構造を備えていることを意味しており、このような〈装飾〉を重ね合わせて建築の面を飾っていく時、建築にはその意味作用が乗り移って空間全体を表層から揺さぶり出し、静止していた空間に生き生きとした表情を回復するように思われるのである。先に述べた建売り住宅の輝き出す瞬間とは、表面を覆っている〈装飾〉が美しく光彩を放ち、それら相互の干渉によって異なる宇宙の断片が、重なり合って揺らぎ始める時間をイメージしたに過ぎないのである。

一九三〇年代といえば、ヨーロッパではインターナショナル・スタイルの展開と並行して、いわゆる〈アール・デコ〉と呼ばれている装飾の流行した時代であるが、これらの両者はともに同時にわが国に伝わり、同じような重さを持ってこの時代の建築家たちに影響を与えたように思われる。無論表から見れば近代の推進運動としてのインターナショナル・スタイルの輸入だけしか見ることはできないが、それが日本の伝統的な建築と混じり、わが国独自の変質を受けた時に、その混成系としてあらわれた建築はきわめて表層化された装飾的な空間をつくり出した。その建築はインターナショナル・スタイルと呼ばれるよりも、むしろ〈アール・デコ〉と呼ばれるにふさわしく見える。この時代に設計を開始した建築家たちがインターナショナル・スタイルと日本の伝統的建築のスタイルとをひとつの住宅のなかに折衷させたり、同時期に並行的にふたつのスタイルの建築をつくり得たという事実は実に興味深い現象である。この建築家たちの作品にはいずれもふたつのスタイルの間の葛藤もなく、矛盾の内の統合といったマニエリスティックな様相の片鱗すらうかがうことはできないのである。その建築はどこまでも表層のレベルに終始しているきわめて軽い建築であるからこそ、その矛盾は矛盾として意識されないのであろう。

この問題をここで詳細に論ずる暇はないが、中心を志向する空間を持たず、それらは相対的な近代の規範の下でつくられた空間に見える場合でも、その表層のかげにはどこかで日本の伝統的空間、〈数寄屋〉の空間構成を想うのは誰しもが感じるところであろう。そしてこの伝統的な空間がその発生過程において、茶をたて花を生ける数寄者たちの寄り合いの遊びの場から発展していること、すなわち、ハレ（表）とケ（裏）の交錯する第三の空間として生ずることを聞く時（上田篤・野口美智子編『数寄町家』鹿島出版会）、この空間の表層性と、遊び、あるいは戯れ的性格と重なり始めるのは当然のことである。そしてこの表と裏の交錯点は、先に論じた〈聖〉と〈俗〉の混じり合う地点ともどこかで重なってくるように思われるのである。

5　ふたたび都市へ

私はこの文章を自分のかつて設計した住宅とそれを取り囲んでいる都市との距離から書き始め、どのようにしてこの距離を多少とも埋めることが可能かを考えてきた。すなわちこの異質なふたつの世界の延長上にある空間が〈聖〉なる空間、〈俗〉なる空間の対比に置き換えられること、建築家は〈俗〉なる世界に生きながら絶えず〈聖〉なる空間に憧れを抱き続け、この空間を存在論として直線的に捉えようという幻想を抱いてきたこと、この〈聖〉なる空間を私たちが今日共有し得るにはあくまで〈俗〉なる世界のうちにそれを求めなくてはならないこと、そしてそのような〈俗〉と〈聖〉と混じり合う空間があり得ること、その空間を発見し獲得していくことが唯一の建築活性化への道であり、この空間を獲得できる時、初めて建築は都市に開かれるのではないか、そしてそのような開かれた空間獲得の方法として、表層化のためのいくつかの〈仕掛け〉を考えることが有効に思われる。というのがこれまでの私の主旨である。本当に久しく建築はかたくなにその殻を閉じ、都市から背を向けた特異点であり続けたように思われる。それは思慮深くつくればつくるほどに、建築は都市から遊離してしまうというパラドックスに陥った結果である。だがそれでもなお、建築家たちが後生大事に懐にしまい込んでいた護符とは一体何であったのか。その埃と汚れを拭い去った後に、その有効性の射程がようやく見きわめられたのではなかろうか。この護符の呪縛からの解放は、久しく叫ばれ続けてきたけれども、言葉ほどに事態は進展せず、いまようやく建築は少し自由になったといえるように思われる。すなわちそれは観念としてではなく、建築に用いられる素材や形態のひとつひとつから、建築構成の形式に至るまでの具体性を含めて自由になったと、私には感じられるのである。このような自由を獲得して、初めて建築家はこれまで手を触れずに過ごしてきた都市のさまざまな無秩序な領域に、踏み込んでゆけるようになったといえるのではなかろうか。それはかつて建築家たちが六〇年代に試みた都市とのかかわり方とは、領域も方法もまったく異なっている。そしてこの〈俗〉なる世界に潜伏して、どこまで影像としての〈聖〉なる空間を浮かび上がらせ得るかは、ひたすら仕掛け人としての建築家のしたたかさにかかっているといえよう。

パラディオのヴィラを訪ねて

年の瀬も迫った十二月三十日の夜、サン・マルコ広場の時計台の下で僕は仲間の到着を待っていた。数日前クリスマスの日にパリでの仕事を終えてミラノに飛んだ僕は、フィレンツェからマントヴァを経て少し前、夕陽の落ちる頃に汽車でヴェネツィアに着いたばかりであった。皮のコートに毛のマフラーといった出立ちにもかかわらず、全く予期した以上に外気は冷え、広場の傍にまだ残っている大きなクリスマスツリーを飾っている電球も、また海の向こうでイルミネーションに照らされているサン・ジョルジォ・マッジォーレ教会のファサードも海から立ちこめるもやのなかに淡くその光をとどめているだけであった。このサン・ジョルジォも含め、ここヴェネツィアと、ヴェネツィアから100㎞とは離れていないヴィチェンツァ周辺に集中している十六世紀の大建築家、アンドレア・パラディオの作品を行脚してここ年末年始の休暇を過ごそうというのがこの旅の目的であり、この主旨に同調したパリやロンドンに住む建築家の友人三人が今夕ここへやってくる約束になっていた。

酔っぱらった若者たちの叫び声だけがもやのなかにこだまする広場の向こうから、トラ

サン・ジョルジォ・マッジォーレ　夜景

ンクを引き摺りながら現われた彼らを見て僕は絶望した。夜の十時を過ぎているというのに、重い荷物を下げて僕ら四人はこれから宿を捜さねばならなかった。それぞれに宿を捜しておく約束はできていたのだが、ここヴェネツィアでもクリスマスから新年の休暇を過ごそうとする観光客が押し寄せていて、どこのホテルでもこちらが一言も発しないうちから断られる始末であった。さんざんな苦心の末サン・マルコ広場から船に乗り、リド島に渡ってようやくベッドに身を投げ出したのは夜半もかなり廻ってからのことであった。

パラディオという建築家はミケランジェロよりも三十年ばかり後に生まれたが、ほとんど同時代を生きたにもかかわらず、無数のドラマティックな伝記で親しまれているミケランジェロに較べると我が国では一般に馴染が薄い。しかし英国や米国ではこれほど後世に影響を与えた建築家もいないと言われる程その名はポピュラーである。この二人の建築家はともにルネッサンスの調和と秩序の崩壊していく時代に創造活動を行ない、マニエリストと呼ばれながらも、ミケランジェロがその途方もない情念でこの芸術様式の崩壊過程に立ち向かい、葛藤し打ちのめされていったのに対して、パラディオは、同じ苦悩のなかで創ったとしてもより理性的な観念の操作に包まれていたように感じられる。そしてこのようなパラディオの知がどのように現実の作品の力として具体化されているのかを見たいと久しく想い続けてきたのであった。

翌日は大みそかであったが、この人混みのヴェネツィアにいても仕方がないことを悟った僕達は、ひとまずここを出てヴィチェンツァで数日を過ごしてから再び戻ろうと、レンタ・カーを借りて街を出た。ヴェネツィアからヴィチェンツァへは立派なフリー・ウェイが通じているので一時間足らずで行くことも可能だが、我々一行はブレンタ河に沿って旧道を行く。それはこの河口近くにあるパラディオのヴィラ・フォスカリを見るためであっ

ヴィラ・フォスカリ
▶ブレンタ河に面したファサード
◀ファサード

た。今からおよそ二百年ばかり前、『イタリア紀行』を書いたゲーテもやはりパラディオの建築に憧れてヴィチェンツァからヴェネツィアを訪れるのだが、ゲーテはこの辺りを乗合船で下り、河の両岸に続く庭園とヴィラの風景を楽しんだと記している。当時のヴィラは現代の別荘とは全く異なっており、豊かな自然の広大な土地で農耕生活を営む拠点としての農作業場、穀物倉庫的性格のヴィラから、もっと都市の近くに位置しながらも豊かな田園に接し、都市生活から解放されてその疲れを癒すと同時に思索に耽るための知的な社交の場的性格の強いものまで多岐に亘っているが、いずれもその建築自体よりもそれの置かれている環境と一体となって初めてその性格ははっきりとする。

ヴィラ・フォスカリはヴェネツィアという当時の大都市に近くその機能から言えば後者に属するものである。それは運河に面する平坦な敷地の樹木の間から、やや沈んで不気味とさえ見える姿を水面に映していた。今世紀のコルビュジエの傑作、ガルシェの家はこのヴィラをモデルにしてつくられたと言われているが、このヴィラの別名マルコンテンタとは失意の女を意味し、フォスカリ家の娘の一人が後にこの建物に幽閉されて死んだという伝説もあるらしい。実際にこの建築は運河に面した北側と庭園の南側とではまるでファサードが違っていたり、粗石積み《ルスティカ》の表現と平滑な壁面の上下関係が逆転しているなど、パラディオの建築中最もマニエリスティックと呼びうる作品で、そのいささか暗く陰鬱な表情は運河に沿った風景にも因るのであろうが、このような倒錯的な作法に負うものでもあろう。

ヴィチェンツァの街に入った頃、辺りはもうすっかり暗くなっていた。ヴェネツィアと違って人通りの少ないこの街のメイン・ストリートはパラディオ通りと名付けられているが、この中心部、パラディオの出世作となったバジリカのすぐ近くに宿をとり、前夜来ようやく僕等は落ち着いた気分に浸ることができた。そして一時間も歩けば十ぐらいはパラディオの建築に遭遇できるこの小さな街のレストランで大みそかの夜を楽しんだ。街は静まり返っていたが、ここで新年を迎えようとする人々が次々とつめかけ、八時を過ぎた頃店内は急に活気を帯び始めた。ワインを飲みお決まりのイタリア料理で食事を済ませた後、各テーブルには紙の帽子やテープが配られ、時計が午前〇時を指すと一斉にシャンペンが抜かれてすべての人々がこの時を待ちかねていたように互いに頬にキスをして新年を祝福し合った。客もウェイターもウェイトレスも一緒に踊り出し、店内は早慶戦の後の騒ぎのような様相に僕等もいつの間にか引き込まれていた。

元日の朝、パラディオ通りのすべての店のシャッターは下り、人影さえ見当らなかっ

上より，
ヴィラ・カプラ（ロトンダ）
ヴィラ・バルバロ
ヴィラ・ヴァルマラーナ
ヴィラ・ヴァルマラーナのホール

た。この日僕らは疑いもせず、車で街をやや南に下ってまずヴィラ・カプラ（ロトンダ）を訪れた。美しく緩やかな丘の上にあのロッジアとその上のドームを抜けるような青空の下で仰いだ時、それは住居というよりまさしく神殿のように光り輝いていた。建築に携わる者にとってこのロトンダ程一年の始まりの日に訪れるのがふさわしい建築もあるまい。ヴィチェンツァでは市街地図や電話帳の表紙にすらこの建築の写真が載っており、街の人々にとってこれ以上のシンボルはない。正方形のプランのなかの円形の広間、その上に架けられたドーム、四方に全く同一に付けられたペディメントを頂くロッジア、その余りに完結的な姿は前日見たヴィラ・フォスカリと対照的である。僕の建築的な好みから言えばフォスカリが好きだが、このロトンダを前にすると人は好きだ嫌いだとか、あの部分がもう少しどうだと良いなどと言わせない程の完璧さに打たれてしまうのみである。そしてこの敷地に接した時、初めてこれ程完全な建物が成立した理由を理解したように思えた。一方にヴィチェンツァの街を縦断するバッキリオーネ川の流れを望み、一方に広大な果樹園やパドヴァに連なる平野が開けるといった具合で、作者自身この上なく楽しい敷地であるために四面に開かれたロッジアを設けたと語っており、その風景に感嘆した点ではゲーテもまた同じであった。そして結局パラディオがここに夢みていたものは古代ローマ人が理想とした田園での知的生活、つまり古典主義的田園《アルカディア》であったと言えようが、そうした風景は日本にいては到底想像のつかないものであった。

　一月三日、再びヴェネツィアに戻るまでわずか四日間であったが、十一のパラディオのヴィラに接することができた。それらはいずれも本当にドラマチックに僕らの前に姿をあらわした。夕陽に照らされて息をのむような美しさで茫然とさせたヴィラ・バルバロ、数人の可愛らしい子供達の満面の笑みで迎えられて鶏や犬が駆け廻っている素朴な農耕生活

ヴィラ・ピサーニ　ファサード

越しに見えたパラディアン・モチーフのヴィラ・バルマラーナ、敷地のなかに馬が放し飼いされ、建物の内部で厚い外套を着込みながらも大きく美しく住みこなしていたヴィラ・ピサーニ、そのいずれもが素晴らしい田園風景のなかに置かれ、まさに敷地を抜きにしては考えられないものばかりであった。パラディオの荘重な端正さのなかにマニエリスティックな苦悩を押し込めている建築の力強さも驚異であったが、その大きな空間のなかで、それぞれ自由にとらわれることなく暮らしている生活が現在もあることはさらに驚きであった。このような環境に生活している人々、特に子供達のあどけなく素朴で本当に生き生きとした笑顔は半年を経た今も脳裡にはっきりと刻み込まれている。

1981

笠間の家

この年の暮れに完成した〈笠間の家〉は、私がこれまでに設計した住宅のなかで最もバランスのとれた作品と言えるかもしれない。年代的にも〈中野本町の家〉〈シルバーハット〉という二つの住宅のちょうど中間点でつくられているし、この二つの住宅程には或る部分が突出化していないのである。軸を振って斜めに交わるT字型平面、切妻の小さな屋根をずらしながら重ねたエントランス、円孤と直線の壁面を組み合わせて囲われた白く柔らかなリビングの空間、薄い皮膜に覆われたヴォリューム、平面から見ても立面から見ても、或いは空間の構成という点から見ても破綻なくつくられているように自分でも感じられる。その点〈中野本町の家〉などは力強いけれども湾曲するコンクリートの大きな壁面がそのまま外部に露呈してしまっている。ヴィラを想起させる建築総体としての完成度としては〈笠間の家〉の方が洗練されていると言ってよいだろう。

しかしこの住宅が完成した時、純白に覆われた空間を眺めながら、私は何か満ち足りな

笠間の家　居間

◀笠間の家

笠間の家　北側全景

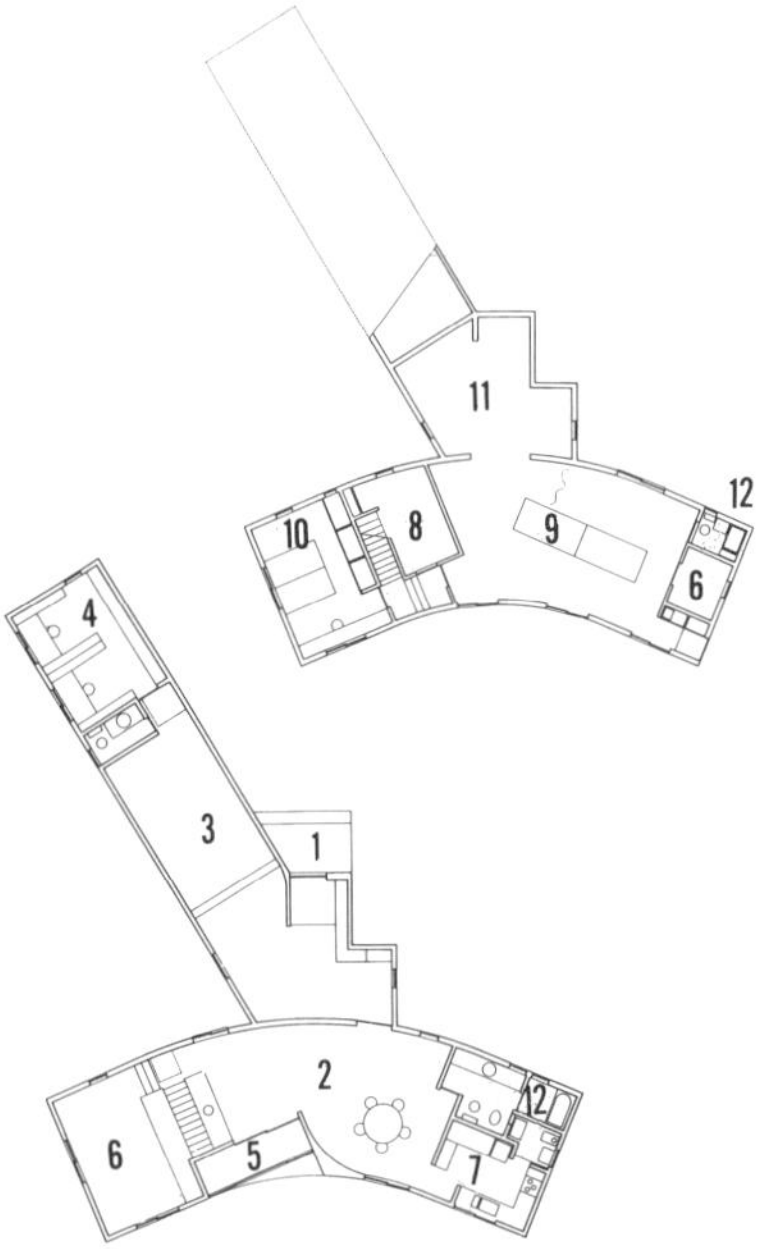

1階平面図▼，2階平面図▲

1 玄関
2 居間
3 ギャラリー
4 書斎
5 サンルーム
6 予備室
7 キッチン
8 納戸
9 アトリエ
10 寝室
11 カマ場
12 浴室

ダイニング・スペース

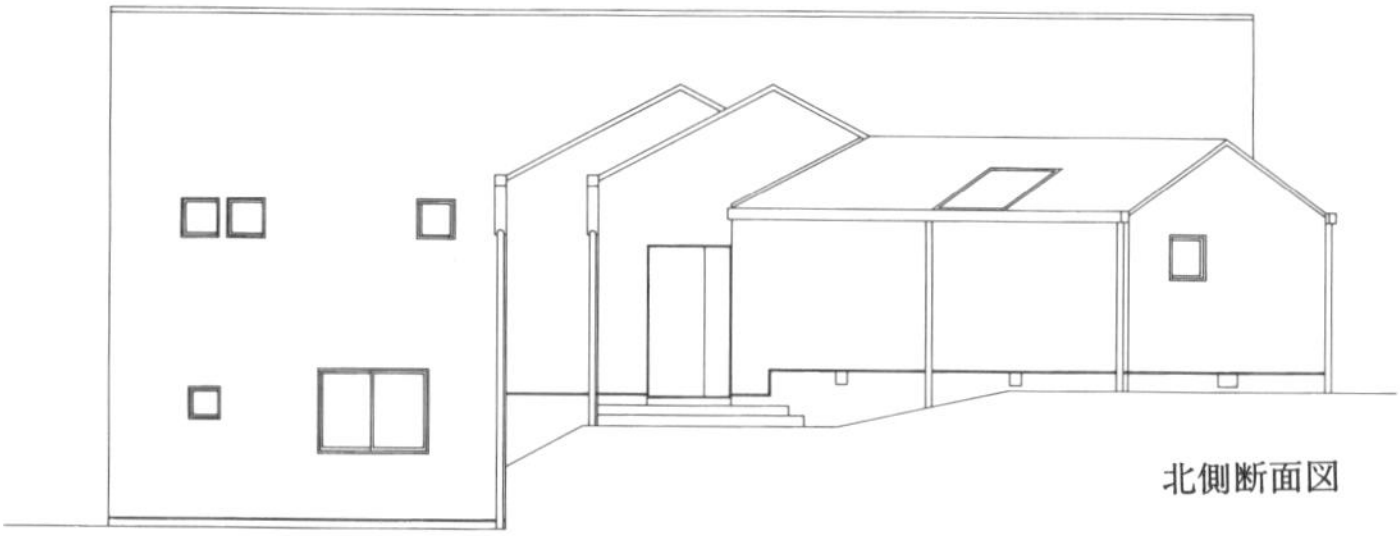

北側断面図

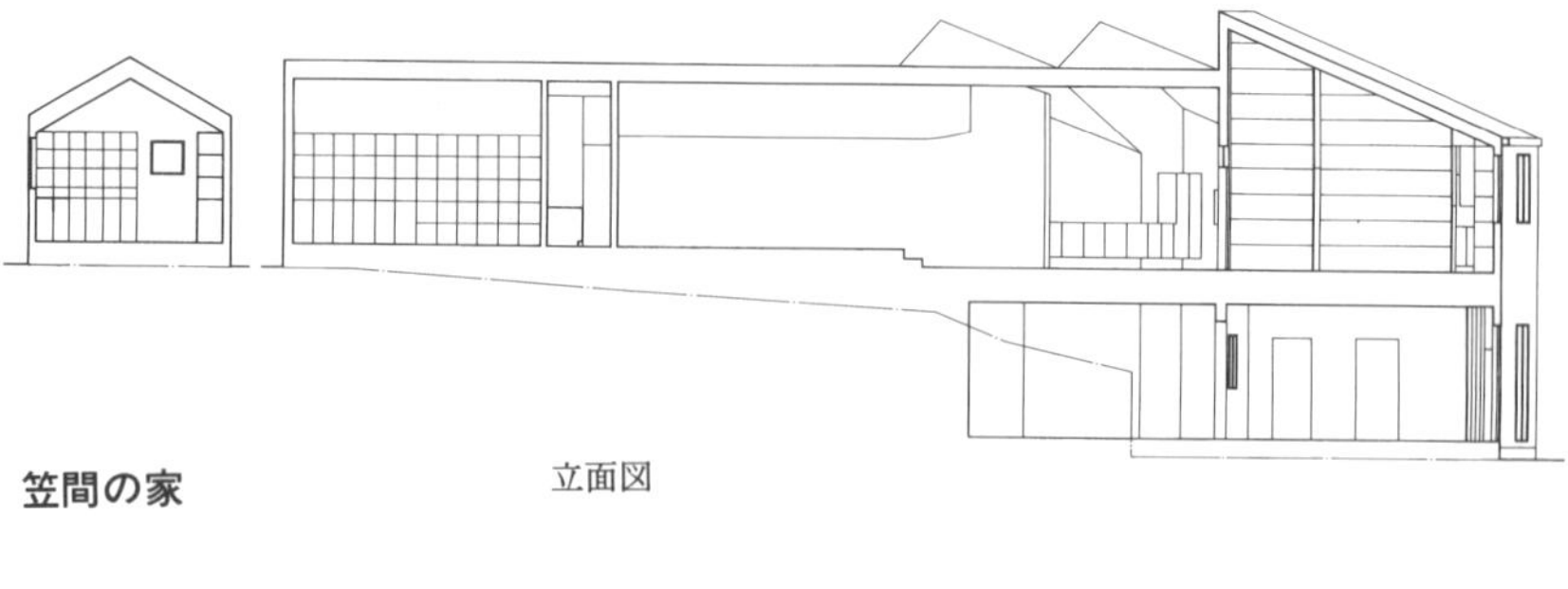

立面図

笠間の家

い気分を拭い去ることができなかった。この皮膜の下には何かが欠落しているように思われて仕方がなかった。生への欲望、などと言ったら大仰になってしまうのだが、単純で素朴だが明るく新しい生活を空間が示唆していないように思われてならなかった。形態操作によって人々の家のイメージを浮かび上がらせたいという観念的な作業は、次第に住むことのリアリティとは何かという別の関心へと置き変わりつつあったわけである。

この頃事務所では毎週一回〈住む〉ことの意味をめぐってディスカッションが持たれていた。前年発表された〈小金井の家〉をベースにして標準的な都市住宅のモデルをつくってみたかったからである。このモデル住宅は〈Dom-ino《ドミノ》〉と名付けられた。そしてこのために我々は、世に流通している商品化住宅や建売り住宅のプランにもあらためて目を向けざるを得なかったし、キッチン廻りのつくり方、収納のあり方、冷暖房の考え方などについても根底から再検討を迫られた。

建築家達、特にアヴァンギャルドと言われ

笠間の家　南側ファサード

ている作家達は建築のフォルマリスティックな側面に関心が集中していて、往々にしてこのような生活のプラグマティックな部分には格別の関心を向けたがらないものである。私もそうした問題は個々のクライアントとの対応の範囲でフレキシブルに考えていけばよいと考えていたのだが、〈Dom-ino《ドミノ》〉プロジェクトを契機として、都市における住生活のあり方を再考した結果、我々の視野はずい分拡大されたように思っている。それは単に住空間のプラグマティックな使われ方に目を向けるに止まらず、人々の行為を中心にして建築を把え直す契機ともなった。

〈中央林間の家〉〈小金井の家〉〈笠間の家〉などで体現されつつあった皮膜に覆われた空間と、この行為を中心に据えた建築の構成という視点が重なり始めた時、二、三年悩み続けていた我々の次なるテーマが一挙に見えたように感じられたわけである。

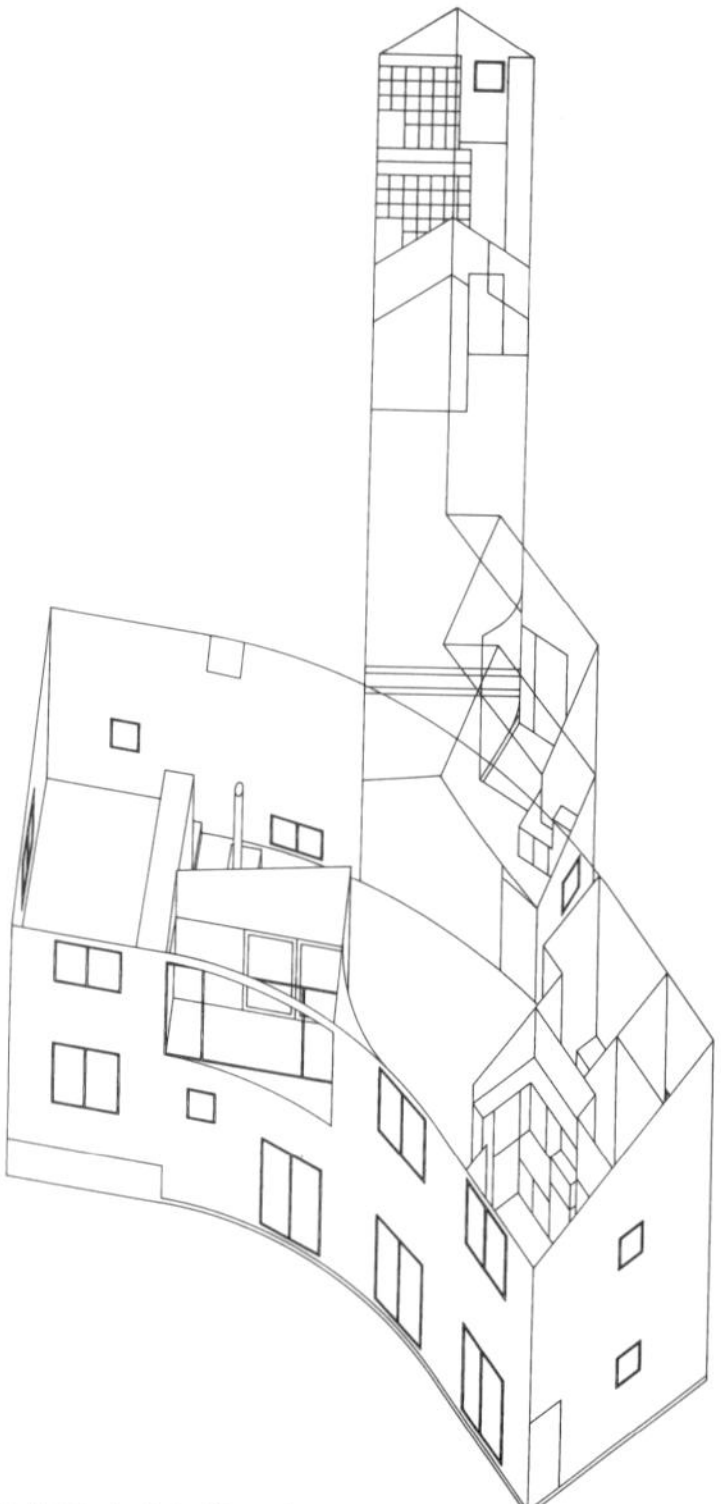

笠間の家　アイソノメトリック

1982

梅ヶ丘の家

P3 プロジェクト

我々のモデル住宅〈Dom-ino《ドミノ》〉第1号は雑誌「クロワッサン」に掲載されたこのプロジェクトを見て賛同してくれた萩原朔美の自邸として実現した。当時いろいろな話はあったけれども、実現した〈Dom-ino《ドミノ》〉は後にも先にもこの萩原邸のみである。構成エレメントの製品開発、施工のシステムといった部分にまで立ち入ることができず、工務店に一括発注する方式で建設されたため、完成された住宅は我々がそれまでつくってきた住宅とさほど違いがあった訳ではなかったが、私の内部での精神的な解放感は大きかった。それまでの重苦しい思考過程が自由になったように感じられた。

こうした解放感は原広司の一連の建築を見るに及んで一層拡大された。「建築文化」での彼の特集号で対談すべく、自邸、ニラム邸、夢舞台等の住宅に触れることができたからである。これらの住宅には一貫して空間の美学と住まう形式とを強引とも言える程に結びつける強い意志が存在していた。

十一月にはシャルロッツビルのヴァージニ

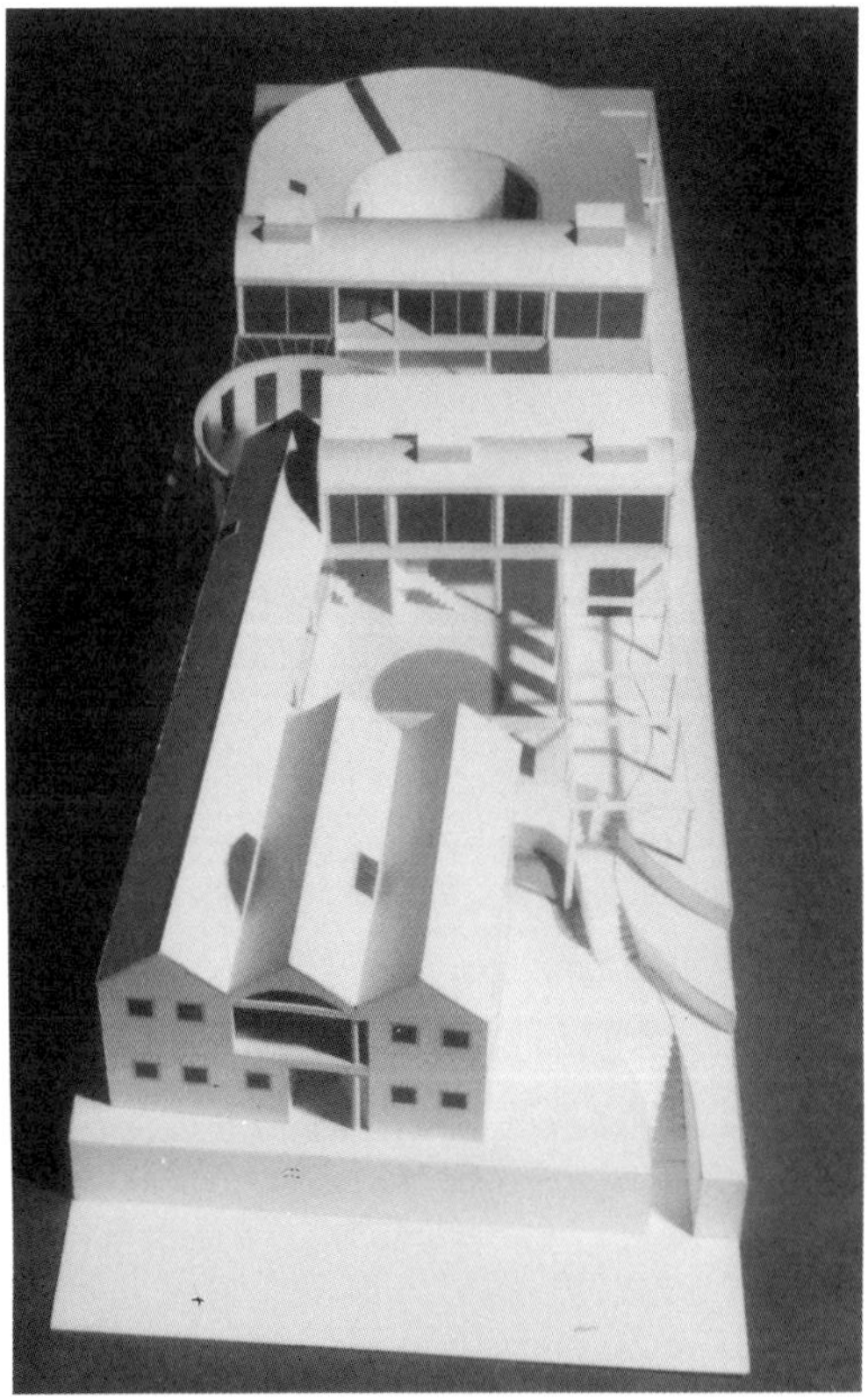

〈シルバーハット〉 P3コンファランスのためのプロジェクト

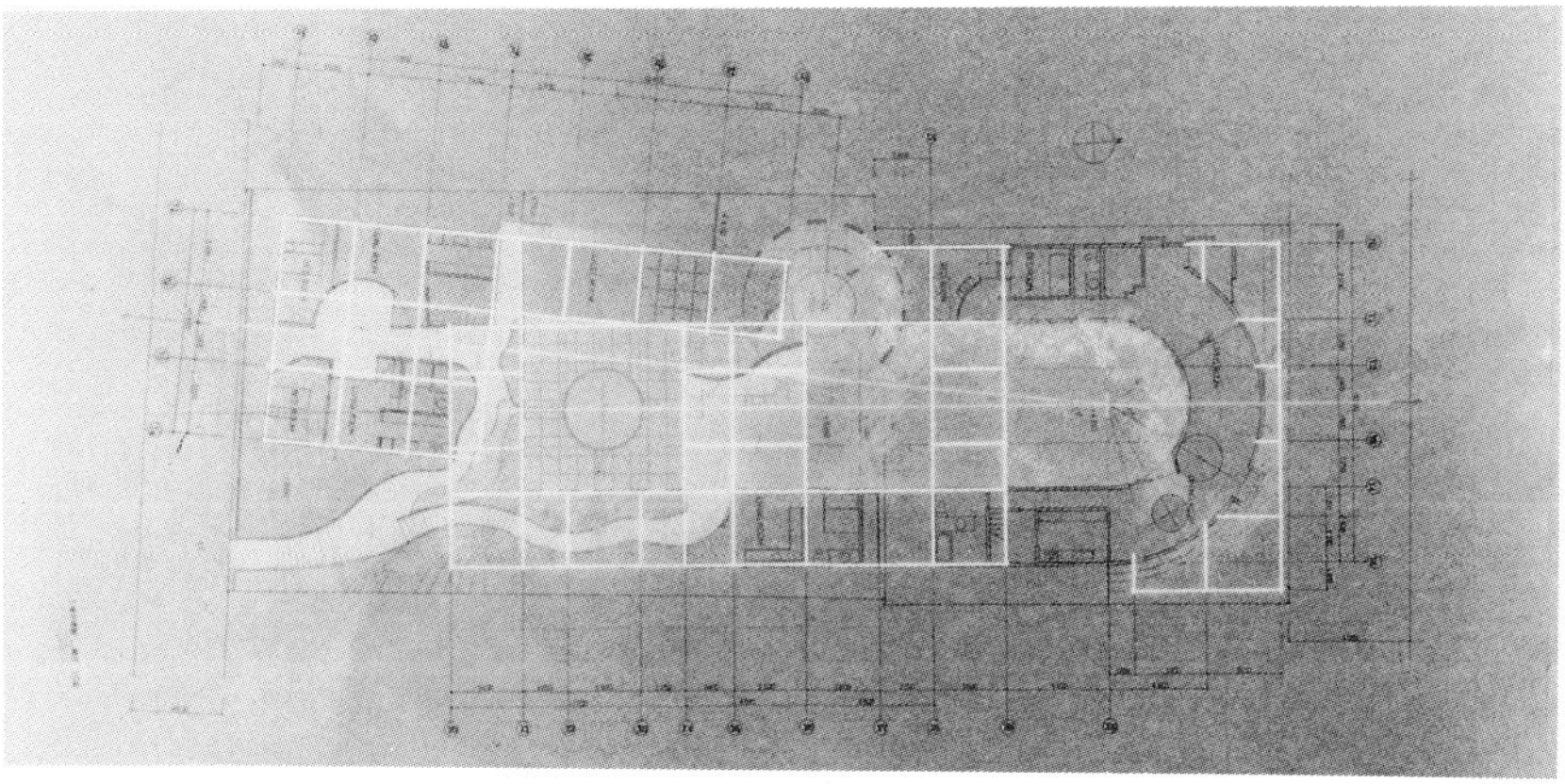

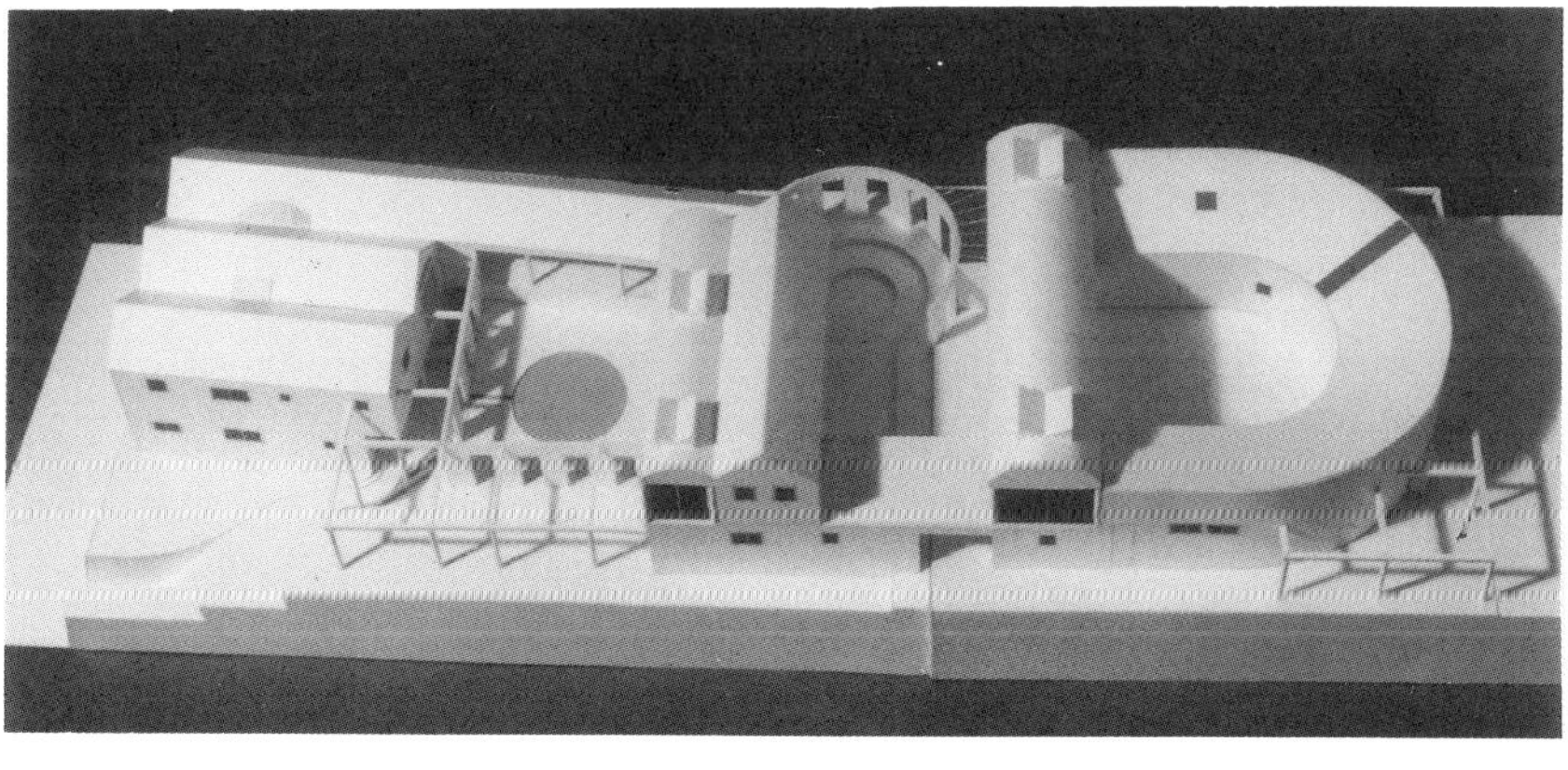

▲いずれも，〈シルバーハット〉　P3コンファランスのためのプロジェクト

ア大学で催された〈P3コンファランス〉に参加した。この会議はフィリップ・ジョンソンやピーター・アイゼンマンらによって企画され、マイケル・グレイブス、ハンス・ホライン、O・M・ウンガース、磯崎新等欧米日から二十五名の建築家が参加した。全員がまる二日間に亘って一堂に会し、それぞれのプロジェクトをプレゼンテーションしてコメントし合うという異例の会議であった。今にして思えばポストモダニズムを標榜するアメリカの建築家達による政治的色彩の濃い会議であったように思われるが、安藤忠雄とともに磯崎に呼ばれた私はただ緊張のうちに過ごした二日間の記憶のみがある

この会議自体よりも私にとっては、この会議のために急拠用意したプロジェクトの意味の方が大きかった。このプロジェクトやこの間の経緯については「風の建築をめざして」（一九八五）のなかで詳述しているので参照されたい。

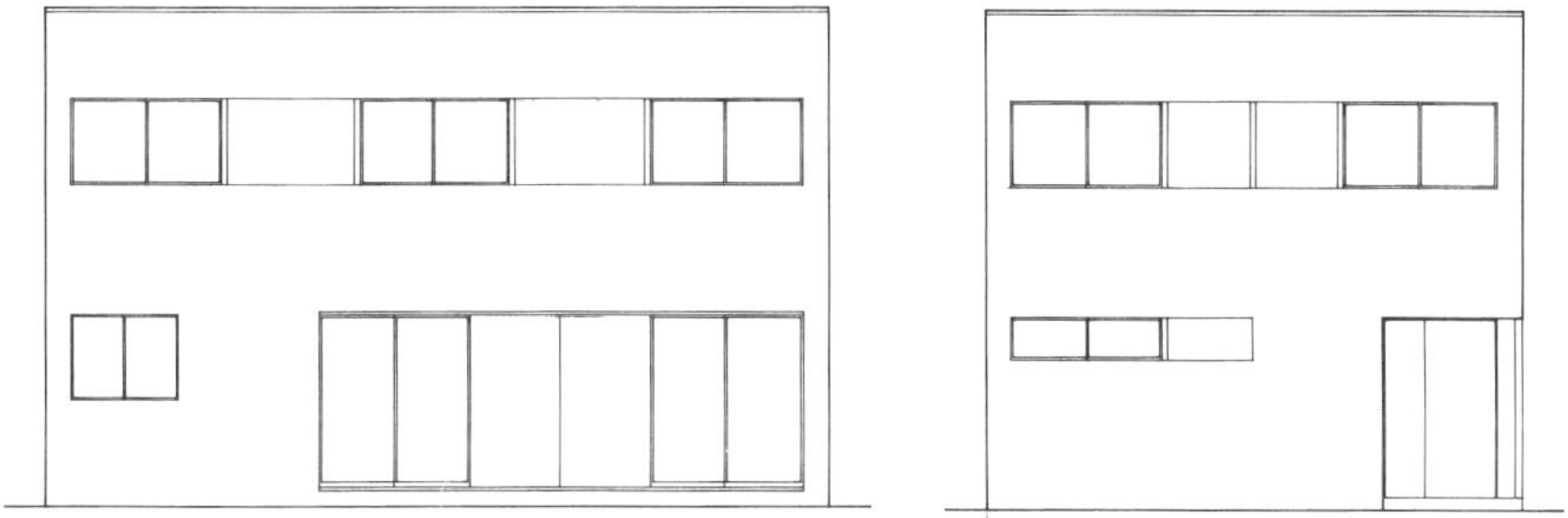

東側立面図◀，南側立面図▶

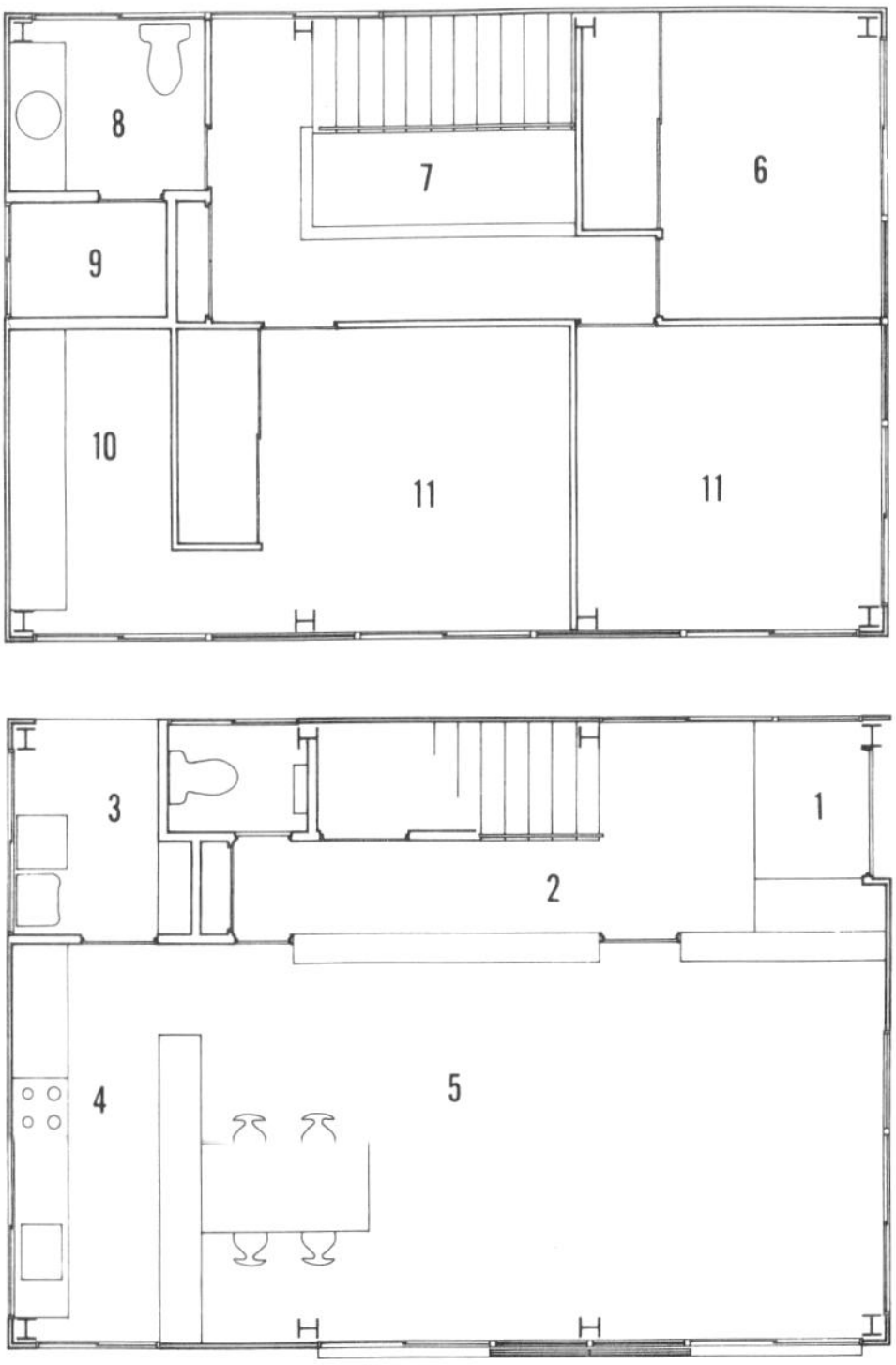

1 玄関
2 ホール
3 ユーティリティ
4 厨房
5 居間
6 納戸
7 吹抜
8 洗面・脱衣室
9 浴室
10 クローゼット
11 寝室

▲2階平面図，▼1階平面図

梅ヶ丘の家

南側外観

設計行為とは意識的な操作に基づく形態の偽装工作である

ひとつの設計が終るとき、いつもそのために使われた数々の模型やスケッチが山積みとなる。すでに埃にまみれかけているケント紙の模型や黄色くなりかけたトレーシングペーパーに描かれたスケッチなどを整理しながら、反省やら郷愁の入り混じった複雑な思いに駆られるのは設計者なら誰しも同じであろう。〈笠間の家〉の場合も同じことであった。だがこれら散在する模型やスケッチを前にしていると、そうした思いは設計行為の意味を考えることへと転化される。自らにとっても以前より難解に思われる設計行為はいま、どのような意味を持つのであろうかと。

現在すでに完成し、使用されている建築物とこれらミニチュアとの間に緊密な関係があることはいうまでもない。しかしミニチュアやスケッチのひとつひとつは、私にとって以前ほど身近なものではなくなったように感じられる。身近でなくなるという言葉は、思い入れがなくなると言い換えてもよいだろう。このような疎さは決して建築への関心の稀薄さを示すものではない。それにもかかわらず眼前に置かれた模型やスケッチと自らの意識との間を隔てる距離が拡がっていくとすれば、その距離とは一体何を意味するものなのかを自らに問わざるを得ないように思われるのである。

〈設計に踏みとどまる限りにおいて、現在の私に可能な唯一の行為とは、設計当初のモデルが設計依頼者の生活技術の積層の上にたったマイホームへの欲望によって歪められ、予算上のあるいは法規上の社会的な条件のもとで歪められ、施工上の技術的あるいは人間関係などの条件によって歪められ、さらに完成後、住人のさまざまな生活上の要求によって付加され歪められていく軌跡を、無念の気持でしっかりと見届けていくことのみである。〉

これは私が最初の作品〈アルミの家〉を発表した際に書いた「設計行為とは歪められていく自己の思考過程を追跡する作業にほかならない」と題された文章の一節である。

十年以上も経過した文を読み返してみるとき、自己のイメージの内にあった形態や空間への執着と信頼の大きさに我ながら驚き、羨望に駆られるほどである。ここで外的条件によって否応なく歪められていかざるを得ない思考の過程を支えているのは純粋に保持したいと願うイメージの空間であり、裏返せばここに待望されるのは歪められてもそれに耐える形態の強さ、あるいは空間の透徹さであった。しかしこの十年間に形態の強さ、空間の透徹さの意味は、私にとって大きく変質したように思われる。その変質は私の内側の問題なのか、それとも状況の変質に伴うものなのか。

〈アルミの家〉の設計に際しても、今回と同様に数多くの模型やスケッチがつくられた。しかしそれらがつくられる過程で、あるいは建築物が完成した後で、自己とそれらとの間にさしたる距離を感じたことはなかったように記憶している。恐らくそれは、設計の過程でいかにイメージが傷つき、歪曲されたとしても、そこでの各作業は最終成果品としてのものに向かって確実に収斂するはずであると信じ込んでいたからであろう。さまざまなスタディは決して直線的ではなく、紆余曲折を経たとしても、ものという目的物へ向かうことに疑いはなく、むしろこの紆余曲折の過程にこそ形態や空間はより強く、より明快に立ち現われるに違いないという期待が恐らくは、あった。そしてそのような期待は、設計過程の各作業に傾けられた情や労のおのおのが、形を変えても実体化されたものの背後から滲み出してくるに違いないといった、設計者にとっての倫理的な安堵の感情にどこかで結ばれてはいなかったであろうか。

話をもっと一般論に置きかえれば、ものへの厚い信頼とものが持ちうる力への大きな期待、そしてそのような結果に至るために、その過程に自己を盲目的に没入させる行為は、設計者自身に安堵の感情を与えるばかりでなく、人びとの倫理的な共感を得がちである。だがこのような設計過程における情や労への共感が、これまでどれほど設計という行為を不透明にしてきたことであろうか。

それに対してはまず、設計に傾けられる情や労というような倫理性には訴えても、きわめて個人的で測定不能な行為、意識の彼方に隠蔽された行為のみが美化されがちであり、意識的、理性的な論理の展開自体は何ら明確にされないという事実への疑念が生ずる。さらに続いて、その結果として情や労がよりかかる最終成果品たる建築作品、つまりものには疑いもなく全幅の信頼が寄せられるのであるが、今日私たちはそれほどものに信頼を寄せて良いのだろうかという疑念へと連なっていく。

しかし、このような疑念について考える前に、〈笠間の家〉における設計のプロセスを具体的に辿ってみよう。

設計作業はまずゾーニング、つまり要請された機能を大別し、それらをヴォリュームに置き換えて、それらヴォリュームの配列を考えることからスタートする。敷地の形状、オリエンテーション、アプローチなどを考慮に入れながらさまざまな配列の試みが試行錯誤しながら繰り返され、その過程で与えられたヴォリ

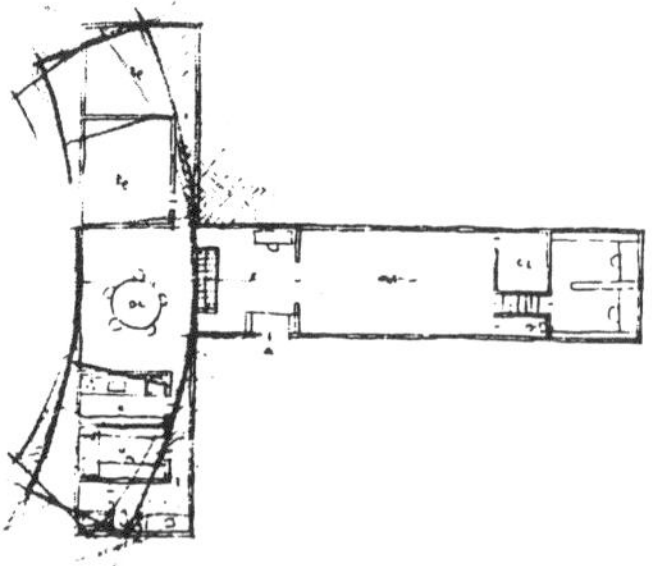

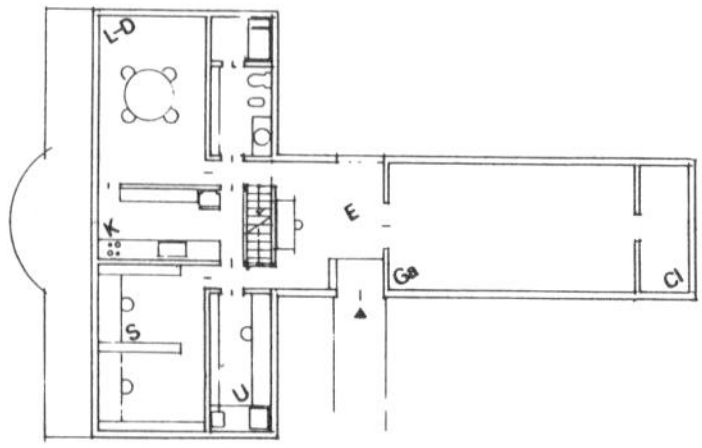

笠間の家　スケッチ　◀1980年10月3日，▶1980年9月25日

ュームの総和がどの程度のスケールとなるのかが次第に実感を伴って体得され始める。

　何らかのイメージが生ずるのはこの段階である。イメージと言っても勿論さまざまなレヴェルがあるが、ヴォリュームとその配列を基盤にした建築的連想とでも言ったらよいであろうか。それは抽象的な幾何学的立体として現われることもあれば、もっと建築的なステロタイプ化された形式として立ち現われることもある。都市内の住宅では、敷地や法規などの制約条件のために、ヴォリュームの配列から、ある理想化された形式を備えた形態への飛躍が困難な例が多いが、〈笠間〉では等高線に直角な軸線を持つT型のパターンに直ちに行きついた。この時点ですでに、T型パターンは単なるパターンというより先端にウィングを備えた西欧のヴィラの形式として連想されていたのかもしれない。寄せ棟、あるいはヴォールト状の屋根をこのパターンと組み合わせるだけでも、建築的なヴィラのタイプは容易に生じてくる。以前ならば、この強い形式性はそれ以降の設計プロセスにおいても強い意味を持ち続け、その形式にあくまで則って部分の検討が進められたに違いない。

　しかし〈笠間〉の場合、このT型の形式を備えた形態が発生した時点から設計は漸く開始されたと言ってもよいくらいである。この形式は以後のプロセスを意識化して進めるための契機を与えるにすぎない。だが、その理由を述べるのは後にして、具体的な設計過程を追うと、この時点から、設定された形式を解体する作業が始まるのである。

　たとえばまず、ウィングの部分を等高線に添わせて緩やかな曲面に挾まれた空

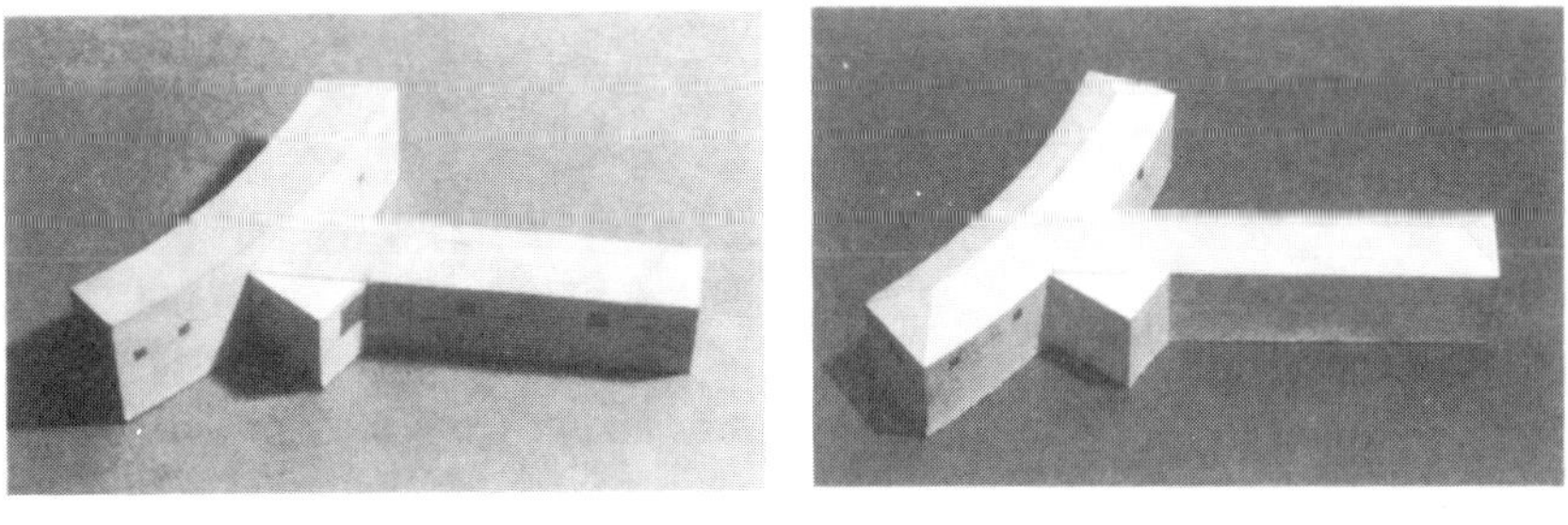

笠間の家　モデル

間とすることが意識される。大きな壁面が円孤を描くことによって空間は柔らかくなり、それに伴って内部の各要素も胎動を始めることは、既に〈中野本町の家〉で体験ずみである。しかし〈中野〉では、各要素《モルフェーム》はこの円孤を強め、昂めるように仕向けられた。その結果として、ここでは円孤によって統辞される、強くはあるが意図の明快な空間がつくり出された。

それに対して〈笠間〉のカーブは〈中野〉よりはるかに緩やかで、二つの曲線の間隔も広く、リニアーな空間となることを避けている。また両翼の先端部は直線で構成し、壁面は曲面から直線的な面へと連続的に変化しているが、サンルームの部分ではウィングの直線がそのまま中央まで延長され、円孤と直線で構成される二つの空間が相互貫入し合うような形態をとっている。このような操作によって、曲面で構成される中央部の空間も、直線で構成される端部の空間も互いに強調し合うこともなく、かといって互いに抑圧し合うこともなく、ともに漂うように存在させられる。つまり中心への昂まりは絶えず抑えられる。

次に、北側にのびるギャラリー部分を振ってウィングの軸からずらす操作が施される。この操作は建物を敷地に適合させる過程で意識に上ってきたのであるが、このために軸線の持つ形式的な統辞力は弱められ、形態操作やプランニングは多分にフレキシブルとなる。

このように、ギャラリーのヴォリュームとウィングのヴォリュームがそれぞれの軸を持つことによってT型のパターンの一体性は分断され、先の曲面と直線面との関係と同様な曖昧な関係に置かれることになる。そしてこの二軸のずれた関係を調整すべく、その中間に第三の空間が必然的に派生してくるのである。した

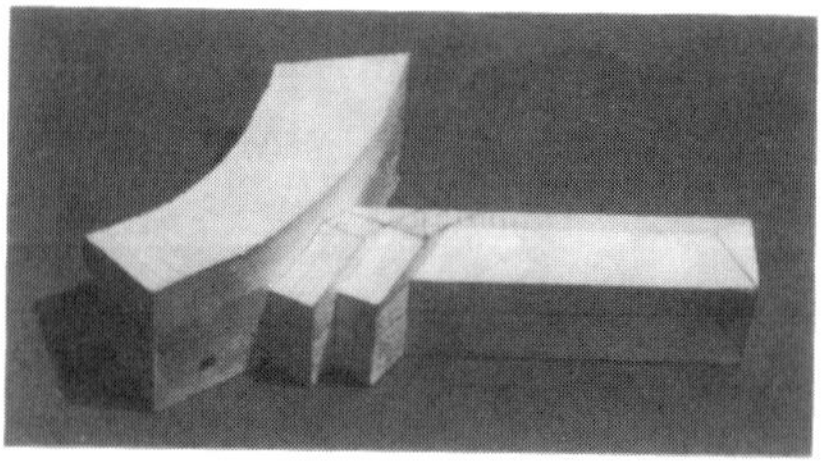

笠間の家　モデル

がって二つの主要な、かつ異質な空間は唐突に、あるいは明確な境界で分離されるのではなく、互いの軸を溶融し合うようなかたちで結合される。この第三の空間、実際には玄関ホールとして使われる空間は、重なり合う切妻屋根の複合形として構成されるが、この断片的な屋根の軸線を主要二軸の中間にずらして置くことで連続的に変化させるのである。

このような手だてを経て、〈笠間の家〉における形式解体という意識的な操作は進行した。立面の構成においてもそれは同様である。たとえば南立面では、内部機能から要求される開口の位置やサイズと、軸線に基づく構成から生じる形式性との相互作用で決定されていく。あるいはサンルーム部分で、先に述べた曲面部と直線部との貫入が立面でも視覚化されるといった具合である。

しかし、〈笠間の家〉において何故形式解体の作業が行なわれるのであろうか。それはヴィラのステロタイプがいかに強い形式性を備えていたとしても、その今日における必然性が問われねばならないからである。すなわち、ヴィラとしての強い形式が有効性を発揮し得たのは、その形式が示す中心性や完結性が未だ人びとの心に生きている世界の中心への象徴力を貯えていたからである。美しい田園に囲まれ、そこで古代世界への瞑想に耽るといった精神の秩序を介して、初めてヴィラの生活は存在し得たのであろう。それはまさしく求めうる限りの理想郷であったに違いない。

今日でもそのようにステロタイプ化された形式を持つ形態、あるいは空間をつくることだけはいくらでも可能である。しかしいくら建築家が中心性の強い空間をつくり出したとしても、そこに住まう今日の人びと（近代人）の生とその空間が合致することはあり得ない。ステロタイプの持つ中心性や完結性の強さが人びとの郷愁を誘うことはあり得ても、平坦な日常を生きる人びとにとって空間の中心とは何を意味するのであろうか。そのような建築が都市に嵌め込まれているのを眺める時、その形式性の強さ故にそれは現実の都市から妙に浮いて見える。いかにそれがかつて家の典型を表象していたとしても、もはやそのようなヴィラは現実からの遊

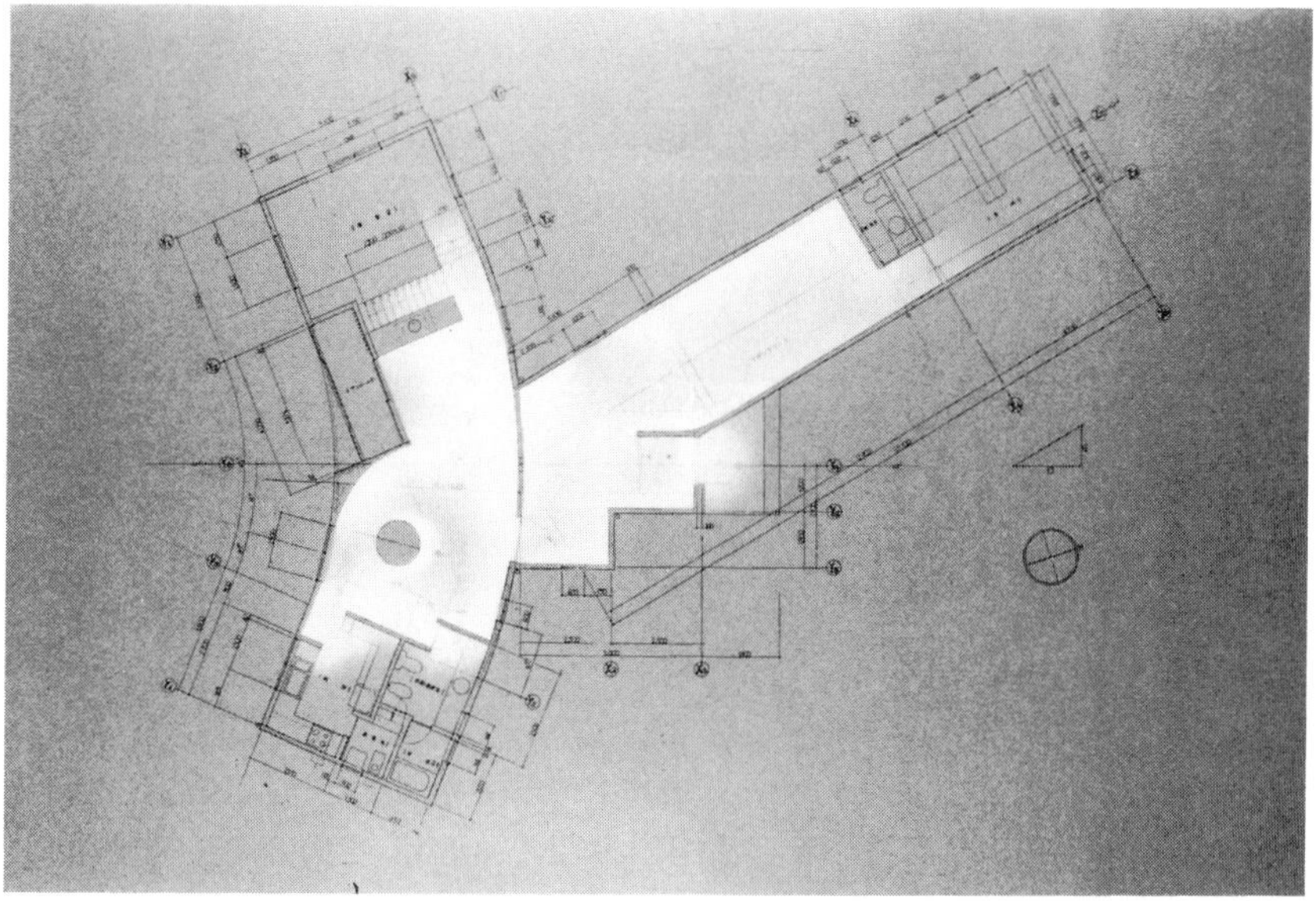

笠間の家　ドゥローイング

離に基づく空虚さを示すだけである。

したがって今日建築をつくるという行為はその強い形式性を解体することから開始されなくてはならないように思われる。しかし形式を解体し、消滅させる時、建築も解体され、消滅する。だが、かつてホラインが唱えた〈すべては建築である〉というレトリックは今日では余りに粗雑に思われる。形式が今日力を発揮し得ないとしても、その形式性によって建築が建築であり続けてきたとすれば、形式を無化したところに建築も存在し得ないであろう。すなわち今日、建築の形式は露わにされることも、かといってまた全く影を潜めることも容認されないのではないか。逆に言えば、建築の形式性を解体していって、建築が建築たりうるぎりぎりの限界を見きわめる作業にこそ、設計という行為の意味は今日あり得ると思われるのである。

ほとんど平坦な機能に基づくヴォリュームの連なりの内に形式は溶解し去らんとし、なおそこに痕跡を止める。そのような空間においてのみ、あたかも夢のなかで遠くに波の音を聞くように、人びとの記憶の底に沈んでいる残像としての家をよみがえらせることが可能ではないだろうか。

かつて私は、自分の脳裡にある漠としたイメージを映像化し、それに視覚的な輪郭を与え、さらに陰影を織り込んで明確な立体とするためにスケッチを描き、模型をつくった。その作業はカメラのファインダーをのぞき込みながら焦点を合わせていく行為のようでもあり、朝もやの中から風景が浮かび上がるのを待ちうける行為のようでもあった。孵化過程にある幼虫のように形態の定まらない状態から次第に輪郭がはっきりとしてくるにつれ、それは外的な条件との間に軋轢を生じ歪曲されたにしろ、軋轢や歪曲によってむしろ形態や空間に対するイメージへの執着は強化され、確かなものになっていったのである。

しかしいま多くの模型やスケッチを前にしてさまざまな疑問を自らに発せずにいられないのは、こうした設計のプロセスがある意味で逆方向に動き出したからであった。仮説的にせよ、設計初期の段階で設定された建築モデルの形式を解体し、ほとんど形式が消滅する地点にまでその作業を続行する過程で、形態にしろ、空間にしろ、当初の明快さは消えて次第に不透明な澱みに沈んでいく。美しくありたいとは願ってもその美しさが突出するような空間ではなく、明晰なることを願ってもその明晰さが半透明の澱みの奥にのぞかれる類の空間を求める時、作業はファインダーの焦点を次第にずらしていく行為となり、夕闇に包まれていく風景を見送るような行為となる。そのように形態や空間を溶解していく作業は、いかに意識的な操作に基づいても安堵の感情と裏腹にならずには措かない。むしろ不確かで拠り所のない不安に陥ることを恐れて意識の内に止めておきたいと思うのかもしれない。

スタディに用いられる模型やスケッチは自己（共同設計者を含めて）とのコミュニケーションのメディアである。ひとつの模型がつくられる時、それはコミュニケートされるべく何らかの形態や空間を何らかのかたちで表現せざるを得ない。かつて私はその表現はいうまでもなく自らのものであり、当然自己と同化したものと考えていた。だから模型をのぞき込みながら〈これは違うぞ〉とつぶやく時、それは模型の表現と自己のイメージのずれであり、そのずれは修正して一致しなくてはならないはずのものであった。そしてさまざまな外的条件と対応しつつも、その表現と自己のイメージがずれなく重なり合った時、それは明確な形態をとり、確たる表現となって、つまり作品になり得たのであった。

しかし今、つくられた模型の表現は、表現されることによって絶えず自らの意識から他者となり、自己と対峙することになる。このような表現の他者性を修正することなく、むしろ対象化する作業が繰り返される。一枚のスケッチを描き、ひとつの模型をつくってそれをのぞき込み、肉体と感情の一体化された自己との距離を測る。しかしそのスケッチに、あるいは模型には、やはりそこに同化したい自己の情や肉体が削ぎ落とすべくもなく潜入している姿を見ることになる。そこには必然的に他者になり切れない他者が在る。自らにとっても極めて不可解としか言いようのないこの設計過程、それは形態操作において自らを隠蔽し他者に仕立てていく偽装工作とでも言えようか。偽装を重ねることによって形態は次第にその明快さを喪い、強さを喪い、設計者自らの生温かい情を喪い、表現を喪う。そのような形態は明確な輪郭を奪われて、溶融し始めた物体のように曖昧となる。視覚的なる空間はその視覚の基礎を形成する遠近感を喪い、断片的な形態のみが記号となって浮遊する。

現実に存在しながら全く存在の重みを感じさせず、稀薄でもはや形態を喪いかけている形態、そこにはものの実体感ももはやない、そのような形態は意識的な偽装工作によってしか生じないはずである。そしてほとんど残像としか呼び得ないほどの稀薄さに達した形態によって、初めて人びとは今日のヴィラを、そして今日の家を感じることができるのではないだろうか。それは建築の特殊解を求めているようでいながら、一般解に到達するための私自身にとってももどかしいとしか言いようのない行為である。しかし建築らしさを喪うことによって建築らしさを取り戻すというパラドックスの意味は、模型やスケッチと自己との距離を拡大するまわりくどい作業を経ずに今日あり得ないように思われる。

形態の溶融

ミース・ファン・デル・ローエは一九二〇年前後に何枚かのスカイスクレーパーのドゥローイングを描いた。いずれも今日の建築や都市の姿を見事に暗示したものだが、それらは溶融している建築である。明確なプランも持たず、骨格もなしにただスラブのみが積層され、それを覆っている透明ガラスは未だ柔らかい液状のままに空中になお広がろうとしているように見える。

建築と呼んだが、これらのドゥローイングはイメージそのものであり、建築というにはあまりにも透明であり、稀薄である。けっして抽象的ではないが存在の厚みを感じさせず、風景の彼方から形態らしきもの、空間らしきものの貌のみを暗示し続けているように見える。形態の暗示というより、テクノロジーに方向づけられた未来社会を暗示したこのプロジェクトを、C・ロウは〈建物になる前状態（a would be building）〉（『マニエリスムと近代建築』松永安光・伊東豊雄訳、彰国社）と呼び、原広司氏はこのようなイメージの建築を〈プレ・アーキテクチャー〉あるいは〈待つ〉（「場面を待つ」、『文化の現在・7』岩波書店）建築と呼んだ。〈待つ〉建築とは構造を待ち、機能を待ち、形態を待ち、そして何よりも建築を待ってい

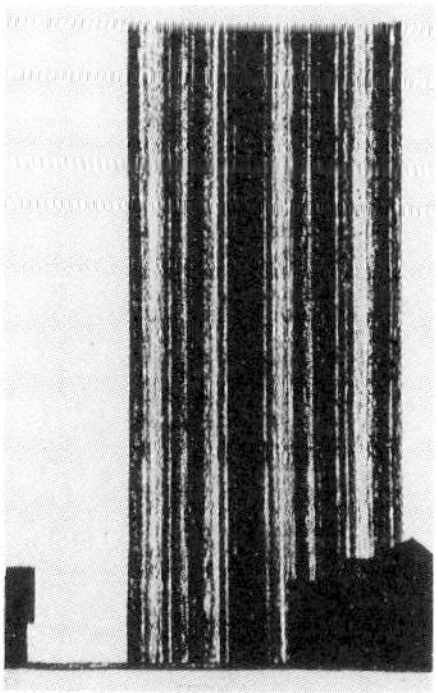

ミース・ファン・デル・ローエ〈グラス・スカイスクレーパー〉のドゥローイング

る建築なのであろう。ミースのそれには、殻を脱け出たばかりの蟬や蜻蛉が溶融状態にある半透明の羽を空気に晒しつつ定形化する過程、まさしくメタモルフォーゼの過程の美しさが描かれている。

　昆虫のメタモルフォーゼが連続的なシークエンスのうちに進行するように、ミースのイメージも翌年のオフィスビルのドゥローイングではすでに明確な輪郭を与えられている。しかしその後のミースはバルセロナ・パビリオンからファンズワース邸、レイクショア・ドライブ・アパートメントなどさまざまな作品を通じて、遅々と慎重に形式化を強め、シーグラム・ビル（一九五八）で古典的ともいえる完璧な形式を備えた建築に到達した。近代のイデオロギーと古典的な形式の濃密な結合。最初のスケッチが描かれてからシーグラム・ビルが完成するまでにミースは四十年近い歳月を費やした。それに比較すればコルビュジエがドミノ・ハウスのドゥローイングを描いてからガルシュの家を完成するまでには十三年しか要していない。ドミノ・ハウスは溶融状態の建築とはいい難いが、ここにも近代のイデオロギーは端的に呈示されており、やはり古典的な形式を備えたガルシュの家として建築化され、完成像を見るという点ではまったく同じ経過をうかがうことができる。シーグラム・ビルとガルシュの家。これらの建築はまさしく〈待たれていた〉建築であるが、それらがつくられた時、近代建築は〈待つ〉ことを停止したように思われる。その過程で形式は液状の中に侵入し、最初は控え目に、そして次第に強く作用し、遂には完璧で静謐な形態へと固化させてしまった。敷地を選ぶためにクライアントの陶芸家と笠間を訪れた時、土地は欝蒼とした樹木に覆われ、かなり勾配を持つ斜面の中腹の樹々の間から小さな廃屋が見え隠れしていた。蔓草に絡まれ、湿気を含んだ材木は黴の臭いを放ち、廃屋はほとんど自然の中に同化しつつあった。

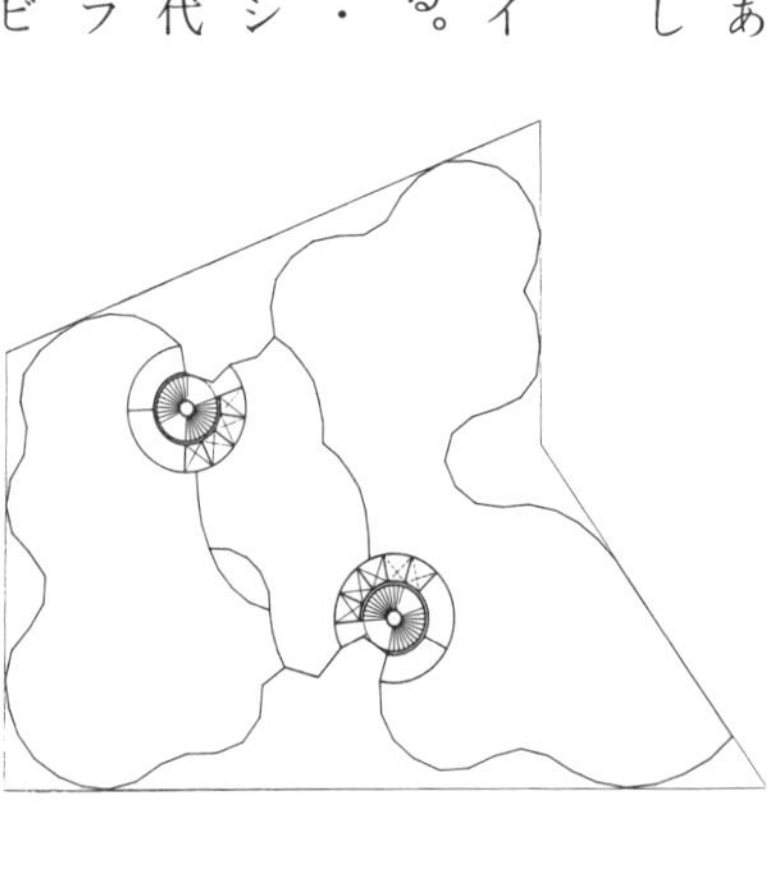

ミース・ファン・デル・ローエ
〈グラス・スカイスクレーパー〉
スケッチ

ミース・ファン・デル・ローエ
〈グラス・スカイスクレーパー〉モデル

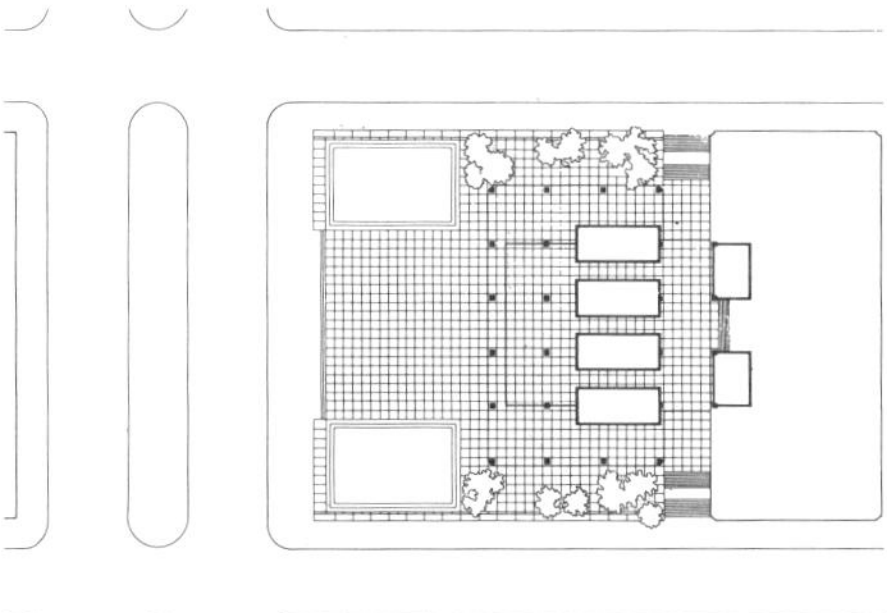

ミース・ファン・デル・ローエ
〈シーグラム・ビル〉ブロックプラン

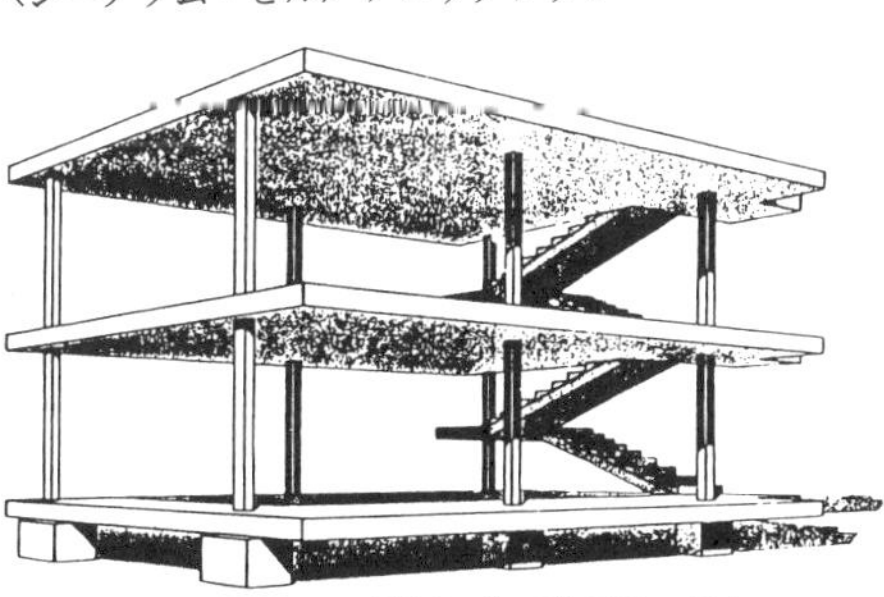

ル・コルビュジエ　〈ドミノ〉プロジェクト

ミース・ファン・デル・ローエ
〈シーグラム・ビル〉

しかし現実に設計という作業に携わると、このような自然に囲まれた環境に建築をつくる作業では、都市の内部よりもはるかに露呈されてくる形態について想いを巡らさざるを得ない。都市の中で建築は、通常建築の間に埋もれる。敷地の狭小さや法規上の制約などによって形態がネガティブに決定されざるを得ないのに対し、ここでは形態の決定はよりポジティブな行為となり勝ちである。そしてそのポジティブな行為は、勢い完結性の強い建築形態へと結びつけられてしまう。

パラディオのヴィラ・カプラにもっとも完璧に象徴されている形式性、機能の配列で始められるプランニングもただちにある形式へと向かって移動する。ここでは敷地の形状、等高線、方位によって南西から北東へ延びる軸が引かれ、この軸と直交するウィングが発生してT型のパターンを形成し、形態操作は閉じてしまう。明確な軸線の発生と、それに沿って空間が統辞されていく様はほとんど自動的といってもよいほど滑らかである。この固定した形式に構造を与え、形態を与え、ステロタイプ化されたヴィラを呈示することも考えられたはずである。

形式に自らの身体を没入させて、不透明な存在の厚みを纏わせた建築の強さを否定はしないし、建築はかつて重く、強くあるべきであった。だが今日の建築において、そのような強さや重さは求められるべきものなのか。平坦で均質な近代の日常の中に居る人びとに、それは力で異化された聖なる空間を現出してみせる。その形式の強さは、ほとんど強迫的に喪《うしな》われたコスモスの形骸を構築してみせる。しかしミースによって二十年以上も前に、コルビュジエに到っては五十数年も前に、近代のイデオロギーは形式化され、〈待つ〉ことを停止してしまったのではなかったか。不透明な重さで覆われ、強い形式を備えた空間を、人は仰ぎ見るだけでなく、そこに平坦な日常を営まなくてはならないはずである。

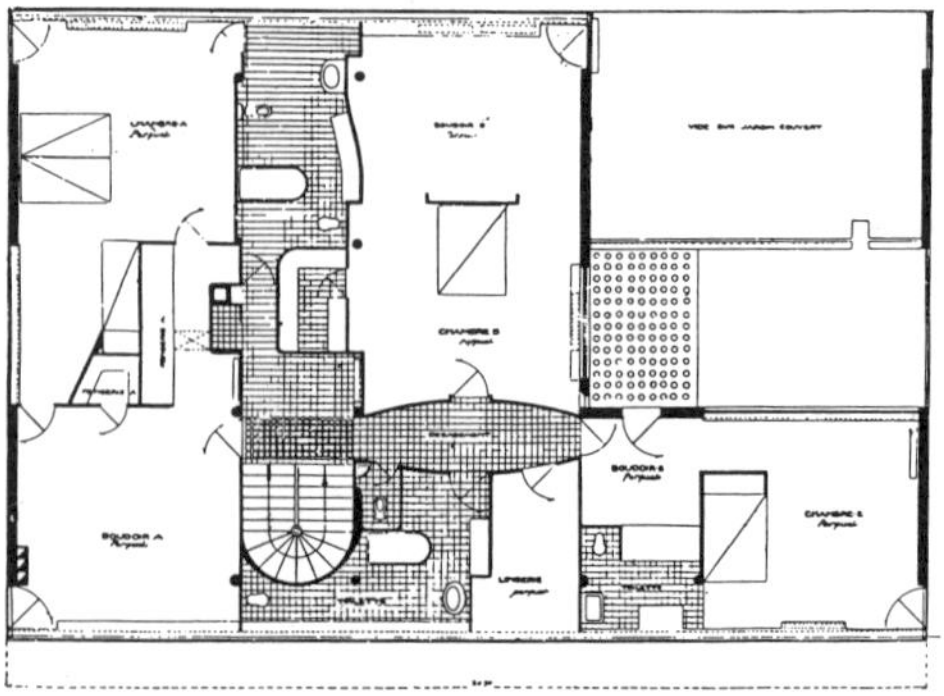

ル・コルビュジエ〈ガルシュの家〉3階平面図

この住宅において形式を、私は軽さの内に溶融してしまいたいと考えていた。日常的な平坦さと均質さの支配する透明な空間の中に、風景としての家を甦らせることはできないだろうか。稀薄で軽く、柔らかく曖昧に、未だ形式が存在する気配だけを伝えてくるような空間を現出できないだろうかと。

しかし設計という具体的な行為の中では、それはT型の形式を稀薄にしていく意識的な操作に置き換えられなくてはならない。ウィング部分の緩やかな湾曲、ウィングの軸と後方に延びるギャラリー部分の軸のずれ、この二軸のずれの間に介在する結合空間、ウィング両端の直線部分の設定とその湾曲部への貫入。これらの具体的操作に関して詳述しないが、これらはいずれも仮定されたステロタイプを解体していくための試みであった。

このような試みによって視覚的な空間を意識の範囲において操作し、それを視覚以上のものとすること、たとえば透明、無臭でありながら触覚的な空間以上に柔らかくしてしまうことは不可能であろうか。以前にはアルミのファサードから存在の重さを消し去り、都市の風景の中に浮遊させ溶融させてしまいたいと考えた。〈笠間の家〉では空間の明確な輪郭を消去し、遠近法の成立する距離の感覚を奪い去って、さまざまな形態の断片のみを、宙に浮遊させたいと考えた。全体の形態を稀薄にし、部分の関係だけで成立する空間、その中に形式がわずかに透視されるような建築を現出できたらと思う。

それもすべて今日、建築の問題がいかなる形態を持つべきかという問いでなく、建築の形態は意味を持ち得るかという問いに在ることを確認したいからにほかならない。

ル・コルビュジエ
〈カルシュの家〉北側ファサード

風景の断片から

ここ三年ばかりの間、急に海外へ出る機会が多くなった。数えてみるとおよそ二ヵ月に一度の割合で出ていることになる。これは世界の主要都市に支店や営業所を持つ航空会社のチケッティング・ビューローのインテリア・デザインという仕事に関わっているためで、三年前に作成したデザイン・マニュアルに基づいて我々が基本設計を行ない、現地のアーキテクトが実施設計及び工事監理を行なう。私の役割はこれらローカル・アーキテクトにデザインの意図を伝え、彼らの業務を監理することにある。毎回ほぼ一週間程度の短い旅の繰り返しであるが、その間に香港、マドリッド、フランクフルト、シカゴ、ニューヨーク、パリ、コペンハーゲン、ミュンヘン等の都市を幾度か訪れた。このような話をすると、誰からも羨ましがられるが、現実にはホテルとオフィスや現場の間を往復するだけで、街を歩くことすらせずに帰国してしまったり、見積りや図面のチェックで夜半まで働くこともしばしばで、とても人の想う程楽な旅ではない。

ひとつのインテリア自体は小規模なものであるが、それだけにローカル・アーキテクトも日本のようにこまめに図面を描いてはくれない。概して口では任しておけと調子の良いことを言いながら、いざ訪れてみるととんでもないものがつくられているといった失敗も何回かあった。ドイツやアメリカのような国でさえ、素材の種類やストックの量は我が国よりはるかに少ないし、家具等の製作期間も全く信じられない程長い。こうしたコミュニケーションの意外な難しさを痛感しながらも、体験してみないとわからない各国の建築家、職人の仕事ぶり、延いては彼らの日常の一端を垣間見ることができて興味深かった。土地の乏しい香港では、家具職人は工場を持たず、現場に材料と機械を持ち込んで、机でも棚でもまたたく間に仕上げてしまう。ここには徒弟制に基づく手の技術がまだ残っていて、複雑なディテールの木工家具をつくる速さと腕の確かさは大変なものである。また家具や金属加工の下請け工場へ製品検査に出かけることもよくあるが、そのような工場は何処も同じ零細な町工場で、最近訪れたシカゴの金属メッキ工場などはスラム街の真中にあった。付近の道路には虚ろな表情の黒人がたむろしていて、同行のローカル・アーキテクトですらひどく緊張する程であった。

昨年暮れからこの春にかけてシカゴで仕事をしたので、ニューヨークともども何度か訪れる機会に恵まれた。昨年翻訳したC・ロウのエッセイのひとつ、シカゴ・フレームを実際にこの眼で確かめられたのも楽しかったが、十年ぶりに見たマンハッタンのスカイラインも感慨深かった。特にパーク・アヴェニュー付近のオフィス街は印象的で、かつてこの通りにあって異彩を放っていたミースの五〇年代の傑作、シーグラム・ビルもいまではハーフミラーの巨大な鏡面の間にすっかり埋もれてしまっている。このシーグラム・ビルに私が初めて接したのは十五年前、当時勤めていた菊竹事務所から「新建築」主催のツアーに参加した時のことで、同行された大高正人氏らと共にであった。あの重厚なブロンズの方立やサッシュバー、階段の手摺りは今日でも鈍い光を放っていたが、あの時それらを撫で廻しながら、本物はすごいと繰り返していた大高氏の姿が鮮明に蘇る。

マンハッタンのビル群をモダニズムの墓標とはよく言ったもので、この辺りのビルのきわめて平滑なガラス面がつくり出す印象の総体は全く特異なもので、まるで氷壁に囲まれているような戦慄に襲われてしまう。世界中の都市が漂わせている臭気や皮膚にしみ込む感覚をここでは全く伝えてこない。無論、マンハッタンでも一歩横道にそれればゴミの山だし、古新聞や紙屑が舞って汚れているという点では東京以上なのだが、あのスカイスクレーパーの谷間を歩いていると、映画「マンハッタン」や「クレイマー・クレイマー」のメリル・ストリープがクールに通りを横切っていくあの速さの感覚が急に身近に思われてくるから不思議である。

私のようにほとんど街をブラつく時間もない旅を繰り返していても、ふとその土地の人々の暮らしぶりに出くわす経験はある。「クレイマー・クレイマー」と言えば、ニューヨークのレストランでいかにも父子家庭と思われる親子が食事をしている姿には何度もお目にかかったし、シカゴではもっとアメリカ的な風景に接した。或る晩シカゴの日本食レストランで支店の人と食事をしていると、我々の隣の座敷から三十代半ば位のアメリカ女性が化粧直しに席を立った。その服装が実に驚くべきもので、厳寒のシカゴというのにバストがこぼれんばかりに大きくVカットされ、スカートのスリットも大腿というより腰骨の辺りまで切れ上がっていた。我々はその姿に思わず箸を止め、顔を見合わせたのだが、間もなく食事を終えて出ていく女性の傍には中年の男性と十歳位の男の子が一緒だった。店のマダムの話によると、彼ら三人は週に一回位はこのレストランに食事にくるが、男女は夫婦でなく恋人同士だそうで、男の子は女性の側の子供にすぎないとのことであった。つまりこの女性は子連れで中年男性とデートを楽しんでいる訳で、どうも子連れのハンディを大胆なファッションでカバーしていたらしい。日本ではあまり見かけない光景に、再び映画のシーンが急速にリアリティを帯び始めた。

1983

花小金井の家
田園調布の家

〈花小金井の家〉は八〇年以降の住形式のスタディ、つまり〈Dom-ino《ドミノ》〉や〈P3コンファランスのためのプロジェクト〉の成果と言ってよいだろう。住まうこととつくることをどうにか重ね合わせてもやれるんだという確信を多少は持てるような気がし始めていた。

この住宅を発表するに際して、アデルの夢という短い文章が添えられている。それによれば、この家のイメージは一九二〇年代のパリでデザイナーを目指していた一人の少女、アデルが日記とともに書きのこしたスケッチから解き起こされたということになっている。これは全くのフィクションであるが、この〈アデルの夢〉は或る出版の構想に基づいていた。

この出版に関する構想は石山修武、六角鬼丈、長谷川逸子、山本理顕と私の五人で前年来企画していたもので、数ヵ月に亘って月に二、三回アデルの会と称して集まっては構想が練られていた。つまりモダン・デザインが最もアクティブな展開を示した二〇年代のパ

1 玄関
2 ホール
3 子供室
4 キッチン
5 老人室
6 納戸
7 和室
8 スペース A
9 スペース B
10 寝室
11 浴室
12 ユーティリティ
13 吹抜

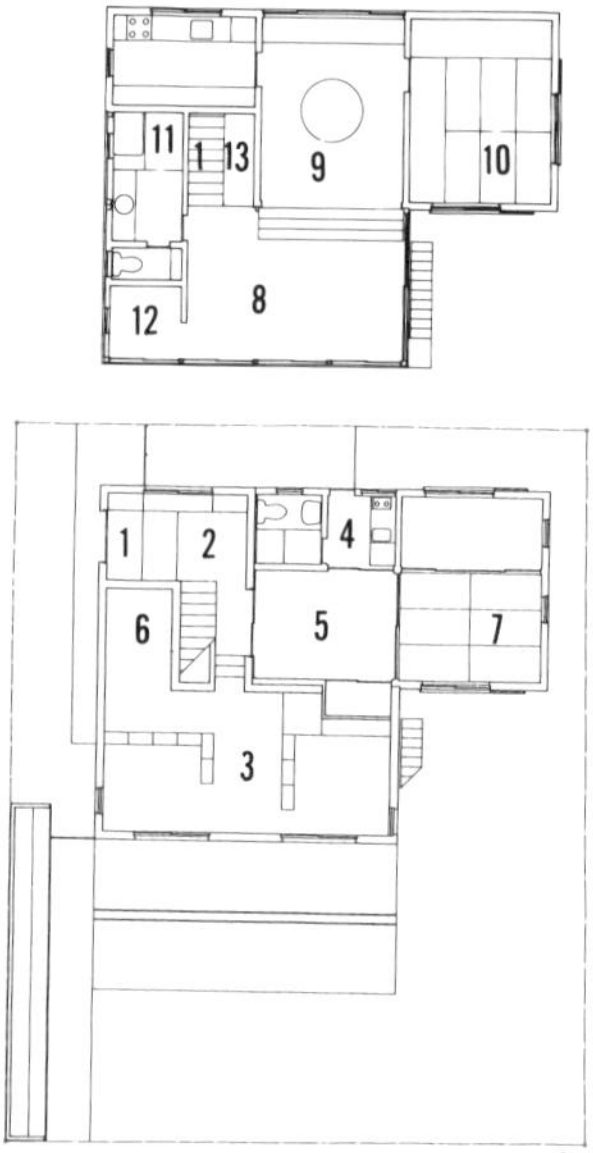

▲2階平面図，▼1階平面図

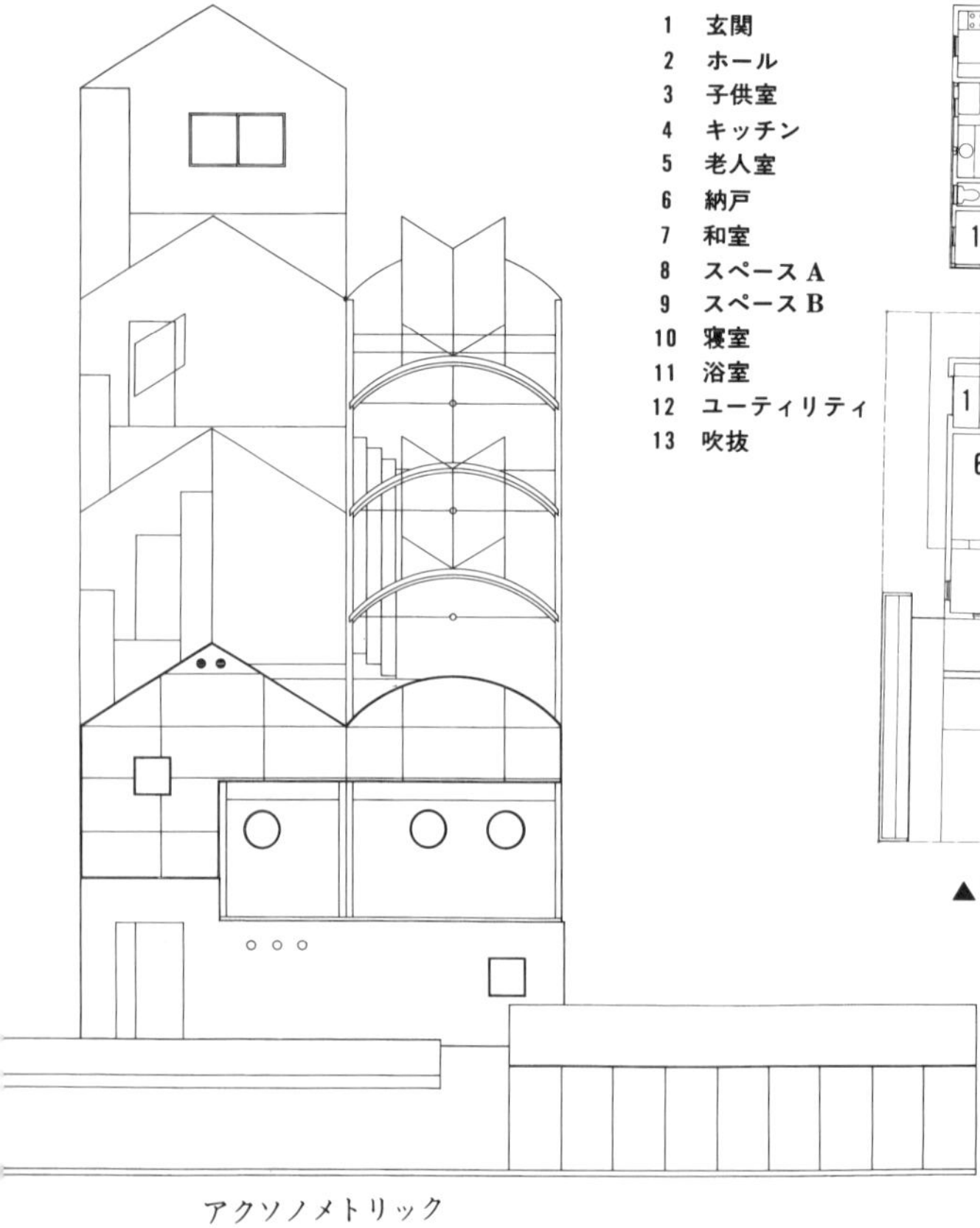

アクソノメトリック

花小金井の家

外　観

ドゥローイング▲
断面図▶

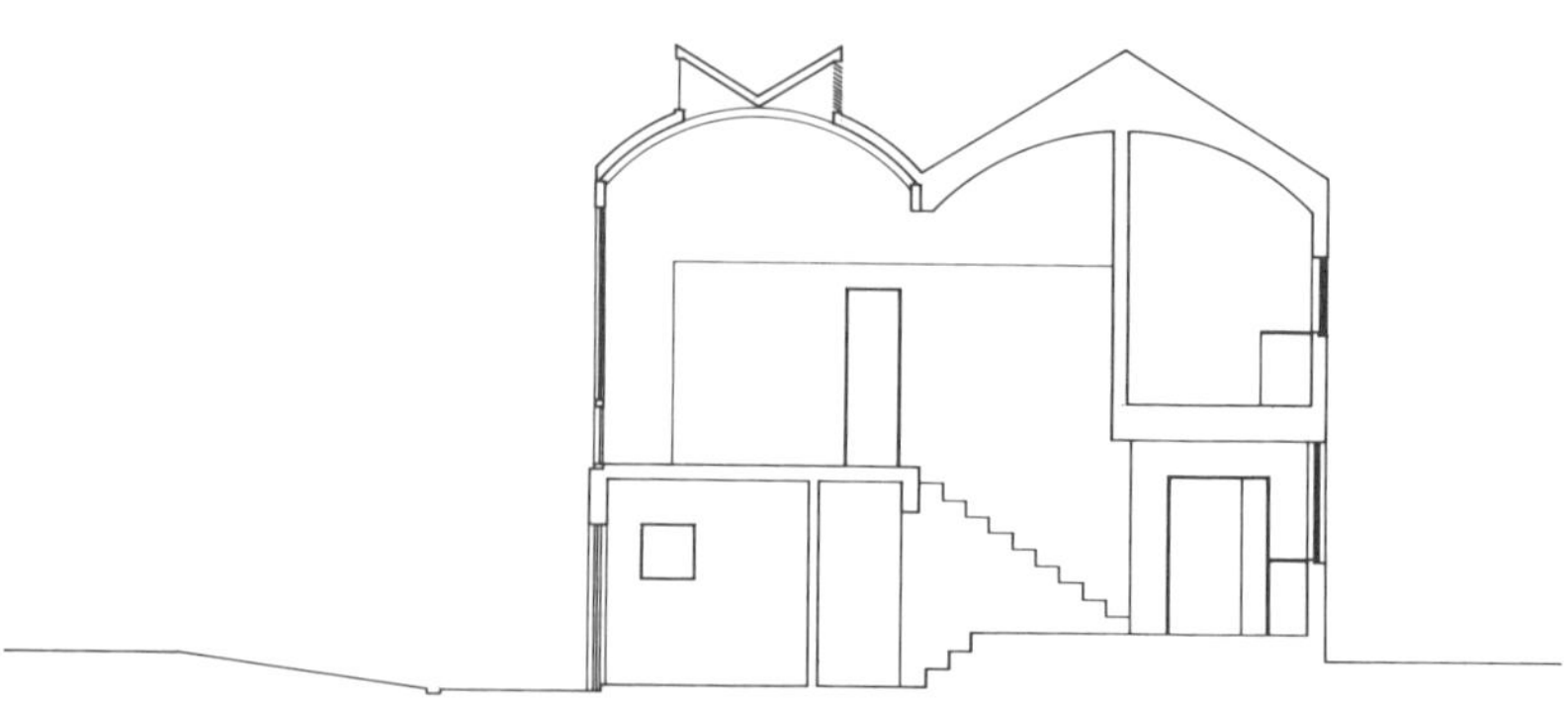

りを舞台に、デザイナー志願の架空の少女アデルを設定し、彼女の遺した日記とそれに添えられたスケッチが発見される。それを現代に生きる五人の建築家が新しい解釈を加えながらデザインを起こして、できることならインテリアや家具として実現してしまおうという企てであった。それぞれがアデルに勝手な想いを寄せ、独断のストーリーをでっち上げて発表し合うユニークなミーティングが続けられた。このメンバーで合宿と講演を兼ねて八二年には台湾旅行まで実施されたのだが、結局は日常の仕事に追われてプロジェクトは自然消滅してしまった。石山修武とはいまでも飲みながらこのアイデアのユニークさを讃え合い、いつか何かの機会に再びチャレンジしようと話し合っている。

八〇年代に入ってからアジアの国々へ旅行する機会が多くなった。日本航空チケットカウンターの仕事に携わっていたためもあるが、直接の契機となったのは八一年のネパールへの旅であった。この旅行はもともと石山修武と彼のオフィスであるダムダンのグルー

花小金井の家

スペースA

プによるアンナプルナのトレッキングツアーであったが、その一部に渡辺豊和と私が便乗したのであった。したがって私はわずか一週間カトマンズに滞在しただけであるが、その間ネパールの美しい空気を満喫した。その印象は八五年の「旅の手紙」のなかに書かれているが、カトマンズの人々のしなやかな暮らしぶりは、当時考えていた行為からの建築再考に大きな刺激となった。ハイビスカスの花の下でスケッチに興ずる石山修武の東京の飲み屋での彼とは別の一面に触れ、菅平の〈開拓者の家〉に打ち込む彼の心情が理解できたようにも思われた。健康建築批判の「近代の衰弱とオプティミズム」も、この旅行なくしては書くこともなかったに違いない。

居　間

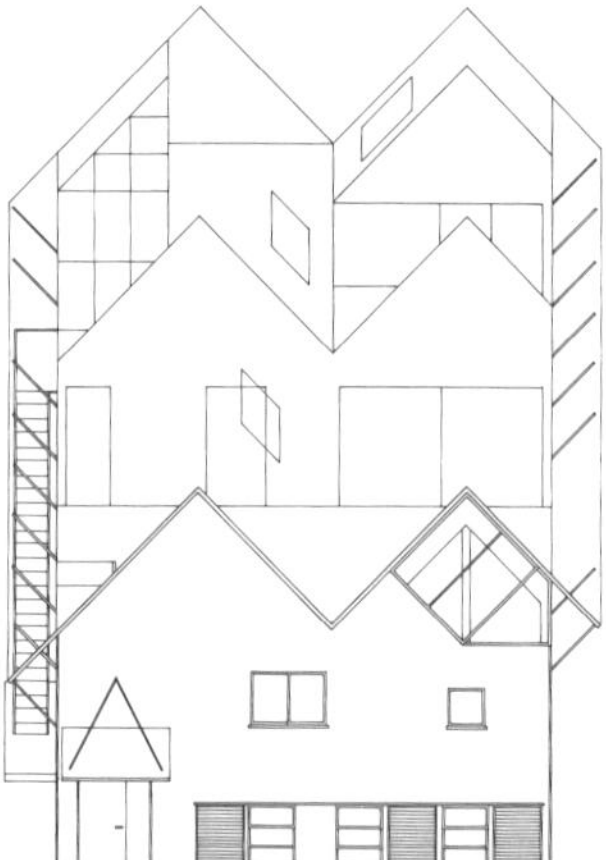

アクソノメトリック

1階平面図◀，２階平面図▶

田園調布の家

近代の衰弱とオプティミズム　建築の「健康さ」と「気持ち良さ」をめぐって

1

このところ内井昭蔵氏の〈健康な建築〉に関する一連の主張（「新建築」80年9月号、12月号）と、それに対する石山修武氏の批判（「都市住宅」82年10月号）をめぐる議論をあちこちで聞いた。石山氏の批判は建築の〈健康さ〉という言葉が今日のわが国の状況にもたらす誤解と危険性を中心に、この言葉をキャッチフレーズとするような建築家たちの建築批判にも及び、その具体例として昨年の「新建築」月評欄における内井氏（内井夫人を含む）の批評のあり方を論じている。

この内井氏の〈健康な建築をめざして〉という主張を、極めて一般的な建築家の責務として受け取るならば、誰しもこの主張自体に異論をはさむ余地はないであろう。それ自体は、たとえば〈人間の建築をめざして〉という言葉と同じ位にいつの時代にも通る正論である。まして今日のようにさまざまな現代社会特有の病理現象が絶えない状況においては、建築とて不健康になり勝ちであることもまた、事実である。そのような時、内井氏ならずとも建築の〈健康さ〉が望まれるのは当然である。

だが、内井氏のめざす〈健康な建築〉の主旨を読み取り、氏の建築に照らしてこれを理解しようとする時、この主張には多大な曖昧さと矛盾を感じ、それらは直ちに疑問に変わる。いま建築の〈健康さ〉とは何か、と。そしていま〈健康な建築〉は可能か、と。

まさしく疑問はふたつある。まず内井氏が〈健康さ〉の表現として呈示する建築像を察する時に、この言葉がひどく矮小化して用いられているのではないか、あるいは、言葉と建築像との間をあまりに容易に短絡させているのではないかと感じられることへの疑問である。これとまったく同じ疑問は宮脇檀氏の「近代小市民幻想」なる論文（「新建築」82年8月号）の〈気持の良さ〉なる言葉に対しても抱かれるものである。そしてこの疑問は矮小化された〈健康な建築〉、〈気持の良い建築〉の対立的存在、否定さるべき対象として常に〈観念の産物としてのコンセプチュアルな建築〉が措定されることからいっそう募るのである。

次にこれらの言葉をそのような特定の建築家と結びつけずに考えたとした場合にも、過剰な消費に覆われた近代化社会という状況と照らし合わせた時に、一体どのような状況克服の配慮の上にこの言葉が用いられているかという疑問は生ずるのである。逆にいうならば、建築家が長年培ってきた内なるイメージすらまたたく間に消費されてしまうこの過酷な状況との対応に苦慮している時に、両氏の状況への対応はあまりにオプティミスティックに感じられてしまうことである。

2

このような疑問を考えるに際して、私には石山氏が長野県の菅平高原でつくり続けているシリンダーの住宅のことが想い起こされる。この住宅を想い浮かべると、彼の「不幸な事に〈健康〉でも、〈聡明〉でもない、時代の不健康さ、過度な余剰や消費に

開拓者の家　正面

包み込まれた曖昧さの内に居る自分を視《み》続けざるを得なかったりすると、やはりこのような危険なキャッチフレーズには一矢を報いたいと、どうしても思う」（前掲）という過敏なほどのこの言葉への反発が私にも理解できるように思われるのである。

　このシリンダー型住宅は、石山氏の代表作とされる〈幻庵〉と同じコルゲートパイプを主体構造として、その内部にスチールの線材や板材の加工によって得られる装飾的な構成部品を取り付けていくものである。この住宅の特異さはその形態もさることながら、この建築をつくる作業が、現場の傍に住む農家の青年自身によって進められていること、つまりクライアントとコンストラクターが同一人物であることにもある。そして設計者としての石山氏との共同作業が開始されてからすでに八年以上も経過している点にもある。

　数年前、私は石山修武という同世代の建築家をあまりよくは知らなかったのだが、たまたま私の仕事がこの現場の近くであったことが契機となってここを訪ねた。そして野ざらしにされた鉄細工や当時すでに錆さえ出始めていたコルゲートパイプの異様さにひかれて、その後幾度か足を運ぶはめになった。

　最初にここを訪れた時、クライアントの青年はまだ独身であり、親の農業を手伝いつつ、その余暇をこの家づくりに入れ込んでいるように見えた。丁度こちらが大手建設業者との現場打合わせに悩まされていた頃であったから、高原の外気に触れながら石山氏のスケッチをベースにしてそれぞれのイメージに夢を馳せるふたりの様子は、羨ましい限りで、純朴なこの青年の明るい表情は屈託のない健康さに溢れているように見えた。

　しかしこの数年の間に彼は結婚し、子供をつくり、親の死にさえ直面した。彼は一

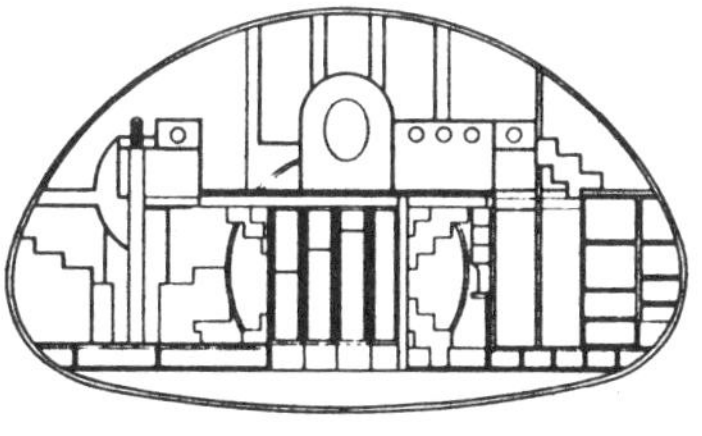

開拓者の家　断面

家の主となり、生活の重さを自らの身で支えねばならない立場に転じた。当然余暇としての家づくりにかける時間も金も制約を受けたであろうし、かつてのように模型飛行機をつくる気楽さで現場に向かうことは、気分としてもなれなくなっていたであろう。相変わらず亜鉛メッキのままで横たわっているコルゲートパイプを前にしたこの青年の表情からは、心なしか以前にはない複雑な感情が垣間見えるように私には感じられた。

最後にここを訪れてからすでに一年以上も経つが、この頃すでに、青年は工事途中のパイプのなかに住み込んでいた。信州の厳しい気候のなかで、さまざまな電動工具や溶接機、加工途中の鉄材などの散乱する現場の一室に敷き放たれた布団と青年の表情を視《み》較べて、これはなかなか容易ならぬ事態になってきたのではないかと、他人事ながらこちらまで複雑な思いに駆られたのであった。青年にとってのユートピアとしての家は、いまや現実の棲み家としての家に転じつつあるのであり、自分の手で始められたこの作業を自分で完成させねばならないといったある種の使命感に近い感情に彼が包まれているのも確かであろう。そうした思いは設計者たる石山氏とて同じことではなかっただろうか。

この工事は現在なお遅々と続けられており、何年後に完成するのか、さらには完成という時期があるのかすら、石山氏にも当のクライアントたる青年にさえ予測がつかないようである。それだけに現状においてもこの未完成の住宅からは、かつての〈幻庵〉をはるかに凌ぐ諸々の建築の意味を読み取ることが可能である。

すでに見たように、この住宅は生産方式、主体構造、製作期間などほとんどあらゆる点で今日建築がつくられる一般的なプログラムから外れている。しかもこの長期の

開拓者の家

持続のなかでその外れ方は、住まい手が自らコンストラクターとして自らの家をつくる、いわゆる手づくり住宅という領域すら逸脱するほどである。そしてまさにこの正常なプログラムからの逸脱によって、それは特異解として片付けられるのではなく、逆に今日私たちが常識として看過ごしている規範への批評の刃を突き返してくるのである。

たとえばそれは、コルゲートパイプという近代の工業製品を主体構造材として用いる試みにもあらわれている。石山氏がブラックボックスという極めて不可解な今日の流通機構、そのような機構に覆われた社会にあっても、誰でもがそこから逸脱しつつ、ボルトを締め付ける単純作業に基づいて、自らの家づくりを近代的に楽しむ可能性がある、恐らく当初の石山氏の思惑のなかにはこのような意図が含まれてはいなかっただろうか。その背後には今日の住宅づくりにおけるクライアント、設計者、コンストラクターのそれぞれ独立した近代的な関係から生ずる歪みや疎外の状況への批判が込められていたに違いない。ふたりだけの共同作業によるこの住宅づくりは、この関係をもっとも理想的な図式にまで純化して見せることではなかっただろうか。そしてここに描かれる理想状態こそ、建築の〈健康さ〉を求める真摯な精神から生じたものではなかっただろうか。しかしこの共同作業も、もし短期間に和気藹々《あいあい》と終っていたならば、それは理想的なモデルをつくったことでしかなかっただろう。そのようなモデル的状態ですら、当初の思惑を大きく超えて、予想もしなかった悪戦苦闘へとふたりを追い込むことによって、つまり二重に逸脱してしまう事実において、今日建築の〈健康さ〉を求める営為がいかに困難であるかを私たちに認識させるのである。

3

内井氏もまた、今日の建築から〈健康さ〉が喪われつつあるのは、敷地（自然との接触）、施土、技能なる三つの要素の質の低下に因ることを嘆く。「建築の敷地ばなれ、施主ばなれ、技能ばなれは考えてみれば、建築の地域性や個人性の喪失にほかならない。として見るならば、建築が土地から、個人から、職人から離れてしまったところに健康を失う問題が潜んでいるように思えるのである。しかしこれらの変化の傾向は決してあともどりはできない。この現実の中で建築をつくらねばならないのである。」

内井氏における都市化の不可逆過程という〈この現実〉は、宮脇氏の場合に、絶えず幻影に終始する近代小市民像という消費社会における日常生活の現実として描かれる。つまり三十数年間日本の住宅を支配し続けてきたのは、後進性を示す建て前としての西欧的近代小市民像であり、それはかく〈あるはずの像〉として外形だけを観念的に摂取され続けたために、今日現実の日本人の生活とズレてしまっているのだという。その結果「カーディガンにフラノのズボンでパイプをくゆらす父親とサッパリとしたワンピースの母親の見守る中で、ティーテーブルで遊ぶ天使のような子供たちのいる」はずのリビングルームで、現実は「父親はトレーニングパンツでテレビの前の床にあぐらをかいてビールを飲み、母親はダイニングキッチンの汚れた流しの前にでんと座り込んで週刊誌に読みふけり、……」という生活が展開されているのだという。一方は環境に即し、他方は生活に即した地点から、両氏はそれぞれに是正すべき現実の状況を設定する。しかし宮脇氏のいう、かくあるはずのリビングルーム像をもっとも積極的につくり上げようとしたのは、当の宮脇氏に代表される住宅作家たちではなかったのか。それはともかくとしても、両氏がこのような現実認識から導き出す結論は驚くほどよく似ている。

内井氏の場合、不可避にして不可逆な近代化の過程において、建築の健康さを回復する鍵は人びとのスピリット、すなわち魂であり、「ふたたび建築をつくる人びと、使う人びとを結集し建築の根元的な意味をともに考えねばならない」と説く。どのように人びとを結集するのかはまったく語られないが、人びとの健全なスピリットさえあれば都市化の不可逆過程であったはずの〈現実〉は容易に克服され、自然との脈絡やクライアントの理解、クラフトマンシップも回復されるかの如くである。そしてその回復によってもたらされる〈健康な建築〉とは、〈材料に執着し、ディテールが配慮された存在感のある空間〉であるという。

一方宮脇氏の場合に、西欧的近代化像と日本人の生活とのズレは「やはり住宅というものが、国の歴史から始まって風土、風俗、生活性、生活感覚などと深く人間の心の深部で関わり合っている強さが基底にあるからだ」と地域、風土の特殊性への見なおしを説く。そしてそのためには「観念の世界から現実の直視への姿勢を獲得しなくては」ならず、その結果として肘をついてのんびりと食事と団欒のできるテーブルの高さ、家へのなじみ度を高めるための手の当たる部分に坊主面をとること、通勤帰りの夫がフト心なごむような灯りのともる台所の窓の位置、等々に細かな配慮の行き届いた日本人独特の〈気持の良い〉空間をつくらねばならないと結論する。

両氏ともにディテールや素材への配慮などそのめざす建築像の記述もディテールばかりが羅列され、その羅列を超えた途端に極めて曖昧な雰囲気充足的な言葉へと飛躍してしまうので、その間が論理的に明確にされることは決してない。だがはっきりと察せられるのは、住宅を例にとれば両氏ともに現実に何ら積極的不満もなくまどろんでいる日本の平均的都市生活者の住イメージを結局は全面肯定している事実であり、そのような人びとのためにやさしくやんわりと日本的情感というオブラートに包まれた、正しく面取りされたモダンリビングを呈示することが両氏にとっての住宅像なのである。

これは確かに近代建築の見直し、修正といえるかも知れない。だが自然との接触の喪失やクライアントのスピリットの喪失、クラフトマンシップの喪失を概嘆し、「住む」という本能的な人間の行為を正面から受け止めなくてはならないという強い言葉とは裏腹に、ここに描かれる住宅像の何と固定し、住むことへのみずみずしさに枯渇していることか。このような住宅像から生まれる住空間がどのようなものかはほぼ誰にでも察しがつくのではなかろうか。現代の〈気持の良さ〉とか〈健康さ〉とは、これほどおおらかさに欠けたものなのだろうか。

数年前真冬の北イタリア、ヴィチェンツァの郊外でパラディオのヴィラを訪れた時、人びとはその途轍もなく大きな空間の片隅でストーブを焚き、分厚い外套を着込んでひどく質素に暮らしていた。だがわれわれを迎え入れてくれた家族の笑顔の何とおおらかであったことか。彼らにとっては自然と接したパラディオの豊かな空間のなかで暮らすことが、こごえるほどの寒さに耐えたとしてももっとも楽しく〈健康〉で〈気持の良い〉ことなのに違いなかった。これはいささか極端な例であるが、わが国の二十数年前の住宅、たとえば一九五八年の菊竹清訓氏の作品「スカイハウス」と内井・宮脇両氏の描く住宅像とを比較するだけでも、〈健康さ〉や〈気持の良さ〉という言葉の矮小化は歴然と見えてくるのではあるまいか。

私にとって「スカイハウス」ほど、端的に近代の〈健康さ〉を謳歌していると思われる住宅はない。正方形の単純なプラン、ワンルームにそれを覆うHPシェルの方形状の屋根、明快に分離された夫婦の空間と子供室、それらの空間を力強く宙に持ち上げるコンクリートの四本柱、取り換えられるもの（工業製品となるはずの子供室ユニット）と取り換えられないもの（実体としての夫婦の空間）という単純すぎるほどに明快なメタボリズムの図式の展開、……いずれを取り上げても、ここには高度工業化社会の未来への確信が、若い建築家夫妻の新しい生活への限りない期待と重なり合って生み出された強い自信に溢れた空間となっているのである。建築家の自邸という条件を差し引いたとしても、あるいは宙に高く持ち上げられることの不便さと寒さ、ユニット化されたキッチンやバスの使いにくさなどを差し引いたとしても、私にはこの住宅からそれらを補って余りあるさわやかな〈気持良さ〉と〈健康さ〉を感じとる。

4

だが今日、「スカイハウス」のように期待に満ちた力強い〈健康さ〉が建築から失われたのも事実である。石山氏が今日の機構から外れた地点で精一杯追い求めようとした健康な理想像ですら、「スカイハウス」ほど素朴な明快さに浸ることはできずに、どこかで曇り始めるのである。

私は今日の建築がどこかで曇るのは、それが否応なく意識せざるを得ない批評精神の介在に因るものだと思う。すなわち「スカイハウス」が先取りした高度工業化社会を前提とする建築像が六〇年代を支配する。しかし丹下健三氏やメタボリストに代表される建築家たちが掲げていた近代建築の理想像は急激に日本の技術力の誇示へと転じていく。この状況の急激な変化を前にして建築家たちは、本来近代建築が打破すべき対象であったはずの力に自ら迎合するか、あるいはそれに失望し、疎外の感情を強く抱かされるかのいずれかの道を選ばざるを得なかった。その構図は七〇年代を通過してますます鮮明に描かれたように思われる。閉塞的な時代状況と先に述べたのはそのような構図を指すのだが、この過程で建築は力の顕示でないとすれば、そうした状況への批評であるか、あるいは状況におもねる擬似近代建築への批評的表現を採らざるを得なかった。ポスト・モダニズムという言葉にしても今日かなり狭められた特定の意味に限定されてしまっているが、本来はその保守化し、固定化してしまった擬似近代建築への批判として位置づけられるはずである。新しい建築を切り開くテクノロジーの発見がない今日、建築における批評性が浮上するのはむしろ当然な現象といえよう。それは建

スカイハウス　スケッチ

築にとって決して好ましい状態ではないことも確かだが、この事実を回避することもできないのである。この批評性を持続することによってしか、その背後にある〈時代の不健康さ〉は見えてこないのだし、石山氏のいう通り、それを視続けることによってしか、不健康な状況を突き抜ける発見も生まれないと思われるからである。そのような時に、あまりにもオプティミスティックな言葉の矮小化は、徒らに問題の所在を曖昧にしてしまうだけではないだろうか。

5

これまで信じられてきた建築家像の認識を改めざるを得なくしているもうひとつの要因は、消費のための消費という過剰な社会との対応である。たとえば商品化住宅や建売り住宅〈選択住宅〉に対して、多くの建築家はその趣味の悪さを指摘し、その商業主義に徹したモラルの欠如を非難する。その点で内井氏も宮脇氏もほぼ同様である。両氏ともに一方でこのような住宅への否定的ポーズをとりつつ、他方でこのような住宅メーカーとさまざまな関わりを持つ。今日、建築家がコマーシャリズムとさまざまな関わりをもつのは当然であるが、その消費的状況への対応は曖昧、かつ矛盾に満ちている。何故ならば、一方でコマーシャリズムの世界に浸る以上自らも、あるいは自らのつくるモノも消費物であるにもかかわらず、他方で医は仁術といった類の古色蒼然たるモラルを信じ込んでいるからである。両氏ともにクライアントは無知で商業主義のワナに陥り易い存在であり、それに対して建築家は啓蒙し、教えを垂れるべき存在として位置づける。

だがこの消費社会という状況において、世の人びとが建築家に求めているものがあるとすれば、かつてのような技術的信頼性やプランニングの能力というよりも、クライアント自身のイメージを具現化してくれるセンスであろう。技術的な質においては試行を繰り返す商品化住宅のほうがもはや信頼度は高い。とすると、わずかにセンスというほとんど趣味の領域においてのみ建築家の能力が買われている事実に建築家たちはどれほど自覚的なのであろうか。消費社会特有のイメージ病に取りつかれたクライアントたちは、建築家から啓蒙されることではなく、この病の妄想を拡大してくれることをむしろ願っているのである。

また建築家はモノとしての建築への思い入れ、モノに賭ける精魂がこのような消費的状況から建築を救えると考えているようであるが、社会的存在としての建築家がここまで撤退に撤退を続けた要因は、むしろこのような時代錯誤の思い入れにこそあったように思われる。建築家の思い入れとは無関係にモノは一人歩きし、視られることによってイメージを形成し、消費させられてしまうのである。そしてモノに賭ける精魂が秘めやかに語られる時、常に引き合いに出されるのが神話的存在としての村野藤吾氏である。しかし宮脇氏が先に論じた文章でいみじくも引用する村野氏の「九九％が施主で一％が建築家」という言葉ほど、内井氏や宮脇氏の建築家像と村野氏のそれとの違いを浮彫りにするものはない。ひたすら商業建築家に徹する村野氏のこの言葉には、啓蒙者としてのモラリティなど微塵も存在していないからである。一方でイメージメーカーとしてクライアントの消費をかき立てる役割を果たしつつ、他方で消費に踊らされるクライアントの無知を嘆く建築家の姿勢は、その矛盾に自覚的であるとすれば傲慢といわざるを得ないし、無自覚であるとすればあまりにもオプティミスティックではなかろうか。

内井氏は「今日の雑誌をにぎわしているコンセプチュアルな住宅は、主体不在の結果ではないかと思う。ひとりよがりの独善的風潮もここに原因があるようだ」（「市民が住宅の主体者となること」、「新建築」81年4月号〈特集／いま、住宅の主題は？〉）といい、宮脇氏は「何も知らない施主の上に観念以外の何物でもない建造物を覆いかぶせてマスターベーションしている若い人たちに、老大家風に足を引っ張ったりしているのも……」（前掲）という。しかしこのような言葉ほど独善的な論理のすり替えはない。ここには建築の〈健康さ〉という言葉の矮小化と同程度に、コンセプトや観念という言葉の矮小化が感じられる。そしてこのようなひとりよがりの独善的風潮こそが、時代の閉塞を募らせ、真の〈健康さ〉を視据える目を失わせているのではないか。まさしくその姿は近代の衰弱と状況へのオプティミズムに浸された老大家風である。

1984

シルバーハット

原広司、石山修武らとある時飲みながら、SF映画のセットに登場する未来都市のイメージはどうも貧し過ぎるのではないか、もう少し豊かなイメージが描けるはずであるという話題になった。山本理顕と高松伸も加わって五人による座談会〈空中庭園と宇宙船――21世紀に向けた建築イメージの離陸〉（「建築文化」84年3月号）が持たれたのはそんなきっかけからである。そして未来へ向かう建築のイメージをヴィジョナリーに描くために、まずこれら五人のそれぞれに対して当事者以外の二人による対談形式の相互批評が行なわれ、後に出版された（「建築文化」別冊――建築――あすへの予感、86年3月）。この企画も継続して出版される予定であったが、建築家側の怠惰によって一号だけでストップしてしまったが、この座談会や相互批評は各々に少なからぬ刺激となったように思われる。

〈静浄なる世界風景への誘導〉と題された私への批評は原広司と石山修武によってなされたものだが、この対談を聞いていた私はいつになく考え込んでしまった。オプティミスト

シルバーハット

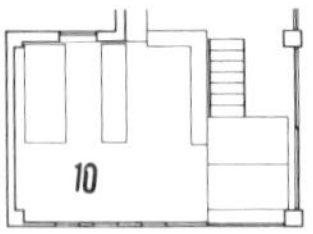

2階平面図

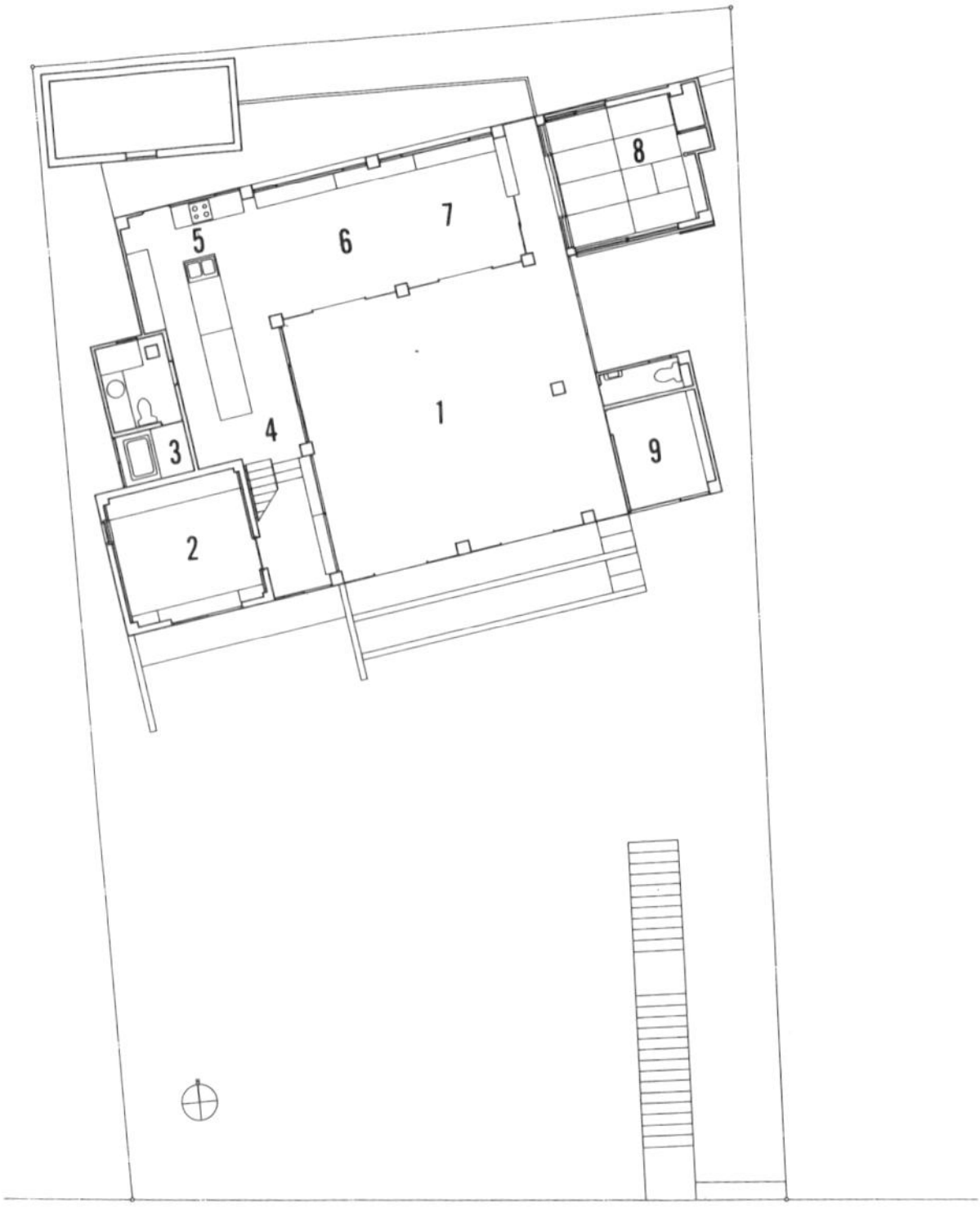

1　コート
2　寝室
3　浴室
4　ユーティリティ
5　キッチン
6　食堂
7　居間
8　和室
9　書斎
10　子供室

1階平面図

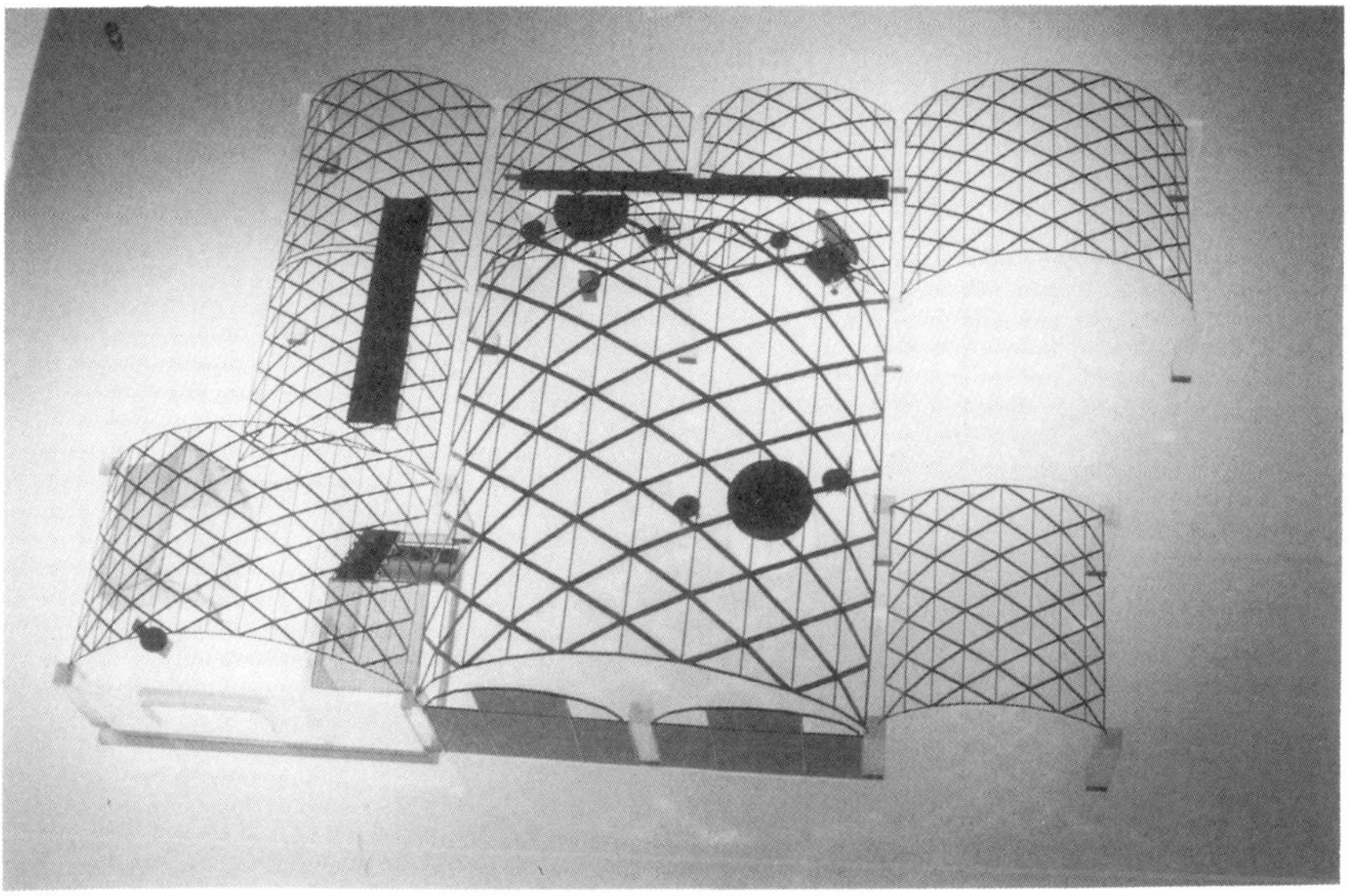
モデル

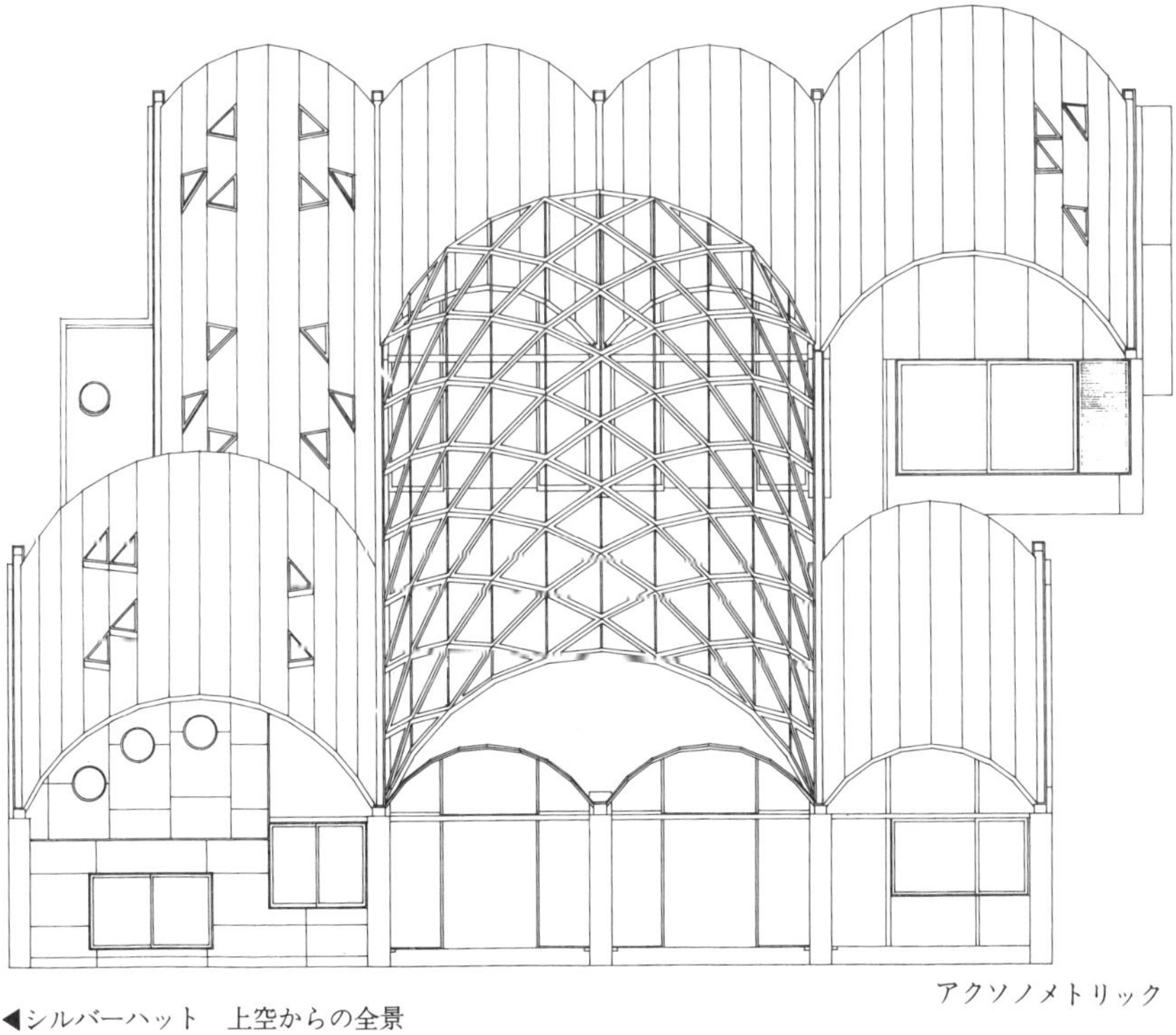
アクソノメトリック

◀シルバーハット　上空からの全景

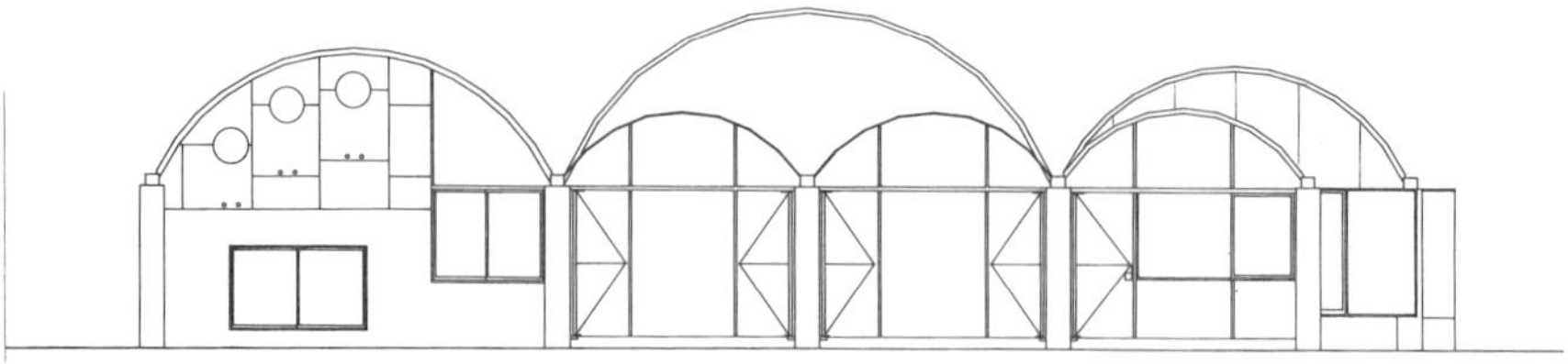

南側立面図

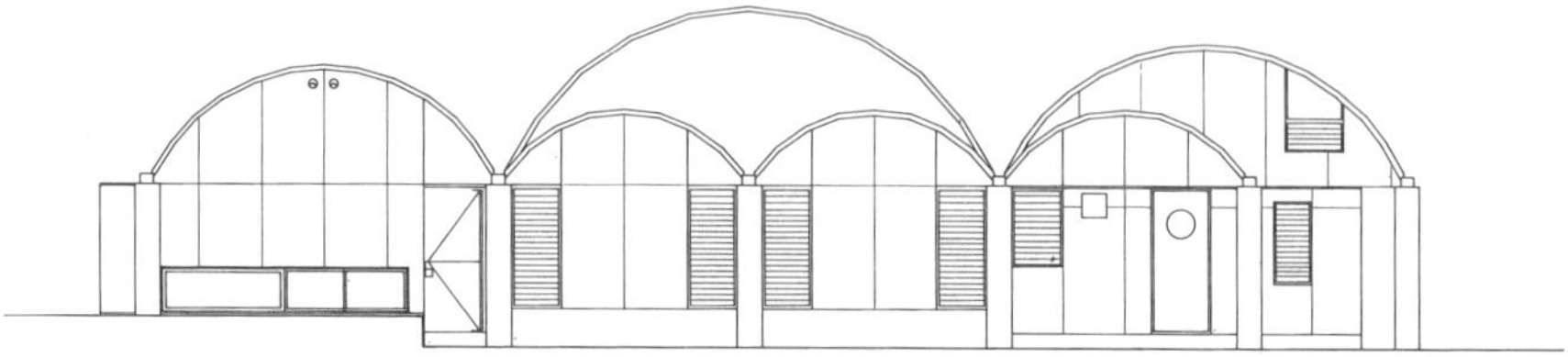

北側立面図

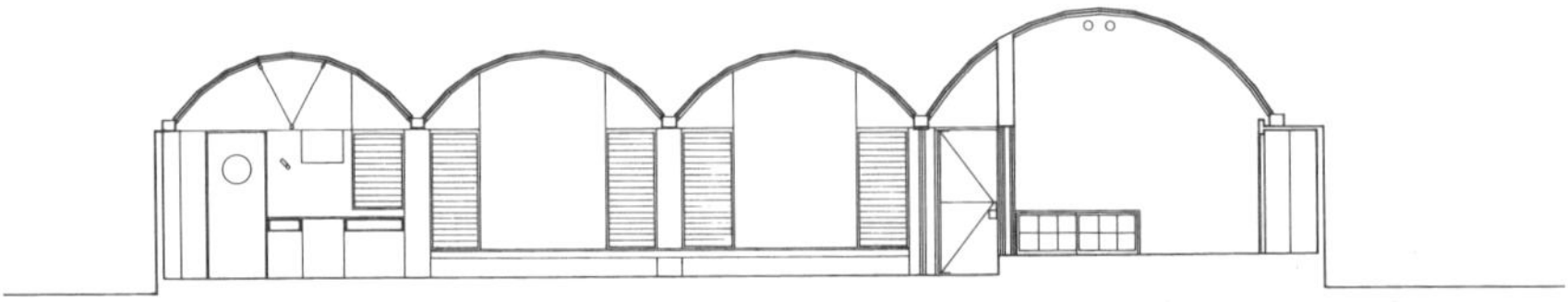

断面図

和　室

の私がその夜は酒を飲んでも寝つかれない程に考え込んでしまったのである。建築に向けられた批評は作品のメタフォリカルな言語の発見とそれに基づく作品の美化或いは私自身のほとんど直観だけから生じた形態に対する現代思想に於ける位置づけが行なわれ、その妥当性が検証される。しかしこの夜行なわれた二人の話はそのような解釈を超えて、彼らにとってあるべきひとつの建築の理想状態にまで話を弾ませたからである。

原広司はサバンナに住むロビ族という少数民族の集落に於ける透明でセイクリッドな空間から話し始め、ウパニシャッドの非ず非ずの世界、つまり仏教の空の思想、幾何学的な配列を持った反射的な世界に対する定かな配列を持たない吸収的な世界、など壮大な哲学へと視野を拡大させた。対する石山もプリンシプルとしての自然のたたずまいとしての建築から日本の中世的世界の持つ叙事詩性へと論を結び、二人は定家の「見渡せば花も紅葉もなかりけり……」に見られる不在感、進歩もなく、絶望もなく絶対的に止まった状態そ

シルバーハット

南側ファサード　夕景

のものの建築のヴィジョンへと到達した。

それは石山の言う通り、私にとっては無意識の世界でもあり、また本能的に極力無意識でありたいと思い続けてきた側面でもあった。多くの先達が近代建築のアヴァンギャルドを目指しながら結局は日本的な洗練の世界へと回帰していく姿をある種の衰弱と私が思い込んできたからかもしれない。〈笠間の家〉の後、方法を変えたいと考えたのもソフィスティケーションが目的化されることへの本能的回避と言えようか。しかし八〇年以降考え続けている生活の行為からの建築の見直しというテーマも、人々の行為を空間に映しかえるという作業に於いて、状態そのものであるような建築を目指している訳だし、人々の身体を極力圧迫しない心地良さという問題も配列のない吸収的な空間と重なり合って見える。相変わらず私の建築の土俵はまだ都市空間であろうが、喧騒の空間やものとものとが不協和音で緊張状態にあるような都市を再現しようという気はない。建築のもっとも自然な状態をもっとも新しく呈示したいだけである。

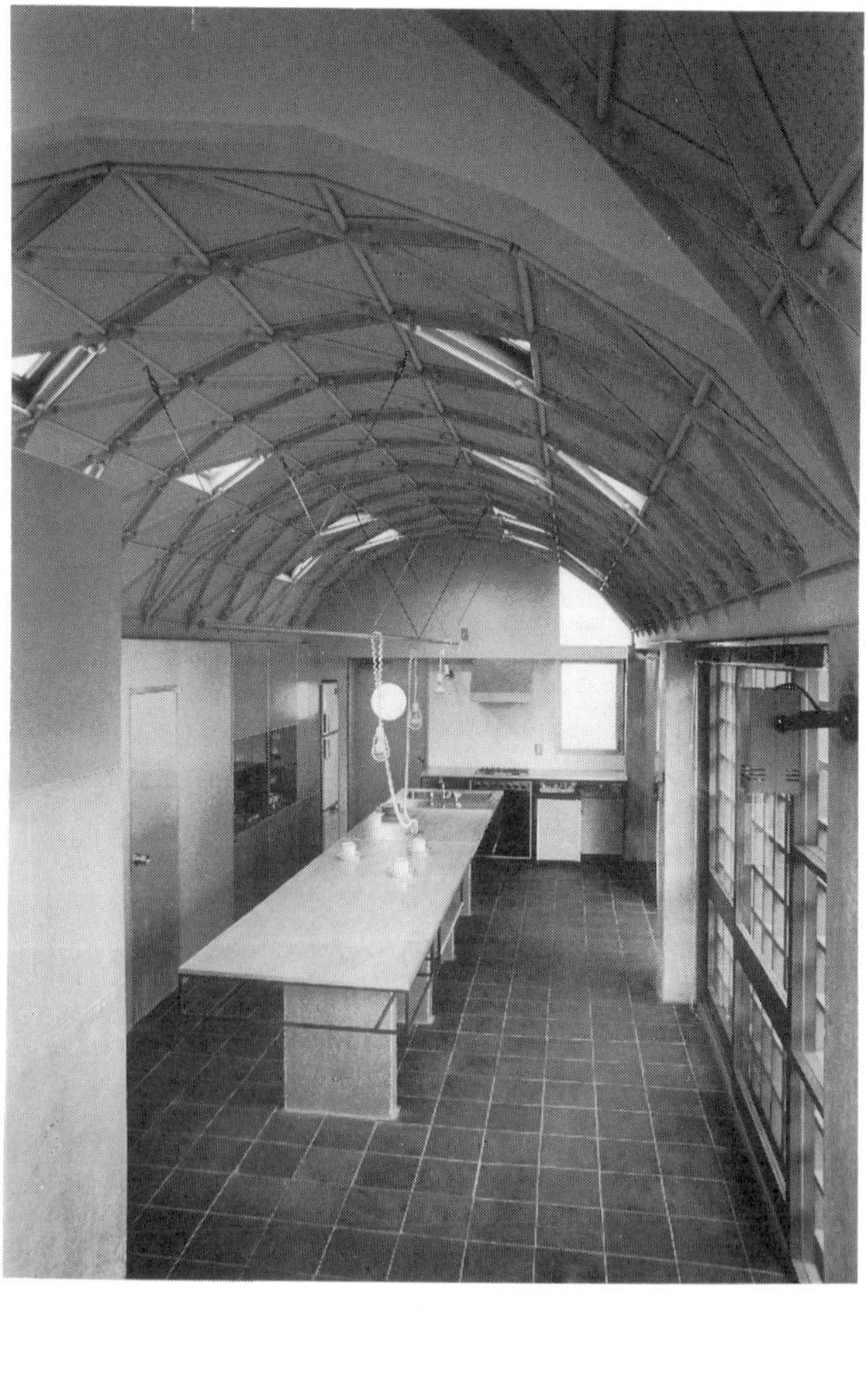

シルバーハット
キッチン+ユーティリティ

原広司における言葉とモノの関係

○原広司ほど建築家的でありかつ建築家的でない人はいない。

原広司は松田聖子のレコードをすべて持っており、深夜、例えば〈渚のバルコニー〉を聴きながら〈周縁性〉に想いを廻らせ、マージャン卓を囲みながら均質空間論を書くという。少なくとも我が国の現代建築家について言えば、およそ原広司ほどに建築家的であり、かつ建築家的でない人はいないと思う。何故建築家的であるかと言えば、どんなに小さな住宅を設計するにしろ、一旦ものについてイメージを描き始めたら、嬉々として製図板に向かい、カップラーメンをすすりながらその下でゴロリと寝てしまう。そんな生活を一週間続けていてもまるで平気だという。一方雑誌の発表ともなれば、難解な言語を人一倍どころか一〇倍程も振りかざして自らの作品の解説を行なう。つまりいわゆる建築少年の夢を五十歳に近づいた今もなお持続しているからである。

だが一方で原広司程に建築家的でない人もいない。余りにも通俗的な描写が続いて気がひけるのだが（石井和紘が良い子になってしまったから、私がそれをギコチなく引き受けねばならない）、姿・恰好を気にしない。徹夜明けの無精ヒゲのまま、すり切れて今にも穴のあきそうなコールテンのズボンで人前に現われ、雑誌のポートレートを撮る。冒頭で触れたように、マージャン好きにかけては建築家の間でも（しかも夫婦揃って）群を抜くというし、家では食事しながら子供と並んで、子供よりはるかに一生懸命TVを見るという。確か山本理顕だったと思うが、ある時原邸を訪れたら、原さんが左手に飯茶碗を持ち、右手に箸を持って口を開けたまま動かず、子供番組に見入っていた姿が感動的ですらあったと話していた。また一緒に飲んでいても他の建築家の噂や批判をほとんどしないし、逆に人をすぐ信用してしまう。建築家たるもの皆、相当なストレスをため込みながら酒を飲むぐらいしかその解消の術を知らないから、飲めば人の噂、月評もどきの批評に明け暮れるのがオチである。あいつはやたらといい仕事が続くけれど、ヒタスラキレイナバッカシデオモシロクモオカシクモナク、ショセンナニモナイナなどと言っているうちはまだましで、アイツも仕事がなくてとうとうテメエの家なんかやっちゃってるらしいけど、カミサンとはウマクイッテイルノダロウカ、といった類の他人の噂に及び、あげくの果てには、カラオケでも歌って帰ろうかなんてことになる。かくいう私などにもしばしば見られる傾向である。

　対するに原広司という建築家は、飲んでいる時の相手ばかりか、世の中までも信用してしまう。国家とか制度とかに大上段からモノ申すにも拘わらず、どこかで人間をひどく信用している明るい風がある。世を疎んだり、失望したり、愚痴をこぼしたりというようなことは決してない。つまり建築家にありがちな女々しいところがなく、草刈正雄演ずるようなダークスーツの似合う甘くスキャンダラスな建築家像ともおよそ縁遠い存在に見える。

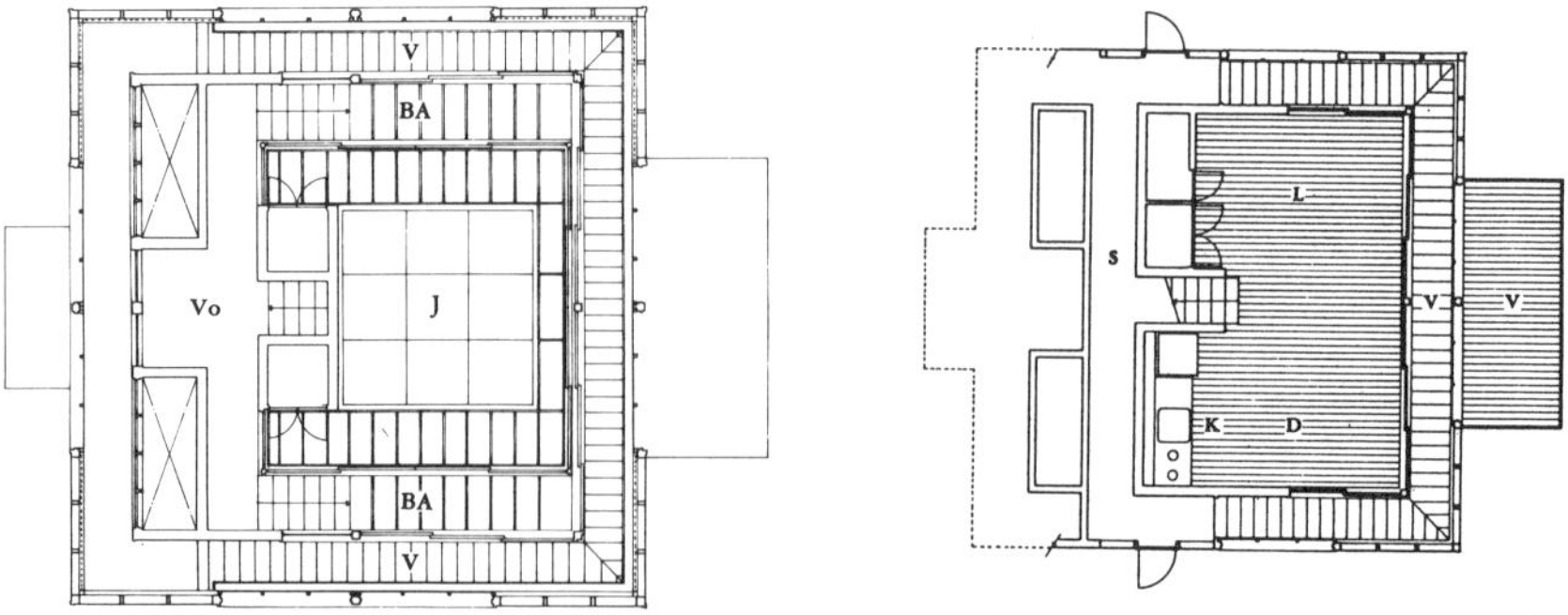

工藤山荘　２階平面図◀，１階平面図▶

○建築家における言葉とモノの関係について。

一般に成功したと言われている建築家を見ると、言葉とモノ（つくられた建築作品）とが適度なバランスにおいて相関し合っている。モノとしての建築が形態あるいは空間として自立する以上、また言葉も言葉として独自の系を描く以上、いかなる建築家に於ても、それが自ら語る言葉とある距離を隔ててしまうことは不可避である。だがそれがある距離を隔てるが故に、建築家にとってその距離のコントロールは建築家が評価される際の重要な尺度ともなるのである。例えばある建築家が建築をカイタイするというようなラジカルな発言をしたとする。ところがその発言に伴って呈示されたモノは少しもカイタイなどされてはいない。さまざまな社会的なシガラミを乗り越えてつくられたユーユーたる建築であったとする。それでも愚かな読者たちは、それが私の如く少々の知性とイメージの喚起力を持ち合わせてしまうとなおのこと、あたかもユーユーたる建築がカイタイされて突然尖鋭化したかの如くみえてきてしまう。きっとこの建築家の次作はとんでもない地点にヒサンして本当にヒサンなことになるかもしれないなどというワクワクさせる期待を胸の奥深く抱きながら見つめてしまうのである。それを眺めながら当の建築家はほくそ笑み、これでオレは十年は安泰だ、でもオレはやっぱりプロなんだからなんてつぶやいている（成功例1）。

また別の建築家にとっては全く違う言葉とモノの関係が存在する。つまりある言葉を投げかけておいて、その言葉の発するイメージや意味に向かってモノを接近させていこうとする試みである。ひとつの言葉は宙に浮くように唯ひとつ独自に投げかけられれば、いかような詩的叙情性も多様な意味をも発散させ得るから、宇宙に輝く星を追いかけて遊泳す

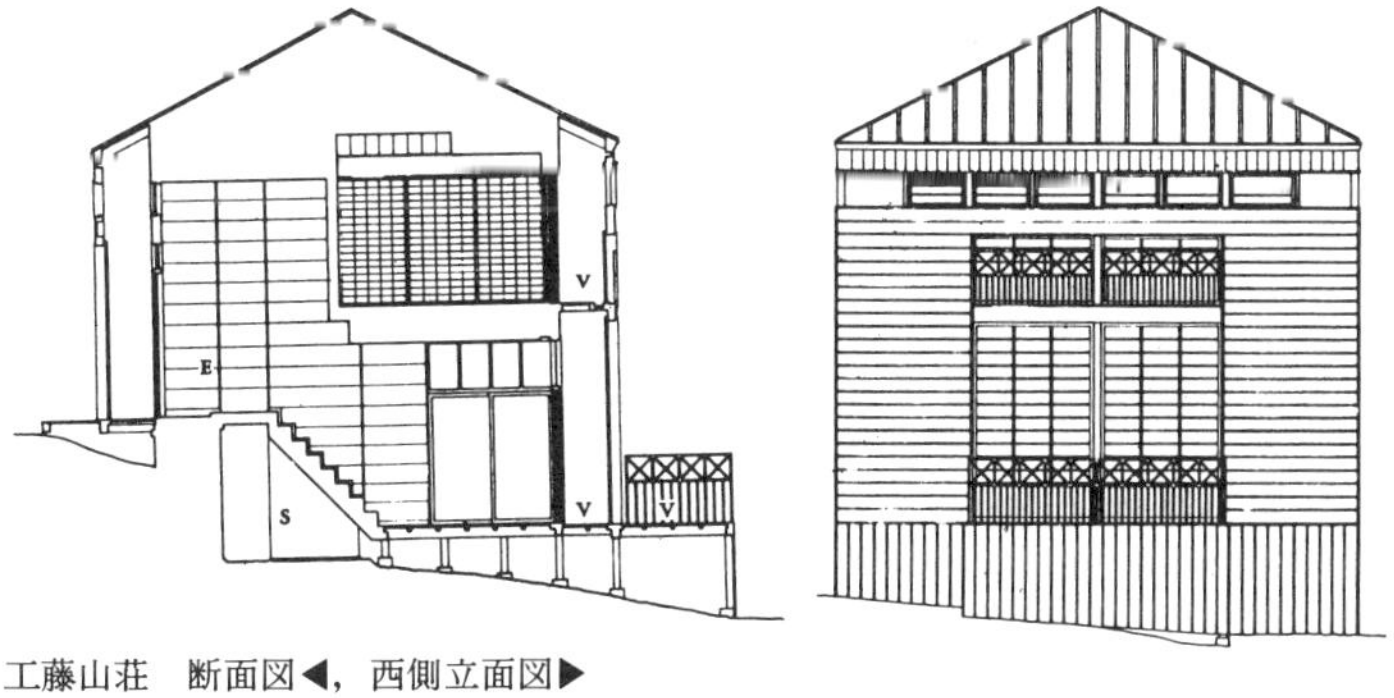

工藤山荘　断面図◀，西側立面図▶

る宇宙飛行士のようにモノをつくる行為はヒロイックでロマンに満ちた作業となる。そして遊泳の軌跡としてつくられたモノとしての建築は宙吊りのままに新たな意味を発散し始め別の言葉を誘い出す。このような言葉とモノの、本当は一人だけの鬼ゴッコに過ぎない創作行為。そして生命安全装置付き宇宙服のなかの建築家。なんとロマンティックで孤独な行為(成功例2)。

このようなエスタブリッシュメントの成功例に比較する時、原広司という建築家にとっての言葉とモノの距離は余りに開きすぎているように見える。均質空間を語らせればミース、デカルトは言うまでもなくアリストテレスのギリシア哲学に及び、思想家原広司になり切るまでに振りかざした刃の鋒は何千里の彼方に到達してしまうし、民家を語り始めればこれまたインド・ネパールから中近東を経てアフリカ大陸の集落までを一気に駆けぬけて、文化人類学者原広司として滔々と尽きるところを知らない。コスモロジー然り、錬金術然り、モダンアート然りで、ともかく建築家にならなかったら数学者になっていたと聞くその論の明晰さと知識の量の膨大さは、木造住宅一軒を設計する建築家の教養範囲をはるかに逸脱して余りあり、時に荒唐無稽にさえ見える。しかし所詮木造住宅はいくら膨ましたところでモノとしての木造住宅に止まる宿命を免れ得ないのであって、その論理の明快なる正当性、遠大さと現実のモノとの間の距離は凡庸なる読者には埋めがたく、重ね合わせて一つの像を結ばせることを困難にしてき続けたし、論のあまりの壮大さ故に、場合によっては口の悪い読者からハッピィなオプティミストと陰口をたたかれることすらあった。確かに原広司の文章のなかには「僕は……が好きだ」といった私的な主語・述語が極端に少ないために、第三者が語っているかの印象を与え、作家としての原広司への思い入れを禁じてしまっているかに見える場合がある。

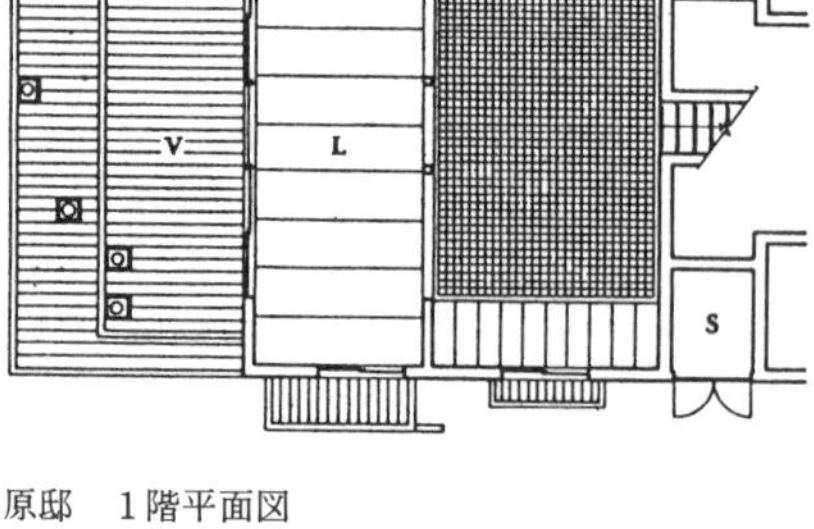

原邸　1階平面図

しかし〈文化を住居に埋蔵する〉という原広司特集の絶妙なタイトルにみられるように、イメージを語り始めた時のこの建築家の直観力・混沌とした言語の暗がりのなかからあるひとつの言葉を選び採って引っ張り出してくる誘導のエネルギーは間近にいないとわからないが、凄まじい迫力に満ちている。もしもこの人にこんな難解な事ばかりを言わせないで、コピーライターにでもしたら今をときめく糸井重里にひけをとらなかったと思わせる程である。因みに私の建築はこの人によって〈静浄なる世界風景への誘導〉などという美しいコピーを授けられているのである。

いずれにせよ原広司という建築家にとっては、他の建築家によく見られる言葉とモノのよくバランスされた戦略的相乗効果はほとんど存在しなかった。彼にとっては壮大なる論理を構成することにのみ関心があって、言葉とモノのソフィスティケーションなどは関心の外にあり続けたのかもしれない。いずれにせよ、このような彼の建築への関わり方故に、七〇年代を通じてフォルマリスティックな建築操作の手法とポストモダニズムの批評的遊戯性とも無縁であり続けたのではなかろうか。原広司のそうした創作への姿勢も含めた上で原広司の建築を崇敬するファンはかつてから多数いたが、少なくとも作品自体がその時代のファッショナブルなスタイルとして主流となった例はこれまでのところなかったように思う。

○〈埋蔵〉という言葉は原広司の身体から発せられている。

例えば私は、今日の原広司の建築をあらしめているひとつの原型でもあり、また原広司のイメージを最もよく体現している作品として軽井沢の山荘〈工藤山荘〉を迷わずあげるが、この建築ができたのは一九七六年である。雑誌に掲載されたのは翌年一月号で、篠原

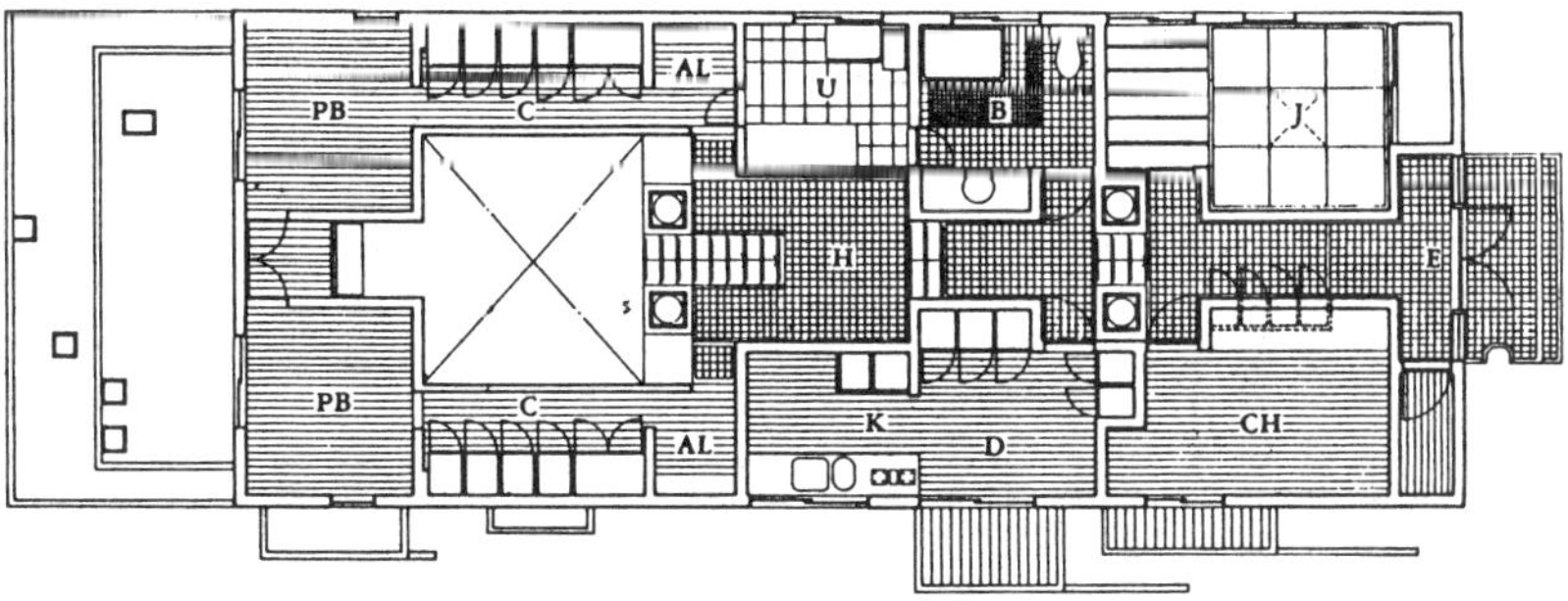

原邸　2階平面図

一男の〈上原通りの家〉と並んでいるが、当時どのような目的だったかは忘れたが、何らかの集まりがあって篠原一男、磯崎新、倉俣史朗、多木浩二等々の建築家・批評家達が同席した際に、原広司は何故か欠席していたのだが、話題がこの工藤山荘のことになった。そして皆一様に原広司のこの新作に対して首をかしげ、妙にひっかかるけれどもわからないを連発していたことを記憶している。確かにシーザ・ペリのアメリカ大使館が竣工したのも同じ頃であったが、この建物のように面一のファサードが未だ日本では珍しかった時期であるから、黒々と塗られた横桟を廻らせた外壁、入れ子のように舞良戸、ガラス戸、障子によって三重に囲われた和室、正方形プランに方形の屋根を架け、お堂のように我が国の伝統的な建築の色彩を色濃く匂わせた形態に対して、皆が懐疑的であったのも当然といえば当然であった。

原自身はこの作品が発表されるに際して、無響の空間の透明性について語っているのだが、日本的なる空間に結びつけて語られることを極力回避しようとしているようにも見える。しかしこの山荘は彼の前作〈粟津邸〉や〈原邸〉と同じく斜面に建ちながら、前二作よりもはるかに地表につき出ており、特に斜面の下方からの立面は垂直性の強いものとなっている。謂わば主階は地中に埋まるどころか宙空に支持されているのである。ところが原の面目躍如たるのは、この立面すべてを黒い横桟で覆ってしまい、決して宙空に持ち上げられた空間にしなかったことである。その結果畳を敷きつめられた主階は、あたかも地中深く埋められたかのような印象を受ける。つまり宙空の空間でありながら、原広司の他の作品よりはるかに〈埋蔵〉された空間がここにはある。そして先に触れた面々が首をかしげたのも、この〈埋蔵〉された空間の近代からの遠さにあったのではないか。しかしあの黒々と塗装された板の間から洩れさしてくる光こそ、彼の描く金堂、荘厳の空間のイメ

原邸　東側立面図

ージに最も近いように見える。この小さな建物を囲む樹々の間を貫く木洩れ日はより一層尖鋭に線条化された光線と化してこの空間にわけ入ってくる。深く埋蔵されていながらも、これらの光線で満たされることによって、この空間は決して地中のような陰湿さを備えていない。そしてこの黒々と塗り籠められた内部のヴォリュームがいかに小さなものであろうとも、ここからは〈恣意と惰性で弛緩した中心的建築を嘲笑したいものだ〉と歯がみしながら均質化されていく都市空間に挑戦する原広司の意気軒昂さを窺い知ることができる。

それにしてもこの〈埋蔵〉という言葉程建築に対する原の意志、彼の身体の奥底こみ上げてくる力をあらわすものはない。この言葉にはそうした意志にもまして、彼の伊那谷で過ごした少年の日々の記憶や、海中深く潜って魚を追う体験をも包含しているように思われる。このような身体に根ざしたエネルギーがこの言葉にあってこそ、〈文化を住居に埋蔵する〉とか〈都市を住居に埋蔵する〉というコピーは、文化とか都市という言葉の疎々しい響きを一気に覆して生き生きと輝き始めるのである。『パンツをはいたサル』の著者も、糸井重里の〈あー、胸がうれしい〉とか〈不思議、大好き〉といったコピーがあればほどの説得力を持つのは、糸井の言葉が理性よりもまず身体の内部が先に持ってしまう感情から発せられているからだと述べておられるのであり、この点では原広司のイメージに関わる言語も全く同じ性格を備えていると言えよう。

○彼の論理を支える人間への信頼が次代の建築の共有点を探りあてるであろう。

ところで原広司の一連の住宅の内部空間を眺めていると、白の空間と黒の空間にはっきりと大別される。即ち前者は〈原邸〉の中心的空間（内核）に象徴されるように、一本の

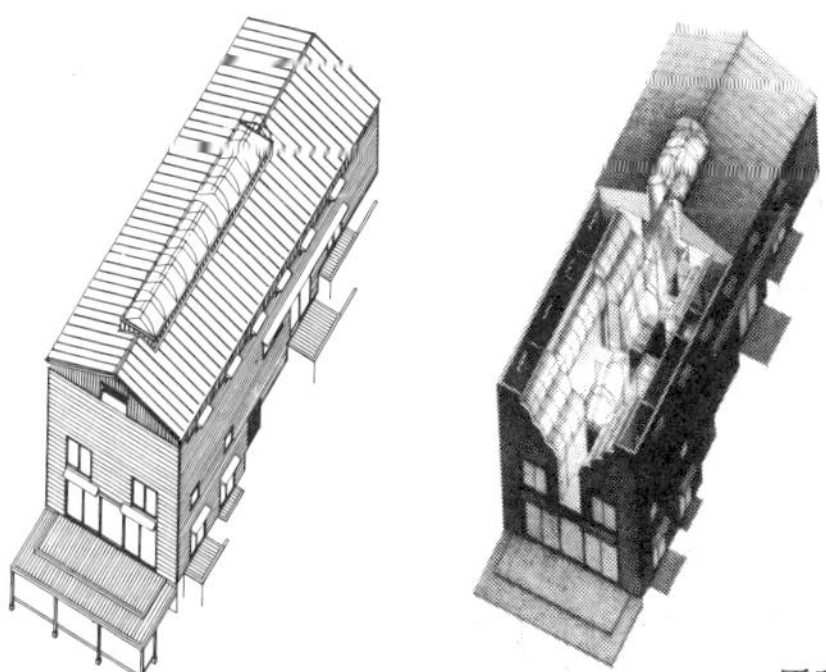

原邸　アクソノメトリック

中心軸に沿って段状に下降しながらシンメトリーに要素が配置され、軸の上方からの光によって、ものが照射される空間である。波打ったり小刻みな振幅を繰り返すこれらの要素は、彼の集落調査の記憶とどこかで重なり合ってエキゾチックな雰囲気を漂わせ、光の乱射によって濃密さを増す。モダンでもなく、かといって伝統的でもない不思議な空間がここにはある。これに対し後者は、既に述べた〈工藤山荘〉の内核をなす空間、つまり横方向からの光によって照射される求心的な空間がある。このような黒の空間は原邸の和室（俗にマージャン部屋）にもされているのであるが、四畳半程の小さな空間の場合にも決して数寄屋のような技巧的なものになるのではなく、常に回帰していくところは集落の一端を担う空間である。

これら二つの原型をなす空間のタイプをさまざまなバランスで組み合わせながら原広司の住宅は構成されているのであるが、そのバランスをほとんど均等に組み合わせたのが、〈ニラム邸〉（一九七八）と言えよう。空間分析を行なうのがここでの目的ではないし、こうした分析自体はさして面白いものでもないのでこれ以上の記述は控えるが、私がこのような彼の二つの空間のタイプに関心を持ったのは、それらがマッキントッシュの空間のタイプに近似しているように思われたからである。ここで詳述しているゆとりはないので詳しくはマッキントッシュに関する拙論（「白いまどろみから醒める時」）を参照されたいが、要約すればマッキントッシュにも白・黒二つの空間タイプがあり、白の空間はアール・ヌーヴォーの官能的な装飾を散りばめた甘美な空間であり、それに対する黒の空間は英国のカントリーハウスに根ざす素朴で力強い空間である。

二つの異質な空間を絡めながら建築を構成するという点ではよく似ているが、しかしこれはあくまで空間を分析するに際しての問題であり建築家の全体像を眺めた時には、全く

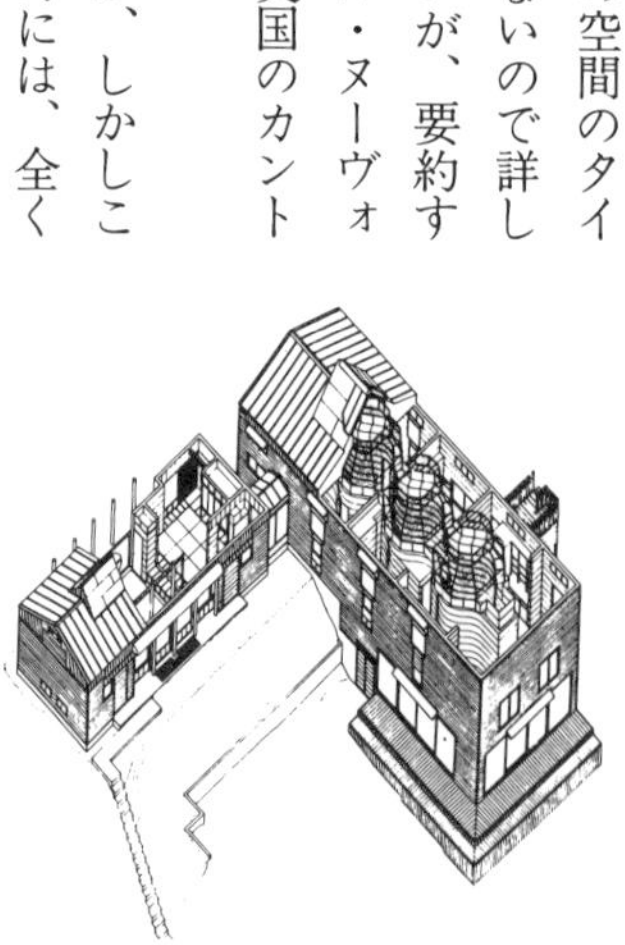
ニラム邸　上階平面図

粟津邸　アクソノメトリック

対照的であるといえよう。何故ならばマッキントッシュは自らの感性に耽溺し、そこに埋没し破局への道を歩むことになるのであるが、原広司の場合、理性のフィルターが外れることは最後まで考えられないからである。いかに豊かな体験と感受性に起点を置くイメージ言語が呈示されても、一方でそれはモノへと還元されていくと同時に、理性のフィルターをくぐり抜けて論理の体系の内に位置づけられないことはない。そしてこの論理を内側から支えているのは、最初に述べたような原広司の人間への信頼にほかならない。この信頼が喪われない限り、どれ程その建築が〈埋蔵〉されようと、それはミステリアスな領域に踏み入ることはないし、明るくあり続け、今日の閉鎖し衰弱した私的な建築の状況のなかにある共有点を探り出すに違いない。

1985

東京遊牧少女の包《パオ》

秋、ロッテルダムのアカデミーで二週間のワークショップを担当した。前年のニューヨーク、プラット・インスティテュートの時もそうであったが、海外で教えるのは本当に疲労困憊すると同時に、きわめて心地良い体験であった。と言うのは、アメリカでもヨーロッパでも、学生達が日本に於けるよりもはるかに生き生きと反応したからである。特にロッテルダムの学生達は素晴らしかった。六十名余りの学生を、私とアシスタントをしてくれた堀川幹夫の二人だけで見るのは相当なエネルギーを要する作業であったが、私自身のテーマでもある行為からの建築の再構成という試みに、学生達は真正面から取り組んでくれた。彼らはまず自らの経験に基づいて、住まうために必要と考えられる場を抽出し、家具だけで表現した。食べる行為、寝る行為、リラックスする行為などにとって各々がもっとも快適と考える姿勢を家具によって描いたわけである。続いてそれらの場の関係を意識しながら柱や壁を立て、覆いを架けてインテリアの空間をつくり出していく。そして最後

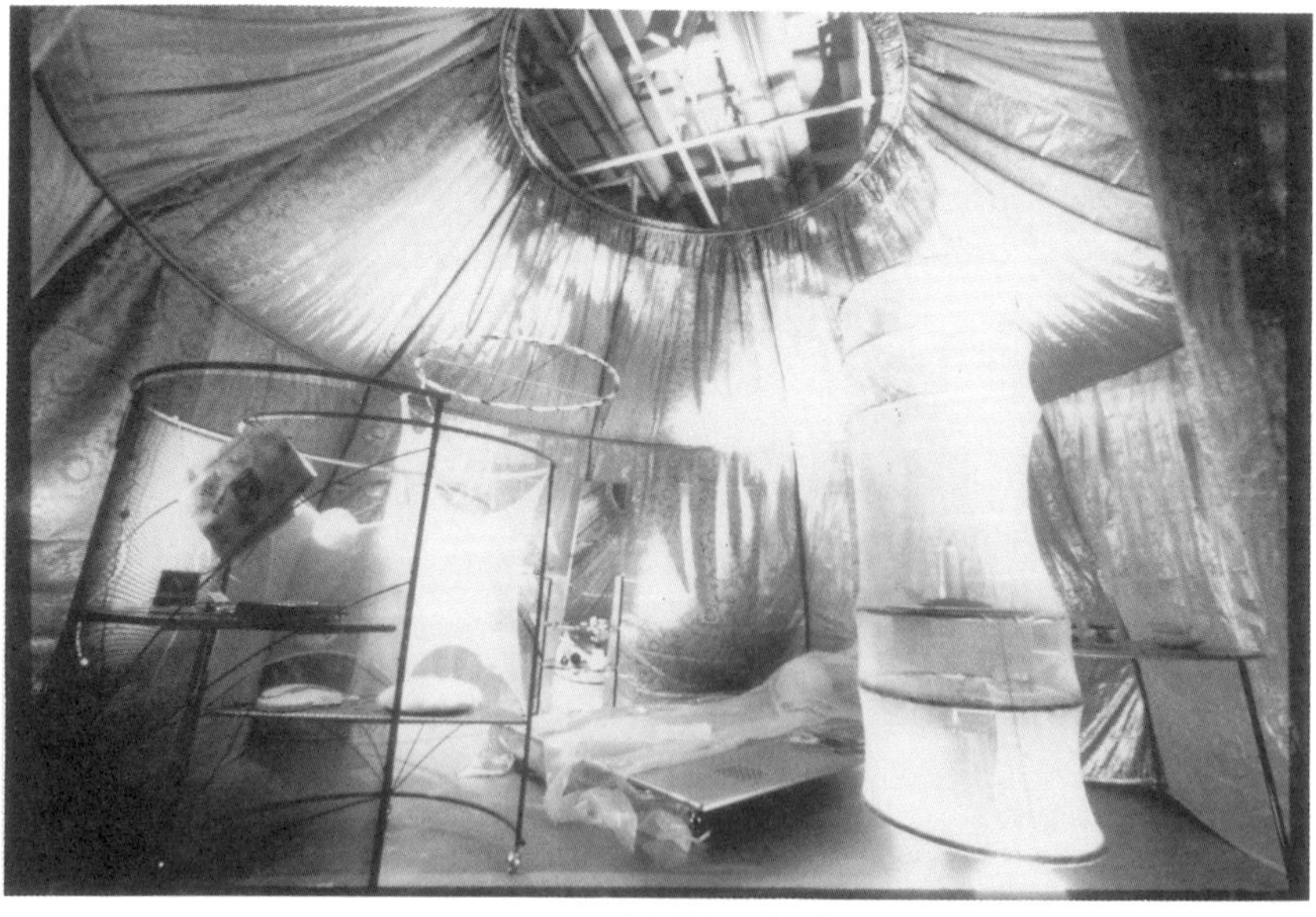

東京遊牧少女の包　デパートでのインスタレーション

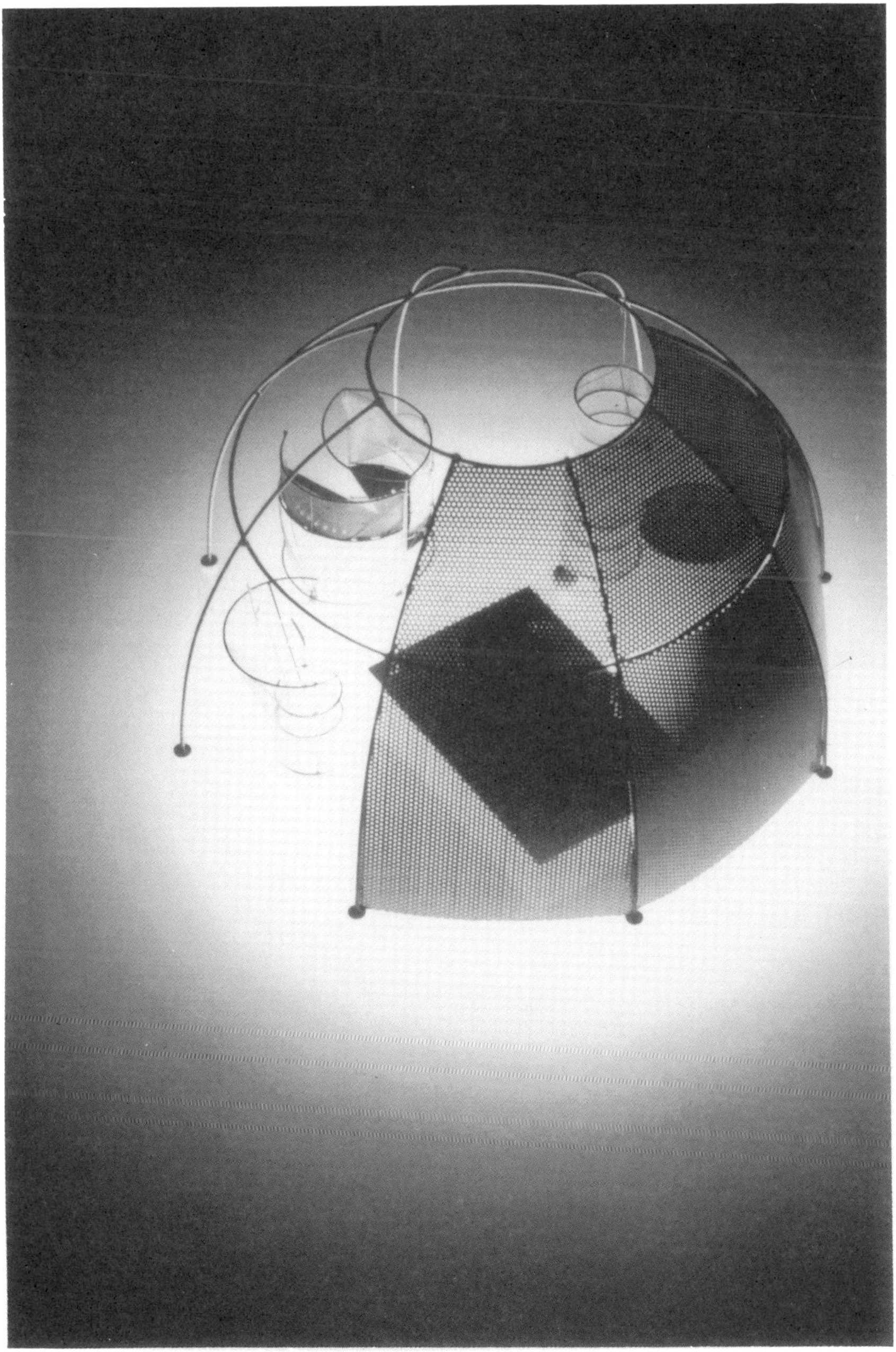

東京遊牧少女の包　モデル

に大学周辺に用意された三つの既存の建物のひとつにそのインテリアをアプライして建築空間にどのような変形が生ずるかを見きわめようというのが二週間のプログラムであった。

このワークショップの参加者は言うまでもなく学生主体であったが、設計活動に従事している人々もかなりいた。多くの人々にとってこのような建築へのアプローチは予想外であったらしく、最初多少のとまどいはあったようだが、年齢にかかわらずほとんどの参加者はまるで幼稚園児が絵を描くように自らの原イメージを素朴にかつ力強く描いた。既に自ら設計した建築を雑誌に発表した経験すら持つ中年の女性などは、あまりに純粋にこのアプローチに従って建築を考えようとしたために、中途で身動きが取れなくなって泣き出さんばかりになった程である。自らの内に堅固に構築してしまっている建築像を疑い、解体する作業こそが、このプログラムの目的であったから、このシーンは感動的ですらあった。彼らのほとんどはドゥローイングの技術

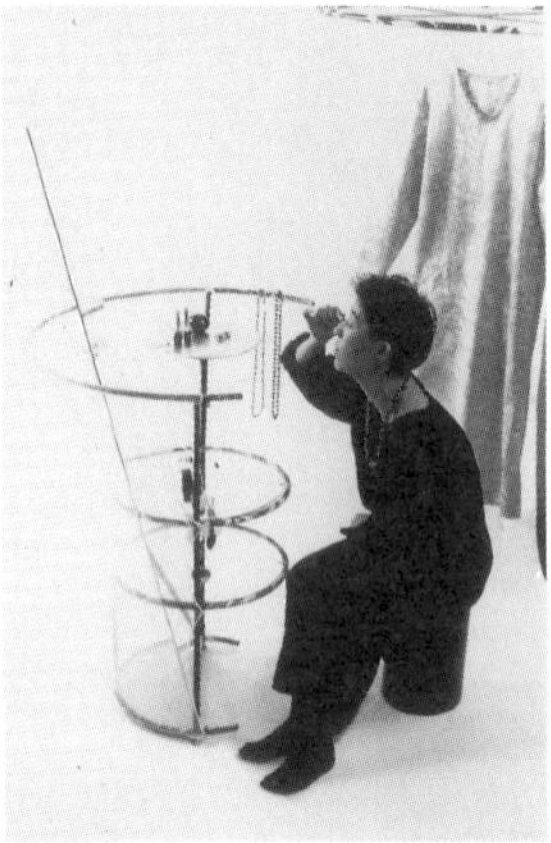

おしゃれする家具

軽食する家具

知識する家具

やモデルを作る能力において日本の学生達に劣ったが、自分だけのイメージを主体的に語ろうとするエネルギーに於いて圧倒的に勝っていた。日本の大学での設計教育という以前の、受験を前提とした教育システムによる感受性の衰退を痛感せざるを得ない。

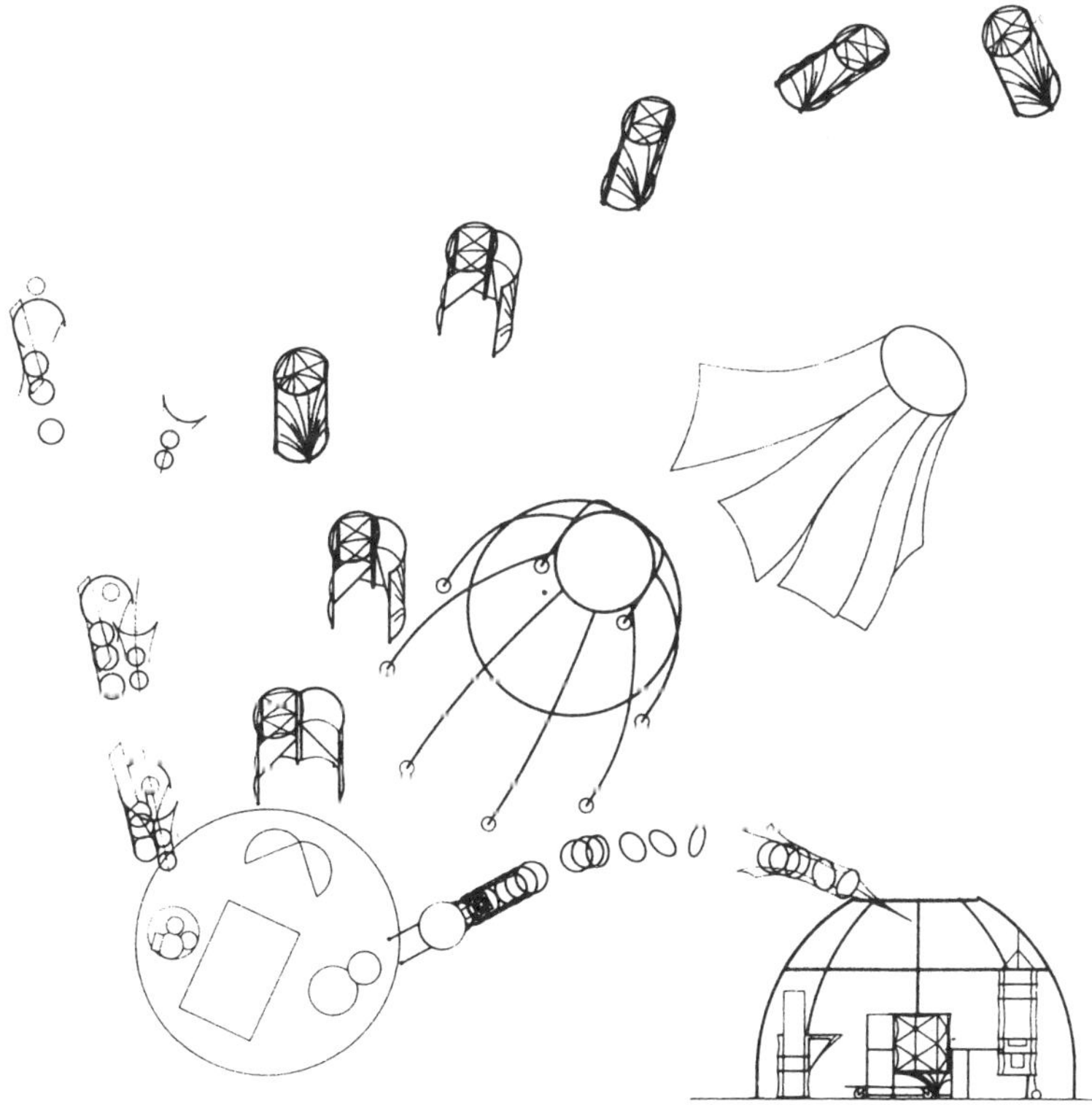

東京遊牧少女の包　ドゥローイング

風の建築をめざして

銀河系のバラック

〈アルミの家〉をつくったのは一九七一年であるから、すでに十三年も前のことになった。外観のほとんどすべてがアルミの屋根板で覆われ、二本の煙突のような光の筒がニョッキリ伸びたこの住宅が、私にとって最初の建築である。ところが、この家だけがそれ以後つくったものとはかなり違っているように思えて、自分でも不思議に感じてきた。しかし、この家が決して嫌いだと言うのではなく、何も判らないままに夢中でつくったせいか、今ではとてもできない大胆さや力強さがあって結構気に入ってはいるのである。しかし今回自邸〈シルバーハット〉を考えながらも、〈アルミの家〉で考えていたこととある点で急に通じるような気がしてきた。勘当されていた息子が久し振りに戻ってきたように、遠く離れてあったこの家が、自分のもとに帰ってきたように感じられるのである。

今回〈シルバーハット〉と名付けたのも、自分では宇宙の小屋というくらいの思い入れがあるからなのだが、これも現実にはアルミのバラックである。確かに今回の家もアルミ等の金属板で覆われている部分が大きく、内部にもいろいろな素材が使われていて、従来のような白く流れる空間が見当たらないという共通点もある。

しかし、そのような見え掛かりの類似点を別にしても、今回の住宅は、私にとっての出発点となった住宅に一番近いものに感じられる。それはひとつには、東京という街がSF的、未来的であると同時に東南アジアのバラック的であり、建築もその両面の反映でありたいと考えたからであり、もうひとつは、設計者と住まい手との関係が設計方法のうえで大きな問題になったからである。

十数年前、〈アルミの家〉の設計にとりかかった頃の私は、急速に姿を変えていく東京を目の当たりにしながら、その途方もなく巨大なメカニズムの中に身を浸す快感を覚えつつも、かつそのコントロールから逃れていたいと焦ってもいた。この時私にとって、東京のイメージは林立し始めたスカイスクレーパーに象徴されるSF的なメカニストリアである、と同時にヤキトリの臭いが立ち込める飲み屋横丁との混合物であった。私の家から仰ぎ見る新宿のスカイスクレーパーは次第に群となってその偉容を謳歌しているごとくに見えるが、その足下に拡がる混沌としたバラック建築群も、いっそうその濃密さを増した。もちろんこれは鳥瞰図としての都市であって、私たちの歩き回る現実の都市は二つの要素が複雑に絡み合って、迷路のように錯綜とした空間を繰り拡げて見せる。

それはまさしく、映画「ブレードランナー」の舞台そのものである。思考力、判断力等をほぼ完璧に備え、スーパーマンのような超能力をもった人造人間レプリカントと彼らを追うスゴ腕のブレードランナーの息をのむ戦いの場は、数百階のスカイスクレーパーの屋上やそれらの谷間に及ぶかと思うと、突然ラーメンの屋台が軒を連ね、パチンコ屋のネオンが輝く雑踏に変わる。空・陸両用の未来カー〈スピナー〉は、ハイテックなコンピューター・ルームとアジア的路地裏とを目まぐるしく往復する。ハナエモリ・ビルのショーウインドーを飾る無機質なマヌカンのごときレプリカントと、東映ヤクザ映画の主人公のように人間臭いブレードランナーも、目まぐるしく交替する。かつてのSF映画に登場したひたすら機械的な未来都市よりも、現実の東京や香港のように無菌のコンピューター・ルームと喧噪のパチンコ屋とが隣り合う空間のほうが、今やはるかに未来的なのだということを「ブレードランナー」をつくったリドリー・スコットは心得ているのである。

建築も、常にその時代やその置かれた場所を反映していなくてはつまらない。だから〈アルミの家〉にしろ、〈シルバーハット〉にしろ、その存立基盤がこの二面性の交錯する東京にあるとすれば、それらは私にとってはアルミであり、シルバーに輝く宇宙船のようでなくてはならないのであり、同時にバラックであり、プリミティブな小屋でもなくてはならないのである。

〈アルミの家〉を雑誌に発表した時、同時に一枚のモンタージュ写真をつくった（本書26ページ）。歩行者天国で賑わう銀座通りに、〈アルミの家〉の原型とも言うべき小屋を入れ込んだものである。異常に長い煙突状の光

東京都心部の鳥瞰

夢は〈シルバーハット〉として多少の改訂を加えられながら、受け継がれたと思いたいのである。

発生し、道路も広場もビルの屋上までもが、この小屋で埋め尽くされる夢を見ていたのである。そして、この夢は〈シルバーハット〉として多少の改訂を加えられながら、受け継がれたと思いたいのである。

「私にとって一軒の住宅の設計は、設計者である自分と、その住宅の住み手となる設計依頼者との間の、まったく絶望的なほどの深い裂け目を辿っていく作業にほかならない。ここで本来なら辿ってという表現よりはうずめるというべきであろうが、いまのところ裂け目をうずめるような共通のことばはほとんど存在しない」(30ページ)。これも、当時の文章である。いささか苛立ち気味に、そしていささかペシミスティックなヒロイズムとともに、設計者と住まい手との間のコミュニケーション・ギャップを訴えているのであるが、今考えてみれば、このような認識も以後の自分の設計方法に大きく影響したように思う。なぜならば、このギャップは二人の個人の問題に止まらず、多木浩二氏が『生きられた家』で呈示しているような、現代の家をめぐっての〈つくる〉行為と〈生きる〉行為との亀裂という今日的主題に拡張されるからである。

つまりそれは、俗悪であれ、恣意的であれ、自己の欲望に根ざした身体の拡張行為とも言える〈生きられた家〉を主張してくる住まい手と、家を少なくとも一旦は対象化し、他者として見据えざるをえない設計者との間に生ずる不可避な亀裂である。そして多木氏によれば、建築家はこの時、〈建築性〉という自己自身に言及する概念を生きられた家から引き出し、「ひとりの人間の想像力が現在構成可能な空間の限界を描き出すことになる」のである。

〈アルミの家〉の設計プロセスにおける苛立ちの感情は、いわばこの〈建築性〉の概念を、まだ自己の内に確立しえていないことへの苛立ちであったように思われる。このような絶対に埋めることの不可能な設計者と住まい手の亀裂、という認識を前提とすることによって、初めて以後のフォルマリスティックな方法への割切りは可能であった。自分ではっきりと意識したわけではむろんないが、この時すでに自分の中にも、何らかの〈建築性〉の概念が構築されかかっていたに違いない。非日常的なるものから日常的なるものへの移行も、抽象から具体への移行といったテーマも、すべてはこの〈建築性〉という概念の枠内での試みであり、この概念の枠を取り外さない限り、生きられた家に近づくこと、すなわち設計者としての自己を全面的に解放することは不可能であったと言わねばなるまい。

しかし、自分の住む家を自ら設計しなくてはならないという事態が生じた時、頑なに維持してきた自分にとっての〈建築性〉の概念とは一体何であったのかが、否応なく問われずには済まされなかった。卑しくも建築家たることを自認する以上、設計者と住まい手はここで同一人物であり、両者の間に亀裂があるなどと言ってはいられない。果たしてこの抽象的ではあるが、確実に自分を押さえ込んできた〈建築性〉という枠をどこまで取り外しうるか、これこそが、今回の設計における最大の課題であった。

フォルマリスティックな操作の停止

そもそも自分の住む家を設計しようなどと思いたったのも、ほとんど偶然と言ってよかった。一九八二年の九月末頃であったろうか、アメリカから帰国したばかりの磯崎さんから電話があった。十一月にバージニア大学で重要な建築家の会議があるから、参加してみないかという電話であった。この会議は〈P3コンファランス〉と呼ばれ、P・ジョンソンが音頭を取り、P・アイゼンマンとJ・ロバートソン等が発起人となってアメリカ国内十五名、ヨーロッパおよび日本から十五名計三十名を招待し、二日間にわたって全員がひとつずつのプロジェクトを紹介、それに対して残りのメンバーが批評を繰り返すという企てであった。P・ジョンソンをはじめとする錚々たる建築家たちが、自分のプロジェクトの批評をしてくれるのも悪くないなどと思って、即イエスの返事をしてしまったのであったが、ここで発表されるプロジェクトには未発表であること、実現可能であることという二つの条件が付けられていた。仕事の少ない私にはどう考えても、これに該当するプロジェクトは見当たらない。というようなわけで、やむをえず急遽思いついたのが、この自邸計画であった。

〈中野本町の家〉は、八年経過した今、ほとんど全面を蔦に覆われている。当初二年間、土のままに放置されていた中庭も、芝や雑草に埋め尽くされている。完成した当時、このような家は何年経っても変わることはないだろうと思っていたが、そのような空間ですら、しだいに生きられた家になりつつある。この〈中野本町の家〉の地続きに、私は三十年近く住んで来た。ここにはハーバード留学より帰国して間もない若き建築家、芦原義信氏の設計になる三十坪ほどの平屋葺きローコスト住宅が建てられていた。当時高校生になったばかりの私はこの家の棟上げの日、施主たる母親と共に、芦原氏に接する機会を得たのであったが、これが大学で建築を専攻するまで建築家に接した唯一の体験であった。当時坪七万円、総工費二〇〇万円ほどで建てられたこのローコスト住宅は、ブロイヤーの影響の強く現われた浅い勾配の屋根をもち、水平棟の強調されたファサードの美しい住宅であった。しかし母は極めて注文の多い、うるさい施主であったようで、芦原氏をずいぶん悩ましてしまったようである。この住宅も三十年近くなり、いささか老朽化し手狭にもなっていたので、建て替えることを以前から考えていないわけではなかったが、それほど真剣に考えていたわけでもなかった。とりあえずこのような機会に、プロジェクトとしてまとめてみようと決心したのは、アメリカへ出発するわずか一ヵ月前のことであった。

この会議のためのプロジェクトをつくるにあたってまず考えたのは、八年前につくられた強い軸線をもつ馬蹄形の形態とどのように連続させるか、ということである。このことはこの時のプロジェクトに限らず、強く意識に残っていた。結果的に出来上がった自邸では、完全にこの連続性は消えたのだが、全設計期間の七割方はそのことを考えていたように思う。

次に考えたことはこの連続性の中で、あの馬蹄形のシンボリックな形態をどのように弱め、曖昧化していくかということである。この時まとめたプロジェクトでは、建築物の間に幾つもの小さなコートを置き、これら

ツタに覆われた中野本町の家

のコートが連続して川のような流れをつくり、南北の強い軸線を溶融させてしまおうというものであった。自邸の部分には、当時並行して設計中の〈花小金井の家〉とほとんど同じ形態が導入され、この切妻と浅いヴォールトの形態を他の部分にまで拡散させることによって、より日常的な形態やスケールを獲得しようと試みた。

このプロジェクトを今眺めてみると、自己の従来の方法から脱皮したいと思いながらも脱皮し切れずにいる自分の姿がよく判る。その点け会議の後で、アイゼンマンに指摘されたことでもあった。〈お前の以前の家は明快ですっきりしているのに、今度のプロジェクトが曖昧なのは一体どうしたのだ〉と聞かれた私は、〈不明快さとか曖昧さ、中心のないものこそが今私の狙っているものなのだ〉と答えた。しかしこの時、もはや自分ではフォルマリスティックな操作によって、いくら曖昧さをつくり出しても、それはいわゆる〈建築性〉なる概念の枠内でのシミュレーションにしかなりえないことを自覚してはいたのだが、それに替わる新しい方法を発見できないために、結局形態操作に終始するしかなかったのであろう。

しかし、いずれにせよ、このプロジェクトをつくったことが、自分の家をつくってみようという気を起こさせる直接の契機となったのは確かである。実施設計を終えた〈花小金井の家〉では、幾つかの面白い手掛かりが得られそうなところまで発展していた。帰国後しばらく時間をおいて、一九八三年早々から本気になってこのプロジェクトは再開された。しかしその後も半年間は、多かれ少なかれ混乱は続いた。最終的に〈中野本町の家〉との関係を完全に断ち切った時、おのずから自分の新しい方法が見つかったようである。この時ようやくいける、という気分になれたのであった。

八四年の夏、ニューヨークであの会議以来再会したアイゼンマンに、私は出来上がったばかりの自邸のスライドを見せた。彼はそれを見るなり、〈あの時のプロジェクトよりはるかに明快になった。これなら判る〉と即座に言った。

オープンシステム、Dom-ino《ドミノ》、花小金井の家

〈笠間の家〉をつくって以後の三年間は、どのようにしてフォルマリスティックな方法から脱却できるかが、私にとっての切迫した課題であった。そのような試みのひとつに、〈Dom-ino《ドミノ》〉プロジェクトがある。

このプロジェクトは八〇年に発表した〈小金井の家〉という小さな鉄骨造のローコスト住宅をベースにして、その商品化を企てようという目論みであった。商品化と言っても、私たちのような小さな事務所の勝手気ままな試みであるから、量産などという考えは毛頭なかった。ただすさまじい消費の進行の中で、ごく平均的な都会の主婦たちが住宅に対してどのようなイメージを抱き、どのような住まい方を望んでいるのかを自分なりに確認してみたいと思っただけである。先に述べたような生きられるべき家のイメージを突きつけてくるのであろう主婦と、中心をなくし、作家としての〈建築性〉なる概念の枠を外して開いていこうと試みる建築家との接点が、どこかに存在するものか否かを確かめてみたいと思ったのである。

〈Dom-ino《ドミノ》〉という名称が、コルビュジエのあの一九一四年のメゾン・ドミノのスケッチに由来していること

は言うまでもない。コルビュジエのこのシステムが、第一次大戦の被災者たちのために構想された一種のセルフビルド的集住体を目差していたという事実を知った時、私は意外に感ずると同時に、きわめて重要な暗示を受けたと思った。コルビュジエのドミノ・プロジェクトは、自由なプラン、自由な立面、屋上庭園等で知られる近代建築の五原則を保証し、同時に量産、工業化への可能性をも開く新しいシステムと教えられてきたし、事実そのシステムを適用して、彼はサヴォア邸やガルシュの家など多くの傑作をものにした。

しかし、あのドミノのフレームは爆撃後の焼けただれた石や煉瓦、廃材を拾い集めて新たな家を再構築するストラクチュアの提案であった。すなわちスタイルの提案でなく、ある種のブリコラージュを可能にするシステムであったことが理解できた時、私たちの〈Dom-ino《ドミノ》〉プロジェクトもはっきりとした方向をもちえたように思われた。

〈住む人によって表情が変わるセミ・オーダーの家〉というのが、私たちの〈Dom-ino《ドミノ》〉のセールスポイントであった。建築的行為は鉄骨のフレームとコンクリートスラブをつくる時点までであり、それ以降は住まい手の主張を建築的にフォローしていけばよいと割り切ることができた。同じシステムによって表情の異なる家が十軒並んだら、大変面白いことだと思っていた。

パンフレットがつくられ、このプロジェクトが女性誌「クロワッサン」に紹介された。

雑誌発表の二～三日後から、問い合わせの電話やパンフレット請求の手紙が、全国から続々と舞い込んだ。それらのほとんどは単なるひやかしであり、事務所を訪ねて来たり、こちらが面会に行った相手もほとんど一回で連絡が途絶えた。ところが発表後一週間くらいした頃、突如一人の男性から電話があり、翌日事務所を訪ねてきた。

三十代の半ばくらいであろうか、きわめて都会的で飄々としたその男性は、ろくにこちらの話も聞かないうちから、梅ヶ丘に土地があるから〈Dom-ino《ドミノ》〉で設計して欲しい、時期も無理のない程度で早いほどよい等と希望を述べ始めた。初対面早々からさらさらと自分の希望を話し始めるクライアントなど見たこともないので、こちらは呆気に取られて、この人本気だろうかと半信半疑で顔ばかり眺めていたのだが、帰り際に置いていった名刺を見ると、何とかつて雑誌「ビックリハウス」をつくった萩原朔美さんであったのである。

彼は最近、寺山修司追悼公演の演出をやったり、写真もやればビデオもやる多才な人である。使い込まれたドアのノブとか電気のスイッチのように手が触れるものを、手当たり次第写真に撮って並べてみるかと思えば、自分の友人達の住まいに行ってさまざまな窓ばかりをビデオに撮って並べながら、生きられることの意味をさらりと描いてみせるような人である。だからわれわれのセミ・オーダーハウス〈Dom-ino《ドミノ》〉についても、その仮設的なところとか、あまり押しつけがましくない点が気に入ったようである。萩原邸のような場合には、鉄骨のフレームとコンクリートスラブだけをつくったら、われわれは本当に引き揚げてしまって、自分だけで好きなようにつくったらもっと面白い家が出来たように思う。しかし、萩原さんも心優しき都会人故に、われわれのことをおもんばかって、ほとんどをわれわれに任せっきりであった。われわれも原型たる〈小金井の家〉にやはり引っ張られていたのであろう、もっと自由であるべきであった。だが萩原さんのものごとに囚われない生き方の自由さとか軽さとかは、今でも印象的である。

〈花小金井の家〉が完成したのは、八三年の春である。この住宅は初めて、形態操作にこだわらずに設計できたと思っている。この住宅は一階の一部がＲＣ、残りが木造（ヴォールト部分梁のみ鉄骨）であるが、木造部分は可能であれば鉄骨造としたいところであった。予算の関係で叶わなかったのであるが、そのためにいささか重々しい印象は免れない。

ファサードに表現されているとおり、この住宅は浅いヴォールト屋根のオープンな空間と、切妻屋根のクローズドな空間とを複合させて成り立っている。しかしこのファサードの形態に、大した意味があるわけではない。そして、このオープンな空間とクローズドな空間を季節や時間によって使い分けることで、新しい住まい方ができるのではないかという提案を行なったのであるが、正直なところ、関心はヴォールト屋根のオープンな空間に集中していた。

〈Dom-ino《ドミノ》〉のシステムによれば、壁のないオープンな空間は保証されていたのだが、〈小金井〉でも〈梅ヶ丘〉でも結局は、成型セメント板の壁に囲われたキュービックな箱に終わっていた。したがって、サンルームのようにオープンな空間をつくることは初めての試みであったし、機能的にもさまざまな使用が可能に思われた。そもそもがこのスペースは〈Dom-ino《ドミノ》〉のスタディの過程で、民家の土間のごときスペースの有効性が論じられた時から、皆でつくってみたいと考えていたのであるが、この住宅でようやく実現したのであった。土間とは言っても、かつての土間のように重苦しいスペースではなく、ユーティリティとしてでもリビングとしてでもエントランスホールとしても使えるような、いわば機能のはっきりと定まらない外部に近い空間であった。フレームやスカイライト等に強い色彩を施し、床は墨モルタル、壁にアルミ、天井に穴あきのフレキシブルボードを配したため、人びとはコルビュジエの初期の住宅のようにモダンな印象と、伝統的な土間の土臭さとを併せ感じるようである。この家の庭先には大きな桜の木があって、完成間近なこの家を訪れた時、この土間のようなスペースは桜の花びらで埋まっていた。この時、このようにオープンなスペースは都市住居においても、というより都市住居においてこそ、より積極的に展開できそうな自信をもった。

風の建築

わが家の設計を始めてから完成するまでの約一年半の間に、ずい分何度も日本を脱出した。ニューヨーク、ワシントン、ロンドン、カラチ、サンパウロ、リオデジャネイロ等の都市を一、二度訪れた。それぞれに美しく、互いに何の脈絡もなく、まして東京とは全く違った都市生活が展開されていた。

カラチを訪れたのは、一九八四年の春頃であろうか。この時、カラチから約二五〇km北方にあるハイデラバードという街を、どうしても訪ねて見たいと思った。B・ルドフスキーの『建築家なしの建築』の中にあるハイデラバードの街の写真が、ひどく印象的であったからである。ほとんど街中の建物の屋根に、風を採り入れる煙突のような風受け〈バッド・ギア〉が取り付けられており、全く同じ方向に向けられた無数の風受けが織りなす風景は、壮観としか言いようがなかったからである。しかし三時間以上も車をとばして行ってみたハイデラバードの街に、〈バッド・ギア〉はほんのわずかしかなかった。夕闇せまる街のあちこちを探し回っても、数個ずつの〈バッド・ギア〉がパラパラと見えるだけであった。ルドフスキーの写真がかなり以前のものであるのは確かだが、もはや各家が取り去ってしまったのか、それとも探した場所が違っていたのか、いずれにしてもわずかな〈バッド・ギア〉だけを写真に収めて納得せざるをえなかったのであるが、後日、この話を原広司夫人、若菜さんにすると、彼女は自分の見たイランの集落の風受けについて熱っぽく語ってくれた。恐らくそれは、イランのエムラーニの集落の風受けであろう。これはハイデラバードの反射板状のものと違って、幅広で奥行きの浅い筒状のもので、この筒の前面に縦長のスリット状の風穴が切られているのである。日干し煉瓦で固められた家々の各部屋に、この筒からの風は送り込まれ、真中に取られた中庭へと集められて抜けていくのだという。窓の少ない土で固められた内部を風が吹き抜けていく様を想像するだけでも、爽やかな気分になってくる。

エムラーニの集落も城壁の外はただひたすらの砂漠であるが、砂漠の風と言った時にすぐ想い起こされたのは、中沢新一著『チベットのモーツァルト』の中に現われる〈風の行者《ルン・ゴムパ》〉の話であった。これは砂漠でなく、チベットの平原に現われる超能力をもったラマ僧の瞑想歩行訓練の様子を描いたものだが、その様は異常な身軽さ、信じられない速さで、〈まるで空中に浮き上がり、跳びはねながら前方に進んでいくように思えた。ボールの弾力を身につけて、足が地面に触れるやいなや軽くバウンドさせている、といった趣きなのだ〉と言う。

空中に浮遊するこの〈風の行者《ルン・ゴムパ》〉、陽炎《かげろう》のような建築が存在したら、何と魅力的であろうか。〈風の建築〉などと言うと、毛綱毅曠、六角鬼丈両先輩に睨まれそうだが、私にとって魅力的なのは風を視覚化することよりも、風のように軽やかで、状態だけがあって形態をもたない建築が存在したら、どんなに素晴らしいかと想

ハイデラバード・シンドの集落

ハイデラバード・シンドのバッド・ギア

エムラーニの集落

うのである。

風の視覚化ならば、〈PMTビルディング〉でも意図したことであった。一枚のアルミの板に切り込みを入れ、風が吹くと紙のようにヒラヒラと舞うファサードをつくりたかったのである。しかし今回の〈シルバーハット〉では、建築全体を一枚の布のように軽くして、アルミのメッシュで出来た蚊帳のように宙に浮かせてみたいと思ったのである。一枚の布が風の吹くままに形を変えるように、ほとんどその形態を感じさせない建築こそが、私にとっては、もっとも現代に生きられることを束縛しないように思われるのである。だから、私の家を見にきた学生の一人が、コートの上にかかったテントを開けているのを見て、〈ヨットの上にいるみたい〉と言ってくれた時ほど嬉しかったことはない。現代都市にふさわしい美しい〈バッド・ギア〉を発見し、東京という海に無数のヨットのように浮かべてみたいなどと言うのは、あまりにも妄想であろうか。

自然・プリミティブ・コスモス

つくる人間であると同時に、住むべき人間でもあることをどのように自分の中で消化すればよいのか、それは最初に述べたように、たまたま私の自邸だから発生した問題ではなく、この三年ばかりの間、私の設計方法における大きな問題であり続けてきた。

この問題は現代の建築家にとって解決しえぬ矛盾であるのかもしれないが、その矛盾を抱え込まない限り、建築をつくることの意味も生じてこないようにすら思われる。

〈シルバーハット〉の設計過程で、私は絶えず、設計者としてよりも住まい手としてどこまで考えられるかを、徹底してみようと考えた。それはわれわれの〈Dom-ino《ドミノ》〉においてヒントを得ながらも、未だ十分に解決されていない問題であった。〈Dom-ino《ドミノ》〉における建築的行為が、鉄骨のフレームとコンクリートスラブであるとすれば、この新しい住宅における建築的行為とは、3.6mのモデュールで並ぶコンクリートの独立柱と、その上に架かった軽い鉄骨トラスのフレームである。

シルバーハット施工中の屋根鉄骨トラス

大橋晃朗デザインによる
シルバーハットのソファ

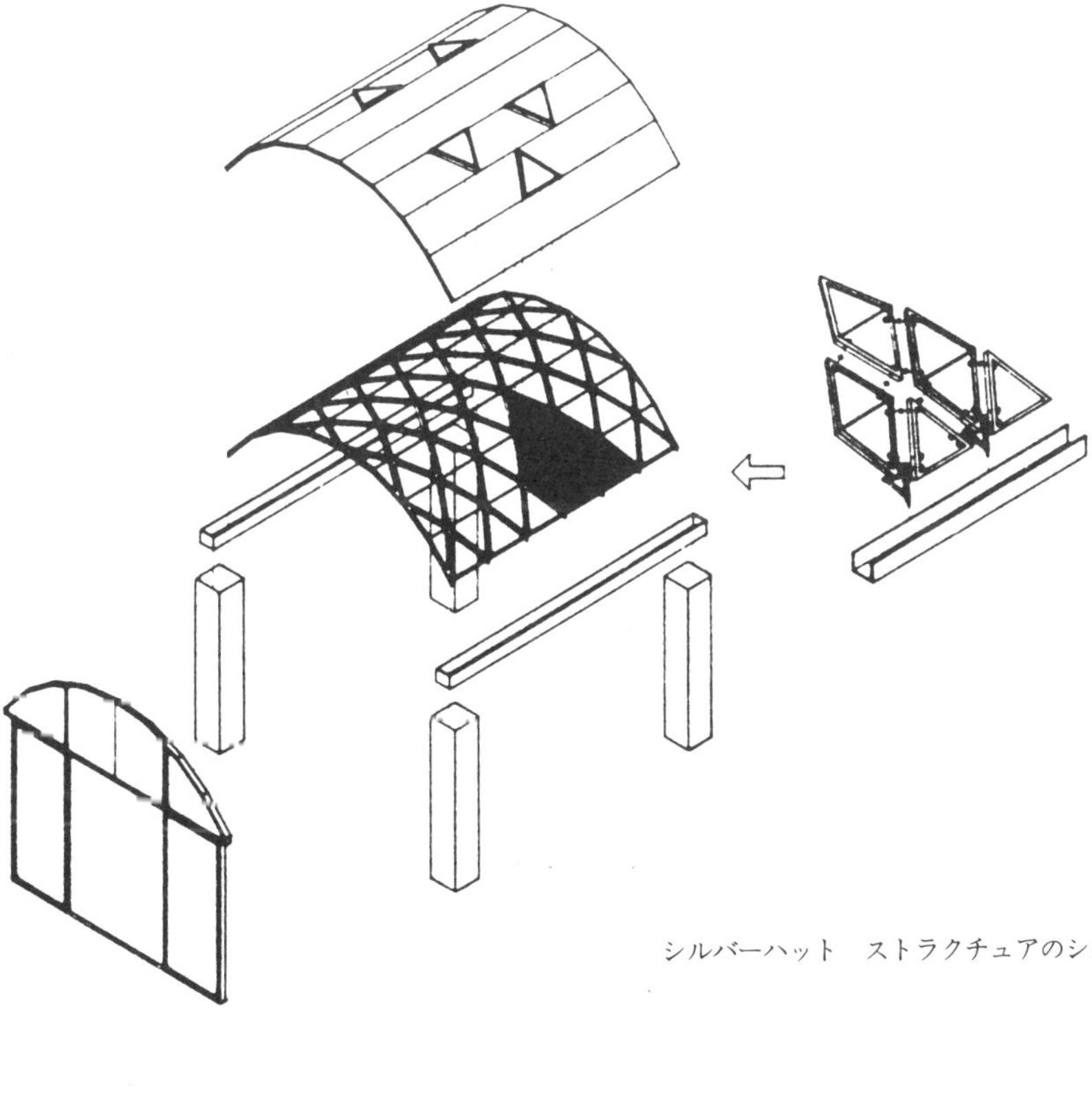

シルバーハット　ストラクチュアのシステム

このフレームは、かつての丸太の小屋組みに代わる、現代の東京におけるプリミティブハットの小屋組みとは何かを考えた結果である。古い民家の小屋組みは確かに美しいが、私たちの時代には、私たちの時代と状況にふさわしい独自の小屋組みを見つけなくてはなるまい。このフレームに関しては、構造エンジニア、松井源吾氏＋ORS事務所に負うところが大きいが、現実にこのフレームの発見から導き出された要素は多い。建築にしても、家具にしても、このフレームのイメージなくしては生じなかったと言えよう。

鉄骨フレームのヴォールトがすべて組み上がったのは、一月の下旬くらいであった。この冬は東京も例年になく冷え、幾度となく降り積る雪のために工事は中断せざるをえなかったが、雪の上にヴォールトのフレームが組み上げられた時、私にとってこの建築は竣工した。むろん工事はその後もかなりの期間続いたが、この日から、私の意識の中での生活は始まっていた。つまりもし可能ならば、この段階で住み始めたいと思ったほどである。

七つのヴォールトのフレームの下に暮らしながら、それぞれのユニットをどのような部屋につくり上げていくかを決定したいと思ったのである。むろん設計者であり住まい手であると言っても、一人の人間として生きているわけだから、明確な境界線をその間に引くことなどできようもないが、少なくとも意識的には、設計者の立場からの決断を最小限に押えようと試みたことは確かである。その結果として全体の統一が崩れようが、納まりが場所によって変わってこようが、極力意識しないように努めた。また特に老人のためにつくられた和室では、かつての生きられた家の記憶を止めるべく、元の家の平面や開口部の形態、床柱などの素材をできるだけそのまま生かして、フレームの下に入れ込むよう試みた。それぞれのヴォールトの下にさまざまな違った生活の表情が現われてくることを、そして全体からは小さな集落のようなヴォールト群が発生してくることを期待した。

それぞれの場所においてつくられた家具に関しても、考え方は全く同じである。大橋晃朗さんとの協同作業は〈ホテルD〉以来であるが、今回ほどコミュニケーションが成立したという実感をお互いにもったことはないように思う。従来は建築から家具へスケールが下りてきて、したがって建築の方向性の延長上に常に家具が位置づけられてきたのだが、今回はそれぞれの場所で、それぞれの機能に従って即物的に形態として置き換える作業ができたように感じている。言い換えれば、大橋さんがつくり手で住まい手としての私の注文を聞くといった関係で、おのおのの家具がつくられていったとも言えよう。そして、その時に形態をつくり出す媒介となったのが、エアダンパーなどささやかなテクノロジーであった。それらの技術がプリミティブなものであったとしても、それを前提とすることによって、従来の家具のもっている表現的な要素を自然に取り除くことができたのではないだろうか。

最初の大雪が降り、フレームが組み上がった直後、母急死の報に接した。八十一歳の老齢であったから、草木が土に還っていくような自然な死であったが、前日まで毎日プランを眺めながら完成を楽しみにしていただけに、今でも老母のために用意した和室に入ると胸が痛む。

またその頃、駒ケ根市の文化施設公開コンペティションに応募した。新しい住宅に使われたこの鉄骨トラスのフレームで、建築群全体を覆ってしまおうという企てであった。このコンペティションの結果は、現在の建築的状況を当然過ぎるほど反映していると思われ、これに対してとやかく言う気はないが、私は市や町のシンボルとして建築的に誇らしげに立ちはだかる公共建築でなく、メタリックな集落にそれを解体してしまいたいと考えていた。軽やかな素材と構法によって、軽やかな現代の集落をつくり上げること、それも現代の地域性や風土性に対するひとつのあり方とは考えられないだろうか。地域や風土を論ずるならば、ハイデラバードやエムラーニを横切っていく風にまで想いを拡げたいと思う。その時見えてくるのは地域の特殊性ではなく、建築がかつて地域を超えて共通にもっていたプリミティブな力であると思うからである。

宮沢賢治の「銀河鉄道の夜」を読んでいても、ジョヴァンニは牧場や、松や楢の林を歩いているうちに、突如として、そらの野原、銀河ステーションにいるのである。〈まるで億万の螢烏賊《ほたるいか》の火を一ぺんに化石させてそこらじゅうに沈めた〉とか〈かくしておいた金剛石を、誰かがいきなりひっくりかえして、ばらまいた〉よ

駒ヶ根市文化施設コンペティション応募案　モデル

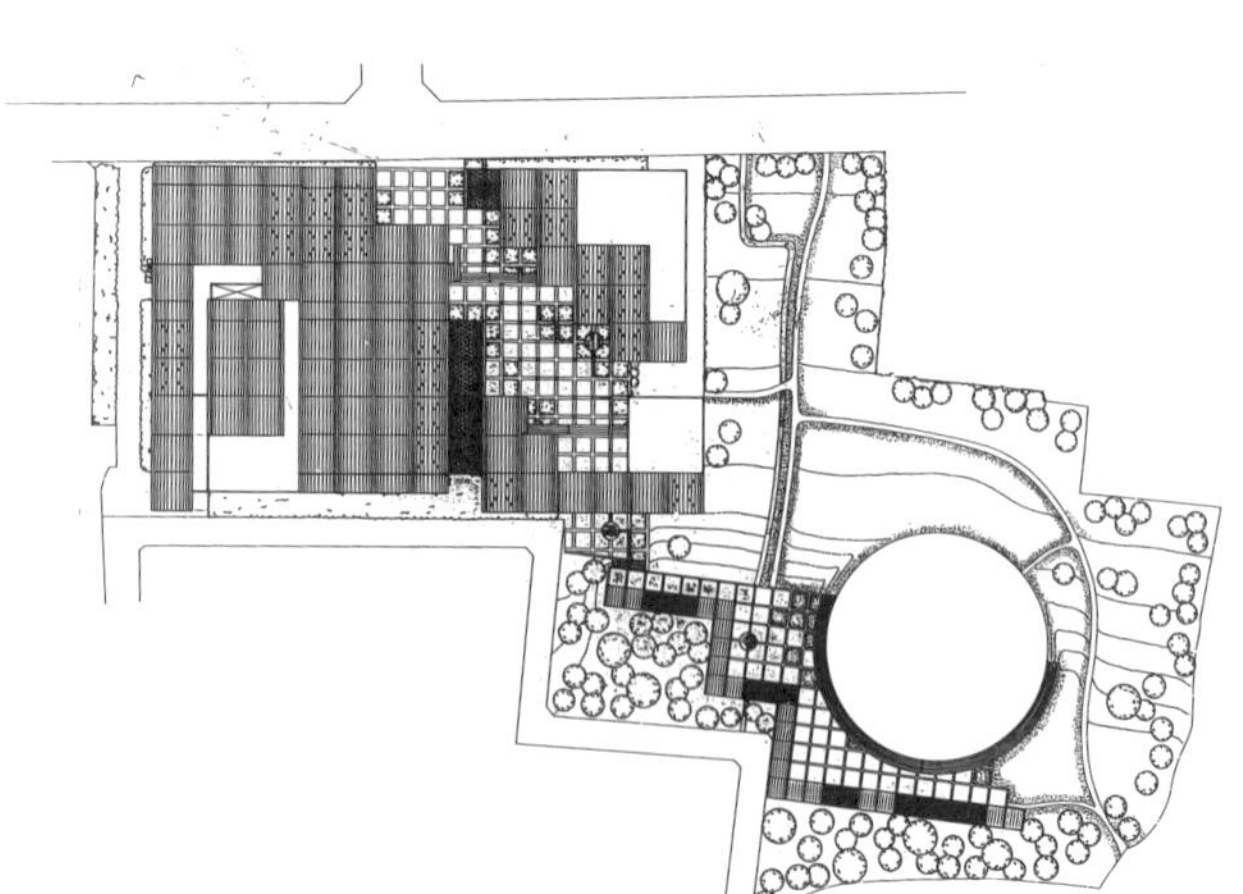

駒ヶ根市文化施設コンペティション　サイトプラン

うに、突如として、ジョバンニの前に幻想的な世界が開かれるのである。現実が現実しか反映しないような建築を、建築とは呼びたくない。

吉本隆明氏は宮沢賢治のコスモスについて、他の詩人たちと全く違って厖大な自然の一部として人間を捉えていることを指摘している（原子朗との対談、「国文学」84年1月号）。つまり、暗いところで内面の一点にぎゅっと凝縮してしまうような人間主義＝心理主義的やコスモスではなく、自然の歴史あるいは地史に現われ消えてしまう生物としての人間というような広大な地点へサーッと感覚を開いて行ってしまう、恐ろしいほどに厖大なコスモスがあると語っているのである。全く宮沢賢治ほどにその辺に転がっている日常的な自然を、シルバーな宇宙へと一瞬のうちに引き上げてしまう人はいない。

建築にとってもっともプリミティブな状態をつくり出すこと、すなわち建築のもっとも自然な状態をつくり出すことこそが今、建築には問われているのではなかろうか。しかし私たちの周辺に、内面の宇宙に囚われるあまり、閉ざされてしまっている建築のいかに多いことか。歴史的なヴォキャブラリーに頼ろうが、土着のヴォキャブラリーに頼ろうが、建築家がこの内面の宇宙に囚われている限り、建築は決して生きられることはあるまい。

旅の手紙

ニューヨーク

ジョン・F・ケネディ・エアポートから、いきなりブルックリンの宿舎に着いた時は、とんでもないところに来てしまったと思いました。あのパンナムビルやシティコープの姿でも見えてくれれば、ニューヨークに来たなという実感も湧くのですが、殺風景なアパートや倉庫ばかりが立ち並ぶ道路を走っていると思っているうちに、すでに黒人街の真只中にあるプラット・インスティテュートのキャンパスにいたのです。キャンパスは住宅に囲まれていて、店といえばイタリアン・レストランがただ一軒、日本の大学周辺とは大違いです。ここのスパゲティときたらのびたうどんにトマトケチャップをかけたような代物で、どんなに頑張っても半分以上は残してしまうのですが、とにかくここしか食べるところがないので、最初のうち、朝昼晩をここで済ませたこともありました。　僕の宿舎にあてられた学生寮は、キャンパスを出て一ブロック歩いたところにあるのですが、ここも殺伐としたものです。必要以上に広い部屋には、学生たちがつくったと思われるベニヤのベッドや机が乱雑に置かれ、埃だらけの床を巨大なゴキブリが這い回っています。胡散臭げな視線を送るガードマンの前を抜け、故障ではないかと思われるほど容易にはやってこないエレベーターで、やっとのことで十五階に辿り着き、古びたスチールドアを開くとこの有り様です。

着いた翌日はひどい雨で、終日部屋にこもっていましたが、出発前の東京でのあわただしさも遠い彼方に去って嘘のような静けさです。しかしこの十五階の部屋から見える外の風景だけはちょっとしたものです。目の前には僕のいる寮とまったく同じかたちのアパートメントがあるのですが、そこに暮らしている人びとの生活ぶりが、建築の巨大な断面パースでも眺めるように詳細にうかがえるのです。ほとんどが決して豊かとはいえない黒人の家族ですが、夕刻、どこの家にも灯がともる頃になると子供たちはTVに見入り、仕事から戻った父親がビールを飲んでいる日常的な風景も眺められます。そしてこのアパートの右側には、ロウアーマンハッタンの夕景が美しく臨まれます。群を抜いて高く伸びているワールドトレードセンターのツインタワーのすぐ脇に陽が沈むので、スカイスクレーパー群は刻々と表情を変え、シルエットとなり、光の塔に変わってゆきます。その前方にはマンハッタンブリッジのテンションワイヤに取付けられたイルミネーションが次第にはっきりと照らし出され、雑然としたブルックリンの前景へと連続してくるのです。そしてスカイスクレーパーの間を縫うようにヘリコプターが絶え間なく飛び交っていますが、その点滅する赤いライトはまるでホタルが光っているようです。

そういえば、こちらに到着した日、翌々日から始まる授業の打合せのため、建築学部長《ディーン》であるポール・ハイヤーの自宅を訪れたのですが、マンハッタンの真中にあるアパートメントの庭先に、夕方本当にホタルが飛び交っているのを見て驚きました。あの巨大で無機質な鉄とガラスの摩天楼のほとんど足下にホタルが棲息しているなどとは想像も及びませ

ロウアーマンハッタンの夕景

んでしたから。このマンハッタン島を挟んでブルックリンとは反対側、つまりニュージャージーに最近グレイヴスが設計した小さなミュージアムを見に行った時にも、敷地周辺にリスやウサギが走っているのを見て驚きました。このニュージャージーにしろ、あるいはブルックリンにしろ、マンハッタンとは川一本を隔てただけなのに、まるで別の都市を遠く仰いでいるような不思議さです。島として独立し、つまり明確なエッジを持つことによって、マンハッタンは島というよりも大きな船のように感じられるのです。恐らく、船のデッキの上で暮らすような帰属意識のなさを味わって、初めてあの無機質なビルも、乾いたモダンアパートも生まれたのではないでしょうか。

ここプラットでの一ヵ月のセミナーの課題も、「ウォーターフロント」、つまり現在工事中のバッテリーパークシティの敷地の一角に、各人想い想いの構想を練るのですが、このテーマもハドソン川に面した水際のエッジのデザインというわけです。授業初日、約四十名の学生たちと一緒にこの敷地を訪れた時、ペリのデザインによって進行中のセンターの建物よりも、僕はそこに隣接した砂浜のような空地が気になりました。この空地には将来集合住居がつくられる予定だそうですが、今のところはただ白い砂地でしかないので一般に開放されて、時々パフォーマンスなども演じられているようです。目前にソーホー地区のビル群が折り重なって迫っているのに、ここだけはエアポケットのように落ち込んで妙に乾いた印象を与えるのです。ここには近くのクーパーユニオン出身者等若いアーティストによるいくつかの環境彫刻が置かれていますが、それらのなかでも秀逸なのはツィンタワーに向かって置かれた大きな朱塗りのメガホンです。スロープを昇って直径一メートルほどもあるメガホンの口に辿り着いた人びとは、スカイスクレーパーに向かって何か大声で叫ぶというわけです。ヒューマンスケールをはるかに超えた巨大な建造物に向かって

バッテリー・パーク・シティの空地の若い作家の環境彫刻

ひとりで罵倒してみたり、笑ってみたりしている姿はなんとも淋し気です。

スカイスクレーパーといえば、こちらに来てから建築のスケールに対するアメリカ人の感受性の違いをずいぶん味わいましたが、それはものの精度の違いにもなって表われているようです。遠目には美しいオフィスビルも、近づくとディテールの精度がわが国よりも一桁位劣っているようにすら感じられます。その粗さがディテールの図太さ、単純さになり、人びとを突き放すようなドライさを生んでいるとも考えられるのでしょうが。しかし地下鉄のきたなさ、ダイヤのいい加減さにはほとほと閉口しています。昨日十五分で行けた区間が、今日は三十分も四十分もかかることはざらで、人と会うのにも相当な余裕をみておかないとすぐ遅れてしまいます。こうしたシステムの違いは、言葉の違いよりもはるかに人を疲れさせるのではないでしょうか。

来週からようやくブルックリンを脱出してソーホーに移れる予定です。

ようやくブルックリンを脱出してソーホーに移ることができました。評論家、ケネス・フランプトンが家族揃ってヨーロッパへ出かけるので、彼のロフトを提供してくれたのです。ブロードウェイに面したこの建物は、ソーホーでももっとも中心部にあり、シンガービルディングと呼ばれています。『ニューヨーク・アクセス』（建築家リチャード・ワーマンによって編集されたガイドブック、レストランやホテルの紹介と著名な建築の詳細なファサードとが並列されている）によれば、このビルは二十世紀初頭にエメスト・フラッグという建築家によって建てられ、キャストアイアンで装飾されたバルコニーのファサードは当時もっとも美しい建物のひとつであったと書かれています。

フランプトンのロフトはこの建物の八階にあり、およそ四十坪くらいはあるでしょう

評論家ケネス・フランプトンの一家

か。ベッドルームがわずかにガラスのパーティションで仕切られている以外はほとんど全体がワンルームで、長手方向の壁にはまるで図書室のようにびっしりと本が並んでいます。古い板張りの床にはコルのソファが置かれ、タイル貼りのアイランドキッチンも、柱も壁も、そして食器に至るまですべてが真白で、天井には数個の大きな扇風機がゆっくりとまわっています。この部屋でひとりバドワイザーでも飲んでいればTVのコマーシャルにでも出ているような気分になってしまうほどここは典型的なロフトの一室といった趣きです。キャストアイアンのバルコニーはややサリヴァン的な植物模様が描かれており、グリーンのペンキが幾度となく塗り替えられて時代を偲ばせています。このバルコニーからはブロードウェイを隔てた向かいのアーティストのロフトとか衣類の倉庫などが見えるのですが、面白いのはどのビルの屋上にも木でつくられた桶のような高架水槽が置かれている光景です。これは古い建物だからではなく、ニューヨークの法規で木製のものだけが現在でも許可されているからだそうで、確かにハーフミラーの新しいビルの屋上にも同じタンクがのっているのです。

フランプトンの家族は、昨日旅行に出発しましたが、彼は一歳の男の子、マックスを背負い、若く美しいアーティストの妻、シルヴィアの衣類など両手で持ち切れないほどのバッグをかかえて、オレはラクダだ、といいながら出ていきました。彼は大の日本びいきで、僕のコロンビアでのレクチュアにも来てくれましたし、週末には必ず食事に誘ってくれました。先週末は食事をした後、皆で散歩がてらこの周辺を案内してくれました。もともとが倉庫街ですから建物自体はどれも古色蒼然としてお世辞にもきれいとはいい難いのですが、ファッショナブルな店が並んでいるという点では原宿あたりに近いのでしょうか。彼のアパートのすぐ隣にはアニエス・ベーのブティックがありますし、いまアメリカ

木で作られたマンハッタンの高架水槽

人に大受けのコムデギャルソンの大きなブティックもすぐ近くです。この店のシンプルなインテリアは『PA』にも紹介されていましたがアイリーン・グレイのオリジナルの椅子が印象的でした。その向かいにはノルのショールームもあり、ヴェンチューリの合板の家具が多数展示されていました。プリンストンの大学キャンパスにできたヴェンチューリの新しい学生食堂もアメリカの建築のなかでは、スケール感といい、ディテールの密度といい、写真よりはずっと良い印象を抱いたのですが、この椅子やテーブルも実際に見ると、シルエットや色彩がなかなかにきれいで、ある気品すら感じられるほどでした。しかしモダンデザイン擁護のフランプトン夫妻はヴェンチューリに対し徹底して否定的で、シルヴィアなどはショールームに入ることすら拒否する始末です。

週末ともなるとブロードウェイやウェストブロードウェイにはたくさんの露店が出て、まさしく原宿のように若いお上りさん風の男女がどっと集まってきますが、夜も八時ころになると人通りは絶えて、不気味なくらいにひっそりとうす汚れた倉庫街に戻ってしまいます。その殺伐とした風景は、とても東京では考えられないことです。

今日は久しぶりにアップタウンに出ました。いつもJALの仕事でニューヨークを訪れる時は、五番街の五十二丁目のオフィスと近くのホテルの付近を歩きまわるだけなので、近代美術館やAT&Tビル、IBMのスカイスクレーパーなどの立ち並ぶ、垂直性の強い空間だけがマンハッタンだと思い込んでしまうのですが、ブルックリンやソーホーに住み、たまにアップタウンに来ると、建物もショーウィンドウも商品も急に輝いて見え、逆に東京に戻ってきたような安心感を覚えるから不思議です。

しかしペリによって完成したばかりの近代美術館（MOMA）のタワーにしろ、ジョンソンのAT&Tビルにしろ、僕にとってはまったくのつまらないものに見えました。近代美

マンハッタンの工事現場

術館のファサードはいくつかのパターンが重なり合って、洗練された美しさがないわけではないのですが、東京のアメリカ大使館の透明感に較べれば、はるかに生気を喪ったように見えます。またAT&Tに至っては一体何故にこのビルが世界中の関心を呼び、ポストモダニズムの象徴にまつり上げられたのか理解に苦しむところです。張りぼての石の中途半端な重さや、アーケードの空間の陰鬱さには辟易としてしまいました。

ニューヨークの建築家たちと話していると、やたらと都市におけるコンテクストの問題が議論されるのですが、この議論のほとんどはビル一階のアーケードやエントランスホールなどセミパブリックな空間の処理とか、外部の仕上げなどプラグマティックな問題に終始しているように思われます。そしてソフィスティケートされた解決だけが賞賛を得ているようで、こうした過程で、かつてニューヨークの街をつくりあげた鋭利で研ぎすまされた建築のダイナミックな力は急速に喪われているように見えました。それにひきかえ、どこの美術館を訪れても、そのコレクションの豊富さ、特にモダンアートに関するストックの豊富さは目を見張るばかりです。それらのコレクションを眺めながら、ニューヨークという都市の風化、巨大な現代美術のモニュメントとしてのニューヨークなどという想いが頭をかすめました。

カトマンズ

ネパールの首都・カトマンズは標高千三百メートルの山あいの盆地に開かれています。こちらへ着いた翌朝、ブロードウェイのようにこの街を斜断しているメインストリートに足を踏み入れた瞬間から、すでに溢れるような人と動物、そして寺院から漂ってくる強い香の香りで充満した濃密なる空間のなかに浸り切っていました。雑踏のなかを鳩が飛び交い、車が走り、自転車が走り、牛も山羊も、そして時には象さえもが地響きを立てて駆けぬけてゆくのです。人と機械と動物が触れ合うほどの至近距離を決してぶつかることなく、まるで弾力に富んだグラスファイバー製のもの同士のようにしなやかに互いをかわしていくのです。ニューヨークの朝のそれこそ触れたら骨の砕けそうなビジネスマンたちの肩の硬さを想い浮かべるとき、カトマンズの人びとのこの柔軟さにはただ目を見張るばかりです。

ニューヨークとカトマンズ。家に帰れば九割の人が外国語を話しているといわれるほどにあらゆる国の人びとが混在し、世界の情報が集中している都市と、千二百年以上もほとんど変わることなく独自の文化をひっそりと保持してきた山あいの街。あまりにかけ離れたこのふたつの都市を比較すること自体、ほとんど意味がないと思われるかもしれません。しかし、このふたつの都市の間に東京という街をさしはさむとき、唐突にそれらは交信を始めるように思われます。つまり、逆のいい方になってしまうのですが、東京という街を中心に据えると、このいずれの都市も等距離で接近できるような気がするのです。ニューヨークがあらゆる人種や情報の混成であり、カトマンズが人、機械、動物の混成であるとすれば、東京の不気味さはニューヨークとカトマンズを混成してしまうほどであるといったらいい過ぎでしょうか。中沢新一は巧みにも「チベットのモーツァルト」といいましたが、僕は「ネパールのバーンスタイン」とか、「カトマンズの自由の女神」などに想いを馳せてみたいのです。

女神といえば、この街の中心、旧王宮の建物に隣接したクマーリ寺院には、活き女神が住んでいるのです。この寺院は、たとえばパラッツォ・メディチのようなイタリア・ルネ

カトマンズの市街

サンスの建築を連想させる三層の壁で囲われており、その中央には美しく装飾された太い木で縁取られた入口があります。ここをくぐり抜けると、ほどよい広さのパティオに出るのですが、寺院といってもここは小さなアパートのような建物で、誰でも気楽に入ることができますし、実際パティオに入ると、その片隅には洗濯場があって、老婆や子供たちも交じった女性たちの井戸端会議が繰り広げられているのです。ところがこの中庭に面した三階正面の窓から活き女神がいきなり顔を出したのには驚きました。活き女神、といっても本当にあどけない少女で、彼女は近郊の古い宗教都市、バタンに住むネワール族の四〜五歳の女の子の中から選ばれ、初潮をみると女神の資格を失うのだそうです。その間、彼女は年七回の祭りのとき以外、この建物を一歩も出ることができないそうですから、女神を務めるのもそう楽なことではないようです。一歩間違えば、いや間違わなくとも資格を喪ってしまえば、恐らくは井戸端で洗濯でもしているであろう可愛らしい活き神様を拝ませてもらって目が洗われたような気分になりました。

カトマンズの街を歩いて感じるすがすがしさは、このように宗教が日常生活に入り込んでいながら少しも神秘的であったり、暗く湿った印象を与えないことです。街のあちこちに小さな祠があって、象の顔を持った神が石で彫られ、少女たちが朝、花や食物を供え、祈りをささげている姿を到るところで見かけます。またバタンにある仏教寺院の庇を支えている方杖には夥しい交合する男女の像が彫られ、彩色を施されていますが、そのあっけらかんとした大らかさにはこちらが拍子抜けするくらいです。

街の中心部は三階建ての建物が途切れることなく続き、日干し煉瓦で固められた壁は中近東の街を想い起こさせますが、印象的なのはこれらの家々の窓です。三階建てとはいっても、各階の階高が小さいので二階の窓でも手が届きそうな高さにあるのです。サッシュ

カトマンズの市街

もガラスもはめられていない窓には木の枠だけがあって、それらは美しく彫られた模様で飾られていたり、もっと素朴なものでもはっとするような原色で塗装されていたりするのです。色彩といえば、この澄んだ空気のなかで女性の衣などに使われている赤や青の色彩の鮮やかさと強さにも目を見張るばかりですが。

そしてこのような美しい窓から、老人や女性たちが街をじっと見下ろしている光景にもしばしば出会います。人でごった返すメインストリートから静かな横丁にそれて歩いていると、何故か急に人の気配を察しふり返ると、必ず二階、三階の窓から人がこちらを見下ろしているのです。特に好奇心に溢れているのでもなく、敵意を感ずるわけでもなく、かといって愛想よく笑いかけるわけでもなく、ただじっと柔らかな視線のみを送ってくる、こうしたまなざしは東京でも、ニューヨークでも経験することはないでしょう。山羊のように穏やかに、何の意図もなくひたすら対象物に向けられた視線、このような視線に会うと、何もかも見通されているような気分になってしまうから不思議です。

石を敷きつめられた横丁では竹で編んだかごの中の生きた鶏が売られているかと思えば、殺されたばかりで石畳の上にいまだ血が滴っている山羊の肉も売られています。しかしこの街のいかなる場所でも共通に感じるのは、人と人、あるいは人とものとの距離の近さです。視覚的な、あるいは言葉によるコミュニケーションではなく、人と人の身体のすべてを介して行なわれるコミュニケーションによって、この距離の近さは恐らく感じられるのでしょう。身体を取り囲む空気層のような空間が織り重なって、カトマンズのこの濃密な空間は随所につくられているのではないでしょうか。

ヒンズー教の聖地、パシュパティナートを訪れたのはもう陽が西にかなり傾いた時刻で

クマール寺院

した。カトマンズの東方約五キロメートルにあるこの聖地はガンジス川に注ぐバグマティ川のほとりにあって、シバ神の象徴リンガを祀った小さな祠がいくつも並んでいます。二千を越すという男根の形態をしたリンガが列をなして並び、その間を野生の猿が飛び交っている様は異様な光景に映りました。

この寺院の道ひとつ隔てた向かいは病院になっており、らい病などの患者が収容されていました。病院といってもまったく簡素な建物で、やはりリンガを祀っている中庭の周囲を奥行き二メートルほどのコロネードが回り、そのコロネード内にベッドが並べられているだけです。ほとんど死に瀕した患者たちが虚ろな目で中庭をよろよろと歩き回ったり、ベッドに横たわっている姿はぞっとするほど凄惨なものでした。そしてさらに驚いたことに、この病院の裏の川のほとりでは亡くなった患者を荼毘に付している光景に出会ったのです。川べりに突き出したコンクリートで固められた基段の上には薪が積み重ねられ、硬直した死体はその上で焼かれていました。わずか数名の人だけに見護られ、時々油をかけると白い煙の間から炎が立ちのぼって、あたり一体に異臭が拡がっていきます。

静けさが周囲を覆い、薪のはじける音とたまに響いてくるかん高い猿の鳴き声だけが現実であることを確認させてくれるような光景。対岸に腰を下ろして見つめていた僕は、立ち込める異臭にもかかわらず、その荼毘のあまりにも平和な風景に茫然とするばかりでした。死者の傍に立ち会っている人びとは、まるでたき火でもしているように川べりに坐って、静かに夕暮れの中で火を見つめています。このように日常的な風景のなかで荼毘という行為を眺めていると、われわれの慣習となってしまった儀式の仰々しさが急に異常なものに思われてきました。

カトマンズに着いてからつくづく想うのは、この街の静けさです。これはパシュパティ

カトマンズ市内の風景

ナートの川べりでも感じたのですが、カトマンズの街を歩いていてもたびたび感じたのは、どうしてこんなに静かだと感じるのだろうということでした。先の便で書いたように、街のなかは人や動物や自動車などでごった返しているのに、静けさを感じるのは自分でもまったく不思議です。恐らくそれは、この街の構造や人びとの性格が吸音的だからではないでしょうか。その点香港の街などを歩いていると、すべてが反射的でさまざまなノイズが我が身にたちどころにはね返ってくるような気がしてとても疲れるのですが、ここではノイズは周辺に吸収されてひどく安らぐのです。東京もニューヨークなどに較べるとかなり吸音的だと感じるのですが、カトマンズの街ほど静けさを感じたことはありません。

街の中心部は建物に囲まれていて山を見ることはできませんが、少しでも街はずれになると家々の間からはるか遠くにヒマラヤの山系が青白く浮かんで見えます。浮かんで、というのはまさに文字通りで、近くの緑色をしたリアルな山々の上方の雲のまた上に、連峰の頂きだけが淡い映像の如く透けるように見えているのです。

カトマンズを離れる朝、四時ごろに宿を出てこのヒマラヤの連峰を見に車を走らせました。ナガルコットは標高二三八〇メートル、カトマンズから約一時間以上登った地点にあり、このあたりではヒマラヤの眺望がもっともよいとされているところです。自動車は、まだ暗い山合いのでこぼこ道を登り続けるのですが、暗闇のなかを黒い影が次々と車とすれ違うのに気付きました。冷え冷えとした朝もやのなかで動物のようにさえ感じられるそれらの影がヘッドライトに照らし出されるのを見ていると、それは野菜を背負った裸足の人びとでした。つまりカトマンズの朝市で売る野菜を山のように背負い、幾つもの山を下りて街へと向かっている人びとの姿だったのです。まるでマラソンでもしているように

パシュパティナートの川辺の荼毗の風景

黙々と早足で歩き続けている男たちの姿は、本当に動物のようなしなやかさを備えていて感動的でした。

　ナガルコットに到着したころ、あたりはうっすらと明るみ始め、下方の山の中腹にはぽつりぽつりと民家が見え、その間を急勾配の段々畑が埋めています。そして朝もやのなかから幾重にも山を越えたはるか遠方に、ヒマラヤの山々が美しくそびえ立っていました。濃いブルーの空のなかに浮かぶ白い山々の姿は、まったく崇高としかいいようのないものでした。宗教的な感情を特に抱いた訳ではありませんが、まだ朝もやの抜けない冷気のなかで静けさに浸っていると、身が清められていくような気分にならずにはいられません。明るさは次第に増し、山並みと反対の方角から朝陽がさし始めたころ、あの神々しく輝いて見えた白い山々はいつしか幻影のように雲の間に消えていました。

　帰路、飛行機の窓から段々畑や、小さくなっていく萱ぶきの家々をぼんやりと見下ろしながら、僕は永く住んでいた自分の故郷を去っていくような郷愁に捉われていました。そのような経験はこれまで訪れた多くの他の街では味わったことのないことです。その理由ははっきりとはわかりませんが、カトマンズにいる間中、僕は見知らぬ街を訪れたというより生まれた土地に帰ってきたような気分になっていたのです。それほどカトマンズの人も自然も、日本の風景を浄化していくと行き当たるであろう風景に思われました。僕がこの街に感じた安らぎも、きっと故郷に戻ってきたような懐かしさの感情から生じていたのかもしれません。

　人や建築や都市に興味を抱き、知らない街に足を踏み入れていきながら、結局は自然にすべて還元されてしまう、その不思議さこそが、いま僕にとっての旅の魅力に思われます。

変様体としての建築

1　柔らかな空間 I

小学生の頃、私の育った家の庭先は諏訪湖に面していた。学校から帰ってくるなりカバンを放り出しては庭先から釣糸を垂らしてエビや小魚を釣り上げ、自作の玩具のモーターボートを走らせたりしていたものである。真冬になると全面結氷した湖面の上を、下駄スケートをつけて登校したりもした。寒気の厳しい夜には氷が膨張し、キーンとかゴーッという地震が襲ってくる時に感ずるような不気味な金属音が夜中響きわたっているのを夢のなかに聞いた記憶がある。このような夜が明けると、翌朝は決まって湖岸に氷が押し上げられていた。

だが子供心にも、当時最も神秘的な体験は、湖が凍結する少し前、晩秋の湖面にかかる虹を見ることであった。冬に向かって急激に気温の下がった早朝、二階に上がって窓から湖を眺めると、朝もやの立ち込める西方の湖面すれすれに、決まって淡い虹が浮かんでいた。この現象は、風もなくよく晴れた早朝のわずかな時間に限られていたが、湖面と全く平行にすうっと伸びているので、地元の人びとは皆水平虹と呼んでいた。鏡のように静止した湖面に水の神が働きかけて虹が立ちあらわれたとしか思われないほどに、それは美しく静かな現象であった。陽が少しでも昇り、周辺の風景がはっきりと見えてくる頃には、虹はいつしか姿を消し、シベリア方面からやってきた鴨の群れが無数の黒点となって湖面に浮かんでいた。

この湖面の岸辺で夏、トンボを捕まえる遊びにも一時期夢中になっていたが、その頃トンボと同時にその幼虫、水蠆《やご》もよく捕まえたものである。殻に収まった幼虫は、長い水中生活を終え、トンボに変身する前日になると湖岸の岩の上に這い上がってくる。そこを捕まえて小石を水で濡らした洗面器に入れ、枕許に置いて寝る。翌朝まだ暗いうちに起こしてもらい、この幼虫の脱皮を観察するためである。背に一条の亀裂が入ってから、幼虫が脱皮し成虫になるのにはほんのわずかな時間しか必要としなかった。亀裂の間からドロドロと溶融状態にある白濁した固体が顔をのぞかせ、胴、頭、足の順に殻から抜け出してくる。その様子は濃密な液体が渦を巻きながら流れ出してくるように、滑らかで連続的な運動であった。肢体のすべてが殻の外に出ると、尾や羽の部分はするすると伸びて次第に硬化し、外の空気にあたった肢体は、乳白色からみるみるうちにキラキラと輝く緑や黒に変化していった。柔らかな液状の羽も透明な薄いガラス板ができていくように固化し、黒い葉脈のような線がくっきりとその間に刻まれていった。岩の上を這い廻っていたグロテスクでコミカルな幼虫は、ものの三十分足らずのうちに空を翔ぶ輝ける昆虫であった。新たな世界へ翔び立つために、伸びたばかりの羽を震わせながら抜け殻の上に止まっているトンボの神々しいばかりの姿を私はいつも唾をのんで見守っていた。乳白の柔らかな固体から一瞬のうちに明確な輪郭と色彩を持つ固体が生成されてくるプロセスは、子供心にも驚異と言うより感動的としか言いようがなかった。

2　柔らかな空間II

酒を飲むことの快楽は、酔ってわれを忘れることにあるのではなく、酔いが体に回り始めるわずかな時間にこそある。年とともにこの時間の訪れは早くなりつつあるが、その瞬間にはっきりとしていた意識の輪郭は急激に曖昧になっていく。それは黄昏時の風景のように、明確な形態や色彩や、奥行き、テクスチュアを備えてばせるわずかな時間、それは甘美な瞬間である。

開高健の短編『ロマネ・コンティ・一九三五年』は、二人の中年の男がレストランのテーブルを挾んで、二本のワインを飲む有り様だけを描いた小説である。四十歳の重役と四十一歳の小説家という二人の男のなかに、ワインのまわりとともに濃密な空間が急速に拡がっていく様子が見事に描かれている。このレストランは鉄とガラスで構築された高層ビルのなかにある。冬の日の黄昏時、「室内は静かで、薄暗く、どこか水族館のからっぽのガラス槽に似ている。巨大な窓がガラスの壁としてそそりたち、うずくまった首都の背が見おろされる」。「太陽は西にあり、どんよりした煙霧のなかで発熱はしているものの、やつれきっている。光耀が窓までとどきかねている。窓のそこかしこにはすでに黄昏のしるしが分泌されている。つつましやかで柔らかいけれども容赦なく進行するものが、淡さをよそおって、浸透しはじめている」。つまり分泌物のように容赦なく変化し、夕闇に向かって進行する外の世界に対し、鉄とガラスの内部空間はどこまでも均質さを崩さない。

しかしこの無機質なユニヴァーサルスペースを囲っているカーテンウォールのガラスから、ワインを注がれて「瑪瑙《めのう》の髄部だけで作った果実のような」グラスへと男の目が注がれる時、既にこの鉄とガラスの空間には、その均質さに歪みをひき起こす小さな渦の中心が生じ始めている。「鮮やかな深紅をキラキラ輝かせ」「その赤にはいいようのない深さがたっぷりとあり、暗い核心のあたりに大陸か、密林か、淵かがひそんでいそう」なほどにその渦の芯は濃密さを秘めている。

古美術品のように貴重な〈ロマネ・コンティ・1935〉を前にした男たちの期待と緊張は、やがてそれを口にした時の落胆へと急降下する。同時に緊張から解放された小説家の意識も次第に発酵して行き、「煙霧のなかの発熱」が進行する。視野に映っていた夜景は、いつしかかつてパリの学生街で出会い、一夜を過ごした北欧の女の裸像と重ね合わせられていくのである。そしてこの長い歳月を経た濃厚なワインの黒褐色の酒垢がグラスの内壁を汚し始める頃、グラスの周辺に渦をまき起こした分泌物のように不透明な空間は次第にその渦を拡げ溶岩のように無機質な空間に流れ出していく。終いに小説家は女の股間に顔を埋めている。「女は形を失い、部屋いっぱいになった。部屋そのものになった。やがて、濡れた、小さい、敏捷で聡明な動物が小説家の全身をかけまわりはじめた。しるされた瞬間に点からひろがって熱い暈《かさ》となり、おたがいにとけあい、揮発して浮きあがり、その熱い朦朧とした霧のなかへ骨も筋肉もとけこんでいく」。

ホモジーニャスな硬いガラスの箱の一点に生じた深紅の透明な球は、ボトルの下にべっとりと溜まったタールのような滓《おり》の如くに、濁々とした流れとなって幾何学的な空間に充満していくのである。

3　絶え間ない変様の場

建築がある固定した形をもってしまうことは宿命的な現実であると同時に、絶え間なく変転していくイメージにとって残酷なことですらある。それは自分の意識のなかで渦を巻いている思考を人に伝えようとするために言語化する時に味わう気分に近い。アメーバ状に溶融しているヴィジュアルなイメージや、朝もやの向こうに霞んでいる風景のような思考を、無理矢理ひきずり出して言葉に置き換えると、未だその言葉が相手の耳に達するか達しないかのうちに、既にそれらの言語群が新鮮さを喪い、ひどく味気なくなっていることを感ずる経験のようなものである。

建築のイメージを固定し、形態に置き換えることは、スポーツや舞踏のヴィデオのストップモーションを見ているように感じられる。無論連続的な一連の運動のなかにも決定的な瞬間はある。バットにボールが当たる瞬間とか、強烈なパンチがあごを捕らえる瞬間のように、設計という持続を必要とする地味な行為のなかでも、これぞ決定的、と充足感に浸る時間はあるものだ。逆転ホームランを放った時のあのバットの快音が心地良く心の奥にしみわたるような瞬間もあるし、倒した相手を見下ろしているボクサーのような興奮を味わう瞬間だってない訳ではない。

しかし、そのような瞬間を経てでき上がった建築物も、少し時間が過ぎてしまうと、無限に変化していく多様なイメージの流れのほんの一瞬の映像のように見えてくる。倒したはずの相手もやや時が経てば、既に立ち上がっていつも平然と構えているのである。

設計に基づく表現行為がイメージの言語化と同様、絶え間ない流れを固定する作業であるとするならば、たちあがって存在している建築自体もまた、絶え間ない人間の行為の場の固定化と言えよう。建築は時間の経過とともに移り変わっていく人びとの気紛れですらあるさまざまな行為の場を規定し、そこをある特定の空間としてシェルターで覆う。したがって、しなやかに動き廻る人間の身体を柔らかく包み、手足や眼や耳の延長上をすっぽりと覆う薄膜のように柔軟でフレキシブルな空間こそが本来の建築の姿である、と言う言い方だってできるはずである。

しかし他方で建築は、現実の世界のなかにどっしりと根を下ろした物理的な存在である。気紛れな人間の移り気な行為を規定し、限定し、その身体を閉じ込める力としての存在でもあり続けてきた。人間の身体から発した場でありながら、建築には常に建築自らの自己拡張とも言うべき象徴の想像力が内包されている。そして個人の身体のスケールを超えた覆いは、逆に恐るべき崇高さと象徴作用を以て人びとの上に重くのしかかってくるのである。こうして人びとのかろやかな身のこなしを保障するはずの柔らかな空間は、身動きひとつできないほどに身体も精神も幽閉する重いモニュメントとして固定され、抑圧的に存在し始めるのである。

このように崇高な力を建築に附与するために、古来建築にはさまざまな規範が形成されてきた。ペディメントを頂く柱のオーダーやプロポーション、基壇を含めた三層の構成、軸線、シンメトリー、プラトン的な幾何学形態、デカルト的な三次元のフレームなど、現代に至るまでこのような規範を人びとの象徴作用と結びつけることによって建築に輝きが与えられ、建築の絶対的な栄光は維持されてきたように思われる。つまりこれらの規範は、個人の行為を規定する場としての柔らかな溶融状態の建築に明確な形態を与え、エゴイスティックなまでに社会的な存在に転換する装置とすら言えよう。

こうしてみると建築には常に、矛盾し対立する逆方向のヴェクトルが作用し、相互にせめぎ合っているように感ぜられる。すなわち一方は、建築を絶え間なく変様する人びとの行為に対応させ、それらを柔らかく包含しうる流れるような空間へ向かわせる働きであり、他方は建築を永久に固定し、不動のモニュメントへと向かわせる働きである。前者は建築をメタモルフォーシスの過程であり続けさせようとし、意味がこれから生成されてくるものであろうとするのに対し、後者は逆に既存の意味の体系のなかにどっぷりと浸らせ、絶えず安定した秩序のなかに組み入れようとする。

例えば軸線一本を空間に投入するだけでも、空間には驚くほどの秩序が得られることを、建築家ならば皆経験しているであろう。それまで曖昧に空間を浮遊していた建築構成のエレメントが、一本の軸線が導入された途端に、その軸に沿って自ら配列を開始する。シンメトリーを構成していくプロセスは、まるで磁気を帯びた物質が磁極に吸い寄せられていくように、ほとんどオートマティックと言えるほど確信に溢れたものとなる。それは単純な幾何学形態の場合でも、あるいは均質なフレームの場合でも同様である。

私自身も設計に際し、単純なキューブとか、円や正方形などのユークリッド幾何学の形態、軸線といった建築構成の道具立を意図的に利用してきたし、プロポーションに関しても無意識のうちに伝統的な建築を範にしてきたに違いない。しかし、常にこうした道具立によって形態が固定してしまうことをできる限り回避したいという想いを捨てることができない。時間とともに継起する行為の場としての空間を最後まで温存しておきたいのである。それは光が流れ、意味も浮遊し、風も流れていくようなかろやかな渦を巻き続ける空間である。

したがって、いったん投入された軸線も、ほとんどの場合にどこか途中で湾曲し始め、吸い寄せられた要素はふたたび空間のなかにあてどなく浮遊し始めている。フレームや幾何学形態も絶えず溶融し、崩壊の兆しを見せ始める。そしてそのような歪みを空間に生じさせることから、空間には明暗や空気の濃度分布が生じ、光や音や空気は緩やかに流れ始めるのである。逆に言えば本来空間に秩序を与え、空間を固定する手段であった軸線やフレームは、私にとっては、このような空間に柔らかな流れを生じるための契機を導くに過ぎない。したがっていったんこのような流動体としての空間が作動し始めれば、契機となった規範はむしろ消去され、その痕跡を止める程度で十分なように感じられるのである。

六〇年代にアーキグラムのP・クックが描いたプロジェクト〈インスタント・シティ〉は、情報メディアを媒介にして、さまざまな場所と時間を選んで継起するパフォーマンスの場としてのみ都市が存在することを最もファンタジックに視覚化したものである。移動キャラバンに組み込まれた情報メディアの周辺に発生したエンターテインメントの空間を夥しい気球によって吊られた何枚ものテントが軽いシェルターとなって覆っている。このかろやかなプロジェクトは、ある意味で今日の東京のような都市を予見していたとも言えるのではなかろうか。移動キャラバンと気球に支えられたテントによる構成ほどのファンタジーには欠けるとしても、世界最大の消費都市、TOKIOというメトロポリスの無数のフレームの間に、夥しい情報メディアを駆使したパフォーマンスの場が絶え間なく発生している。人びとはこうした場を選び採って、それらを結び合わせながら自らの変様体としての都市空間をそれぞれの内につくり上げているのである。

建築が何らかの固定した形態を持つ宿命にあるとしても、モニュメントとしての建築が今日の都市のなかで形骸化しつつあることは明らかである。たとえばそれが100㎡に満たないほどの小さな住宅であったとしても、そこに住む人びとのかろやかな振舞いの場をつなぎ合わせ、柔らかな変様体としての空間を生み出す作業は、巨大な形骸としてのモニュメントをつくる行為よりも私にとってははるかに新鮮なものに見えるのである。

4　光の変様体

光の変様体としての建築に共通しているのは、ある領域を壁で囲い取って、リニアーなチューブ内の空間を仮定し、そこに幾つもの穴を穿って自然光を導入する。白いチューブの内側には、上方、側方などから性質や量の異なる光が導かれることによって、明暗の分布が生じる。開口部を中心にして等明線の分布図が描かれるのである。ちょうどスポットライトをあびたショーウインドウのディスプレイのように、光に照らし出され、人びとの行為を誘発させる場がチューブ内にさまざまなスケールで用意されるのである。人びとの行為を直接規定する家具がそれらの場にセットされると、一層この光の場はアクティブに輝くであろう。人びとは庭の飛び石を渡り歩くように、これらの光の場を結び合わせて柔らかな溶融状態の空間を織り上げていく。そしてこのような明暗のリズムや光の柔らかい流れを可能な限り疎外しないように設定したチューブを等明の分布に沿って建築要素で置き換え、徐々に建築化していくのである。しかし建築要素といってもこれらのエレメントは、柱とか梁、壁、天井のように建築を上方から分節していく古典的なものではなく、光の領域を囲い取って

シルバーハットのイメージ　コンピューター・グラフィックによる

いくだけのニュートラルで抽象化されたエレメントである。このようなエレメントはモルフェームと名付けられた。これらモルフェームによって、光の充満した領域にはハレーションが生じ、エレメントも、人も家具も光の中に溶融して形態や色彩を喪い、暗い領域へと向かって光のグラデュエーションがつくり出され、空間は柔らかさを増していくのである。自然光は、季節により、また時刻や天候に応じて刻々とその色合いを変化させるので、チューブ内の空間もそれらの変化に応じて軟らかさや色彩を微妙に変える、つまり空間はまさしく光の変様体と化すのである。

5　記号の変様体

八〇年代初めまで、光が私の建築にとって重要な役割を果たしていることに変わりはなかったが、建築を構成しているエレメント、モルフェームには変化を来していた。光の変様体に用いられていたモルフェームは先に述べたようにニュートラルで抽象的なエレメントであったが、次第にこれらエレメントには意味の備わった記号としての性格が強くなっていった。つまりある特定の建築物の構成要素や部分的な特徴をそのまま引用し、連想作用の余地を残したまま新たなひとつの空間に組み入れていくコラージュ的手法を用いることである。この結果さまざまな表層的意味を込められた記号群が浮遊する空間が形成され、人びとはこれらの記号の間を歩き、その間で振舞い、これらを結び合わせて自らの空間をつくり上げるという訳である。これはわれわれが都市空間において行為の場を選び採るのと全く同じ方法である。

つまり私たちの体験する都市は無数のイコンが浮遊しており、これらのイコニックな記号群のなかから私たちは欲するままにそれらを次々に選択し、自らの行為に対応した一連の空間を組み上げているからである。

今日ポストモダニズムと呼ばれている建築も、そのほとんどが都市空間と同様に、さまざまなイコンをひとつの空間内に投入して構成されている。しかし建築家が建築内に投入するイコンとは一体どのような性格を持つべきものであろうか。何故ならば、そのようなイコンは本来、建築に住みついた人びとがその空間に持ち込み、飾りたて、空間を埋めていくべきものだからである。行為の場を規定することが建築家の役割であるとすれば、具体的なイコンとしての記号を建築家が先行して投入することには疑問が残されることになる。

6　風の変様体

建築をつくるとき、身体の延長として内側から膨らませていったとしても、それがストラクチュアを持ち、建築的形式を備えるためにはどこかで不連続なジャンプ、あるいは内皮から外皮への反転が必要となる。この不連続なジャンプや反転がいったん行なわれるや否や、建築は逆に反攻に転じ、身体をそのストラクチュアや形式性によって抑えにかかり始めるのである。

風の変様体としての建築は、風船を膨らませるように内側から拡げていって架けられた薄膜としてのシェルターがそのまま外皮となっているような建築である。テント小屋や蒙古人の包《パオ》などが最もそのプリミティブな例である。このような建築では外部と内部の間は布一枚で仕切られていて、それらの布に刺繍が施されて装飾となっているような場合には、まさしく衣服の延長上に建築がある。

しかし布でつくられた建築のように極端な例でなくとも、柱梁で構成される開放的な仕居は、本来同じ性格を備えていると言えよう。風の変様体としての建築が、このような建築の基本的な形式に依拠せざるを得ないことは言うまでもないが、私がここで強調したいのは、むしろ建築的形式の強さが身体を抑えつける重苦しさの除去にある。人びとの行為の場が建築という制度的慣習によって固く規定されるのでなく、人びとの身体に即応して規定され、未だその規定の柔らかさが建築全体に充満しているような、そのような軽快なすがすがしさを感じさせる建築こそ、私が風の変様体と呼びたい建築なのである。

アルミはアルミ以上でもなく、アルミ以下でもないことを認める眼

東京の街を歩いていると、工事現場の仮囲いをしばしば見かけるが、時々その美しさにはっとして立ち止まることがある。それらはただパイプで整然と組み上げられた足場の外側に、フレーム付きのクリンプネットが張られていたり、白いビニールシートのユニットが張られていたりするだけである。ビルとビルの間にあって、それらの覆いは格別目立つ訳でもない。何の塗装もされておらず、ただ亜鉛メッキされたくすんだグレイの素材はきわめて控え目に存在しているのである。むしろその控え目な存在故に、ギラギラとしたタイル張りの壁面や、デザイナーの意図がまる見えのファサードと並んでいると、逆にハッとさせられるのであろう。

商店街もマクロに見れば、建物同士互いに相殺し合って混沌とした街並みだけが見えるのだが、もう一歩近づいて眺めて見ると、それらの建物を所有する人々のギラギラとした欲望が建物のファサードにことごとく反映されている様子が浮かび上がってくる。建築物はその所有者の肖像である、という言葉を聞いたことがあるが、全く建築のファサードを見ていると住まい手の顔が想像されてくる。窓、エントランス、ショーウィンドウ、壁面

の素材や形態に示された表情のひとつひとつは、目付きや肌の脂ののり方、頬骨の張り方、化粧のどぎつさなどに匹敵して見えてきたりするのである。

だからこそ、街を歩くことは面白いとも言えるのだろうし、新宿と青山が違った表情を示しているのでもあろう。都市を読むことの楽しさとは、まさしくそのような建築物のファサードやディスプレイからその背後の意図や思惑を類推することにあると言えよう。

しかし、あの工事現場のネットやシートからは何を読みとることもできない。それらは何かを隠蔽しようとしているのでもないし、無論何かを表現しようとしているのでもない。つまりそこに示されているただのネットやシート、それ以上のものでもそれ以下のものでもない。それらから我々は、何ら附着している意味を取り出すことはできないのである。即物的、とはこのようなものを指していうのであろう。厚くどぎつい意味に塗りたくられた街並みにあって、それらのネットやシートの即物性はひどくすがすがしく見えるのである。

厚くどぎつい意味に塗りたくられているのは商店街ばかりではない。住宅地とて同じことである。特に最近の大手メーカーのつくる商品化住宅は、厚化粧のものが多い。往々にしてそれらは、地中海風にとか、コロニアル風にとか、数寄屋風といった具合に……らしさを強調したり、ドーマーウィンドウのある屋根裏部屋を組み込んでノスタルジックなストーリーに訴えかけたりする。そしてそのような訴えかけのために、アルミサッシュやスチールの骨組みやステンレスの調理台などは極力隠蔽される。見かけの豪奢さや見かけの素朴さや見かけの自然さを装うためには、アルミサッシュは木に見えなくてはならないし、調理台のトップは大理石に見えなくてはならない。アルミサッシュの場合、やや上質の住宅用サッシュを使おうとするとブロンズ色ばかりで、アルミ本来のシルバー色のもの

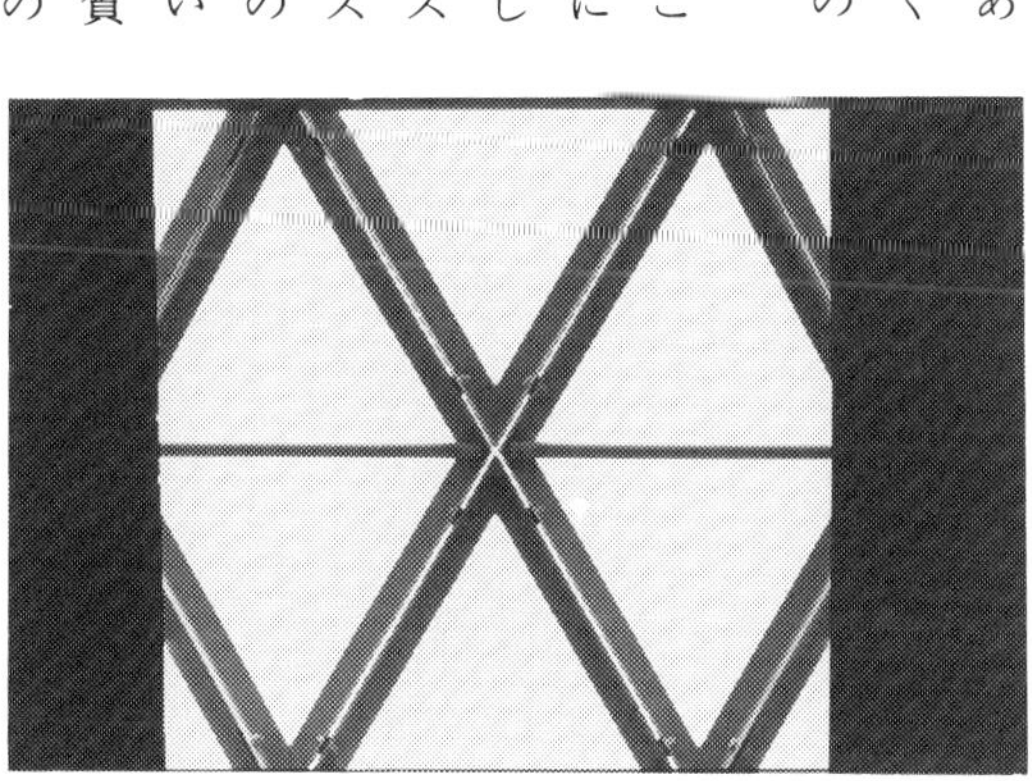

屋根のトラス

は特注しなくてはならない程にこのような嗜好は徹底しているのである。

しかし、地中海風の白いテラコッタにしても、コロニアル風の板張りにしても、あるいは数寄屋の床柱や土壁にしても、そのような素材やそのような工法は、それらをつくった人々にとって最も身近で最も自然な素材や方法であったのではなかっただろうか。それは一番手っ取り早く、かつ最も合理的な方法であったに違いないのである。

最近自分の住む家をつくった時に考えたことは、現在の東京という都市で、最も手軽に集められるものを拾い集めて家をつくりたい、ということであった。やや大げさに言えば、かつて古代の人々が家を建てるに際し、丸太を組み茅を集めたり、或いは土を固めて日干しレンガを積み上げた行為に相当するものは今日何であろうかと問いかけてみることである。彼らにとっての丸太や茅や日干しレンガは一番手近に集めることができる材料、つまり最も日常的な材料であった。それらを組み合わせ、積み上げ、織り合わせることによって、自分達の身体を覆うシェルターをつくり上げたのである。しかし今日の東京においては、木や土がないとは言わないが、それらは最も手近にある素材とはもはや言えなくなっている。

自動車や自転車や電車に乗り、鉄とガラスのビルでエスカレーターやエレベーターを終日利用している我々にとっては、アルミやステンレス、スチール、ガラスなどの素材は、木や土よりも身近にあるとは言えないだろうか。かつて丸太や日干しレンガを集めてきたように、アルミやスチールの部品を集めて家をつくったらどのようなものができるだろうか、前以って込められたノスタルジックな意味を排除して、アルミはアルミ以上でもアルミ以下でもない、そのような即物さで家をつくったらどのようになるだろうか、というのが我が家をつくる試みであった。

自動車部品利用の丸窓

シルバーハット

中庭の可動テントのディテール

チャッカープレートの階段

アルミ・パンチングパネルによる
スライディングドアのディテール

北側立面のディテール

グレージングの床

その結果我が家では、スチールアングルを菱形に組み合わせた屋根のトラスユニット、アルミのパンチングされたパネルを使ったすだれのような吊り扉、土木の溝蓋に使われているグレージングの床、自動車のドアに使われている部品を転用し、ハンドルでスライドする丸窓、同じくハッチバックの車に使われているガスダンパーやトランクルームのガスケットを転用したスカイライトなどの他、ベンチやテーブル、椅子、壁面など到るところでアルミやスチールは使われている。そればかりではない。倉庫の荷卸し場などによく見られる水平に開閉できるテント、消防士が出動する時に着るシルバーに防炎加工された消防服の布地を転用したストーブのカバー、さらに以前同じ土地に建っていた家のガラス戸や床柱までもがこれらアルミやスチールに混じって使われているのである。つまりここでは最初からの統一された計画に基づいて部品が集められるのではなく、その場その場の機能に合わせて、手近に見つかったものを入れ込んでいくという発想で全体ができているのである。全体像は当初から予測されず、結果としてあらわれる、即ちブリコラージュの方法を徹底して設計に組み込んでいるのである。そうすることによってそれぞれの場所に集められた部品の数々は、予め意図された思い入れに従って厚化粧を施されたり、つくり笑いを浮かべるのではなく、ありのままの自然な素顔として立ちあらわれてくるのではないだろうか。意味がそこから立ちのぼってくるような生成の場が形成されることが期待されているのである。

このようなブリコラージュ的手法の典型的な例として、キッチン＋ユーティリティの作業用テーブルがある。これは基本的に椐の合板を二枚連ね、コンクリートの脚の上に乗せただけの最も安価な台に過ぎない。但しそこにシンクが組み込まれるとその荷重をベニヤ板だけでは支えきれないので、細いスチールの角材でトラスを組んだフレームを取り付け

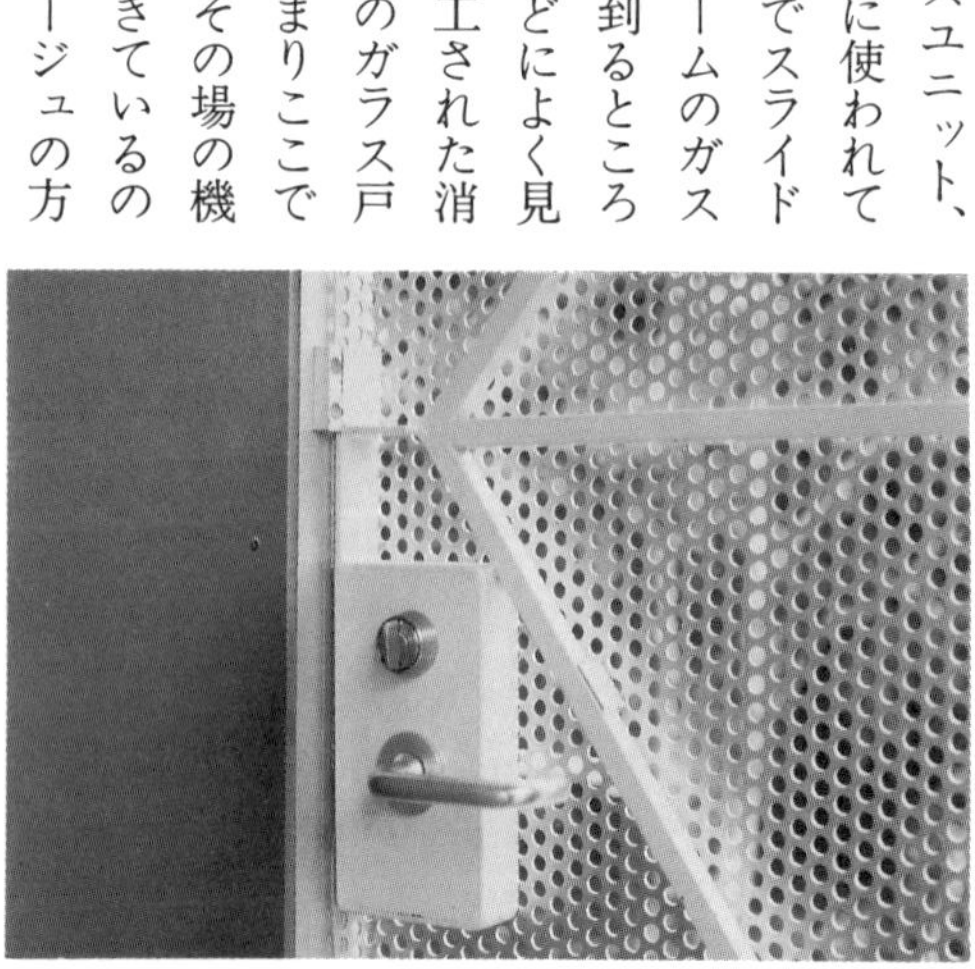

アルミ・パンチングパネルによるドアのディテール

て補強をする。このフレームはフキン掛けに使われる。反対側の端部でもキャンティレバーの荷重を支えるべく同じフレームが付けられ、このフレームを利用してプラチェスト（アクリルでつくられた既製品の抽出し）が取り付けられる。またテーブル下には東急ハンズで売られている既製品のラックとフレームを利用したワゴンが挿入されて収納棚となっている。このように、ある完成されたイメージに従った形態を持つのでなく、開放系としてテーブルは自ら出来上がっていくのである。ベニヤ板の下に取り付けられた赤いフレームは不思議なかたちに見えるけれども、これも我々の頭のなかに潜んでいるテーブルという先入観を一旦排除してから考え始めることによって、初めて生じてくる結果としてのかたちであるからこそ不思議なものに見えるのではなかろうか。

我が家を訪れた人々は、これら夥しいアルミやスチールのエレメントを見て驚き、冷たくはないですかという質問を発する。しかし私には、このような質問自体、既に先入観にとらわれているように感じられる。アルミを木に見せようとする意図の方が不自然に思われるのである。金属の工業製品を誇らし気に見せるのでもなく、工業的で近代的なイメージを表現しようというのでもない、唯それが我々の周辺の環境を形成しており、そのようなものに囲まれた都市のなかで毎日我々は暮らしているというのが現実であることを認めただけのことである。我々が日々手に触れ、看過ごしている夥しい金物の数々を思い入れを込めずに把え直す眼を持ちたいと思うだけなのである。

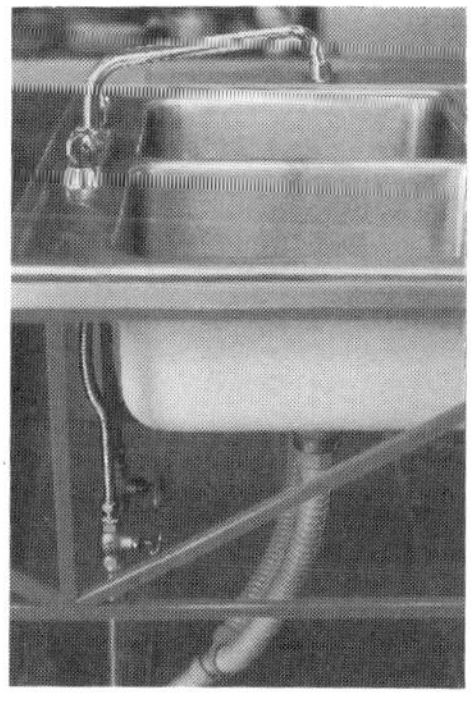
キッチンテーブルのディテール

1986

藤沢市湘南台文化センター・コンペティション応募案
ホンダクリオ世田谷ショールーム
馬込沢の家
レストラン・ノマド
横浜風の塔

藤沢市湘南台文化センターのコンペティションに応募。槇文彦、磯崎新らが審査員ということもあって期待しない訳ではなかったが結果は惨敗。しかしこの案は気に入っていて、その後のプロジェクトのイメージの源泉となっている。三つの機能を複合した施設であったが、我々の案は大きなヴォリュームを形成する空間はすべて地下に埋め、その上部に道路面から緩やかに盛り上がった丘陵地のような人工地盤を設定した。この人工地盤上にはプラネタリウムとなる小さなドームや、天体観測をするためのアテネの風の塔を模した八角形の小塔、子供のための施設となるテントや鉄骨のヴォールトフレームの小屋を東南アジアの小集落のように密集させた。この丘陵の地盤も小さな施設群もすべてメタリックなシルバーに仕上げられ、その風景は謂わば月面上につくられたベースキャンプのイメージであった。そしてその間に大きく掘り込まれたクレーターのようなホール。このスペースだけは床が土のままで樹木が植えられ、ガラスドームに覆われている。このスペース

レストラン〈ノマド〉

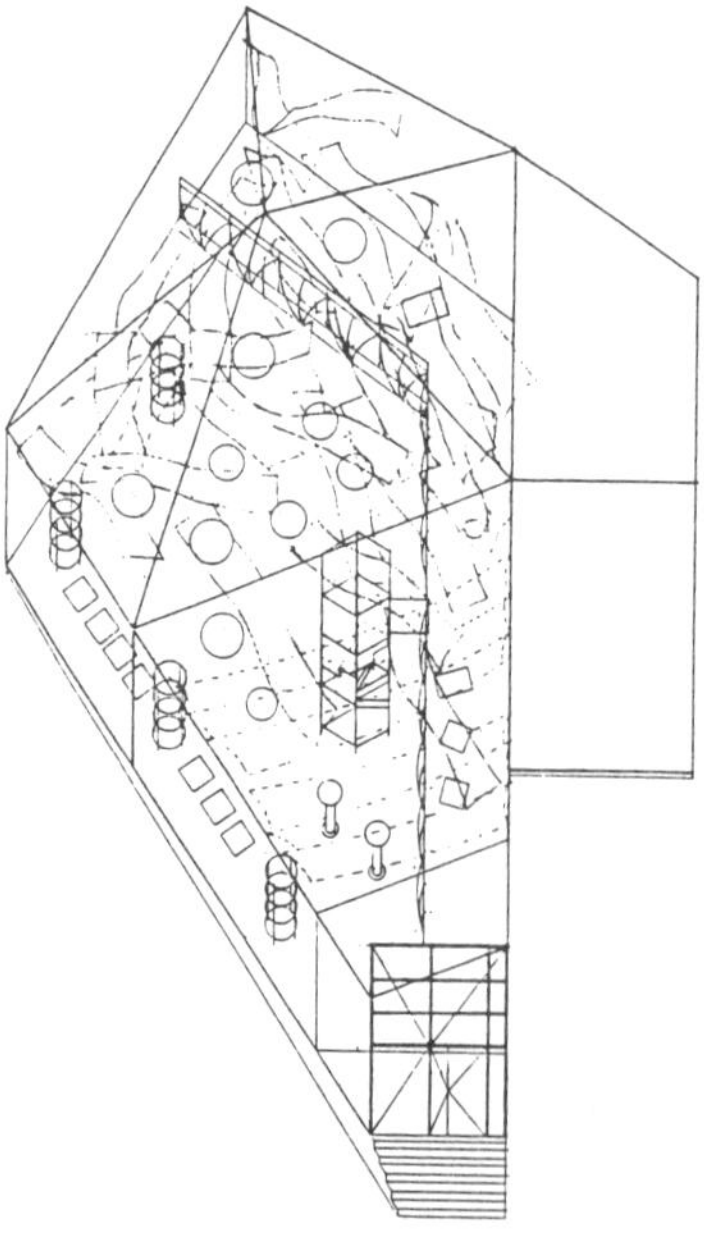

アクソノメトリック

◀レストラン〈ノマド〉

レストラン〈ノマド〉　モデル

湘南台文化センターコンペティション応募案　モデル

アクソノメトリック

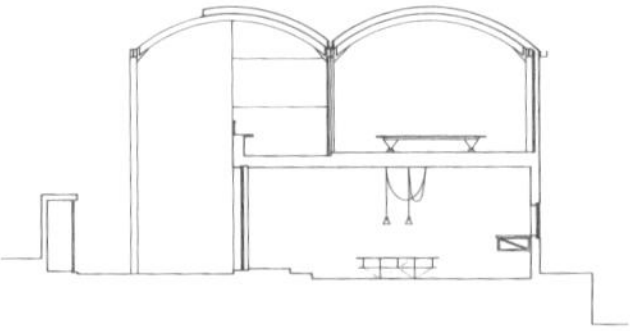
断面図

東側立面図

横浜風の塔

馬込沢の家

は大きなサンルームであり、ホールとして使用されない時も半屋内的な広場として人々の語らいの場に提供される、即ち月面上のオアシスとなる。

ともかくここでは、巷につくられていく公共建築の退屈きわまりないシンボリズムや鈍重な開き直りの示威性に対して徹底的に逆らいたかった。西欧の歴史のなかであり続けたような輝かしい存在としての力を建築がもはや持ち得ない今日、抜け殻のような形態だけが示威的に表現されるのは滑稽にさえ見える。

もうひとつのコンペティション、横浜駅西口タワーは、指名に基づく七人の彫刻家と三人の建築家によって行なわれ、私の案が採用され実施された。駅前ロータリーの中心には既に約二十年前に地下商店街の高架水槽及び換気のためのコンクリートタワーが建てられており、それをどのように改修するかがこのコンペの主旨であった。タワーと言っても高さは20mで、周囲は30mを越えるデパートやオフィスに囲まれて、夜間にはネオンが映り

モデル

込むような環境である。応募案の多く、特に彫刻家達の案はそのような環境を凌駕しようとするシンボリックなものであったが、我々はできるだけ単純な形態を提案した。つまり既存の塔のコンクリート表面にミラーを貼り、その外側をパンチングされたアルミパネルで楕円形平面のシリンダー状にカバーした。そしてこのアルミスクリーンの内側には、千二百個余りのランプやネオン管が配置された。したがって昼間はシンプルなアルミのシリンダーを示しているが、夕刻からシリンダーは次第に透明な皮膜と化し、内部のランプはコンピューター・コントロールされながらさまざまなパターンを描き始める。謂わば万華鏡の内部をアルミのパンチング越しに眺めているようなものである。これらのランプは塔上部に取り付けられたセンサーによって、風向・風速や周辺の車の騒音を光のパターンに置き換えながらリアルタイムで光のパフォーマンスを繰り広げるが、我々の提案の主旨は昼から夜への時間的推移のなかでタワーが姿を変えることにあった。それはシンボ

馬込沢の家　ファサード夕景

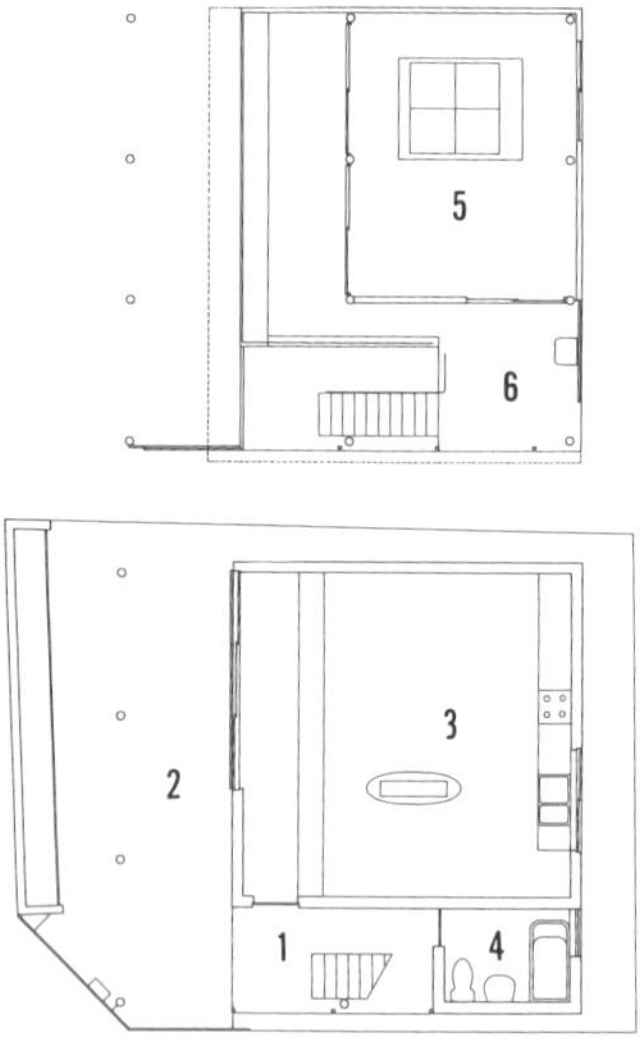

1階平面図▼，2階平面図▲

1　エントランス・ホール
2　テラス
3　スペースA
4　浴室
5　スペースB
6　ユーティリティ

リックに形態を示威する方法と全く対立するものであり、表現方法は異なっているが、湘南台のコンペと主旨は変わらない。八〇年代初めからの皮膜に覆われた建築のひとつの展開であった。

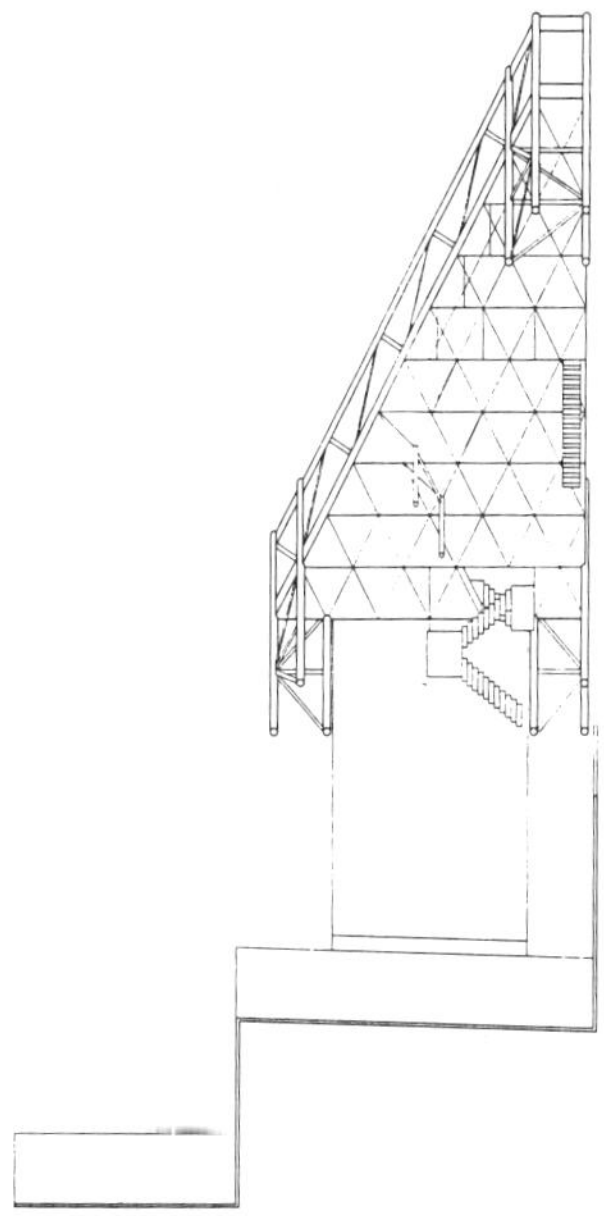

アクソノメトリック

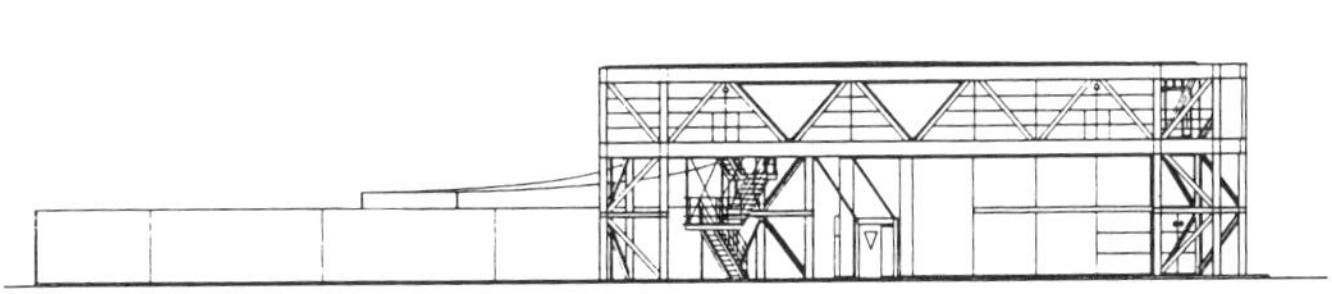

北立面図

ホンダクリオ世田谷ショールーム

都市の現実・建築・ファッション　槇文彦氏「SPIRAL」をめぐって

1

新しく青山に出来た「SPIRAL」の地階には、「CAY」というタイ料理のレストランがある。東南アジアの情緒を演出する籐の椅子、木を多用したテーブルやカウンター、ステージ、その背後の大きな壁画など、このインテリアは槇文彦氏の設計によるものではない。テーブルに着くと、タイシルクを連想させる奇妙な民族衣装に身を固めたゲイ風ホストたちが、くねくねと身をよじらせながら近づき、ステージでは本国から送り込まれた本物のゲイによるエキゾチックな唄と踊りが繰り広げられている。ステージを見上げる芸能人あるいはファッション関係者らしい青山・原宿ファッションの観客たち。ニューヨーク的スノッブな雰囲気が漂うインテリアとファッションと音楽のアンバランスなこの空間で中国酒に身を浸らせた時私は実に不思議な喪失感を味わっていた。おそらくこれはいま東京で、最もファッショナブルな空間なのであろう。その新しさは国籍不明の新しさであり、あのくねくねとした身のこなしはタイ・ダンスの女たちの水々しいエロティシズムとはほど遠い。しかし、それはわれわれの五感を支えているエネルギーや欲望を麻痺させ、空疎な脱力感だけを漂わせる異邦な心地良さへ誘い込む。

いささか意味合いは違うが、このような非現実感は、一階のティーラウンジでも味わうことができる。メインエントランスを入り、やや暗いホールを数段上がった向こう側にあるこのラウンジは、インテリアであるにもかかわらずほとんど外部のカフェテラスのような印象を与える。大きなスカイライトから降り注ぐ自然光の下の円形のギャラリー、それを囲んで大きくスパイラルするスロープ、中央に置かれた色鮮やかなインスタレーション、ラウンジに並ぶホフマンの椅子……。このラウンジはウィーンの広場に面したカフェテラスなのか、それともニューヨークのポケットパークなのか。あるいはまた、これは首都高速のランプの下の空間なのか。内部とも外部とも言い難く、国籍不明の虚構の空間がここにもある。

2

前沢ガーデンハウス、慶応義塾図書館（三田、日吉）、電通大阪支社等、槇文彦氏の近年の作品は、いずれを取ってもその複雑で繊細な操作性や細心の配慮をされたディテールにますます磨きがかけられている。従来の槇氏の作風とは違って、ブルータルで構造表現的であると言われた藤沢市秋葉台文化体育館の場合ですら、その内部に入った時、私は想像よりはるかに整然と秩序立てられた繊細な空間がつくられていることに驚いた。

極めて都会的で洗練された美しい空間、オーソドックスでオーディナリーな感覚を損うことなく、作家と作品との間には常にある冷静な距離が保たれている、というのは最も一般的な槇氏の建築への評価である。口さがないわれわれ野武士軍団の間では、決して感情

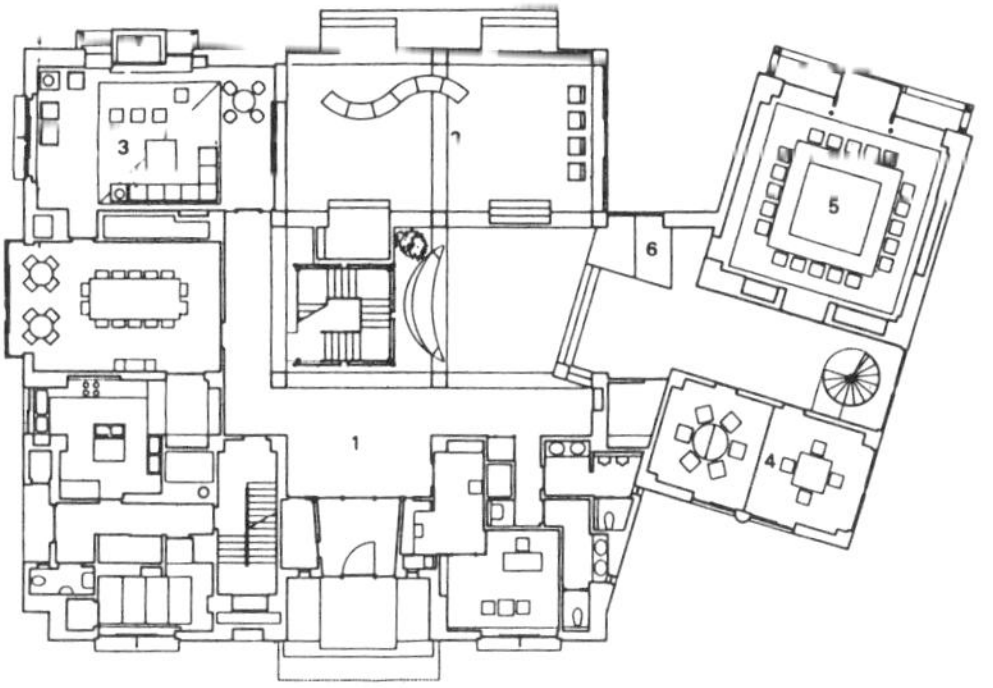

前沢ガーデンハウス　1階平面図

的にのめり込んでしまわない知的な冷静さに対し、時としてひがみと苛立ちを込めた言葉が飛び交うこともある。時代に敏感で、知的で美しいけれども感動がない。計算され尽くした緻密で精巧な空間だがバランスが取れすぎていて、破綻を来すほどのダイナミックな期待感に欠ける、生まな作家の身体を空間から感じ取ることができない、等々というのが、品性穏やかならぬ野武士軍団における槇評であった、と言えよう。

しかしこれら、従来の批評におけるネガティブな側面が、「SPIRAL」では、逆にこの建築の新しさ、都市性を生み出す本質的な原動力になっているように思われる。

その新しさや都市性を明確にするために、ここでまず槇文彦氏の建築の方法を分析してみると、以下のようなものとなろうか。

① 均質でニュートラルな幾何学的フレームをベースに据える。槇氏の建築が常にモダンでオーソドックスな印象を与えるのも、この出発点に由来していると言えよう。

② しかし、彼は直ちにこの均質なフレームに操作を加え、ある方向性をもつ空間へと異化し始める。そうした異化作用のうち最も基本的なものは、軸線の導入およびベース、ボディ、ルーフという三層に分節された古典主義的な構成の影を、このフレームにしのび込ませることである。しのび込ませるというのも、すべてのエレメントがシンメトリーの強い配置をなすことは決してないし、空間全体がそのためにスタティックな中心をもってしまうことも周到に回避されているからである。軸線や三層構成とフレームとは、常に等価な関係を維持するよう微妙に処理されている。

③ 次に彼は、これらの軸や層に沿って、平面方向にも立面方向にも、フレームの間にさまざまな建築的エレメントを投入する。それらはさまざまな形態をした開口部やロマンティックな雰囲気をかもし出す小さな屋根から、照明器具や家具に到るまで、いずれもマッ

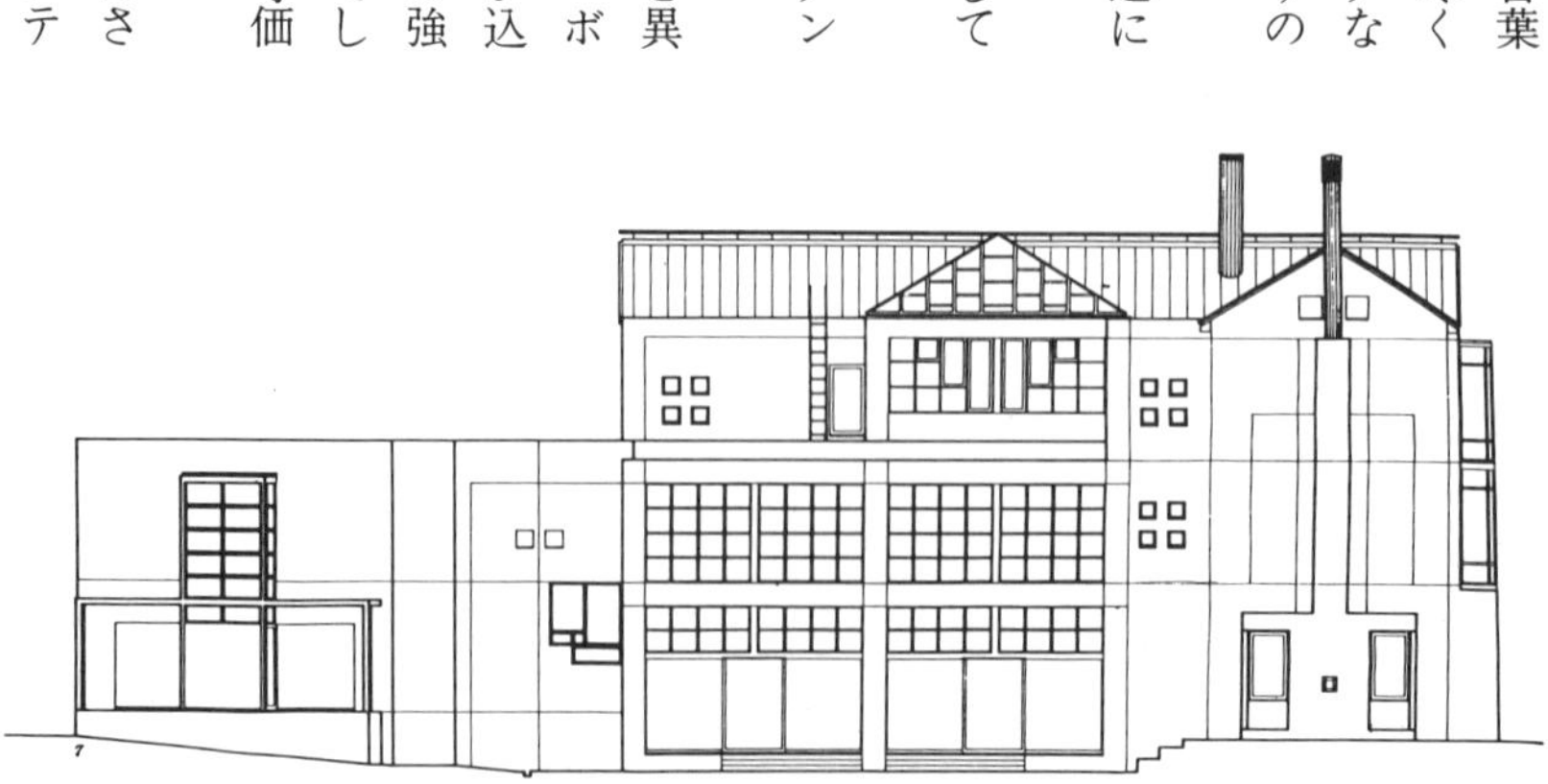

前沢ガーデンハウス　南側立面図

キントッシュの建築に見られるような部分的な軸線をつくり出し、均質な空間の中に小さな重心を幾つも喚起するのである。そして装飾的とすら言える異質な形態、異質な素材相互は並置され、ある表層を形成しながら、空間全体の軽快な揺らめきをつくり出すことになる。

④　上記エレメントはある雰囲気や情緒をかもし出しはするが、ポストモダニズムの建築言語にしばしば見られるような、直喩的な特定の建築物からの引用は回避されている。しかしコルビュジエの、例えばサヴォア邸が船のメタフォアを喚起したように、槇氏の空間にも、イメージを緩やかに特定するキーワードが投入される。例えば、慶応義塾日吉図書館のキーワードが「旅」「桟橋」「十字路」「デッキ（甲板）」「塔」「樹」などであったことは、氏自身の解説に明快に示されている（「新建築」85年6月号）。このようなキーワードの設定は、ニュートラルで均質な空間を異化し、淡くある共通のイメージへと導く氏の建築の意味論的側面の重要な特徴であり、建築言語に基づくコミュニケーション・トゥールである。

⑤　さらにこれら多様なエレメントを重ね合わせることによって、彼は多層な空間をつくろうと試みる。多層な空間とは、コーリン・ロウが初期コルビュジエの空間に発見した透明性の原理の展開である。つまり、キュービズムの絵画で用いられたように、異質な形態を重ね合わせることによって豊かで透明な層を何重にも築き、空間の奥行きを演出しようとするものである。槇氏の建築が、常に軽快で薄い被膜のような面によって構成されているのは、この透明性の原理に基づいているからであると言えよう。

以上が、槇文彦氏の空間構成手法の概観である。それらを複合することによって生じる建築は、多層、多焦点で絶えず断片に分断されながら連続し、ニュートラルな透明感を保

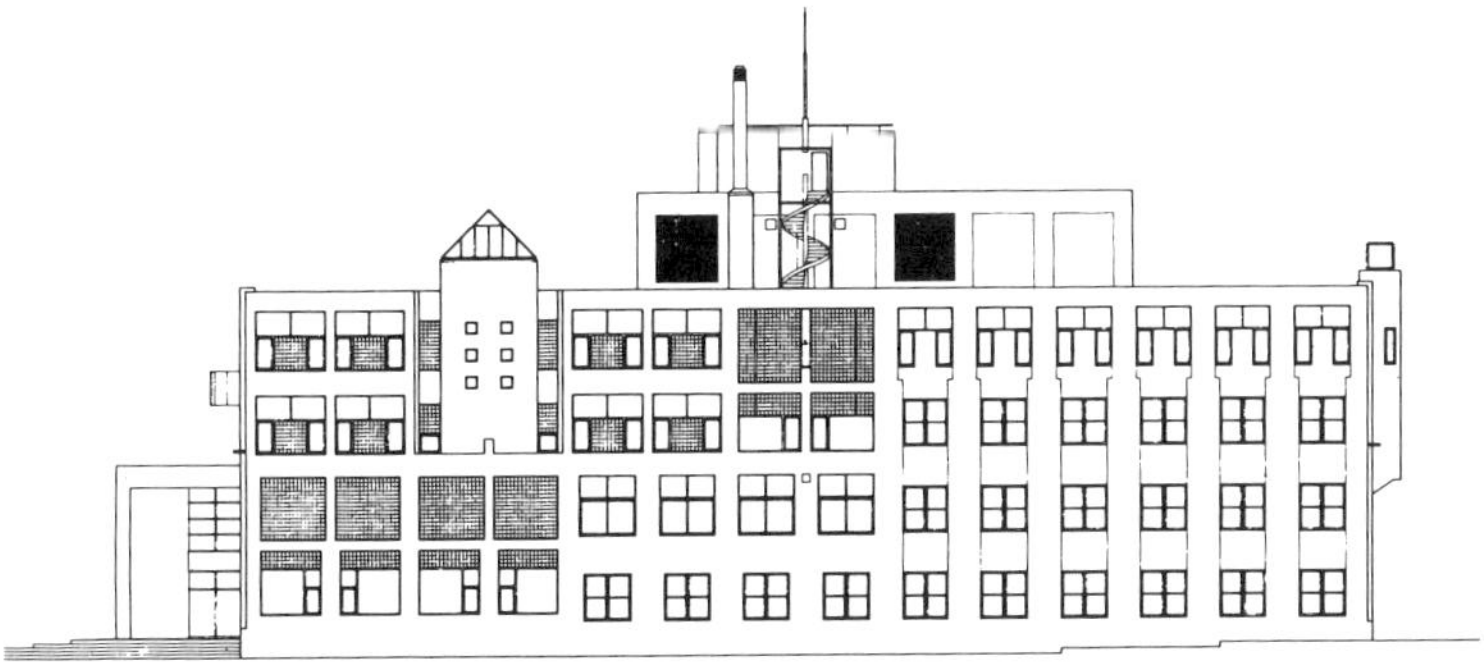

慶応義塾大学日吉図書館　北側立面図

ちつつも、その背後に古典主義建築的構成の影や何らかのメタフォアの気配が感じられる空間と言えようか。このような手法は八〇年以降の彼の空間に一貫して見られる性格であり、「SPIRAL」もまた、他の近作と同様に、このような綿密な手法の延長上に出来上がった作品であることは言うまでもない。

3

しかしそれにもかかわらず、私は「SPIRAL」に、槇氏の従来の建築とは全く別の新鮮さを感じるのである。この新鮮さは一体どこから生じるのであろうか。彼自身の操作的な手法にますます磨きがかかったとしても、その手法に特別の変化がないとすれば、この建築自体に特殊な設計条件があったのであろうか。それを私なりに推測してみれば、次のようなものとなる。

ⓐ まず第一の要因は、この建築の敷地が青山という東京でも最もファッショナブルな場所であった点が挙げられる。近くにハナエ・モリビル、スーパーマーケット・キノクニヤ、ベル・コモンズ、アニエス・ベーやコム・デ・ギャルソン、Y'sといったDCブランドのブティック、青山学院大学、多くのブラッスリーなどが点在している。

ⓑ 次に、女性客を対象にファッショナブルなイメージを売りものとする企業の、全くコマーシャルな建築でありながら、その文化戦略の一環としてパブリック性、アート的性格の強い建物を要請されたであろうこと。つまり、この空間内ではニューヨークやパリのファッション感覚が絶えず感じられ、新しい課題を提供しなくてはならない。

ⓒ 各フロアごとに、機能や性格の異なるきわめて複雑な空間の集合体を要求されたであろうこと。

ⓓ　比較的狭い敷地内でこれら機能を満たすためには、周辺からの複雑な法規制を受けざるをえなかったであろうこと。

ⓔ　以上の目的を達成するためには、通例よりも単価の高い空間を許容されたであろうこと。

これらの条件はそのひとつずつを取り出せば、さして特殊なものとも思われないが、これらがすべて絡み合いながら槇氏の建築手法に組み込まれた時、「SPIRAL」の新しい空間は発生したと言えよう。

4

「SPIRAL」もまた、槇文彦氏の通例として柱・梁で構成されるニュートラルな空間から出発した。しかしここで彼は、キーワードとしてまさしく「スパイラル」を導入した。螺旋を描きながら上昇してゆく通路と均質なフレーム、この二つの要素は当然のごと

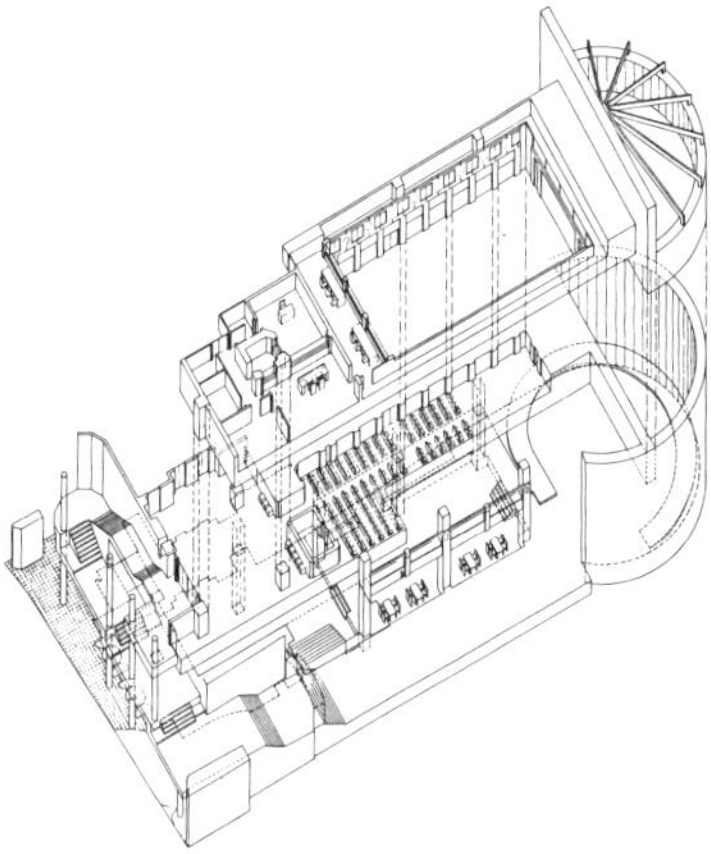

SPIRAL　アクソノメトリック

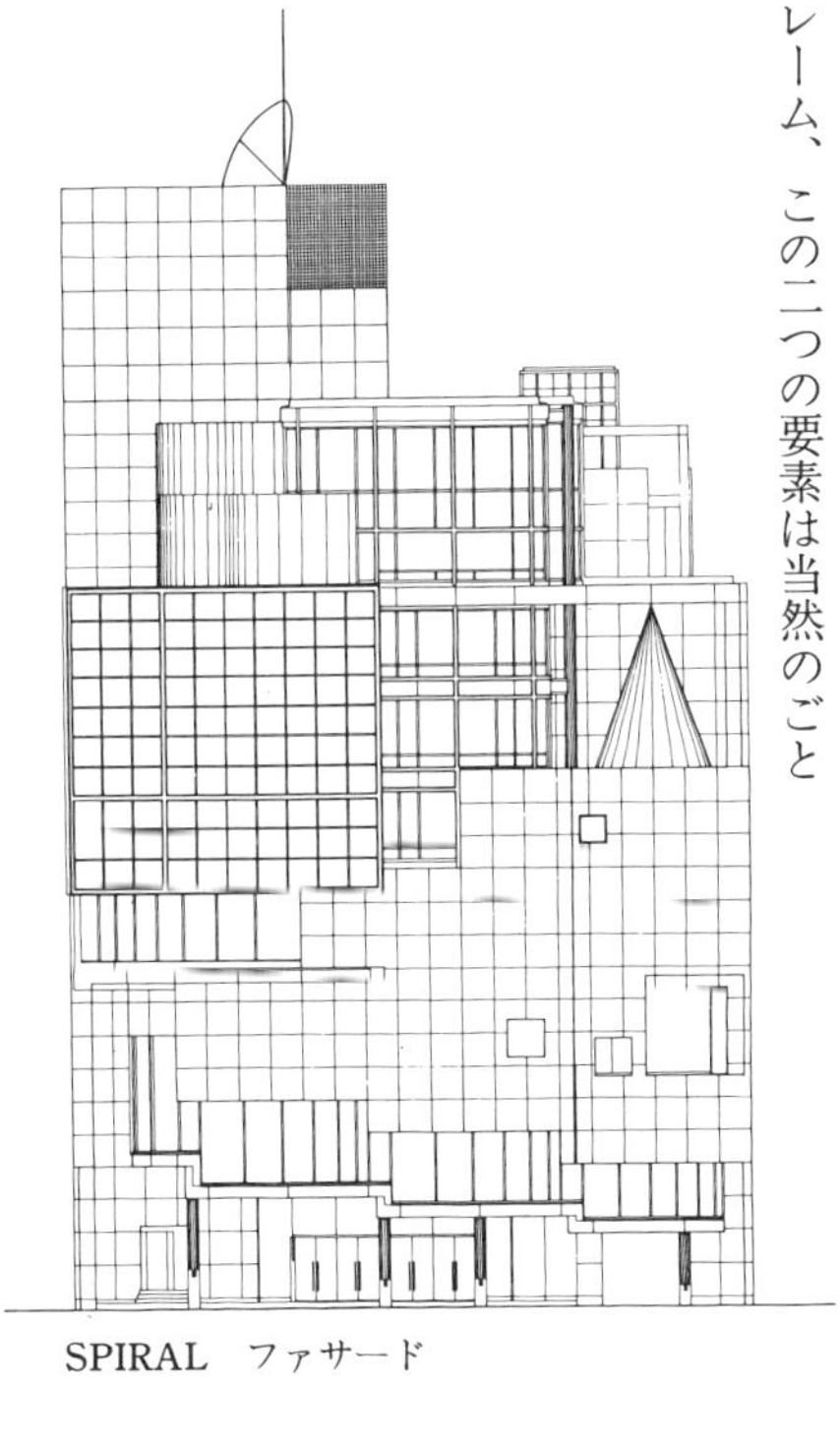

SPIRAL　ファサード

くに対立し合い、均質なフレームの内部には渦が湧き起こり、空間には流れが生じ、スタティックな空間は一挙に複雑な様相を帯び始める。

この建築においてスパイラルを描くリニアーな空間の意味は、きわめて大きい。それは大通りから建築内に引き込まれた横丁の空間であり、建物内の各機能はこの通路空間、すなわちスパイラル通りに沿って展開される。

実際に青山通りからメインエントランスを入ると、ホール右側で通路は二手に分かれる。手前に折り返せばエントランス上部に出るし、ギャラリーとなっている壁面に沿って奥へ進めば、ティーラウンジの脇を過ぎてハッとするほど明るい円形のギャラリースペースに到達する。小さな都市の広場のように見える円形ギャラリーの中央に置かれたインスタレーションを眺めつつ、大きくスパイラルして二階に上がると、自然に人びとは小物の売場へと導かれることになる。この空間を抜けると再び、青山通りを上から眺めるファサード側の通路に出る。ここで通路に置かれたオブジェや照明器具を眺め、再び小さくスパイラルを繰り返すと三階ホールのホワイエに出る。ホワイエにはまたも、カウンター付きのティースペースが拡がっている。さらに上がれば高級フランス料理のレストランがあり、ドームの架けられたバーの先は突如として美しい屋上ガーデンに行き当たる、等々。

つまりこの建築では、通常のコマーシャルビルのようにエントランスホール、エレベーターやエレベーターホール、階段、と目的空間といった明確な分節はなく、スパイラルしていく横丁のごとき空間そのものがギャラリーであり、カフェテラスでありステージである。そこには、終始半開きの柔らかでリニアーな空間が用意されている。柱や梁のフレームの間をかいくぐりながら、それはある場所では大きく脹らんでティーラウンジやホワイエとなり、ある場所ではリニアーに伸びてギャラリーや通路となっているのである。そし

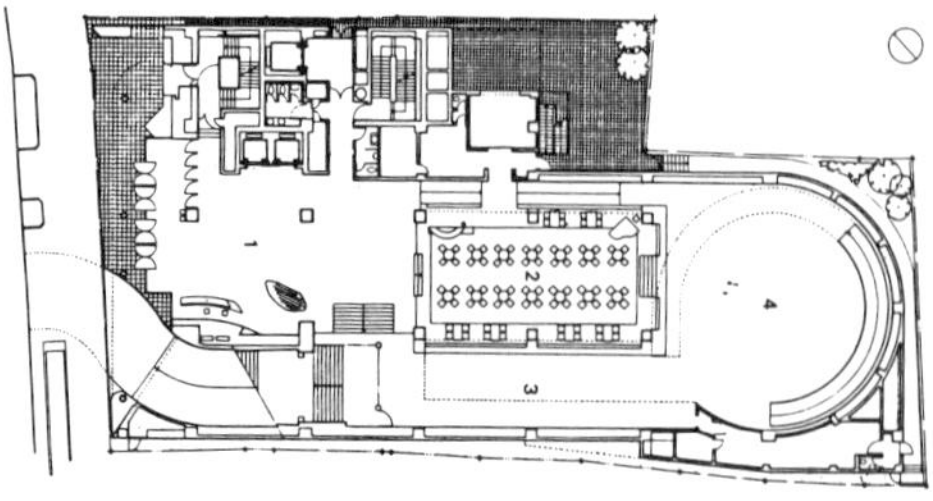

SPIRAL　1階平面図

てこの柔らかにスパイラルする空間から、人びとは吸い込まれるようにレストランやホールへと導かれる。そこに展開されるさまざまなパフォーマンスやインスタレーションやオブジェ。人びとは、そこで繰り拡げられる光や音や映像の空間を浮遊する。

その背後を飾っている精巧をきわめた建築的ディテールの数々。それらは時に照明器具であり、キャンティレバーのフロアを吊るテンション材であり、階段の手摺であり、エレベーターの扉であり、天井の柱・梁のジョイントであり、変化に富んだ壁の納まりであり、カーペットのパターンである。故村野藤吾氏のディテールをさえ彷彿とさせ、近代建築の数寄屋造りとさえ言いたくなるような、工芸品のごとくに手の込んだ細工がそれらのひとつひとつには感じられる。さらにそれらを演出する光や眺望、徐々にスキップしていく飛び石のような階段。しかしこれらおびただしいディテールも、このスパイラルをなす空間の内では、渦を巻きながら空間内に吸収されてしまうように感じられる。これまで展示室の内部でばかり眺めていた宮脇愛子氏のオブジェでさえも、このスパイラルする空間の中で眺めると、風にそよいでいる街路樹のごとくに見えてしまう。

スパイラル状の空間、工芸品のようなディテールの数々、さまざまな家具やオブジェ、パフォーマンス、それらのすべてがここでは溶け合い一体となって、ほとんど都市の街路と言ったほうが相応しい柔らかな空間が展開されているのである。つまり建築とそこで行なわれている行為とは、容器と内容物という関係にもはやなく、両者の等価な関係の下に空間は形成されているのである。

5

ファサードに関しても、内部空間で味わった均質なフレームとスパイラルの対立ははっ

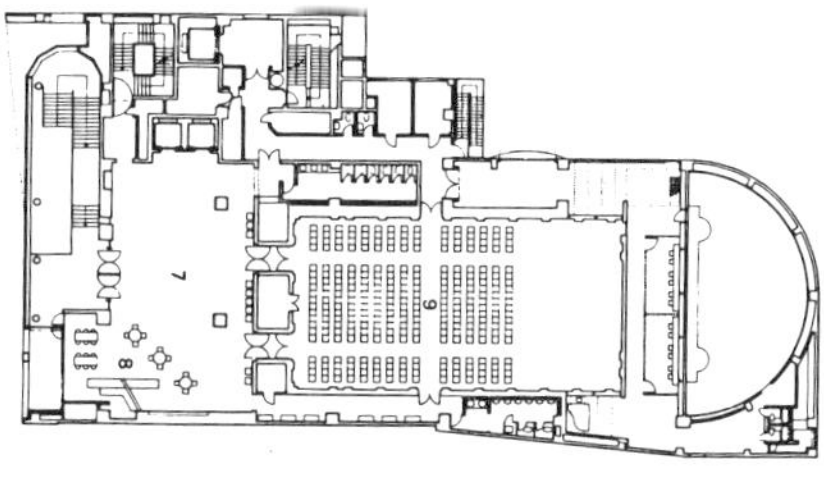

3階平面図

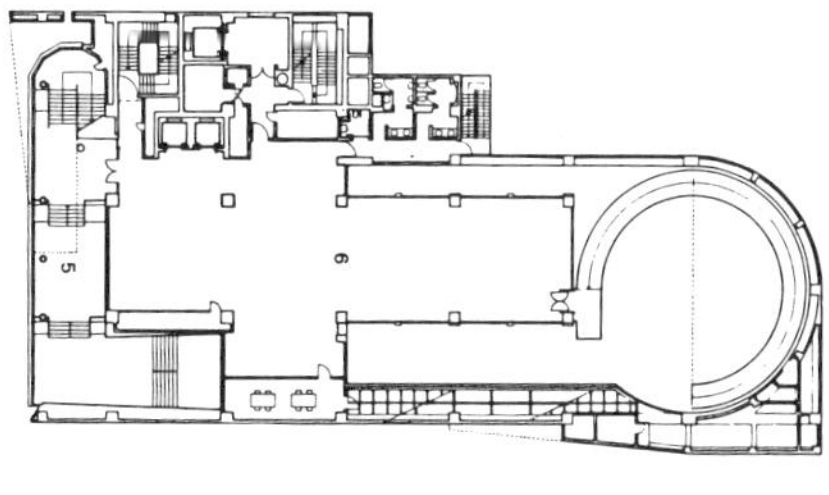

2階平面図

きりと現われている。この建築のファサードを異常なほど断片の集積に見せているのは、内部のファンクションの複雑さをまず挙げなくてはなるまい。しかしファサードには通りに面した被膜のような薄い面と、奥まったメインヴォリュームの端部という二つの層から構成されており、視覚的にこれら二層はオーバーラップし合って柔らかく錯綜するファサードをつくり上げている。そして、この二層の間に小さくスパイラルする空間が左右に細かくステップアップしながら連続しており、この斜めの動きが水平垂直のグリッド状のパターンを絶えず分断する。分断されるたびに形態を変え、リズムを変え、スケールを変える開口部、正方形のグリッドであるかと思えば、縦方向のみラインとなり、再びそれに横桟が付加される。鉛直荷重のみを支える前面の繊細な丸柱、パーキング通路のためにカットされた丸柱とそれを暗示させる前面アルミパネルの亀裂、宮脇愛子氏のオブジェを飾る大きな正方形の開口、円錐、ヴォリューム間を連続させるべく湾曲する壁面、基本となるニュートラルなフレームを主張する柱・梁の断片、これら過剰なまでの要素の断片が絡まり合いながら、スパイラルを描いて天空へと抜けていく。道路面の湾曲に沿ってやや角度をつけられた面と面とによって、この錯綜性は一層拍車をかけられているし、ディテールのための分節もまた然りである。その断片性、多様性は周辺環境に溶け込んで、この建物が十年前からここに存在していたと言われても異和感がないし、あるいはこの建物の一部は以前から建っていたビルの改修であると言われても誰も疑いをはさまないであろう。それほどに断片化は徹底している。槇氏のかねてからの主張であるフレーム内の古典的な三層構成や弱い中心軸の存在も、ここでは錯綜とした多様な構成の内に埋没してしまっている。

　しかし、私にとって最も興味深く思われるのは、このファサードで用いられているさま

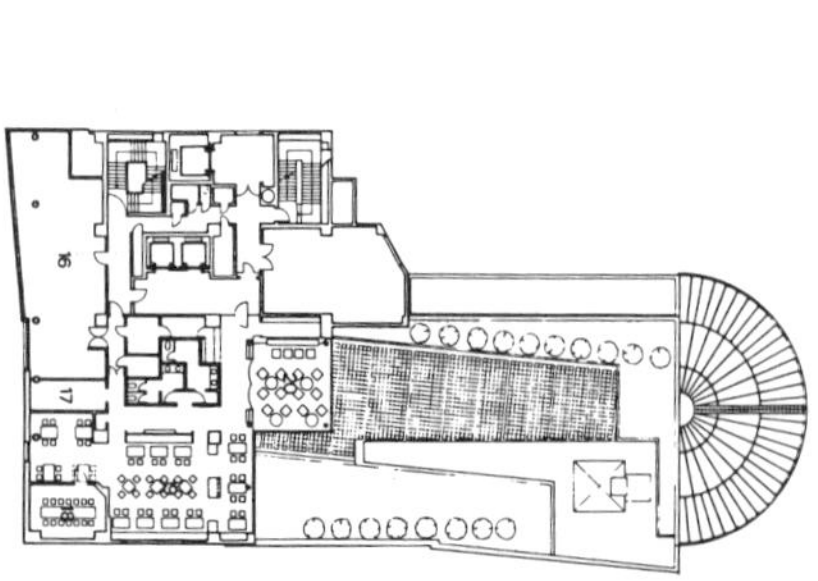

5階平面図

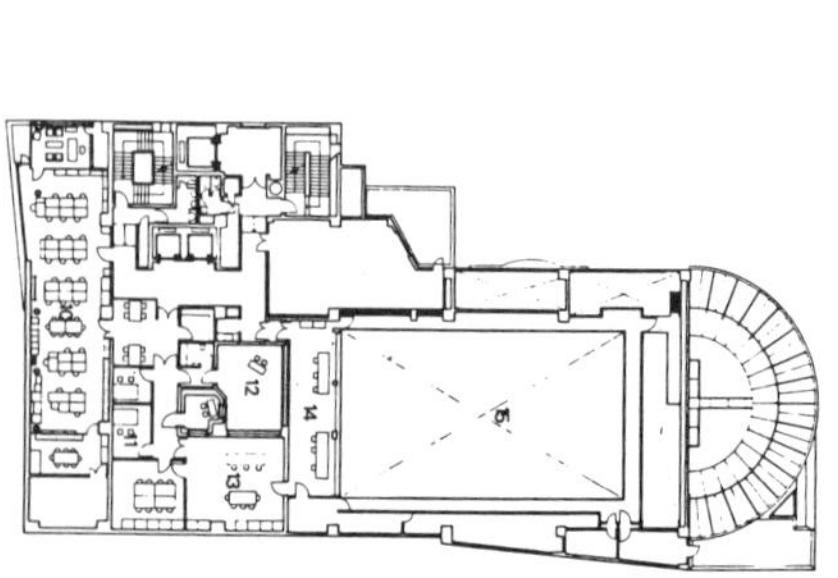

4階平面図

ざまなエレメントが、コルビュジエの初期作品に現われるようなピュアな形態ばかりであるにもかかわらず、それらのコラージュが現実の環境に溶け込んでいるという事実である。コルビュジエがピュアな幾何学的エレメントを集積して描いたユートピアの空間は、パリのくすんだ街並みからは画然と独立し、純白な輝きを放っていた。それに対し、いま槇文彦氏のつくる「SPIRAL」の空間は、円熟した手法と恵まれた条件の中でピュアなエレメントに磨きをかければかけるほど、現実の中に埋没していく。むしろ、この界隈に存在していたファッショナブルな空間が、スパイラルしながらここに流れ込んでいったという言い方さえできる。このことは現実が、もはやユートピアであることを意味するのであろうか。むろんこれは、最もソフィスティケートされ、最も美しいレベルであるが……。

6

これまで、この「SPIRAL」ほどにあるアノニマス性を感じさせる建築は存在したであろうか。ポストモダニズムと言われる建築的状況において、多数のイコンを組み合わせて現実の都市や風土に埋没させようとする試みは、いくらでも行なわれてきた。しかしそのほとんどは最終的に、その作家自身の個性や強さを浮上させる結果を招いただけではなかっただろうか。あるいはまた、村野藤吾氏の建築のように部分へのおびただしいエネルギーの投入は、結果的に孤高の村野芸術を高めることにのみ集中されたように思われる。

だが「SPIRAL」における槇文彦氏の空間は、それらのいずれとも異なる局面に到達している。投入されたおびただしいエネルギーのすべてが集中へ向かうのではなく、フ

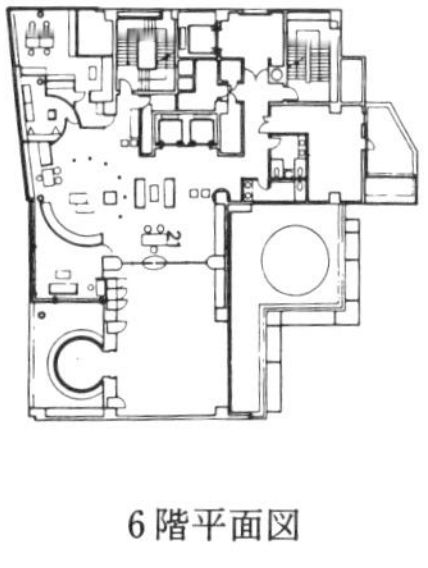

6階平面図

ァッショナブルな空間の拡散に向けられている。ファッショナブルな空間は周辺の環境に拡散し、また内部での多くのパフォーマンスへと拡散し、到るところに溶け込む柔らかな変様体として、虚の空間を生み出している。ここでの空間体験は刻々と変わる。つまり形態が消え、状態のみの空間がほとんど誕生しているのである。

槇文彦氏の建築への関心はその出発点から群造形《グループフォーム》にあったことも確かだし、代官山集合住宅群はまさしくその美しい展開であった。しかし、彼が均質なフレームにメタフォアを喚起すべくキーワードを投入したり、大地や空とのつながり方に配慮を払うのは、古来変わらぬ建築の固有性を持続させたいからである。そしてそれは建築の超時性、永久性というテーマへと連続する。彼が特定のイコンの引用を避けるのも、そうした特定が建築の超時性を損うと考えるからである。しかしすでに述べたとおり、「SPIRAL」においては建築の固有性は槇氏の意図とは逆に、現実の世界の内に解消されてしまっているように思われるのである。

この事実は、きわめて現代的な問題の提起ではないだろうか。かつて建築の解体を目差したのは、六〇年代のラディカリストたちであった。〈すべては建築である〉といったホラインにしても、〈凡庸な建築を〉と語ったヴェンチューリにしても、建築の解体は自らの意識の内においてのみ最もラディカルに行なわれたのであり、街の中に置かれた建築自体は諧謔に満ちた姿を示すのみであった。

それにひきかえ、「SPIRAL」には何らの諧謔もなく、何ら暴力的なオリジナリティの主張もなく、まして作家の生まなエロティシズムなどを感じることもない。それらの点で、この建築はまさしくアノニマスである。その空間は都市の空間そのものの中に解体し、浮遊している。この空間の内外に身を置く時、私はレストラン「CAY」に象徴されるような不思議な感覚にとらわれる。その感覚とは、小さなボートに横たわって、水面を自然のなすがままに漂っているような、心地良さと脱力感の入り混じった気分である。そこから何か生ま生ましい活力が湧き上がってくるような気分とはおよそ対照的に、それは大きな空洞に吸い込まれていくようなエントロピーの極限状態に向かう気分である。しかしこのような脱力感こそが、今日の東京というファッショナブルな都市の心地良さの源泉ではないのか。きらびやかな表層の背後で、ひたすら途方もないスケールの静止状態へ向かって流れているソフィスティケートされた美しい虚構、スパイラルを緩やかに繰り返した先にわれわれを待ち受けるのは、そのような静止の空間であるように感じられる。

柔らかく身体を覆う建築

近頃青山通りや原宿界隈を歩いていると、薄い半透明の布地で身体を覆い、ヨットの帆のように風を孕ませながら、街を遊牧している女の子達に出会う。それらの布は色とりどりの薄いレースであったり、メタリックな輝きを帯びた金や銀のエスニックな柄がプリントされていたりして、ふわふわとして全く布の存在を感じさせない程に軽い。それらが陽にあたってキラキラ光っていたりすると、宙に舞いそうにさえ思われてくる。

そのような薄い布で幾重にも身体を覆った少女達の姿を、新しいファッションと言ってしまえばそれまでだが、それらは衣服というよりも彼女達を柔らかく包み込んだ皮膜の下にはささやかな空間を感じとることができる。恐らくこれらのファッションには、サリーを身に纏い、ヴェールをすっぽりと頭から覆ったイスラムやインドの女性達の衣裳に由来しているに違いない。だから、東京の街をさまよい歩くあの少女達もまさしく遊牧少女なのである。

かねがね、あのイスラムの女達には、我々が衣服を身につけているのとは全く違う独特の空間感覚を持っているのではないかと思ってきた。頭からすっぽりとかけられた布が宗教上の理由からであるのは言うまでもないし、砂漠の砂や風、あるいは強い太陽光線から身を護ってくれるのも確かであろう。しかし、幼い頃から幾重もの布に取り囲まれた身体には、衣服を纏っているという以上の、つまり小さな家のなかに居るような内部感覚が発生しているに違いない、と感じられて仕方ないのである。この独特の内部感覚は、大きなひとり掛けの椅子に身を任せた時に抱く、柔らかな安堵の感情に近いのではないだろうか。

また逆に、イスラムの女達が暮している日干し煉瓦を積み上げた家に入ってみると、家のなかにいるというよりも、頭からすっぽりとかけられた布の内側にいるように感じられる。それ程に彼らの家は皮膚感覚でつくられているのである。塗り込められた漆喰壁には布地の柄と同じような幾何学模様がレリーフとして刻み込まれ、また、萱で葺かれた編笠のような天井は美しい色とりどりの布で縁どられている。この空間は、あたかもあの女達の身体に纏わりついていた布が、裏返って宙に浮かんでいるかのようである。つまり、住まいの内部を構成している空間もまた、一枚の布のように柔らかく身体を取り囲んでいる。ここでは天井も壁も、棚も窓も、そして床さえもが身体の、あるいは衣服の延長として途切れることなく身を飾り立てているのである。

そう思ってみると、東京の街を遊牧する少女達を覆っている布も、既にファッショナブルといった言葉を超えて、彼女達に独自の内部感覚を芽生えさせていると見えないこともない。それからは、最早ひとくくりにできるような体系的なモードではなく、自己顕示といった記号のレベルも超えて、もう少し自らの自由を享楽しているように感じられる。大学に行っても、レストランに居ても、女性ばかりが生き生きと見えるのは、これら透けるような布がつくりだす自由な軽快さがもたらした結果とみるのは穿ちすぎであろうか。

男達もようやくあの固い殻のような背広姿から解放されつつあるが、内部感覚を派生する、といったレベルには未だ程遠いようである。しかし、たまにダボダボのスーツやシャツで街を歩いてみるだけでも、不思議なくらいリラックスしている自分に気がついて驚くことがある。スーツに身を包んでいる時のような体の張りが喪われ、妙な脱力感を伴った心地良さに浸っているのである。一枚の布がつくりだすこの心地良い空間感覚を男達ももっともっと味わうべきである。

衣服がスタイルを喪い、かたちを無くしていくはるか以前から、東京という街は既にかたちを喪っていた。街並みなどという言葉がこの都市では何の意味も持たない程に、隣り合う建物同士は何ら関わりもなく、暴力的に自らを主張し合っている。途方もなく茫漠と広がっていくこの空間の内にいて、人は誰ひとりとしてその全体像をつかむことができない。しかし、混沌の極みとさえ見えるこの街にも、薄い布で覆われたような柔らかな皮膜だけは感じとれる。メインストリートを歩いていると、各建築のファサードや看板が乱立し、商品が山のように積まれているけれども、通りの空間は、シルクを張りめぐらせたパッチワークの如き美しいスクリーンで覆われている。さまざまなファサードやショーウィンドウやネオンサインは、スクリーンに張りめぐらされた刺繡やプリントの図柄のように、この皮膜の表面をキラキラと飾り立てている。ここでもまた我々は、柔らかで、かたちのない内部感覚に浸り切っているのである。

都市空間は日々かたちを喪い、光や音の装飾的断片を散りばめた万華鏡のような虚の空間となりつつあり、また私達の身体を覆っている衣服もそのかたちを喪って柔らかな布片と化して宙に浮かびつつあるというのに、建築だけは何故相も変わらず固い殻を閉ざし続

東京の夜景

け、形態としての存在を露わに主張し続けているのであろうか。

かつて衣服のように身体を覆い、身体の延長として存在していた家の空間は、その連続性を断ち切り、身体と向かい合う存在となることによって建築化し得た。これまでものをつくる行為、特に建築の設計という行為は、空間を絶えず自らの身体から切断し、対象化する営みであった。身体に同化し、溶融しているような柔らかな空間を固化し、対象化し、抽出し、形式化し、構築することによって建築は輝かしい存在としての地位を築き上げてきた。そのような栄光の夢を未だにどこかで建築家達は見続けているのではないだろうか。建築だけは未だにネクタイをきちんと締め、固い歴史の殻のスーツに身を包んで、外に対して身構えている。このような建築はどう見ても、あの遊牧少女達にふさわしいとは言えない。

あの少女達の身体を覆っている透き通った布のように軽く、キラキラとメタリックに輝く家をつくることはできないだろうか。いつの時代にも、その時代の最も心地良い空間は存在するはずである。それは今日の衣服や家具から都市空間にまで連なっていく空間でなくてはなるまい。宙に浮かぶ柔らかな布のようにかたちのない空間こそ、あの少女達にふさわしい住まいの空間ではないだろうか。

半透明の皮膜に覆われた空間

この都市では今日、建築はブックストアの店頭に並ぶ色とりどりの雑誌のように、或いはブティックを埋めている、夥しいワードローブのように、日々現われては消え、消えてはまた現われる。商店街であれ、住宅街であれ、それらは隣り合う建物と競うようにしてわずかな差異に訴え、自らの特異性を主張している。通りを飾り立てながら、それらは居並ぶ雑誌やワードローブのように、消費記号としてのメッセージを社会に送り続けている。無限の文字、パターン、色彩、音や形態の断片が飛び交い、渦を巻いて流れている、そのような都市空間で私達はそれらの色彩やパターンに酔い、それらの間を漂いながら明け暮れ、そのなかにまた一つ二つのメッセージを送り込んでいる。

しかし、途方もなく拡がり、夥しい図柄に染め抜かれながら宙に舞う巨大な一枚の布の如き空間に、また新たなメッセージを送り込むことだけが、今日、建築に求められる行為なのか。

今日世界中の都市でつくられている多くの建築、それもジャーナリズムを賑わしている意識的な建築を取り出してみると、その殆どが新たなる記号の操作に基づくメッセージの吹き込みに終始しているように思われる。それらの建築の、都市に於ける存在の仕方は、概ね次の三つのタイプに分けられる、と言ってよいであろう。

まず第一は、暴力的と言える程にシンボリックな形態を都市空間に投入することによって周辺環境を支配し、周辺から浮上しようとする建築。この類の建築は、きわめて単純で誰にでもわかりやすいシンボルを呈示してポピュラリティを得ようとするが、往々にしてその投入が過剰にアナーキーであったり過度に威圧的、モニュメンタルであるために、アナクロニズムや、活力を喪失し、ステロタイプ化されたシンボリズムに陥りがちである。

第二のグループは或る種の知的遊戯とでも呼べるような記号の組み合わせやソフィスティケーションによって、周辺環境との差異を楽しんでいる建築。西欧の歴史的な建築からであれ、日本の伝統的な建築からであれ、その引用源は念入りに選ばれ、精巧なる操作を加えて構成された上で、それらは都市空間内に浮かべられる。このような建築は諧謔的な身振りやスノビッシュなポーズによって社会の特定層のみを対象としてメッセージを発し、その限定性、まさしくスノビズム、を以て逆に社会に訴えかけたり、社会を啓蒙しようとする。

そして第三のグループは都市空間内の記号の多様性、錯綜性を或る特定の視角から概念化し、コラージュ的な手法に構造を与え、ヴィジュアルなモデルとして呈示する建築である。この建築からは作家の世界観を明快に読みとることが可能である。それらは、切り取られ凝縮された宇宙に於ける純粋で緻密なシミュレーション・モデルであるから、それ自体自立した美しさを持つが、現実の都市空間からは閉ざされ、孤立したままである。

エネルギッシュで力強いが、いまでも世界は一つと言い切ってしまうような、単純で完結的でわかりやすい建築、ソフィスティケートされた記号操作に基づくスノビッシュな建築、錯綜した断片のみの集積をモデル化して指し示す建築、等々。私達の前にはあまりにも多くの精力的、かつ技巧的で美しい建築的試みがあり、他方で私達はあまりにも錯綜した記号の浮遊する都市空間にいる。この間に立つ時、いま一体、建築とは何なのか。

この問いに、恐らく誰ひとり確答を与えることはできないだろう。しかし多くの建築が、いかに多様なメッセージを発していようとも、それらのほとんどは我々と対峙し合い、我々の前に対象物として立ちはだかっているのは疑いようもない事実である。つまり我々は、それらの建築を仰ぎ見ることは可能だが、決してその内には居ない。

その内に〈居る建築〉とは、自らの身体を常にその中心に据え、その上を、或いはその周辺を衣服のように柔らかく覆ってくれる建築である。しかしほとんどの建築は外部空間を備えている訳だから、その内に身を置くことができるはずである。確かに物理的にはほとんどすべての建築の内部空間を我々は体験する。しかし内部にいようと外部にいようと、多くのメッセージを発する記号群と私達が向かい合っているという事実には変わりがない。そのような意味では物理的には内部空間にいても、私達はメッセージを送り込む記号の集積としての建築とは常に対峙し合っている、というより否応なく外側に身を置かされている。つまりこれは、建築総体が、或いは建築各部がさまざまなメッセージ、意味を私達に投げかけてくる以前から、既にその建築の内側に居ることができるだろうか、という問いかけへと導く。そしてそのような状態がもし可能ならば、私達はその時初めて、真に心地良く安らぐことができるのではないか、と思われるのである。

話をわかりやすくするために、次のような状態を考えてみよう。我々は、何らかの衣服を身に纏って都市空間の何処かに必ずいる。或いは、時に、一つの建築空間の特定の部屋のなかに身を置き、椅子に腰かけているかもしれない。この時私達の身体は、衣服、椅子、部屋、建築、都市空間といったさまざまなレベルで、これら各対象と向かい合い、かつこれらの空間のなかに身を包むことによって我々はその内側にいる、と同時に、その衣服の発するさまざまなメッセージ、つまり色、柄、素材、形態、ディテール等々を受けとることによって、我々はその外側にもいる。椅子の場合も然り、部屋、建築の場合また然りである。これら各対象の内側にいる、と同時に外側にいる事実を我々は決して避けることはできない。各対象物は内側を持つことによって人々の身体を覆い、外側を持つことによって社会のなかに自立し、その存在を主張し得ているからである。しかも物理的に我々は、建築物の内側と外側に同時にはいられないように、衣服や椅子の内、外という概念も、今日、決してバランスよく成立するのではなく、互いに対立し合う関係にある。衣服を例にとって、一枚の布だけで身体をすっぽりと覆っただけの状態と、学生やスチュワーデスの制服やビジネスマンのスーツを身につけた状態とを比較すれば明らかである。形も定めず、ディテールもなく、ただ一枚の布片で柔らかく身体を覆うという心地良さが、衣服の最も初源的な機能として求められるとすれば、ユニフォームやスーツの持つ形式性、限定性は身体を固く閉じ込め、身体を抑圧し続ける。我々がネクタイを緩め、スーツを脱いだ瞬間に感ずる解放感、心地良さがそれを物語っている。

或いは椅子を例にとれば、マッキントッシュの椅子の一つ、例えばラダーチェアと、ハンス・ウェグナーの椅子の一つを並べてみれば、これまた一目瞭然であろう。前者はきわめて繊細かつエレガントにつくられているけれども、マッキントッシュのドゥローイングから明らかなように、それは室内の展開図の一部分として抽象的に描かれている。そこに坐るというよりも、取りすました女性のように美しく我々の前に在る。これに対しウェグナーの椅子は、いずれを取り出しても常に身体を柔らかく包み込む。その柔らかさは、椅子が身体に合わせて形を変えているのではないかと思わせ、エロティシズムを感じさせる程である。ウェグナーの椅子も高価な量産品として販売されているのだから、さまざまなメッセージが附着しているのは言うまでもないが、それでもなお我々をほっとさせるような心地良さがこの椅子にはある。

こうした対立的な関係は、部屋のレベルでも、また建築のレベルでも成立する。しかし私がここで求めるのは、そのような比較を進めることではなく、さまざまなメッセージを発する以前の、ただその内側に〈居る〉だけの椅子や部屋を、そして建築を求めることである。

ただ一枚の布を宙に浮かせて、身体を軽く柔らかく覆った家、内と外の区別もなく、何らの社会的メッセージも未だ発せられず、人々が安らぎ、心地良く居ることができる、そのような建築は観念内部のユートピアに過ぎないのかもしれない。或いは仮にそのような空間をつくり得たとしても、それが建築として環境のなかに置かれた瞬間に、それは外側を持ち、さまざまなメッセージを発しはじめるに違いない。しかしそれでもなおそのようなユートピアの空間を求め、心地良さを建築に求めようという試みは徒労でしかないのだろうか。

久しく我々はユートピアという言葉を見失ってきた。そのような言葉はもうないとも言われ続けてきた。それ以来、建築は都市の現実を否定し、現実から遊離し、現実の小さな一画を囲い取って、純化された都市のモデルを小宇宙化して示すことに終始してきた。或いは逆に現実と結びつくべく、現実と迎合し、現実のなかに威嚇的に或いは諧謔的に身を投じ、結果として現実に消費され続けてきた。

ユートピアという言葉が過去にそうであったように、現実の否定と現実の革新によっていまでも裏打ちされているとすれば、この言葉は他に置き換えられなくてはなるまい。夢のなかに描かれる建築、と言い換えてもよい。しかし、いずれにせよ、今日、それは、現実の否定からも、現実の肯定、あるいは迎合からも決して生まれては来ないであろう。

それは恐らく、無数の記号を散りばめたありのままの都市空間をそのまま浄化し、透明にする過程にのみ見えてくるだろう。例えば我々がカメラのファインダーをのぞき込んだとする。その時鮮明な像が映し出されていたとすれば、レンズを少し回して輪郭が曖昧になるまでピントをずらしてやる。この時ファインダーのなかの像は明確な意味、メッセージの内容が消され、フィクショナルなイメージだけを伝えてくる。この輪郭の曖昧な像は元の像から縮小も拡大もされず、原寸大のまま現実の風景と重ね合わされる。現実そのものの都市空間を一つのスクリーンに映し出すとすれば、この曖昧な像はそのスクリーンの前後、はんのわずかの距離を保って平行に置かれた別のスクリーン上に映し出される半透明な像である。それは曖昧かつ不鮮明であるが故に、我々の想像力をかきたてる。しかも消費記号の充満した現実そのものの風景と紙一重でオーヴァラップしているが故に、遠い理想の世界に飛翔してしまうこともなく、絶えず現実とのフィードバックを繰り返す。現実との微差に支えられるこのフィクショナルなイメージの空間、それが今日のユートピアの空間であり、夢のなかに描かれる建築である。

この空間に於いて、無数の記号は、それぞれの意味や音を喪い、宇宙に散乱する塵のように静かに輝きながら浮遊し始める。これらの無数の輝く点を結び合わせて織られた半透明なる皮膜は、絶えず変様する柔らかな空間を囲い込む。

ここに呈示される幾つかのプロジェクトは、家具から都市的スケールの建築までを縦断しつつ、半透明の薄い皮膜を求めた結果である。例えば、エキスパンドメタルを木型に沿わせて折り曲げて皮膜とした椅子は、椅

湘南台文化センターコンペティション応募案　モデル

東京遊牧少女のための家具

シルバーハット　モデル

西条の家プロジェクト　モデル

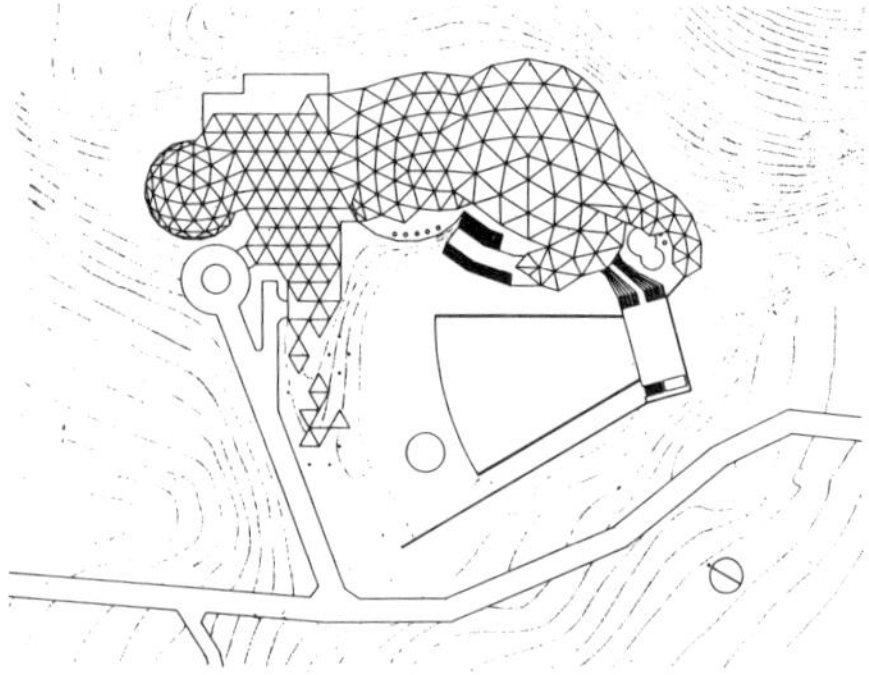

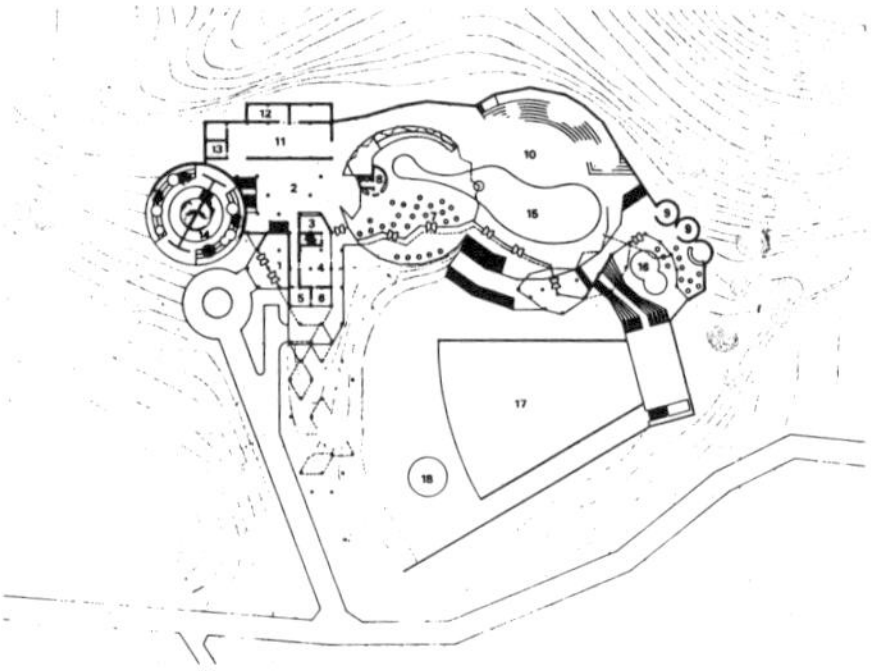

大鰐スポーツコンプレックス計画
▲屋根状，▼1階平面図

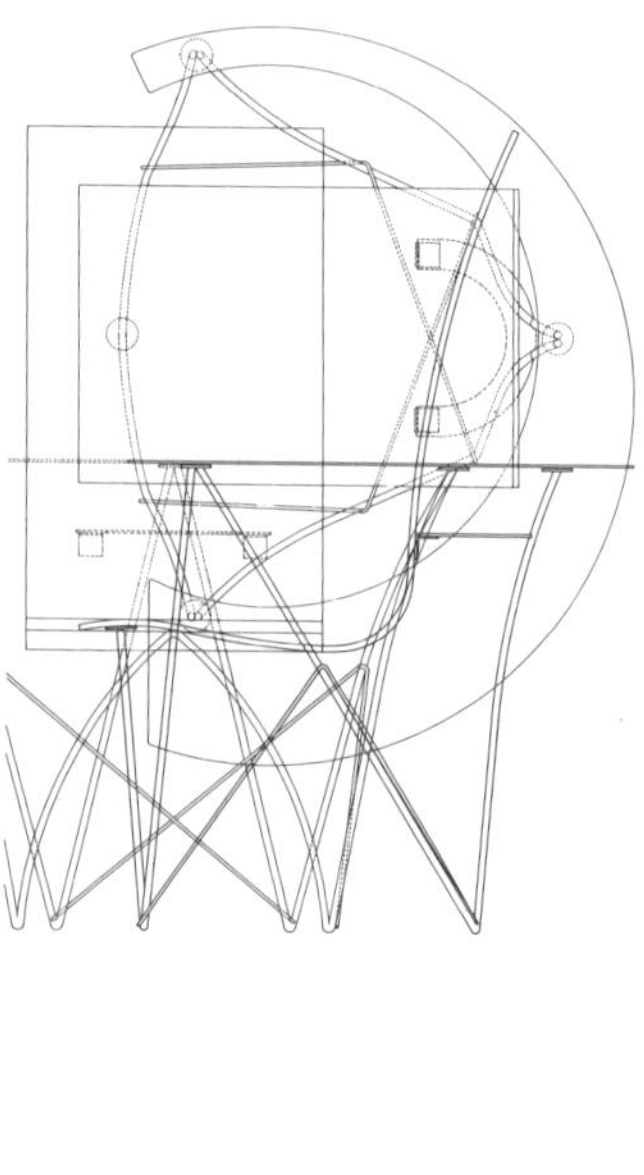

東京遊牧少女の家具
アルミ・パンチングメタルで作られた椅子

子というある形態を備えた存在というよりも、そこからある形態が固定されてくる直前の柔らかさのみを求めた結果である。それはまだ自由に身体に沿って形態を変えうるし、そこにさまざまな意味も附着していくことが可能な浮遊物のような存在である。ここでは色彩を帯びて宙に浮かぶ楕円状の座のみが確かな場を示している。

《東京遊牧少女の包《パオ》》と名付けられたテント小屋は、文字通り皮膜としての都市住居をモデル化したものである。衣服のような半透明の小屋のなかに置かれた家具もまた、半透明の布に殆ど衣服のように包まれている。この包《パオ》は現代にとっての人形の家東京少女版ともいうべきモデルであるが、実現された《シルバーハット》や《馬込沢の家》の金属パネルによる皮膜的な空間を、より端的に語るように思われる。

また《レストラン・ノマド》では、コマーシャルなインテリアのスペースとして包《パオ》が展開されている。ここで布のように柔らかなエキスパンドメタルは、椅子となって身体を包むかと思えば、雲のように舞い上がって天井を覆い尽くしている。

《西条の家》では軽い布片のように不定形の金属フレームの皮膜が、古い民家の積層する瓦屋根の間に浮かび、横浜の《風の塔》ではパンチングされたアルミパネルがまさしく《楕円形シリンダー状の皮膜》として、既存の塔の周囲を軽く包み込んでいる。既存の塔はその表面にミラーを貼りめぐらされて、その存在を殆ど失いかけている。

さらに《大鰐スポーツコンプレックス》のプロジェクトや《藤沢市湘南台文化センター設計競技応募案》では、さらに拡大されたスケールで皮膜は展開されている。前者は崩壊するようにしながら連続する木造ドームの皮膜として、また後者は、中近東の集落群のようにひしめき合いさざめき合う布や金属の包《パオ》の群れとして。

これらのプロジェクトはそれぞれスケールを異にし、周辺環境を異にしながらも、共通に薄い皮膜に覆われた空間をつくり出そうとしている。それらは各々現実の都市そのものとの距離を微妙にずらしつつ、夢のなかの都市へと誘っていく道を探っている。現実に限りなく近い虚像のユートピアへと。

このユートピアの空間は決して永続することはないだろう。陽炎のように、それはいつしか現われ、変様し、いつしか消えているに違いない。しかしそれは消え去るが故に、未来ではなく現在の心地良さを人々に与えることもまた確かなのである。現代の都市にふさわしく殆どファショナブルでありながらノファッションの空間を突き抜けた心地良さや大らかさ、それが半透明なる皮膜の建築に求められるものである。

1987

神田Mビル

前年にオープンしたレストランバー〈ノマド〉は湘南台文化センターコンペ応募案の副産物と言えよう。風に吹かれて散乱する布片と化した建築のイメージをサーカス小屋のような軽いシェルターの下で展開したかったのである。またこの建築は地価暴騰という東京を吹き荒れたクレイジーきわまりない現象の副産物でもあった。都心部では地価に較べれば、そこに建つ建築物のひとつやふたつの価格は紙屑に過ぎない程の建築の相対的価値の下落が、同時に建築の仮設化現象を推進したのは皮肉な結果である。何故ならば投機の対象としての土地の上に、二、三年だけ存在すれば事足りるという仮設的な建築の蔓延は、建築のDCブランド化、即ち建築の耐久消費財化を促進し、そのきわめてネガティブな現象が逆に建築の保守的側面を露呈させるという結果を招いているからである。またこうした現象は、もはや東京のような都市に於ける建築空間が次から次に繰り展げられるパフォーマンスの瞬時的な舞台のステージに過ぎないことをあからさまにして見せたとも言えよ

神田Ｍビル　全景▶

◀神田Ｍビル　ペントハウス内部

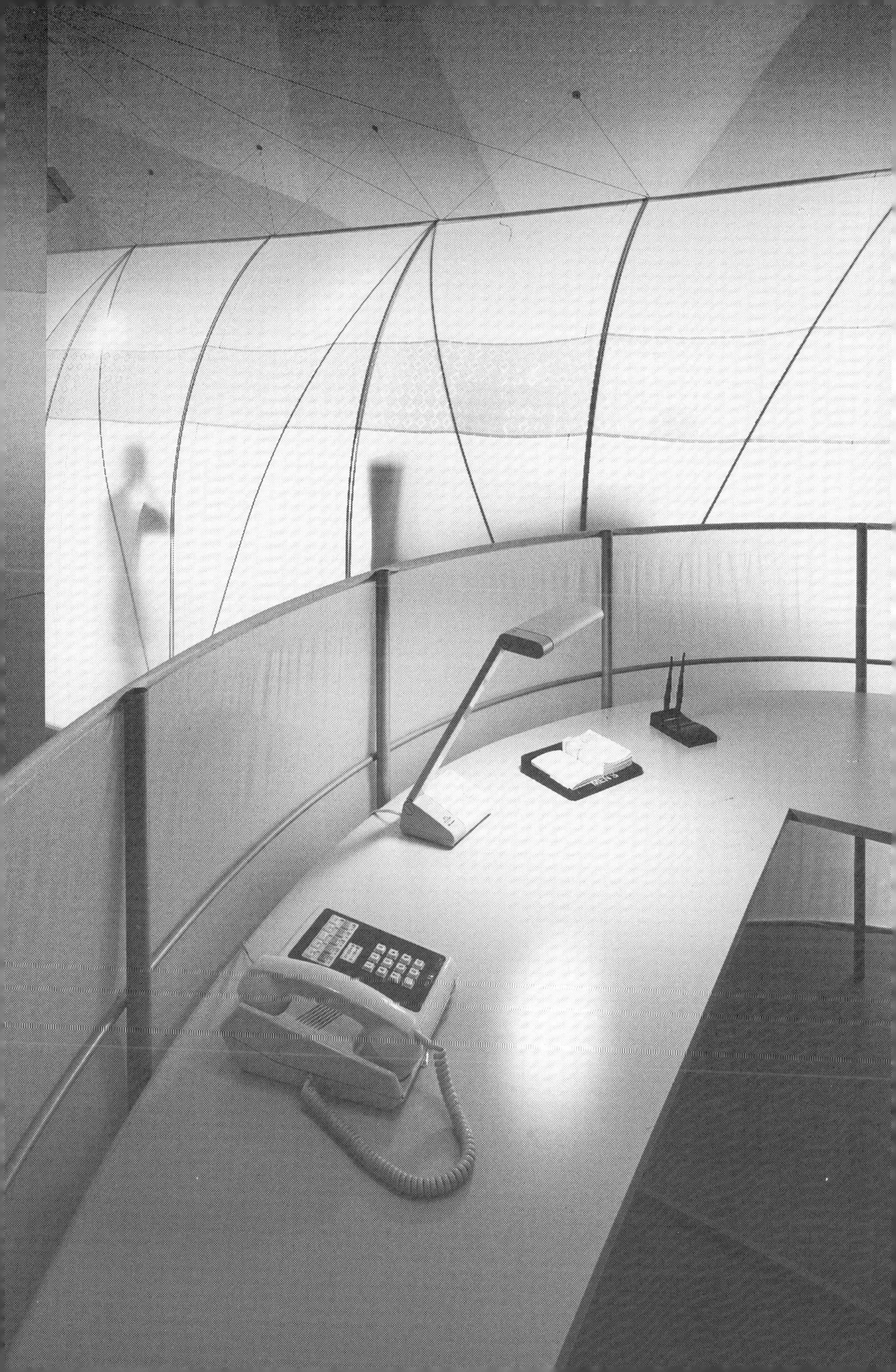

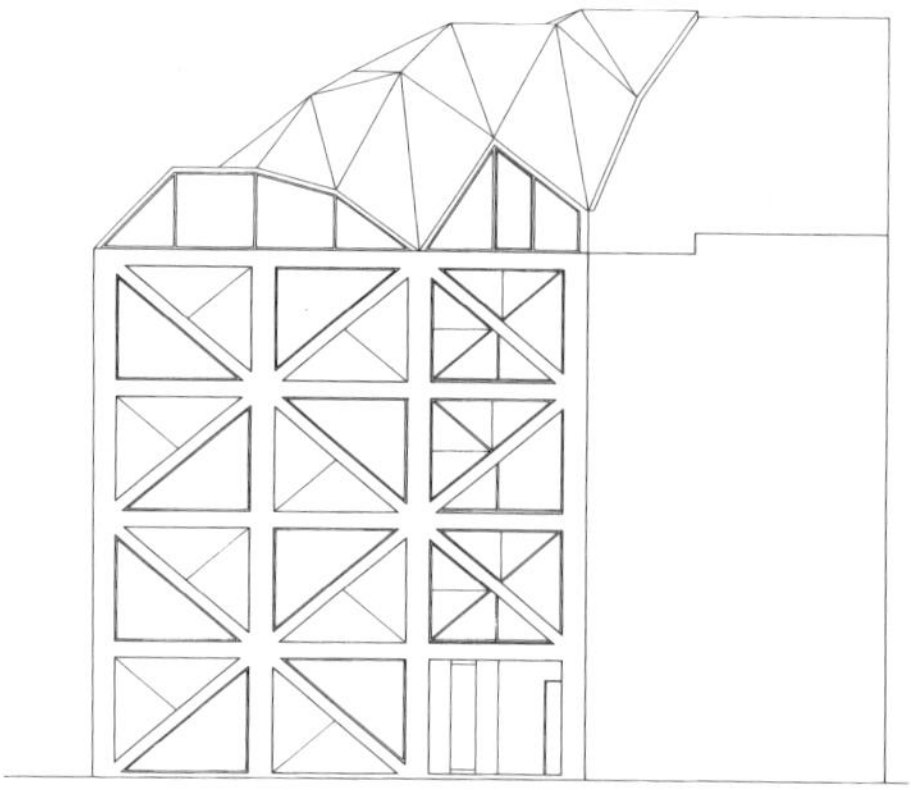

北側立面図

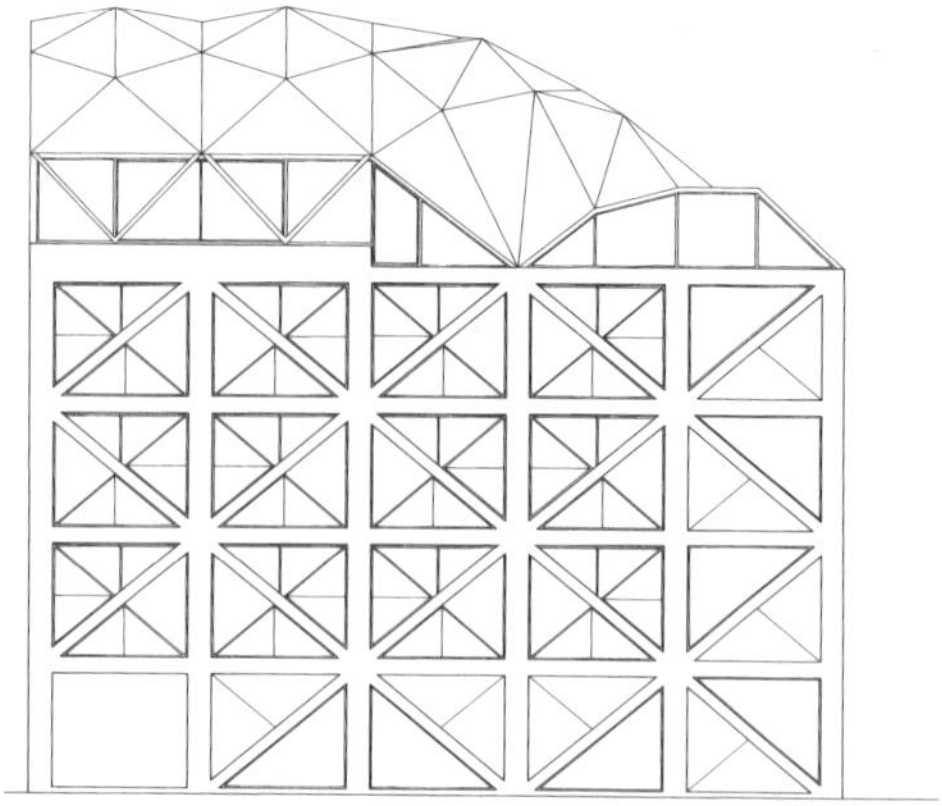

東側立面図

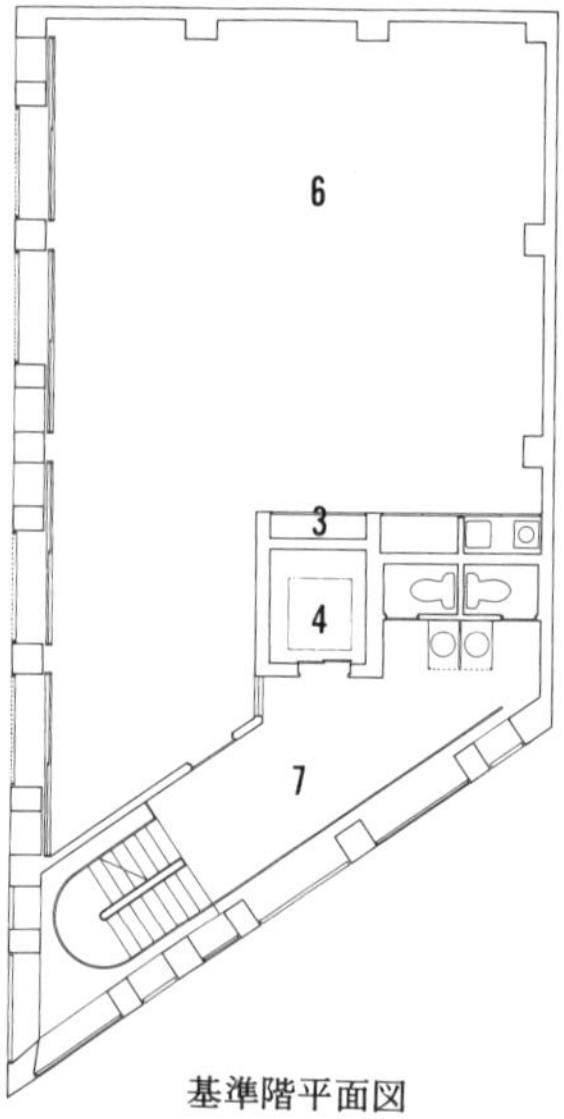

基準階平面図

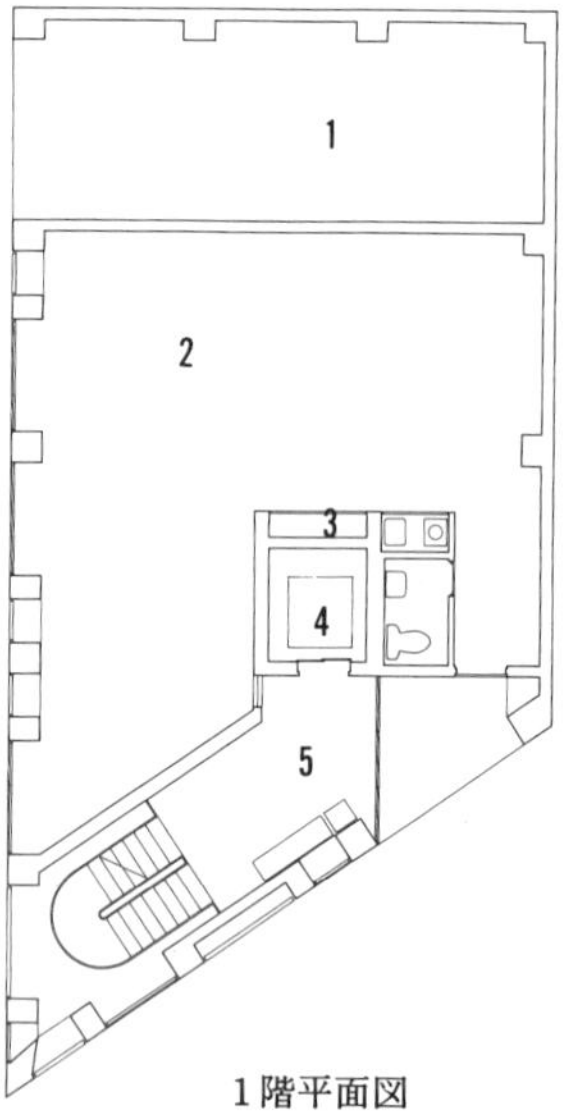

1階平面図

神田 M ビル

1　駐車場
2　貸店舗
3　PS
4　EV シャフト
5　エントランス・ホール
6　貸事務所
7　ホール

う。ディスコ、トゥーリアの事故がこのことを象徴的に物語っている。

〈ノマド〉もまさしく土地投機の狭間にしか生じ得ない建築であった。この年の六月、オープンしてからわずか十ヵ月にしてこのレストランバーはクローズされてしまったのであるが、クローズされた直後の七月七、八日の両日、ここで「橋の会」主催による能の公演が行なわれた。土屋恵一郎と多木浩二の発案による企画で、当日は、仮設の能舞台が持ち込まれ、浅見真洲のシテによって「天鼓」の舞いが演じられた。私自身は公演に立ち会うことが出来なかったが、六本木という場所柄「ぴあ」を片手の若い観客がつめかけ、通常の能楽堂やホールでの公演とは全く違った空間が出現したと聞く。天井から吊られたメタリックな布がかすかに揺れて舞いに呼応したとも聞いた。現代都市の消費を前提とせざるを得ないテンポラリーでコマーシャルな空間と、伝統的な能の空間との唐突、かつ瞬時的な出会いは、今日の建築とは何かという建築の概念に関わる最も本質的な問題を垣間見

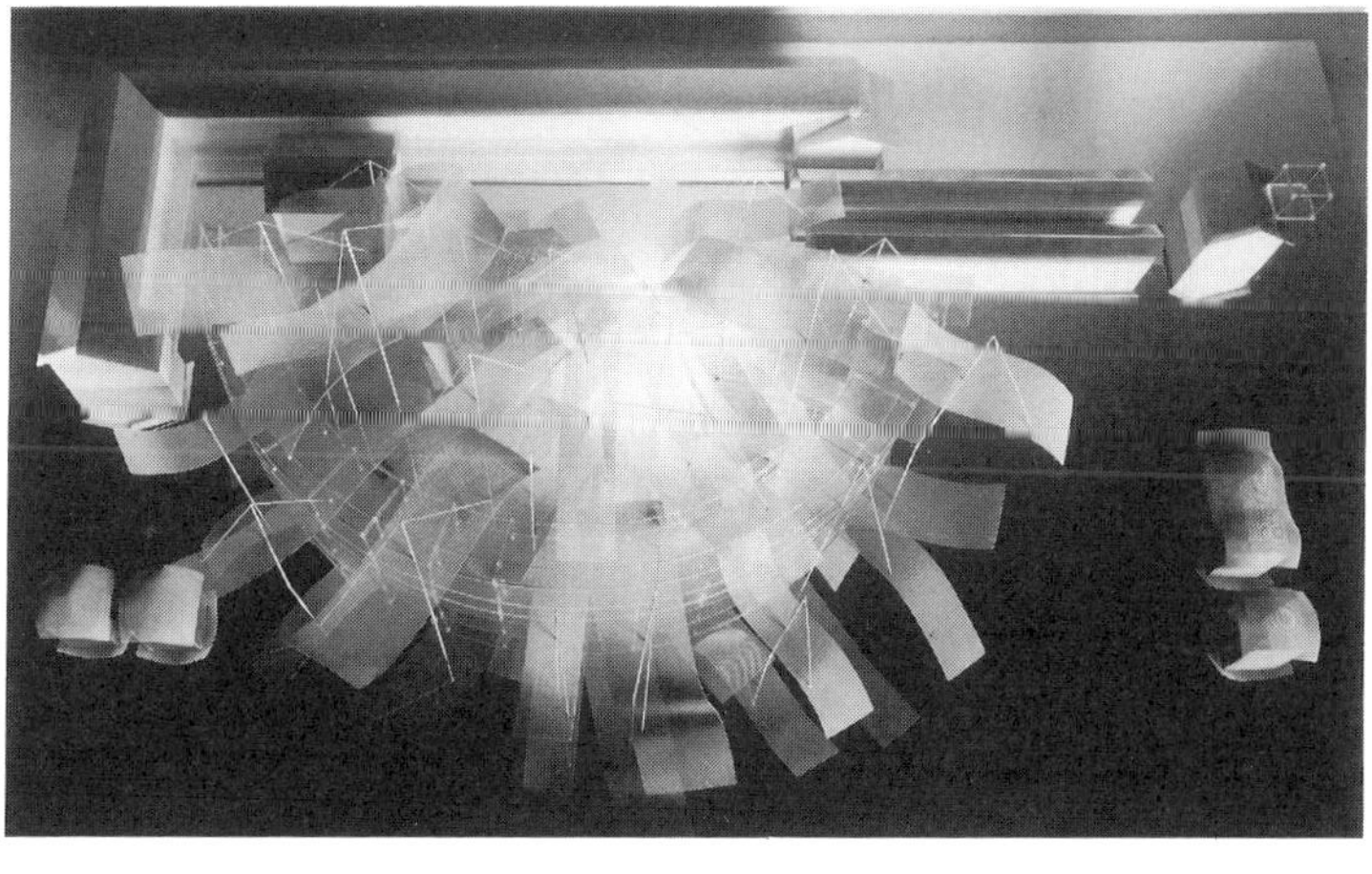

橋の会のための能舞台プロジェクト▲

橋の会によるレストラン〈ノマド〉での能公演

せたのではないだろうか。この公演をさらに発展させて屋外の仮設能劇場をつくることは当面私にとって最も重要な建築プロジェクトである。「アンドロイド的身体が求める建築」のなかで述べたように、バー〈ノマド〉の屋根を取り去ってただ布片が飛び交うような空間のイメージを建築に置き換えることができれば、私にとってようやく仮説的な建築ができたと言えるように考えているからである。

イメージのバラックを突き抜けよう

わが家を建てて間もないころ、この家を映画の撮影に使わせて欲しいと頼まれた。題名は「TAN TAN たぬき」。月に住んでいたたぬきの一団が地球に舞い降り、当世人気ナンバー1のグループ、チェッカーズになり変わって歌い踊りまくるという、ティーンエイジャー向け映画である。彼らは夜になると、かぐや姫のように月を見上げてはノスタルジーに耽る。そこで、彼らの仮住まいとしてペントハウスのような雰囲気を持つわが家が候補に上がったという次第である。しかし七人のグループが歌い踊るには狭すぎるとのことで、結局、わが家は脇役のカメラマン、ジョニー大倉の家として使われることになった。

ある夜、仕事を終えて事務所から帰ると、まだ撮影が行なわれていた。リビングルームに置かれた大きなグリーンのソファーにジョニー大倉が坐り、コーヒーを飲みながら雑誌を読んでいた。その周辺を監督（川島透）をはじめとして、監督助手、カメラマン、録音、照明、小道具などさまざまな人々がせわしなく動き回り、その中心部だけが強いスポットライトで浮かび上がっていた。いつもなら自分がコップ酒でも片手にして夕刊を広げたり、TVのプロ野球ニュースにでも見入っているその席に、何故かその夜はジョニー大倉が坐り、自分は傍観者としてそのシーンを眺めている。まるで乞食王子のように主役が入れ替わっている。妙な気分であった。

このカメラマンの家には、やはり月から降りてきたポンという名のたぬきの女の子（遠藤由美子）が居候しているという設定になっていて、娘のベットルームがこの女の子の部屋としてあてがわれていた。ベッドルームから出てきたポンにジョニー大倉がいう。「部屋が狭くてすまないが我慢してね」。ほとんど陶然として撮影シーンに魅入られていた小学生の娘が、このセリフで我に返って訊ねた。「ねえパパ、このセリフは（撮影場所が）ウチに決まる前に書かれたの？」

ある夜、自分の家に帰ってみると、ライトで明るく照らし出されたダイニングテーブルの上に花が飾られ、準備された食事とともにワイングラスが光っていたりなどして、「おやっ、おれは一体どこに帰ってきたのだろう」と不思議な気持にさせられた経験を、誰でも一度や二度はしているのではないだろうか。突然TVのホームドラマのセットに上らされたような気持にである。

しかし現代の日本、特に大都市に住んでいる人々ならば、皆多かれ少なかれ、このようなステージの上でドラマを演じるように毎日を生きていると感じているはずである。レストランにしろデパートにしろ、都市空間の演出が巧みになるに従って、ステージの上にいるのか、現実の中にいるのか誰にもわからなくなりつつあるからである。住まいも同様である。たとえば住宅の買い手である主婦の〈家〉への夢は、雑誌のグラビア・ページから抜け出たショットやTVコマーシャルの一シーンのファイルとして描かれるし、売り手としての住宅メーカーは、それぞれ独自のストラクチュアの上にそれらカタログ化されたフアイルにかなう壁紙やカーペットを貼り巡らし、雰囲気を充足させる屋根裏の小窓や涼し気なレースのカーテンなどの小道具で飾り立てて、主婦の夢に応えようと懸命になる。ひとつのストラクチュアのシステムから、和風も洋風も、フラットルーフも急勾配の切妻屋根もいとも容易につくり出すことができる。つまりスタイリストによってしつらえられ、カメラマンによってデフォルメされ、トリミングされ、ライターの巧みなコピーによって修飾された一枚のグラビア写真そのままの夢の〈家〉はメーカーによってできる限り忠実な現寸大モデルに置き換えられて現実の家となる。表層的な〈家〉の夢はそのまま表層的な現実の〈家〉となっているわけである。したがって家がステージデザインに近づけば近づくほど、主婦の夢はよりかなえられたことになるのである。この事実は何もメーカーがつくる住宅に限られるものではない。一般誌による建築紹介が急速に増加するにつれて、〈家〉の夢もまたそのテリトリーが拡大されているからである。打ち放しコンクリートの壁やフレームに囲まれたストイックな空間も、アルミのパンチングメタルを張り巡らしたハイテックな雰囲気の漂う空間も、イメージの表層から現実の表層へと受け継がれて現実の家に転化されている。

現代日本の住宅に、もし何らかの独自の性格があるとすれば、それは風土との関係とか、住まい方のスタイルといった点に求められるのでは決してなく、このステージデザイン的な表層性にこそあるといえよう。それは居住空間ばかりでなく、都市空間全体に漂っている表層性である。都市空間の至るところが舞台のセットになってしまっているのだ。大道具の裏側を支えている角材の如きストラクチュアは巧妙にも隠蔽され尽くして、キラキラと輝く表面だけがわれわれの行く手、行く手を包囲している。東京のような都市を訪れた外国人が驚き魅了されるのは、この幾重にも折り重なって目も眩むばかりに飾り立てられた無数の表面といえよう。それが厚いコンクリートの壁面であろうと石を貼られていようと、あるいは錆の出た鉄板が貼られていようと、何ら関係ない。それらの素材は重いのではなく重々しく見せているだけのことである。すべての試みはビルに取り付いている看板のような記号に置き換えられ、万華鏡のように都市空間に散乱する夥しいチリの一片と化してしまっている。この折り重なる表面の数々は、たとえば香港の繁華街を埋めつくしている無数の看板にたとえることができよう。まさしく文字だけの看板群をイメージのイコンとして映像化し、建築という巨大なオブジェとしてそのファサード全体で表象されたり、インテリアの空間全体としてある表現を採って表現されたりする。三次元の拡がりを持つ体験的空間の総体へと記号は転化されたのである。このような情報のメディアとしての質的転換はあるにせよ、隠蔽された背後には角材でつくられたバットレスのような支持構造が存在しているという点では、あの香港の突き出し看板に埋められたストリートの空間と、構造自体は少しも変わっていないのである。しかしこの巨大なイメージのバラックは、表層のきらびやかさによって周到にバラックの構造を隠蔽されている。

キラキラと輝く表面の数々は、まるで日々衣服を取り替えるように、剝ぎ取られ、新しい記号を持った表面へと置き換えられる。まさしくすべてが仮設的、すべてがステージである。ストックされていくものは何もない。世界に類例のない壮大なイメージのバラック都市、それが東京だといっても過言ではないだろう。いま、われわれはこの壮大なバラックの中を漂いながら夢の空間に住みついているのである。しかし、いったん夢からさめれば、裸の王様のように、われわれはセットを取り除かれた何もない舞台に立っているのかもしれない。

観客としても、演出家としても、われわれはすべて、いま、美しい虚構のステージセットのような家をつくることに夢中である。

一見アナーキーであったりラディカルな試みも、すべてとはいわないまでも、ほとんどがステージの上の記号の遊びに終始しているように見受けられる。メーカーも建築家も同様に、明るく風通しのよい窓を開けようとしながらも、結局窓という名のイメージの壁を築き続けているだけではないだろうか。建築家たちはいまや四周すべてをこのイメージの壁で囲い込んで、自らこの壁に閉塞されかかっている。

都市空間は、恐らくますます仮設的・演劇的・インスタレーション性を帯びるであろう。ますますわれわれは、ステージの上とも現実とも区別のつかない空間の中を住み続けなくてはならないに違いない。このとき建築家は、相も変わらずステージの大道具をつくるようにイメージの家を描き続けていればよいのだろうか。

われわれにいま必要なことは、この表面の壁を厚そうに、あるいは重そうに、アナーキー風にあるいはラディカル風に築き上げることではなく、この表面の壁を何とかして突き抜けて、その仮設的、インスタレーション的な現代のバラック構造そのものを露呈することから始めるべきではないだろうか。イメージの邸宅がただのバラックでしかないことを、認識することから始めるべきではないのだろうか。

われわれはいま、かつてない美しいバラックをつくり上げる可能性を秘めている。厚化粧を施された壁を一枚一枚剝ぎ取っていくと、しだいに看板の文字のような記号そのものが除去されてバラックの構造が透過されてくるだろう。そのような半透明の皮膜で覆われたテント小屋のような仮設的な構造物こそが、私の描く現代のバラックである。それはアジアのバラックと同じように開放的で、完成像も持たず、いつも状態として存在し続ける。あり合わせの素材を組み合わせながらブリコラージュ感覚で組み上げられ、常に不定形を保っている。シンボリックでなく、浮遊するほど軽いシェルターに覆われている現代のバラック、しかし、それは都市空間に蔓延しているテクノロジーをも取り込み、皮膚感覚を通して新しい都市の空気や音や光をも感じとれる新しいバラックでなくてはなるまい。

イメージの邸宅の主役として振る舞う欲望を日々求めつつも、もはやわれわれは飽食し、裸の王様を演じ続けることに疲れ、ストレスだけを増幅しているように思われる。ここいらで虚構の衣裳を剝ぎ取って裸の心地良さを味わうべきではないだろうか。

突き抜ける明るさ

布野修司著『スラムとウサギ小屋』評

「オバサン、この船に二時間ぐらい乗せてよ。あの運河の先をぐるっとひと廻りして欲しいんだよ」。「えっ、二時間も？　ワット・アルン（暁の寺）へ行くんなら三十分もあれば十分なのに。それにあんな先まで行ったって寺も何もないよ。でもどうしてもっていうなら、二〇〇バーツ（約一二〇〇円）出すなら行ってもいいけどさ」。

ここはバンコクの中心を流れるチャオプラヤ川に面した船着き場、隣り合って大きな青果市場があるので、この船着き場から野菜や果物が出荷されるのであろう。地図片手に、四苦八苦しながら何とか交渉をまとめて乗り込んだ小さな船もどうやら普段は野菜を運んでいるのであろうか、泥で濁った川の匂いと入り混じって野菜の匂いが鼻をつく。長さ5ｍばかりの漁船のような小船は質素なものだが、それでも中央に坐ると陽除けのブリキが帽子のように頭上を覆い、さきほど交渉に当たったオバサンが水先案内人、亭主が後ろで小さなエンジンの舵を取り、動き出せばさわやかな風も感じられて、ちょっとした気分に浸ることができる。オリエンタル・ホテルの脇から出るという乗り合いの観光船よりははるかに安上がりだし、何よりもゆっくり走ってくれるので、沿岸の風景をのんびりと楽しむことができる。

建設用の資材や砂利運搬船、観光客を乗せたボートなど大小の船が行き交うチャオプラヤ川からそれて、支流の小運河に入って行くと、次第にヤシの木など緑の色も濃くなり、運河に沿って住宅の建ち並ぶ静かな風景が展開され始める。

どの家も背後にはうっ蒼とした亜熱帯の樹木が繁っているが、運河を交通路としているので玄関も、テラスも、そしてどの部屋もすべてが運河に向かって開かれている。住まいはいずれも質素なもので、水中に木の杭を打ち込んで高床をつくり、その上部をブリキで覆っただけの掘立小屋である。縁側のようなテラスと部屋の間には何の建具もないので、どの家も部屋の隅々までが丸見えである。まるで舞台の書き割りのような光景が次々に展開される。暗い部屋の奥に光っているTV、冷蔵庫、壁にピンナップされたスターのポスター、大きな柱時計。低い天井から吊り下げられた衣類などで身動きとれないほどものが充満した部屋もある。テラスに置かれた下足箱のなかで不似合いに光っているハイヒール等々。

ドラマのようにさまざまな家族も登場する。男はほとんど上半身裸、着ていてもせいぜいアロハシャツかTシャツで、女性の場合はバティックを腰から巻きつけているが、Tシャツにジーンズの若い女性もいる。ウィークデイの午前十時だというのに、寝ころがってテレビを見ている若い男と、傍で足踏みミシンに向かっている妻、テラスのテーブルを囲み、入れ墨の肌も露わにパンツ一丁で子供とソバを食べている男。人ばかりでなく、その足下に数匹もの犬が寝転がっている家も多い。こんな水の上で犬も退屈しないのだろうかなどと考えていると、犬どころか、鶩鳥や小鳥、猿までが登場する。さまざまな動物とならんで、各家を間違いなく飾り立てているのがテラスに置かれた無数の植木鉢や飲料水を貯める大きな水ガメである。

黄濁した運河の水で彼らは洗濯をし、体を洗い、そして食器さえ洗う。子供達は川のなかを泳ぎまわり、僕の乗っている船めがけて近づいてくる。小遣い銭をせびりにくるのである。オバサンに追い返されるが、そんなことではビクともしない。しぶきを浴びると思わずのけぞってしまうほどに臭く、自らの排泄物で汚濁した水のなかを泳ぎ切るほどに彼らは明るく逞しい。ウォーターフロントなどという言葉を発するのが恥ずかしくなるほどに、ここには水と一体になった暮らしがある。ブーゲンビリアの花が水上に咲きこぼれる楽園がある。

しかしいくらバラックとはいっても高床にトタン屋根の居を構えている人びとはまだそれほど貧しいとは言えない。家船で暮らしている人びともいる。家船といっても幅一間半位の無骨なもので、その上にブリキや布でヴォールト状の覆いが架けられただけのきわめてプリミティブな最小限住居である。それでも恐らくどこかで拾ってきたのであろう、出来合いのキッチンユニットや大きな柱時計などを備え付けて家としての体裁を保っている。それどころかこの船の方が東京で見かける家よりもはるかに家そのものを端的に示している。それは家族の身体をぎりぎりのスケールで、何の飾り気もない即物さで心地良く覆っているからであろう。

これらの船や水上の家は、どう考えてもウサギ小屋と呼ばれて恥じ入っているわれわれの住まいとは比較しようもない貧しさである。われわれの住まいがウサギ小屋なら、さしづめここは鶏小屋か鳩小屋である。だが彼らの暮らしぶりはわれわれよりはるかに開けっぴろげである。物理的にも開放的だが、精神はもっと開かれている。精神の開放が豊かさをもたらしている。動物や植物とも渾然となって暮らすやさしさをもたらしている。愕然とするほどの明るさと大らかさをもたらしている。

突き抜ける明るさ、布野修司がアジアのスラムに惹かれていったのも、アナーキーとしか言いようのない明るさであったのではないだろうか。例えば「奇妙なニュータウン」と題されたマニラ郊外の住宅建設現場を目撃するエッセイがその有様を見事に語っている。都心部のスラムから強制的に立ち退きを命ぜられた一家が、壊された家の廃品をトラックに山積みして田園地帯にやってくる。ここには為政者が申し訳に与えるフレームだけの建物が用意されているのだが、このコアハウスと呼ばれる最低限の未完成住居を、運んできた廃材を用いて人びとはわずか数時間のうちに新たなる居住空間に仕上げてしまう。合板を接ぎ合わせて屋根を貼り、壁を貼り、突き出し窓をつけ、カーテンを吊るして扉とする。

「異様な住居である。新築だというのにまるで廃屋である。建ったばかりだというのに、もう何年も修理を重

バンコクの水上生活

ねて今にも朽ち果てようとしているかに見える。しかし、紛れもなく、それは彼らの新しい住居である。今、まさに、彼らはここに住もうとしている。（中略）やがて、客が来ておしゃべりが始まる。勿論、旧知の間柄ではないのであるがすぐさまうちとけて話が弾んだ。彼らの新たな生活はこののどかな新天地へトラックの荷台から降りたった瞬間から既に始まっていたのである。

しかし、果たして、これは新たな生活の始まりなのであろうか。始まりも終わりもない彼らの生活のスタイルそのものではないか」。

三年後に再び同じ土地を訪れた著者は、以前の形態を留めないほどに増築を重ね、変貌を遂げた住居群に目を見張る。ここでは「住むことそのものが建てること」なのである。しかし彼がさらに驚くのは、居住者達はこのようにしてつくられた田園のスラムを捨て、再び都心部に舞い戻ってしまったことであった。「都心のゴミ溜め」と化した廃屋の山はまさしく布野の言う「産業廃棄物の空間」そのものである。そしてこのゴミ溜めのような廃屋群とそこにゴミのように追いたてられていく人びとを目のあたりにしながら、彼は発展途上国の居住問題の深刻さや目を覆わんばかりの惨状を痛感しないわけにはいかなかった。

しかしこのマニラ郊外のスラム居住者たちにしろ、バンコクの水上生活者たちにしろ、あの貧しさのなかで何故にかくも明るく振る舞っていられるのだろうか。何故あの耐え難い蒸し風呂のような湿気をいとも陽気に笑いとばすことができるのだろうか。暑さ、寒さ、すきま風、雨の音、隣家や道路からの視線、騒音、砂埃などが、われわれの家の周囲に厚い壁をめぐらせ、われわれをその内に閉じ込めてしまった。暑さ寒さへの感受性は、われわれの最もプリミティブな皮膚感覚である。だから家のまわりの厚い壁は、われわれの身体を甲冑で固めたようにわれわれの皮膚呼吸をも喪わせ、われわれからあの大らかな笑いまでも奪い去ってしまった。われわれは自らをモルタルで白く塗り込めたウサギ小屋のなかで、ホームドラマの役者のように上辺《うわべ》だけの笑いを送り続けているのである。

悲惨な貧しさのなかでも彼らが心底笑っていられるのは、彼らの住まいが徹底的に開かれているからである。彼らの住まいはどんな現代建築よりも多くのことをわれわれに教えてくれる。布野の指摘するように、彼らにとっては住むことそのものがつくることである。彼らは住みつつつくり、つくりつつ住んでいる。こんな単純で当然至極の事実が彼らの住まいを開いている。

例えばそれはあり合わせのものを寄せ集めて住まいをつくる方法に具体化されている。或る漠とした家のイメージだけを頼りに、自らの周辺にある具体的なものからイメージを発展させ、予想もつかない方向へと展開していく。ものを選び出す順序が違えば全体像も変わるかもしれないし、完結した像が期待されている訳でもなく、住まいは絶え間なく変わる。その方法はあくまで具体的、即物的、直截的であり、未だ記号化されていない具体性や即物性がものに粗野な輝きを与えている。現代建築家も異質な形態要素をコラージュし折衷させるけれども、ほとんどの場合、その全体像に予定調和されており、殻は固く閉ざされている。都市に向かっては容易に開かれていかない。デザインするという行為自体が今日ではほとんど無意味なのである。無意味という以上に建築を形態の戯れと化し、その戯れの内に閉じ込めてしまっている。

マニラ郊外の奇妙なニュータウンが廃墟と化したのは、彼らの徹底した仮設感覚にもあると言えよう。自分達は完成された空間には住んでいないという開放感が、容易に棲み家を捨てさせ、彼らを都心へと舞い戻らせたに違いない。テンポラリーな気楽さがどれほど彼らをのびのびと生きさせ、住まうことへの楽天性とヴァイタリティを与えているか想像に難くない。どれほど追い込まれていても彼らには住まいが砦である、というような要塞感覚は微塵もないのではないか。従属もしない代わりにたてつきもしない。鬼ごっこのようなフットワークの軽さが彼らをあの明るさへと駆り立てているのではないだろうか。しかし皮肉なことにわれわれもまたこの都市で仮設的にしか住めなくなりつつある。クレイジーとしかいいようのない土地の高騰が建築の資産的価値の相対的下落を招き、日々紙屑のように高価な建築のスクラップアンドビルドが繰り返されるからである。われわれもまた紙屑のように追い立てられているのである。われわれにできることも抵抗の砦を築くことでなく、テンポラリーな空間を一夜のうちに築き上げ、後は逃亡を企てるのみである。抵抗の砦なども一瞬のうちに無印商品化されてしまう世の中なのである。向こうがスクラップアンドビルドで攻めるならば、こちらはヒットアンドアウェイを繰り返すしかないのである。ローブロウであれ何であれ、小さなジャブを出し続けるしかないのである。

1988

フランクフルト・オペラ劇場改修プロジェクト

高樹町の家

ならシルクロード博

名古屋国際ビエンナーレ　アーテック89プロジェクト

スタイルを極力固定してしまいたくないとは思い続けてきたが、振り返ってみると、八〇年代初め頃に私自身としては最も大きなスタイルの変化があったように思う。〈笠間の家〉を最後にして白い壁や天井に囲まれた流動的な空間は影を潜め、柱梁のフレームによるオープンな空間へと移行した時である。〈小金井の家〉が出来上がるまでの二、三年の間は自分にとって最も苦しい時期であった。恐らく他の人々の眼で見れば、何をそんなことにこだわっているのかと一蹴されるような他愛もないことを自分の内では容易に捨て切れなかったりするものである。例えば当時の私にとって、白い壁は自己の身体表現の最も確かな部分であり、それを自分の建築から排除することは何ら拠り所を喪ってしまうような不安を感じざるを得なかった。常に自己の意識は先行して変革を身体に要求してくるけれども、身体そのものは持続することを求め続けるものである。せいぜい遅ればせにしか意識に追従していかないのが常である。

　そしていま再びそのような時期にさしかか

高樹町の家　外観

高樹町の家　内部

りつつある自分を感じている。八〇年代初めには戸建ての住宅をつくり続けながらフォルムから棲むことの表現へと自己の関心をスライドさせようとした。しかし今回は設計する建築自体の条件そのものがまず大きく変わりつつある。まずスケールアップ。ヴォリュームが二桁ばかり大きくなったし、機能も住宅からコマーシャルなもの、パブリックなものなど多岐に亘り始めている。当然のことながら設計の進め方も大きく変わってくるし、クライアントも個人から企業や団体となり、コミュニケーションは抽象化する。これまで住宅で考えてきた建築の概念がこの新しい種類の建築に適用可能であるか否か、いまは試行錯誤を繰り返すしかない。そしてその具体的試行のなかに自らの新しい問題や方法を発見することしかできないだろう。いま確実に言えることは、そのような試行を通じて、より即物的に建築をつくる方法を確立したいことである。ひとつの設計に着手する時に、自己のスタイルに従って空間をつくり出すのではなく、与条件に可能な限り即物的に対応し、

ならシルクロード博

自らの表現をほとんど感じさせない程無色無臭の空間をつくってみたいのである。

いま私の手許にル・コルビュジエの生誕百年を記念してJ・バルサックによってつくられたヴィデオがある。少年時代の生い立ちから始まって、七十八年の生涯に於ける主要な作品や計画をすべて包含しつつ、大半がコルビュジエ自身の語りによって見事に描かれた三巻のヴィデオは本当に久々に建築の感動を与えてくれた。クラシシズムの建築の伝統が支配する西欧社会から徹底的に嫌われながらも、確信に満ちて彼が主張し続けたのは未来に向けた新しい生活の提案であった。現実のパリの街並みの背後に幻のように浮かぶ白い住居棟のコンピューター・グラフィックは、実現されたラ・ロッシュ・ジャンヌレ邸やサヴォア邸の純白のインテリアと重なり合って彼の理想とした生活像を鮮明に透視している。これらの空間に感じる快適さは、形態がもたらすというよりは、そこでの生活が示唆する新しい身体感覚のもたらす快適さではないだろうか。現代の消費記号に覆い尽くされ

▲▼名古屋国際ビエンナーレ アーテック89　プロジェクト

た都市空間の背後に、今日の新しい身体感覚に基づく新しい生活のための空間を探そうとする者に、このコルビュジエの言葉のすべては、時代を超えて限りない勇気を与えてくれるのである。

アンドロイド的身体が求める建築

現代都市における田野の小屋

十八世紀にイエズス会の神父でもあった建築理論家、マルク・アントワーヌ・ロージェは建築の概念を田野の小屋《プリミティブハット》に求め、その原理を次のように説き起こした。

人間には休息の場所が必要である。静寂とした溪流のふちに草地を眼にすることになる。その萌えでたばかりの緑色は眼を堪能させる。そのしとやかな蒲肌が人を招き寄せる。人はここに到り、この綾模様の絨毯の上にやさしく身を投げ、ひたすら自然の贈物と安らかに戯れることを夢見る。何に不自由することもなく、何を欲することもない。しかし、まもなくして肌を焼く太陽の熱気を感じ、人は身を隠す場所を探さざるをえなくなる。森を見つけ、その木陰で涼をつくる。

（『建築試論』、三宅理一訳、中央公論美術出版）

雨や湿気を避けるべく、人はやがて洞穴にすべり込む。しかしまもなく人は闇に包まれ、不健全な空気の洞穴を逃れて住居をつくろうと試みる。

> 森から切ってきた何本かの枝を自分の企画にあわせた材料となす。その中でもっとも丈夫な四本を選び、それらを垂直に立て方形状に配する。その上に別の四本を横に通す。さらにその上に枝を傾けて立て、二辺を一点で交わらせる。この種の屋根は、太陽も雨も遮るよう木の葉を密にして覆うことになる。かくして、そこに居住する人間が登場する。（中略）建築の誕生の元となっているのはこの過去を模倣することである。私が今さっき述べた田野の小屋は、建築のあらゆる壮麗さを想定するための原型《モデル》だったのである。（前掲書）

かくしてロージェは田野の小屋《プリミティブハット》から円柱、エンタブレチャー、ペディメントで構成される古典主義建築の原理を導き出した。しかしこの『建築試論』の扉絵に描かれている田野の小屋は自然のままの森とほとんど同化したままである。四本の丸柱は大地に根をはやし上部で葉を繁らせた樹木そのものであるし、棟木と桁（エンタブレチュア）の間に架けられた棰木はこれら自然の樹木の枝と渾然一体に描かれている。

　砕け散るガラスの破片の如くに都市のなかに散乱してしまった諸機能をノマドとしてつなぎ合わせた軌跡としてしか「家」を認識できない我々都市居住者にとって、もう一度田野の小屋に想いを馳せてみることは意義深く思われる。しかし今日の都市居住者は、アンドロイドのような身体感覚を備えてしまっている。何故ならば、都市空間という森のなかで、渓流とはハイウェイの車の流れどころか不可視な電磁波の流れであるかもしれず、涼をとるべき木陰はシンセサイザーの音が響く鉄やアルミの林のなかにあるかもしれないからである。したがって我々が身を隠すべき田野の小屋とても、ロージェが描いたように、柱、梁、小屋組みからなる明快な構成を持たず、柔らかく不可視なヴェールに覆われたシェルターのようにも思われてくるのである。

　ロージェの描く田野の小屋のかたわらには、一人の女性が崩れ落ちた古典主義建築の柱頭にもたれかかりながら腰を下ろして右手で小屋を指している。定規とコンパスを手にしていることからもこの女性は建築家であるに違いないのだが、この確信に満ちた建築家的ポーズは象徴的である。何故ならば建築家の確信は、自然のなかから建築を人工の構築物として抽出し得たよろこびから生じており、さらにその構築物は明快な構成に支えられた合理的な秩序を示し得ているからである。構築物は〈建築〉という自然から独立し、完結した存在として建築家と向かい合うのである。それまで田野の緑の綾をなす絨毯の上で戯れ、木陰に身を置いていた、つまり自然の内に居るに過ぎなかった建築家の身体は、この瞬間から〈建築〉の外に置かれることになる。

いつの時代にも建築家は多かれ少なかれ、このように自らの内から湧き上がる柔らかな建築的イメージを次第に固化させて対象化し、その外側に身を置くことによって社会的な保証を取り付けてきた。歴史的な建築物の破片を自己の周辺にはべらせたポストモダニストの建築家像はロージェの描く女性の最も矮小化された姿を想わせる。建築家にとって建築とはいつも眼前に容易に見ることの可能な存在であった。しかし我々の住む森が不可視な空間であり、住むべき家もはっきりと対象化できないとすれば、我々は再びこの都市という森や田

ロージェのプリミティブハット

野に投げ出されるしかない。全くこの都市は西欧の都市と違って、外側を見せることがないから、我々は都市空間の外に立つことができないのである。そのような混迷の都市の内部にさ迷いながらも、建築家は未だにその混迷の空間に、外からひとつの楔を打ち込めると信じて疑わない。しかしその過信こそが建築を閉鎖させ、堕落させているのである。我々はいま不可視の森のなかで見えない家を探すしかないのである。

建築の仮設性

このところわずか二、三年しか存続を期待されていない建築の設計依頼が私のところにも舞い込んでくる。そうした建築のクライアントは大概の場合に土地を動かしているディベロッパーであり、建築家との間に企画をまとめるプロデューサーが介入する例も多い。大規模な再開発の敷地の一部とか、そのための代替地を利用して、とりあえず仮設的な建築を建て、ディスコやレストランを営業して金利の返済に当てようという意図である。企画とデザインによっては予想もしなかったほど多くの若者達を集めることができる。新興のディベロッパーにとっては社会的なステイタスを高める文化戦略としても大きな効果が期待できる訳である。そのために海外やあるいは国内でも若手のポピュラーな建築家が起用される例も多い。これまで実作をつくる機会に恵まれずドゥローイングばかりに明け暮れていたヨーロッパの若手建築家が、東京で一挙に二つも三つものコマーシャルなビルの設計に携わるようなケースも珍しくないのである。

かくして東京のような都市では社会における建築の意味も、また建築家という存在の意味も決定的に変えられようとしているのである。作品をつくる作家、という建築家は若い世代に行けば行くほど消滅し、芸術と呼ばれるファッショナブルなオブジェクト（商品もしくはイメージ広告物）をつくり出すポピュラーなアーティストが生まれつつある。建築家の意志に関わりなく、建築のＤＣブランド化、建築家のファッションデザイナー化も進行中である。〈建築の解体〉は社会の要請によって、コマーシャルな領域から自動的に進行しているとさえ言ってよいだろう。典型的な例をあげよう。

二年ばかり前、六本木に一軒のレストラン・バーの設計を依頼された。クライアントは御多聞にもれず若いディベロッパーである。但し私が当初頼まれたのはレストランでなく、小規模なホテルであった。ところが基本設計が終了間際になって、ほとんど契約寸前に到っていた隣接地の買収が流れた。都心ではこれまた往々にしてある話である。残された土地では高層の建物が建てられないため計画は急拠レストランに変更された。変更決定後わずか二週間で建築確認申請が提出され、四カ月後に工事は完了していた。構想を練る猶予などある訳もない。複雑な形状の敷地いっぱいに、容積、斜線制限等の法規制を加味すると建築のヴォリュームは一義的に決定されてしまう。従ってこのヴォリュームいっぱいにどのようなシェルターを架け、内部をどのような空間にしていくかだけが建築家に残された仕事となる。しかももし隣接地が買収された暁には、再び計画はホテルに戻される予定だから、レストランはあまり永続きするようにつくられては困るのである。

そうした条件を勘定に入れれば、建築はテント小屋で十分なはずである。事実テントの可能性も検討された。しかしいくら仮設的とは言っても一年以内に解体されない限り法的には恒久的な建築と変わるところはない。テントでつくったとしても、レストランを営業するためには雨風を凌ぐだけでなく、エアコンディショニングも必要とされるから、それに見合った性能を確保するとなれば、コストの点からも通常の建築と大差はなくなってしまう。

結局出来上がった建物は仮設のテント小屋のような様相を呈してはいるが、実際には鉄骨のフレームが組まれ、その上を金属の屋根板で葺かれて倉庫のような素っ気ない外観を呈している。〈ノマド〉と名付けられたこのレストランのインテリアでは、エキスパンドメッシュのアルミパネルやメタリックな布が雲のように無数に宙を舞い、天井は青くペイントされて空を連想させている。東南アジアの屋台のように布一枚の下で人々が群がって飲み食べる空間をイメージしたからである。ちょうど設計にかかる頃、香港上海バンクを見に行って、その極度に無機質でテクノロジーを充満させた人工環境と、その足下にある自然そのものの屋台の空間との同時体験に痛烈に印象づけられていたので、六本木にメタリックな屋台が誕生するのも悪くはないなどと勝手に考えた結果であった。

しかしレストラン・バー〈ノマド〉は開店後一年足らずでクローズされ、解体の危機にさらされた。クライアントが病死したのが直接的要因であるが、その背後ではやはり土地が投機の対象と見られたからであろう。一億以上の建築費にしても、このような場所柄ではわずか一、二坪の土地代に過ぎず、建築物はまさしく折り紙細工程度の価値しか持ち得ないのである。

私にとって〈ノマド〉は、全く人騒がせな仕事でしかなかったが、このような建築の都市空間における存在のしかたにはきわめて今日的な問題が含まれているように感じられる。

まず第一に、この建築の仮設的なシェルターのたたずまいが、現代の都市空間を漂うノマディックな身体にとって、永続するモニュメンタルな建築にはない心地良さを与えているのではないかと思われるのである。レストラン〈ノマド〉は仮設的といっても、フィジカルな構造は持続する建築と何ら変わりなかった。従ってその仮設性はテント小屋や倉庫を想わせる皮膜のシェルターの即物的な表情にあると言ってよいだろう。建築には通常クライアントや利用者の生ま生ましい欲望が形態や素材を通じて滲み出るものである。また建築が〈建築〉として成り立つために持ちはじめる完結的なコスモロジー、モニュメンタリティ、自らの存在を露わにしようとする表現性や示威性が必ずあらわれてくるものである。そしてこの表現性や示威性が、この空間を一時の棲み家と心得ているノマディックな身体を圧迫し、疎外するのである。逆に仮設的、即物的な皮膜は、現場の仮囲いのように何も意味を強要してこないから、さわやかな心地良さを身体にもたらすように思われる。巷の話題を提供している現代建築の数々を想い起こしていただきたい。それらがいかに堂々とダイナミックなポーズを示していても、我々の身体に照らしてみればそのほとんどが、いかに仰々しく、かつ無遠慮に身体を拒絶しているかを見ることができるのではないだろうか。(安藤忠雄の下町唐座の建築も仮設の小屋ではあるが、城砦のようにシンボリックで完結的、防御的な構えを示しており、私のイメージする仮設性とは対極にある。)

映像的な空間

昨年の夏、橋の会主催によってレストラン〈ノマド〉で能の公演が行われた。私はちょうど不在で見ることができなかったのだが、レストランの空間としてはさほど狭くないと思われていたスペースも、仮の舞台と橋がかりが持ち込まれると大半がそれらで占められてしまった。しかしもともと芝居小屋のように天井も高くとられていたし、その狭さが逆に幸いして、公演はかなり成功したようで、当初一夜だけの公演予定がもう一夜追加される程であった。

たなばたの夕べ、にぶく銀色に光を映す蒲い金属製の囲いのなかで舞われた〈天鼓〉は、前場では老父の屈折した心情、後場では少年天鼓の霊が生前好きだった楽器に再会できた嬉しさに浮き浮きと舞い遊ぶすがたがまっすぐに伝わって、感動的だった。六本木という場所柄、はじめて能をみて感銘を受けた人も多かったろう。演者の肉体を、その運動の流れ、息づかい、皮膚感覚、にじむ汗、風にそよぐ衣装の音などとともに至近距離で受けとることをゆるす、それは新しい体験であった。ふつうの能楽堂のあたかも舞台と客席を象徴的に区切ってしまう屋根がなかったことが、こうした交感を可能にした一因であろう。

世阿弥が重視し、江戸の式楽になってそぎおとされたものに、観客との生きた関係がある。その場その場の相互関係のなかで演能は臨機応変に動いていき、最大の〈花〉を成就させるわけである。その意味では、隔てを取り払い、騒然たる若者の街のなかに死者の霊を呼びよせたこの夜の実験は、能のほんらいの力を復元したといってよいように思う。

（持田季未子「へるめす」第13号一九八七年十二月）

恐らくこのレストランの仮設的、通俗的な空間が、一時だけの能という神聖なパフォーマンスの空間と重なり合った結果、通常の能の形式性を解体させ、はかなさを感じさせたのであろう。しかし公演のヴィデオを眺めながら、私の頭から離れなかったのは能の公演を可能にしたシェルターの存在であった。外から見ればまさしく倉庫のようにその存在を露わにしない皮膜に覆われているだけだが、一旦内に入ると、そのインテリアの空間を外部から明確に隔ててしまっているのもこの皮膜であることは一目瞭然である。もしもこの皮膜を取り払えば、眼前を走るハイウェイの車の騒音やけばけばしいネオンが怒濤のようにこの内部に押し寄せてくるに違いない。能の公演はおろか、レストランの営業すら考えられないことである。しかしそれにも拘わらず、〈ノマド〉の皮膜は屋台のような屋外的空間をフィクショナルに演出するためのまさしく仮の囲いでしかない。それはプロジェクターから投射される美しい映像を可能にする暗幕のような存在に過ぎないのである。映像が暗幕を取り去ってもなお美しく輝き出した時、つまりフィクショナルな空間がハイウェイの車の洪水や周辺のネオンの海に同化しつつなお幻影の如くにその間に浮かぶ時、初めて我々は今日の建築を発見したと言えるであろう。そのような建築を今日のアンドロイド的身体は求めているのである。

行為に基づく皮膜

このような今日的身体と建築の関わりを前提として、建築の皮膜はどのようなものであり得るのだろうか。私はこの問題を考えるために人々の行為（パフォーマンス）を中心として、行為の場をどのように覆っていくかという課題として建築を考え直したいと思ってきた。建築をめぐるポストモダニズムの議論にも、あるいは建築をめぐる散逸や脱構築の議論にも、それは直接の関わりを持たないかもしれない。しかしそれは私にとっては最も興味深く、かつ本質的なテーマに思われるのである。大学における設計製図の課題、若い建築家達も交えた海外でのワークショップ等あらゆる機会を把えて、私はこのテーマを試みてきた。例えば住宅の課題に対しても、各人にとって重要と思われる行為の場をまず家具のみで構成させてみる。食べる場、寝る場、働く場、憩う場などそれぞれの姿勢や集い方に対応して、家具による小さな中心が平坦な床の上に形成される。家具は人々のシルエットを映し出すから、家具が置かれているだけで十分に人々の身振りや集い方が想像されるのである。次にこれら家具の周辺に必要な要素を集めていく。壁の断片、柱、天井の一部、窓などの建築的要素もあれば、照明器具、テレビやオーディオ機器、空調機器などの家電製品でもよい。さまざまなオブジェクトが家具を中心にしてその周辺の空間に柔らかく自由に浮遊し始める。このような柔らかく小さな中心をそれぞれの関係の度合いに従って徐々に結びつけていく。しかしこの段階でも未だ、均質なグリッドのように一義的なストラクチュアを投入することは最後まで回避する。最終的にこのような行為の場がひとつの空間に統合されるにはある合理的な秩序化のシステムが必要であるが、可能な限りそれを部分的な建築的変換の範囲にとどめておく。最後まで建築の全体像を見せないようにするのである。つまりこれは内側からのみ膨らませていって、外側から規定されることのない建築を我々ははたしてつくりうるのか、というテーマなのである。

しかし実際に試みてみると、これは予想外に難しい。大学で建築を学び始めたばかりの学生ですら、驚くほど既に建築的思考で建築を対象物として外側から規定しているのである。家という言葉を覚える幼児期に、既に、我々は家のイメージを家の外観と一致させてしまっているようなものである。家は既に視るべきもの、仰ぐべきものとして我々の身体の外側に対峙しながら存在しており、その内に居るもの、としては決してイメージされないのである。

ある時、ロッテルダムの大学でこの趣旨に添った課題のワークショップを試みたことがある。参加者の一人にかなりの実務経験を積んだ中年の女性がいた。彼女は課題の意図を十分に理解した上で内側からの家に取り組み、きわめて忠実に一週間スケッチを描き続けた。母の腕のなかに抱かれているような揺籃の如き建築、というイメージだけを頼りにして、彼女のスケッチは行為の場を泡のように膨らませ連続させていった不定形を保っていた。それはちょうど硬い殻が取り除かれて薄皮だけの卵のように流動する空間を薄い皮膜で辛うじて支えているような溶融状態の家であった。しかしここから先彼女は一歩も進めなくなった。二、三日ほとんど考え込んだ後に、彼女は突然泣き出さんばかりの表情で、全くわからなくなってしまった、とスケッチを放り出した。私にとって感動的な瞬間であった。誠実に考えていけばそうなるのは当然の結果であった。溶融状態の建築がその柔らかい皮膜を硬化させてこれ以上に形態を整えた建築と化していくためには建築の合理的な秩序の介入が必要であった。建築が〈建築〉として備えるべき全体性、合理性、ストラクチュアのシステムなどの介入が不可欠であった。しかしそれらが介入した途端に彼女の努力はすべて水泡に帰すことは目に見えていた。

そのディレンマにこそ建築のエゴイズムと建築の本質的な矛盾が浮かび上がってくる。それはきわめてささやかな瞬間ではあったけれども、西欧の合理主義的思考に基づく建築の秩序と個人の身体を拡張していった建築との関係を問う瞬間であった。

建築の古典主義的秩序

ギリシャ・ローマ以来近代建築に至るまで、西欧の建築の秩序を支配してきたのは、言うまでもなく古典主義の建築の体系である。ヴィトルヴィウスに礎を置き、アルベルティやパラディオ、セルリオらの建築によって洗錬されながら繰り返し説かれてきたように、それは人体をモデルとした幾何学的な秩序に基づいて建築の構成を規定しようとするものであった。それは平面的には強い中心や軸を持ち、立面的にはベースとトップとその中間という三層に分かれてそれぞれに明快なオーダーを持つスタティックな秩序である。ヨーロッパを支配してきた古典主義の音楽、つまりハーモニー、メロディ、リズムによる調性音楽にそれは対比される秩序である。

今世紀初めに、例えばシェーンベルクが十二音音楽を提唱してスタティックな秩序を破壊しようと試みた頃、近代建築もまたキュービズムなどの現代絵画で発見された抽象的な水平面、垂直面の組み合わせに建築要素を置き変えることによって古典的な建築の秩序の解体が叫ばれたのである。しかしそうした主張の首謀者であり、今世紀の建築に圧倒的な影響を及ぼした二人の建築家、ル・コルビュジエとミース・ファン・デル・ローエの作品は、純白な壁や粗々しく打ち放されたままのコンクリートの壁やスラブ、あるいは鉄骨とガラスなどの新しい素材とプレーンで明快な幾何学的な形態要素で構成されながらも、その背後にはともに古典主義建築の秩序の影を色濃く秘めていた、と言われている。ミースの場合、次第に中心性を強めていくスタティックな平面は古典主義建築の平面そのものに回帰していったし、コルビュジエの場合は、トフセ・レギュラトゥール（制御された線）やモデュロールと自ら呼んだ黄金分割の適用や、彼のヴィラのパラディオのそれとのプロポーションの一致というコーリン・ロウの指摘（『マニエリスムと近代建築』松永安光＋拙訳、彰国社）にその影響をうかがうことができる。確かに同時代のアヴァンギャルドの建築家リートフェルトの作品などと比較してみると、同じ抽象的な面の構成でつくられていながらリートフェルトの空間が絵画の手法の立体への適用に終始しているのに対し、コルビュジエやミースの作品ははるかに〈建築〉を意識させる。しかしコルビュジエにしろミースにしろ、コーリン・ロウに指摘されるまで古典主義建築へと結びつく軸のリズムやプロポーションは抽象的な面の背後に潜んでいたのである。ミースの鉄とガラスのクールなグリッドやコルビュジエのコンクリートによる純白なキューブが忽然と煤けた煉瓦の壁の間から現前した時、一体誰がそこにパラディオのヴィラを想像したであろうか。鉄やガラスや抽象的な白い面に囲まれた空間での生活に、今でこそ我々の身体は馴れ親しんでいるけれども、数十年前、それは信じられないほどフィクショナルな身体感覚を伴うものであったに違いない。我々がここでしっかりと認識しておかなくてはならないのは、この二人の建築家の作品に影のように忍び込んでいた古典主義建築の秩序は、その表現が決して目的化されていたのではなく、新しい空間を社会化し、制度化するための不可避の手段であったことではないだろうか。この目的と手段が逆転した途端に建築は保守以外の何ものでもないだろう。

『古典主義建築の系譜』（鈴木博之訳、中央公論美術出版）の最終章で、ジョン・サマーソンも、コルビュジエのモデュロールの重要性は「他の多くの建築論がそうであったように、それを作った者の精神的基盤の一部となったことにある」と述べている。そしてそのような方法の獲得によってロンシャンの礼拝堂のような形態の自由さや合理性への探求が可能になったとしているのである。

〈物事を合理的に運ぼうとすること〉、これこそ、おそらくわれわれの時代の建築に対する古典主義の、最後の、だが少なからぬ遺産であろう。物事を合理的に運ぼうとすることによって、創意は制御され、そして同時に刺激される。これこそ常に建築創造の行われてきた方法であったし、これからも常にこうありつづけるであろう方法である。

しかしこの混迷の都市では、〈物事を合理的に運ぼうとする〉秩序からまず疑ってかからなくてはならないように思われる。

東京遊牧少女の包

数年前、渋谷の百貨店で開かれた展覧会のために、〈東京遊牧少女の包《パオ》〉と名付けた住宅のモデルをつくった。東京という広大な情報の平原を漂っている一人ぐらしの少女こそが、最もこの都市での生活を満喫しているのであるが、一体彼女にとっての家とは何であろうか。彼女にとって家という概念は都市の全体に拡散し尽くしており、その生活は都市空間の断片をコラージュ的に体験することで成り立っている。レストランやカフェ・バーで食事を楽しみ、飲みながら語らい、映画館や劇場で新しい話題を得、ブティックのワードローブを吟味し、スポーツクラブで体を動かす。彼女にとってリビングルームはカフェ・バーやシアターであり、ダイニングスペースはレストランであり、クローゼットはブティックであり、庭はスポーツクラブである。遊牧少女《ノマド》はこれらファッショナブルなスペースを徘徊し、夢みるように日常を過ごす。

彼女の家（ブドワール）は移動可能なテント小屋、つまり包である。その中心にはベッドが置かれその周囲に三つの家具が置かれている。

①知識する家具——都市情報を入手しストックするための情報機器の収納装置、都市遊泳のための情報カプセル。

②おしゃれする家具――ドレッサーとワードローブの組み合わせ、都市空間は遊牧少女にとってのステージであり、ステージに登場する前に彼女はメイクアップし、ドレスアップしなくてはならない。
③軽食する家具――小さなテーブルと食器棚の組み合わせ、ステージを下りた遊牧少女を待ち受けるのは小さな寒々とした包。ネオンの明かりが届くこのテントの下で彼女はひとりラーメンをすすり眠りにつく。

遊牧少女の家具や包はすべて半透明の皮膜でつくられている。それらはほとんど彼女の身体を柔らかく覆っている点で衣服と変わらない。家具も部屋も家も、そして通りのファサードも彼女の身体を中心に考えてしまえばたいした違いはない。それらすべて相似形に拡がっていく皮膜に過ぎないのである。

しかし、生活を断片化され、虚構の都市空間をつなぎ合わせながら辛うじて家の全体像をつくり上げているのは遊牧少女ばかりではない。いまや大都市の居住者すべてがそうした擬似体験に基づくコラージュ的生活を否応なく楽しませられている。住宅内で行なわれるはずの行為は次々に都市空間のなかに分断されながら抽出され、住宅内におけるより多様化され、よりスペシャライズされ、より個別化され、よりリアリティを稀薄にされながら、我々を誘う。ティールームやランドリーは言うまでもないが、ファストフッド、弁当屋、コンビニエンスストア、サウナにいたるまでが住宅からリビングルームやダイニングルームだけでなくキッチンやバスルームまでも奪い去ろうとしているのである。大げさに言えばこのまま行けば住宅にはベッドの脇にテレビと大きな屑かごでもあればこと足りるようになってしまうようにさえ思われてくる。そんな想像を認めるほどに、住空間は都市空間のなかに吸収されかかっているのである。かつて家族が向かい合っていたダイニングテーブルは、家族が笑顔で向かい合うはずのテーブルとなり、実際に顔をそろえた家族は都市のなかのレストランに消えていく。そしてレストランのテーブルに向かい合って人々に見られながら家族を確認し合い、最良の家族の如くに振る舞うのである。

かくして東京遊牧少女に象徴される都市生活者達は、アンドロイドのような身体感覚によってメタリックな衣服を身に纏い、スクリーンに映し出された映像以上に映像的な空間に反応する。我々の皮膚はいつの間にか、メタルやプラスティックのように人工的で無機質な素材を自然素材よりも自然に感じるようになりつつあり、映像的なフィクションの空間を重厚でリアルな空間よりも心地良いと思いはじめているのである。都市はこのようなアンドロイド的身体に働きかけ、ますます閉鎖され断片的な擬似体験的空間を提供し、この舞台にふさわしいアンドロイドを養成し続ける。

それは都市の商業空間ばかりでない。都市住居もまた然りである。商業空間によって戦略的に実現された家の断片は、再び住宅に逆輸入され、擬似空間のコラージュとしての家を形成し始める。家もまたズタズタに分断されつつある。欲望の単なる集積場と化している家の姿を住宅メーカーの住宅展示場は象徴的に示している。家のなかですら人々は演技者として振る舞い、あるいは観客として見続けなければならないのである。そして都市という舞台で演じ、家という舞台で演じ続けたアンドロイドは、結局疲れ果てて自閉的に自らの部屋にたてこもってしまうしかないのである。大学の課題で、自分にとって理想の家を描くように求められた建築科専攻の学生達（特に男子）の意外なくらい多くが地中の家とか窓のない家をイメージする事実に、それは端的に示されている。

溶融状態の建築

アンドロイドのような身体感覚を身につけてしまった我々はもはやリアルな世界に戻ることはないであろう。今日のレトロブームがいかに我々のノスタルジーに訴えかけたとしても、訴えかければかけるほど、我々の記憶によみがえるノスタルジーの家は、タルコフスキーのソラリスの海に浮かぶ、あるいは廃墟と化した中世の伽藍のなかに浮かぶ幻影の家として完結し、閉じられてしまうのみである。

分裂症的自閉症に陥ってしまった身体を癒すために、ともかくも我々は内と外を隔てる壁を取り払う必要があるのではないだろうか。現実と虚構の空間との間に空気の流れを生ぜしめなくてはならないように思われるのである。そのためには内側から築き上げていった柔らかな薄皮だけの空間を、外側からの〈建築〉的秩序によって制度化してしまうのでなく、その溶融状態のまま現実のなかに半開きの状態で浮かばせてみるしかないだろう。虚構と現実とが絶え間ない往復運動を繰り返す流動体のような空間をつくり出すことである。常に内に居るようにしか感じられない空間、外側のない建築こそ理想状態の建築である。それを新たな〈建築〉として実現するためには、古典主義の建築的秩序や合理性を超える別のシステムが発見されなくてはならないであろう。仮設性も、あるいは映像以上の映像性も、その発見のためのひとつの過程である。

CGに再現される幻影の都市 ヴィデオでみる〈ル・コルビュジエ〉

ヴィラ・サヴォアの純白なキューブがグリーンに浮かぶのを目のあたりにしたときかもしれないし、ラ・トゥレットのコンクリートに囲まれた礼拝堂でスカイライトからの光に包まれたときかもしれない。ル・コルビュジエの作品に接して、建築を志す者ならば誰でも言葉を失うほどの感動を一度や二度は味わっているはずである。あるいは少なくとも一冊や二冊の彼の著作には触れて、この建築家がどれほど詩的に、またエキセントリックに建築や都市を語り、どれほど巧みにスケッチを描いたかも知っているはずである。だから誰もがコルビュジエのことはいまさら語る必要がないと思ってきた。

だが、この建築家の生誕百年を記念して作られたヴィデオ『ル・コルビュジエ』（全三巻、ジャック・バルサック監督）には感動した。実はなにも見ておらず、断片的な感動や共感が断片に終始していた我が身を痛感し、恥じた。コルビュジエ自身の言葉によって回想されながら、彼の生涯を往年のフィルムや実作の近影、プロジェクトの高度なCGまでも交じえた多彩な映像のコラージュで見終わった瞬間、これまでの知識や体験の断片は一挙に結び合わされたように思った。この偉大な建築家がなにに怒り、なにを求め、なにゆえつくり得なかったのかがほとんど一度に理解できたようにすら感じられた。

彼の八巻の作品集には壮大な都市計画のマスター・プランが描かれているかと思うと、つぎのページには一戸の小さな住宅が紹介されている。自由奔放なラフスケッチもインキングされたプランも、そして現場の写真も生活の滲み出た部屋の写真も渾然一体となっている。われわれの想像はページをめくるたびに四方八方に散逸させられる。展開の多様さという点ではこのヴィデオもそれに劣らない。しかしその結果は散逸でなく収斂へと向かう。それは未来の生活に向かってである。

たとえば一九二二年、サロン・ドートンヌに出品されたプロジェクト「三百万人の現代都市」はCGで描かれる。作品集ではモノクロームの島瞰図で描かれていた十字型の高層住居群が、ヴィデオの画面では色彩を与えられ、幻影のごとく雲の向こうに姿をあらわす。われわれはまるでセスナ機から見下ろすように上部を旋回する。続いて心地よいスピードで走る車上の人となって、もちあげられた住居の下をくぐり抜ける。しだいにわれわれは集合住宅のプレーンなファサードに近づく。規則的に繰り抜かれた大きなテラス、トーネットの椅子が置かれ、緑に飾られた夢のように豊かな空間、そしていつしかわれわれは明るい居間のなかから小鳥が飛び交い、木々が風にそよぐ屋外を眺めている。だがつぎの瞬間、すでにわれわれはパリの市街、ラ・ロッシュ・ジャンヌレ邸（一九二三）の緑に覆われた現実の屋上庭園にいる。六十五年の歳月を経ていまなお美しく純白に輝いているこの住宅。カメラはゆっくりとパンしながら階段を下り、吹抜けを見渡し、ブリッジを渡り、皮張りの寝椅子や彫刻に近づく。そして緩やかなカーブを描くランプに添ってギャラリーへ……。この連続するカメラ・ワークは現実の建物の体験というよりもCGでつくられた虚構の空間を廻るかのようである。コルビュジエの夢に終わったプロジェクトは、高度な

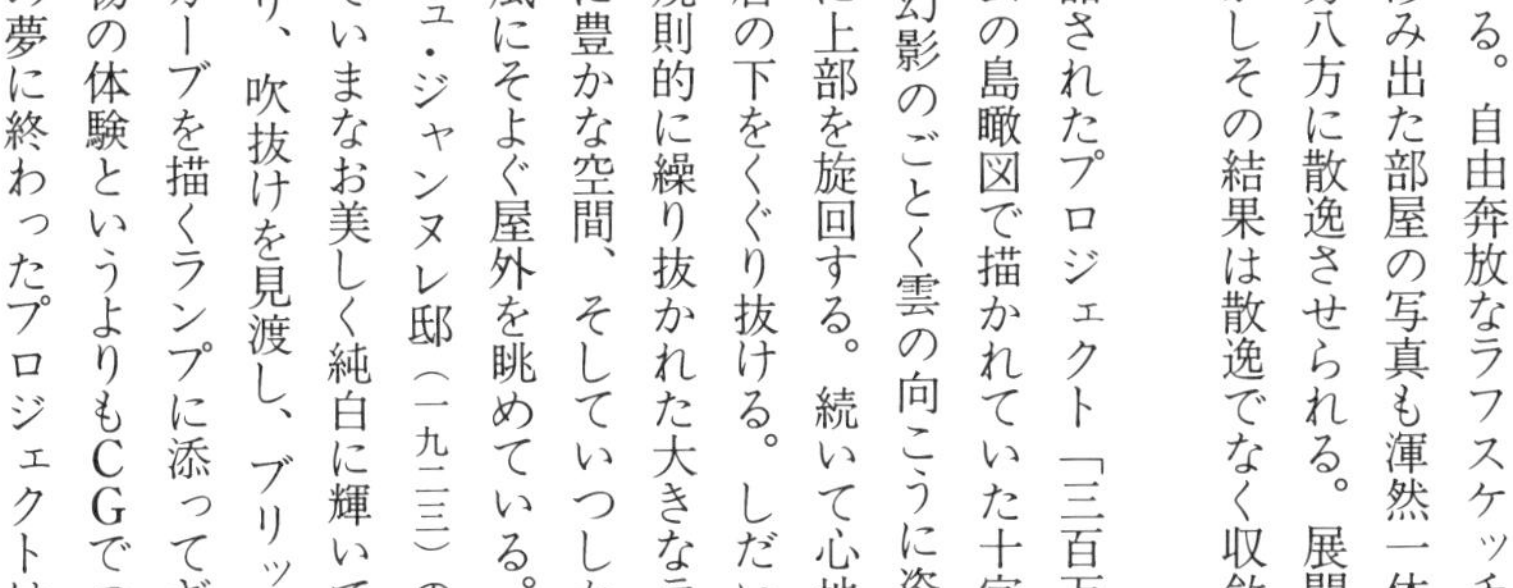

三〇〇万人の都市計画
ヴィラ型共同住宅　平面図

CGのテクニックによってあたかも現実の都市空間の体験へとわれわれを導き、逆に現前する建築は巧妙なカメラ・ワークによって夢の世界へと誘う。同様な関係はパリ・ヴォアザン計画（一九二五）の信じられぬほど幻想的なCGとサヴォア邸（一九二九）の描写にも見ることができる。このヴィデオの作品集との決定的な違いは、現実とフィクションの交錯と逆転を自在に操った監督バルサックの手腕に負うものであろう。

レマン湖畔の彼の両親の家（一九二四）の映像の背後ではコルビュジエ母子の楽しげな、そしてどこにでもありそうな会話が聞こえてくる。しかしコルビュジエの一生は新しい建築のための闘争の生涯であった。ペサックの集合住宅（一九二三）では建物の完成後、あまりにそれが非人間的だという理由で八年間も水道が供給されなかったし、一九二五年のパリ装飾博、レスプリ・ヌーヴォー館の建設に際しては敷地確保のためにスタッフが製図板を敷地に持ち込んで坐り込んだ。そうしたエピソードのかずかずも彼自身の口からなまなましく回想される。

こうした苦闘を賭して、なお彼が生涯求め続けたのは自由であり、刺激的で生き生きとした未来の生活であった。

学生時代から彼の作品集を眺めながらいつも不思議な思いに駆られたのは一点透視で描かれている夥しいインテリアのパースのことである。あれほど明快に幾何学的なキューブを好み、比例にこだわったコルビュジエがなにゆえに家具や調度品で飾られた室内を描き続けたのか。このヴィデオはその疑問に答えてくれる。彼にとって都市計画も大きな建築も所詮は人びとの新しい生活をつくり出すこと以外になかった。「ホワイエは家族の神殿である。ホワイエに無駄なスペースはない。それはまさに地上の楽園、その楽園をつくりあげることがわれわれの仕事だ。……ホワイエ、団らんの場、人間の帰る場所だ。都市、

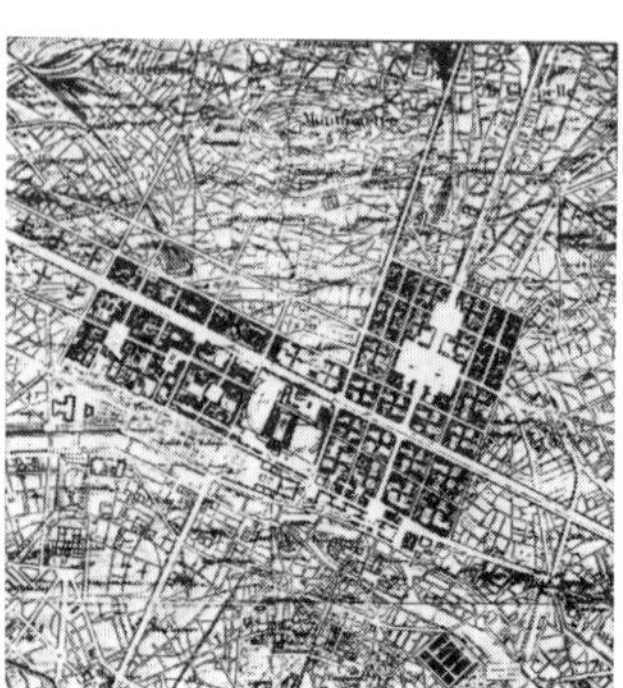
パリ・ヴォワザン計画

家、小屋、作るものはなんだって構わないんだ。小さなことを慎しく、コツコツと積み重ねてゆくことだ」。彼は決して住宅を「住むための機械」とはいわなかったという。彼にとって「住宅は人生のスクリーン、幸福のための機械」であったという。彼の苦闘のすべての代償であった「人びとが快適に住める真の住まい」とはどのようなものであったのかを美しい映像を以てバルサックは示してみせた。コルビュジエのその確信がわれわれに伝えられることによって、われわれの感動の断片は一挙に結び合わされるのである。

上より
ラ・ロッシュ・ジャンヌレ邸
サヴォア邸　空中庭園
ヴィラ型共同住宅　食堂

あとがき

不粋なことから怪我で三週間ばかり入院生活を送るはめに陥った。入院した日から突然世界が変わり、七階の病室から遠い俗界を見下ろし、朝六時起床、夜九時消灯の無菌生活を強いられていると、自己に対してもひどく冷静客観的になる。そんな折にちょうど本書の最後の校正を見直す事になってしまった。

十七年前ひとりで建築をつくり始めて以来、建築雑誌の作品発表に添えた文章や、関心を寄せてきた建築家への批評文などを中心に、その都度苦しまぎれに書きなぐってきた雑文も集めてみると、自分でも思いがけない量になっていた。年代順に並べて通読してみると、漂い続けてきた建築的思考の跡が折れ線グラフのように読めて、我が身を晒されているようにさえ感じられる。

この企画と体裁を強く薦めて下さったのは多木浩二氏であった。これまで私は自己の前作をある意味では否定し、踏み台にしながら次の建築を考える方法を選んできた。しかし設計の過程は常に暗中模索、試行錯誤の連続である。したがって自己のつくった意味を整理し、自分に納得させ、次のステップへのエネルギー源とする意味でも文章化する作業は不可欠であった。その点で意図的に編集せず作品と同時に年代順にできる限りドライに並べる本書の方法は私にとっても願うところであった。多木氏には今回の出版に関して多大なアドバイスを頂いたばかりでなく、十数年間に亘って私の作品の大半に関して批評し、励まし続けて下さった労に対し感謝の言葉もないほどである。

また、原稿の選定・加筆修正などに関し怠惰な私を叱咤し、長期間多忙ななかで本づくりをして下さった青土社の西館一郎氏、装幀をして下さった赤崎正一氏、本書の写真掲載に関し快諾して下さった大橋富夫氏、山田脩二氏、新建築写真部等多くの写真家の方々の御好意に対しても深く感謝する次第である。

さらに本書に収められた図面の作成等に協力していただいた私の事務所の人々、特に曽我部昌史さん、奥瀬公子さんにもこの場を借りて厚く御礼申し上げたい。

一九八九年三月

伊東　豊雄

新装版のために

二度目のあとがきを書いているのは、ヨーロッパから帰国する機内である。十年前に本書が出版された時には骨折して入院した病院のベッド上で校正していた。同じベッドの上で初めての公共施設、八代市立博物館のスケッチを描いていた。三年後にプロジェクトは無事竣工、オープンし、以後ほとんどの仕事は公共建築となった。

今回のヨーロッパでの最大の目的は、ドイツ、アーヘン市にあるズルモント・ルードヴィッヒ美術館における個展を無事オープニングさせることであった。Toyo Ito/Blurring Architectureと題する建築展は六つの独立した部屋から構成されている。それぞれリプロダクション、ドゥローイング、シュミレーション、モデル、フォトグラフィー、テクストと命名された。

建築における展覧会の意味は一体何なのか、模型やスケッチや建築写真や文章はつくられた建築に対して一体どのような意味をもつものなのか、それらは現実に建てられた建築を解説するためにあるのでは決してない。モデルはモデルとして、文章は文章として建築作品から自立し、独自のコミュニケーション・メディアとして異なる空間を形成するはずである。その違いがそれぞれにどのようなものであり、どのような機能を果たすのかを確認してみたい、というのがこの展覧会の意図であった。

六つの部屋のなかでとりわけ異色であったのはプロダクションと題する空間で、ここでは一九七六年につくられ、二年前に取り壊された「中野本町の家――White U」が原寸大で復原された。それ程大きな住宅ではないが、美術館内に建築のほぼ全体像が1/1でつくられるのはきわめて珍しいことである。

驚いたことに復原された「White U」は想像していたよりもはるかに見事につくられていた。見事に、とはフェイクでありながらフェイクを超えているという意味である。自然光の入り方を除けばオリジナルと何ら変わらない空間がそこに出現していた。湾曲する白い壁の内部に佇むと、突然この住宅が完成した二十数年前に自分が引き戻されたかのような錯覚に襲われ、実に不思議な感情に満たされた。

この美術館内に再現された空間は一体何なのか。モデルでもなく、勿論オリジナルでもなく、写真から構築される記憶の空間でもない。ここには機能を除去された純粋な空間のみが静かに在る。これを建築の表現というべきなのか。

描く行為によって設計がなされ、それが建築として現実世界に建ち上がってゆき、個人の表現を世界に刻む。それは一回性の出来事であり、数え切れない程の偶発的な社会的事象との遭遇を経た結果としての空間である。そしてその空間は生活の容器として生きられ、いつしか消える。だがその空間はそうした社会的事象から自立した表現としてどこかに残存されていくであろう。

ある瞬間に書き綴られた文章もまた、その時々の思惑を込めた表現である。その時点での現実とのさまざまな絡み合いの渦中にある。だが十年以上の時を経て並列された文章の数々は、そうした現実との絡み合いから脱出したリプロダクションと言ってよいだろう。それらは現実の建築程に大きな空間を占めるものではないけれども、小さなしかし純粋な表現の空間なのである。

十年前に出版された『風の変様体』の新装版に続いて、その後の十年間の文章もまた全く同じ編年体の形式でまもなく出版される予定である。いずれに関しても青土社の西館一郎氏に薦めていただきながら、私の不精故に二年間も引き延ばしてしまった。深くお詫び申し上げるとともにその寛容に厚く御礼申し上げる次第である。

伊東豊雄

一九九九年十一月

写真撮影

新井政夫　268-269
小川泰祐　93,450
大野　繁　243,334
大橋富夫　11,89,166,176,177,178,179,180,182,267,276,299,301,302,317,320,321,322,335,336,383,384,385,386,387,390,391,392-393,394,395,396,420,421,426,427,429
鈴木　悠　14,23,24
多木浩二　90,91,92,103,241
中村英良　430-431
藤塚光政　227,228,230,318-319
古館克明　356
松岡満男　44,45
山田脩二　12,130,131,132,133,166,167,168-169
和木　通(彰国社)　40,41

小山　明　378-379

初出誌一覧

・1971
無用の論理　「都市住宅」11月号
設計行為とは歪められてゆく自己の思考過程を追跡する作業にほかならない　「新建築」10月号
・1975
菊竹清訓氏に問う、われらの狂気を生きのびる道を教えよと　「建築文化」10月号
磯崎新の身体的空間とマニエラ（初出時・シンメトリーのパラドックス）　「新建築」7月号
・1976
白い環　「新建築」11月号
ロマネスクの行方　「新建築」増刊11月号
・1977
光の表徴　「都市住宅」1月号
文脈を求めて　「新建築」6月号
・1978
建築におけるコラージュと表面性　初出
・1979
曖昧性の背後に浮かぶ概念としての家　「新建築」2月号
学ぶというより映すこと　「a＋u」2月号
白いまどろみから醒める時　「SD」3月号
パイプによる表情の回復　「建築文化」2月号
ストイシズムからの解放　「インテリア」10月号
・1980
〈俗〉なる世界に投影される〈聖〉　「新建築」6月号
パラディオのヴィラを訪ねて　「ライフスケープ」10月号

・1982
設計行為とは意識的な操作に基づく形態の偽装工作である　「都市住宅」4月号
形態の溶融　「新建築」4月号
風景の断片から　「a＋u」7月号
・1983
近代の衰弱とオプティミズム　「新建築」2月号
・1984
原広司における言葉とモノの関係　「群居」1月号
・1985
風の建築をめざして　「建築文化」1月号
旅の手紙　「新建築」2月号〜5月号
変様体としての建築　「住宅建築」7月号
アルミはアルミ以上でもなく、アルミ以下でもないことを認める眼　「アルファーN」7月号
・1986
都市の現実・建築・ファッション　「建築文化」1月号
柔らかく身体を覆う建築　「建築都市ワークショップファイル1」6月
半透明の皮膜に覆われた空間　「SD」9月号
・1987
イメージのバラックを突き抜けよう　「新建築」住宅特集・6月号
突き抜ける明るさ　「住宅建築」6月号
・1988
アンドロイド的身体が求める建築　「季刊思潮」第1号（6月）
CGに再現される幻影の都市　「美術手帖」7月号

風の変様体　建築クロニクル（新装版）

2000年1月15日　第1刷発行
2012年3月15日　第4刷発行

著者――伊東豊雄

発行者――清水一人
発行所――青土社
東京都千代田区神田神保町1-29　市瀬ビル　〒101-0051
（電話）3291-9831［編集］，3294-7829［営業］
（振替）00190-7-192955
印刷所――ディグ
表紙印刷――方英社
製本所――小泉製本

装幀――松田行正

ISBN 4-7917-5782-3　　Printed in Japan